SANEAMENTO BÁSICO
UMA LEI E UM MARCO

GENINHO ZULIANI
AUGUSTO NEVES DAL POZZO
Coordenadores

SANEAMENTO BÁSICO
UMA LEI E UM MARCO

Belo Horizonte

FÓRUM
CONHECIMENTO JURÍDICO

2023

© 2023 Editora Fórum Ltda.

É proibida a reprodução total ou parcial desta obra, por qualquer meio eletrônico, inclusive por processos xerográficos, sem autorização expressa do Editor.

Conselho Editorial

Adilson Abreu Dallari
Alécia Paolucci Nogueira Bicalho
Alexandre Coutinho Pagliarini
André Ramos Tavares
Carlos Ayres Britto
Carlos Mário da Silva Velloso
Cármen Lúcia Antunes Rocha
Cesar Augusto Guimarães Pereira
Clovis Beznos
Cristiana Fortini
Dinorá Adelaide Musetti Grotti
Diogo de Figueiredo Moreira Neto (*in memoriam*)
Egon Bockmann Moreira
Emerson Gabardo
Fabrício Motta
Fernando Rossi
Flávio Henrique Unes Pereira

Floriano de Azevedo Marques Neto
Gustavo Justino de Oliveira
Inês Virgínia Prado Soares
Jorge Ulisses Jacoby Fernandes
Juarez Freitas
Luciano Ferraz
Lúcio Delfino
Marcia Carla Pereira Ribeiro
Márcio Cammarosano
Marcos Ehrhardt Jr.
Maria Sylvia Zanella Di Pietro
Ney José de Freitas
Oswaldo Othon de Pontes Saraiva Filho
Paulo Modesto
Romeu Felipe Bacellar Filho
Sérgio Guerra
Walber de Moura Agra

FÓRUM
CONHECIMENTO JURÍDICO

Luís Cláudio Rodrigues Ferreira
Presidente e Editor

Coordenação editorial: Leonardo Eustáquio Siqueira Araújo
Aline Sobreira de Oliveira

Rua Paulo Ribeiro Bastos, 211 – Jardim Atlântico – CEP 31710-430
Belo Horizonte – Minas Gerais – Tel.: (31) 99412.0131
www.editoraforum.com.br – editoraforum@editoraforum.com.br

Técnica. Empenho. Zelo. Esses foram alguns dos cuidados aplicados na edição desta obra. No entanto, podem ocorrer erros de impressão, digitação ou mesmo restar alguma dúvida conceitual. Caso se constate algo assim, solicitamos a gentileza de nos comunicar através do *e-mail* editorial@editoraforum.com.br para que possamos esclarecer, no que couber. A sua contribuição é muito importante para mantermos a excelência editorial. A Editora Fórum agradece a sua contribuição.

Dados Internacionais de Catalogação na Publicação (CIP) de acordo com ISBD

S223   Saneamento básico: uma Lei e um Marco / coordenado por Geninho Zuliani, Augusto Neves Dal Pozzo. - Belo Horizonte : Fórum, 2023.

476 p. ; 14,5cm x 21,5cm
Inclui bibliografia.
ISBN: 978-65-5518-485-3

1. Direito Administrativo. 2. Serviços Públicos. 3. Saneamento Básico. 4. Concessão. 5. Parcerias Público-Privadas. 6. Infraestrutura. 7. Novo Marco de Saneamento Básico. 8. Regulação. 9. Agência Nacional de Águas e Saneamento Básico – ANA. I. Zuliani, Geninho. II. Dal Pozzo, Augusto Neves. II. Título.

2022-2036

CDD 341.3
CDU 342.5

Elaborado por Odilio Hilario Moreira Junior - CRB-8/9949

Informação bibliográfica deste livro, conforme a NBR 6023:2018 da Associação Brasileira de Normas Técnicas (ABNT):

ZULIANI, Geninho; DAL POZZO, Augusto Neves (coords). *Saneamento básico*: uma Lei e um Marco. Belo Horizonte: Fórum, 2023. 476 p. ISBN 978-65-5518-485-3.

SUMÁRIO

PREFÁCIO
Rodrigo Garcia 15

PRESTAÇÃO REGIONALIZADA DE SANEAMENTO BÁSICO E SEUS DESAFIOS DE GOVERNANÇA ANÁLISE DAS ESTRUTURAS DE GOVERNANÇA INTERFEDERATIVA
Cristiana Fortini, Isadora Cohen, Matheus Cadedo 19
1   Breves considerações introdutórias 19
2   Para começar a conversa: como permitir a prestação regionalizada de serviços?.. 22
3   Governança metropolitana: desafios na tomada de decisão e o exemplo do Rio de Janeiro 26
4   Unidades regionais: desafios na estruturação 32
5   Blocos de Referência: algumas sugestões de governança 33
Conclusão: ainda é tempo de mudar e se readequar 34

AVANÇOS E DESAFIOS DO NOVO MARCO LEGAL DO SANEAMENTO NO SETOR DE RESÍDUOS SÓLIDOS
Luiz Gonzaga Alves Pereira 37
1   Introdução 37
2   Contexto demográfico e universalização dos serviços............ 38
3   A jornada ambiental e cívica da erradicação dos *lixões* 40
4   Autonomia econômico-financeira e investimentos na gestão de resíduos.. 42
5   Guia de orientação aos municípios para a viabilidade econômica da gestão de resíduos... 44
6   O relevante *case* de Joinville 45
7   O atlas dos resíduos sólidos... 45

8	Ferramenta eficaz para monitorar sistemas de informação sobre transporte de resíduos	47
9	Importância dos resíduos sólidos para a produção de energia	48
10	Resíduos sólidos e *lixões* sob o olhar do mundo e da sociedade	50
11	Gestão dos resíduos sólidos é decisiva para o êxito dos ODS	52
12	Propósito nacional	53

A IMPORTÂNCIA DOS CONSÓRCIOS PÚBLICOS NO CONTEXTO DO NOVO MARCO LEGAL DO SANEAMENTO

Victor Borges 55
Referências 60

O NOVO PAPEL INSTITUCIONAL DA AGÊNCIA NACIONAL DE ÁGUAS E SANEAMENTO BÁSICO EM PROL DA UNIVERSALIZAÇÃO DOS SERVIÇOS PÚBLICOS DE SANEAMENTO

João Paulo Soares Coelho, Cíntia Leal Marinho de Araujo 61

1	Introdução	61
2	Norma de Referência nº 02/2021	66
3	Da declaração de anuência do titular dos serviços quanto à celebração dos aditivos para inclusão de metas de universalização de atendimento	70
4	Da incidência do dever de inclusão de metas de universalização aos contratos de concessão	73
5	Da comprovação de capacidade econômico-financeira em hipóteses de subdelegação	79
6	Das metas de não intermitência, de redução de perdas, de melhoria dos processos de tratamento	80
7	Questões que devem ser examinadas após a celebração dos aditivos de inclusão de metas de universalização	83
Conclusão		85

OS DESAFIOS DA REGIONALIZAÇÃO DA PRESTAÇÃO DE SERVIÇOS PÚBLICOS DE SANEAMENTO BÁSICO NO BRASIL: BREVE ANÁLISE DAS MODIFICAÇÕES IMPOSTAS PELA LEI FEDERAL Nº 14.026/2020

Marcos Rodrigues Penido 87
1   Introdução 87
2   Definição dos conjuntos de municípios 90
3   Informações adequadas para tomada de decisão 94
4   Definição da governança interfederativa 96
5   A experiência do Estado de São Paulo na criação das URAEs 99
Conclusões 101

UM OLHAR SOBRE O ENTENDIMENTO PARA A APROVAÇÃO DO NOVO MARCO DO SANEAMENTO

Percy Soares Neto 103
1   Antecedentes 103
2   Déficit de investimentos 104
3   Atuação da ABCON SINDCON 105
4   Tramitação das propostas 107
5   Saneamento na pauta das prioridades nacionais 110
6   Aprovação 110
7   Sanção e vetos do Executivo 112
8   Judiciário 112
9   Decretos regulamentadores 113
10   *Pipeline* de projetos 115
11   Desafios presentes 116
12   Conclusão 117

DESAFIOS DA LEI FEDERAL Nº 14.026/2020: A UNIVERSALIZAÇÃO DA REGULAÇÃO

Dalto Favero Brochi, Carlos Roberto de Oliveira 119
1   Introdução 119
2   A regulação independente como indutora de segurança jurídica, previsibilidade e tecnicidade para o saneamento básico 123

3	A universalização da regulação	124
4	Os desafios regulatórios do novo marco do saneamento	128
5	Conclusões	131
Referências		132

A GESTÃO DOS RESÍDUOS SÓLIDOS NO NOVO MARCO LEGAL DO SANEAMENTO BÁSICO: DESAFIOS E PROPOSTAS

Geninho Zuliani, Carlos Silva Filho 135

1	Introdução	135
2	O cenário da gestão de resíduos sólidos no Brasil: 10 anos da PNRS	137
3	Contribuições do Novo Marco do Saneamento para o avanço da gestão de resíduos no Brasil	140
4	A sustentabilidade econômico-financeira	142
5	Segurança jurídica: a regulamentação do setor e o novo papel da ANA	145
6	Concessões, PPPs e investimentos no setor: caminhos para a universalização dos serviços	150
7	Considerações finais	150
Referências		153

O DIA DEPOIS DO AMANHÃ DO SANEAMENTO NO BRASIL

Gabriel Fiuza de Bragança, Edson Silveira Sobrinho 155

1	Introdução	155
2	O Comitê Interministerial de Saneamento Básico – Decreto nº 10.430/2020	156
3	O Apoio técnico e financeiro e a alocação de recursos federais – Decreto nº 10.588/2020 original	160
4	A comprovação da capacidade econômico-financeira – Decreto nº 14.710/2021	164
5	A transição – Decreto nº 11.030/2022	170
6	O papel da ANA e dois temas regulatórios de destaque	175
6.1	A regulação contratual	175
6.2	A indenização por investimentos vinculados a bens reversíveis	178
7	Conclusão	182

IMPORTÂNCIA DOS DADOS DE SANEAMENTO NA CONSTRUÇÃO DO CONVENCIMENTO SOBRE A AGENDA DO SETOR

Luana Siewert Pretto 185
1   O Instituto Trata Brasil 185
2   Cenário do saneamento 185
3   Regulação do setor e o poder da informação 188
3.1   Percepção das agências reguladoras infranacionais quanto à atualização do Marco Regulatório do Saneamento Básico 188
3.2   Qualidade da regulação do saneamento no Brasil e oportunidades de melhoria 189
4   Importância da informação para a população 191
4.1   Benefícios econômicos e sociais da expansão do saneamento brasileiro 191
4.2   *Ranking* do Saneamento 193
4.3   Saneamento e doenças de veiculação hídrica 194
5   Conclusão 196

O NOVO MARCO LEGAL DO SANEAMENTO. RUMO AO AVANÇO DA SOCIEDADE BRASILEIRA?

José Eduardo Bevilacqua, Nelson Menegon Júnior,
Patrícia Iglecias 199
1   Introdução 199
2   Situação do saneamento no Estado de São Paulo 200
2.1   Abastecimento de água 200
2.2   Esgoto doméstico 201
3   Pontos de destaque do Novo Marco Legal do Saneamento 204
3.1   Agência Nacional de Águas e de Saneamento Básico (ANA) passa a regular o setor 204
3.2   Pequenos municípios podem contratar o serviço de água e esgoto em bloco 205
3.3   Licitação obrigatória 205
3.4   A iniciativa privada pode participar ativamente na prestação do serviço de saneamento 206
3.5   Estabelecimento de cobrança sobre os serviços de limpeza urbana 206

3.6	Pretende-se acabar com os lixões em todo o território nacional	207
4	Desafios do Novo Marco do Saneamento	207
5	Considerações finais sobre o Novo Marco Regulatório do Saneamento	208
Referências		211

SANEAMENTO NO BRASIL TEM SOLUÇÃO? O CASO SABESP

Benedito Braga, João Paulo Tavares Papa 213

1	Introdução	213
2	Saneamento e a legislação brasileira	214
3	Sabesp: pioneirismo e eficiência na gestão do saneamento em São Paulo	218
4	Compromisso com as pessoas e com o meio ambiente	224
5	Advento do Novo Marco Regulatório do saneamento brasileiro	226
6	Novo Marco Legal e regionalização	228
7	Unidades Regionais no Estado de São Paulo	232
8	Capacidade econômico-financeira e adaptação dos contratos	235
9	Prontos para o futuro	238
Referências		239

MAIOR PROGRAMA AMBIENTAL DO MUNDO: O NOVO MARCO LEGAL DO SANEAMENTO BÁSICO, SEUS DESAFIOS E BENEFÍCIOS ESPERADOS

Pedro Maranhão 241

1	Introdução	241
2	Evolução do saneamento entre 2014 e 2020	242
3	Atualização do Marco Legal do Saneamento Básico	246
4	Prestação regionalizada dos serviços de saneamento	247
5	Regularização dos contratos	251
6	Regulação	253
7	Sustentabilidade econômico-financeira	254
8	Prazo para encerramento de lixões	255
9	Benefícios econômicos da universalização do saneamento	256

10	Benefícios ambientais da universalização do saneamento	260
11	Benefícios na saúde pública a partir da universalização do saneamento	268
12	Conclusões	270
Referências		272

BREVE ANÁLISE ACERCA DA ESTRUTURA TARIFÁRIA DE ÁGUA, ESGOTO E TARIFA SOCIAL

Leandro Mello Frota, Rodrigo Santos Hosken 275
1   Dos possíveis modelos tarifários 276
2   Da estrutura tarifária de água 279
3   Da estrutura da tarifa de esgoto 281
4   Da tarifa social 285
5   Conclusão 288
Referências 289

DIREITO AMBIENTAL, SUSTENTABILIDADE, DESENVOLVIMENTO HUMANO E O NOVO MARCO LEGAL DO SANEAMENTO BÁSICO

Ministro Humberto Martins 291
1   Introdução 291
2   O Novo Marco Regulatório 296
3   Da agência reguladora 297
4   Das distintas modificações da lei 299
5   Considerações finais 302
Referências 303

NOVO MARCO DO SANEAMENTO: UMA JANELA DE OPORTUNIDADE PARA ELIMINAR O ATRASO NO SANEAMENTO

Gesner Oliveira, Ceci Caprio, Vicente Santos, Luccas Saqueto 305
1   Introdução 305
2   Os três principais componentes do novo marco Regulatório do Saneamento 306
3   O novo papel de supervisão regulatória da ANA 309
4   Competição pelo mercado e o fim dos contratos de programa 313

4.1	Espaço para privatização	315
5	Redesenho dos contratos e incentivos à eficiência	317
6	O diabo mora nos detalhes: operacionalização do novo marco	318
6.1	Decreto nº 10.588/2020 e Decreto nº 11.030/22	319
6.2	Decreto nº 10.710/21	322
7	Salto do investimento	325
8	Saneamento, economia circular e ESG	327
9	Conclusões	329
Referências		330

OS 5CS DOS RESÍDUOS SÓLIDOS URBANOS NO MARCO DO SANEAMENTO
Fabio Hideki Ono, Alzemeri Britto, André Luiz Felisberto França 333

1	Um breve panorama dos resíduos sólidos urbanos no Brasil	335
1.1	A gestão municipal e associada de serviços de RSU	338
2	Os 5Cs dos resíduos sólidos urbanos	341
2.1	Custeio	342
2.2	Concessão	343
2.3	Consórcios	345
2.4	Cooperação	346
2.5	Circularidade e comunicação	347
3	Plano de ação	348
4	Considerações finais	361
Referências		362

NMSB: UMA HISTÓRIA QUE AINDA NÃO ACABOU
Diogo Mac Cord 363

1	Introdução	363
2	Os bastidores	366
3	Os próximos desafios	373
3.1	As falsas regionalizações	374
3.2	As falsas PPPs	377
4	Conclusão	380

INOVAÇÃO E DIREITO NO SETOR DE SANEAMENTO: MUDANÇAS INSTITUCIONAIS DO NOVO MARCO DO SANEAMENTO NO BRASIL
Carlos Portugal Gouvêa, Caio Henrique Yoshikawa 383
1   Introdução 383
2   O regime jurídico do saneamento básico no Brasil 386
3   As ferramentas jurídicas de universalização I:
      a comprovação da capacidade econômico-financeira 389
4   As ferramentas jurídicas da universalização II:
      o protagonismo da ANA como centro de solução de
      disputas e excelência técnica 393
5   As ferramentas jurídicas da universalização III:
      transferência de tecnologia regulatória por meio de
      normas de referência 396
6   Conclusão 401

O CARÁTER PÚBLICO DO NOVO MARCO LEGAL DO SANEAMENTO
Deputado Carlão Pignatari 403
1   Introdução 403
2   Da necessidade e dos problemas na nova Lei 404
3   Público e privado 410
4   A estratégia no Novo Marco Legal do Saneamento 414
5   O Estado de São Paulo 416
6   Conclusão 417
Referências 419

NOVAS MODELAGENS CONTRATUAIS FRENTE À LEI FEDERAL Nº 14.026/20 (MARCO DE SANEAMENTO BÁSICO)
Gustavo Justino de Oliveira, André Castro Carvalho 421
1   Panorama contextual da regulação do saneamento básico
      no Brasil 421
2   Modalidades contratuais para a prestação de serviços de
      saneamento básico 428

3	A nulidade de contratos relativos à prestação dos serviços públicos de saneamento básico	435
4	Conclusão	441
Referências		443

O PARADIGMA DA INDENIZAÇÃO DE ATIVOS NÃO AMORTIZADOS NO SETOR DE SANEAMENTO BÁSICO BRASILEIRO: UMA ANÁLISE DA APLICABILIDADE DA METODOLOGIA DO VALOR JUSTO

Felipe Tavares, Aline Eleutério Martins, Alexandre Evaristo Pinto 447

1	Introdução	447
2	Aspectos jurídicos da indenização de bens reversíveis no setor de saneamento básico	449
3	Aspectos contábeis	455
3.1	Definições gerais e o tratamento contábil dos ativos	455
3.2	Componentes indenizáveis e a outorga	463
4	Apresentação geral do método do Valor Justo	465
5	Qual método utilizar para cálculo das indenizações?	467
6	Quando a indenização dos ativos não amortizados é devida?	469
7	Considerações finais	471

SOBRE OS AUTORES 473

PREFÁCIO

Este livro é fruto das reflexões de renomados profissionais e juristas sobre a importante Lei Federal nº 14.026/20, também conhecida como o "Novo Marco Legal do Saneamento". A obra vem a público num momento muito oportuno, uma vez que os imensos desafios que o setor de saneamento básico apresenta em todo o Brasil passam a contar, agora, com uma legislação amplamente aperfeiçoada, isto é, com um porto normativo seguro, que já está permitindo a concretização da sonhada universalização.

Importante mencionar o contexto em que essa obra é publicada. Já não é mais novidade para ninguém que os serviços de água e esgoto – o saneamento básico – ainda são uma realidade distante para muitos brasileiros e brasileiras País afora. Em 2007, a Lei Federal nº 11.445 trouxe importantes avanços regulatórios, mas a passagem do tempo demonstrou que ainda havia muito por fazer. Atualmente, o acesso àqueles serviços, especialmente de esgotamento sanitário, é negado para mais de 100 milhões de brasileiros e brasileiras – déficit que continua grave, alarmante e incompatível com o que se esperaria de um País tão abundante em recursos naturais e que conta com pessoas dotadas de conhecimento técnico e científico de excelência.

Por conta disso, tem havido um esforço muito grande por parte de relevantes setores da sociedade e do próprio Poder Legislativo para alteração desse quadro. Digno de nota é o trabalho desenvolvido pelo Deputado Federal GENINHO ZULIANI, que foi o Relator do Novo Marco e coordena o presente estudo. Inspirado nos bons valores democráticos e republicanos, exerceu seu trabalho de maneira exemplar, concebendo um movimento institucional que culminou na promulgação dessa nova legislação.

O Novo Marco se propôs a enfrentar de modo mais incisivo e contundente alguns dos maiores desafios que restaram do PLANASA de 1978, especialmente vocacionado à implementação de indicadores claros de metas e de desempenho, de sorte a atender ao usuário do serviço público de maneira irrestrita.

Além disso, o Novo Marco destaca a importância da prestação regionalizada dos serviços e, ao mesmo tempo, procura fortalecer a posição jurídica dos Municípios, titulares desses serviços, no que tange às cláusulas essenciais dos contratos, quando terceirizados. Traz, ainda, normas importantes para atração de investimentos privados ao setor, o que é salutar diante de um ambiente econômico a ser amplamente desenvolvido.

Mas, sem dúvida, uma das mais importantes inovações legislativas é a definição de uma meta clara, concreta e objetiva para que todos os brasileiros e brasileiras tenham acesso ao saneamento: *31 de dezembro de 2033*. À primeira vista, pode parecer muito tempo, mas a meta é altamente complexa, e inúmeros obstáculos deverão ser superados. Para os que estão acostumados com os desafios do planejamento estatal e da boa gestão pública, um horizonte de 10 anos é quase um piscar de olhos e requer engajamento enérgico desde já.

A nova lei, moderna e carregada de diretrizes valiosas, ainda concedeu importância máxima aos valores ESG (*Environmental, Social and Governance*), que devem ser observados de maneira inafastável na prestação dos serviços de saneamento básico. Não há como falar de saneamento básico sem sustentabilidade. A proteção ao meio ambiente é máxima obrigatória para o setor público e para o setor privado, não havendo maneira mais incisiva de resguardá-lo senão pela mão segura de uma prestação adequada do serviço. Além do mais, os projetos de saneamento exigem a obtenção de benefícios sociais, conectados com uma frente uníssona de redução de desigualdades sociais e melhoria da saúde pública. É preciso enfatizar um saneamento básico inclusivo, resiliente e benéfico. E tudo isso num ambiente de absoluta transparência e integridade, com regras claras e legítimas, aptas a oferecer um conjunto de mecanismos seguros de imersão eficiente de recursos públicos.

Aos leitores, desejo uma jornada frutífera e esclarecedora. Aos coordenadores, meus parabéns pela iniciativa e pela coragem necessária para concretizar um projeto editorial tão grandioso, enfatizando um próspero cenário do saneamento básico, inaugurado pela nova legislação. É primordial que ela seja bem entendida e bem interpretada, tarefa para a qual esta obra vem contribuir.

Há muito trabalho pela frente. Está nas mãos de cada um de nós – Governo, iniciativa privada e sociedade civil – cooperar e construir o caminho para tirar o futuro do papel, visando uma nova realidade em que nenhum brasileiro e nenhuma brasileira tenham que suportar a indignidade de não ter água tratada nem esgoto coletado e encaminhado para tratamento. Para que, enfim, possamos dizer ao mundo que todos os nossos cidadãos têm acesso a condições dignas de existência.

Rodrigo Garcia
Governador do Estado de São Paulo.

PRESTAÇÃO REGIONALIZADA DE SANEAMENTO BÁSICO E SEUS DESAFIOS DE GOVERNANÇA
Análise das estruturas de governança interfederativa

CRISTIANA FORTINI
ISADORA COHEN
MATHEUS CADEDO

1 Breves considerações introdutórias

A análise do histórico que perpassa a história do saneamento revela dados importantes sobre a compreensão do pacto federativo brasileiro, sinalizando as dificuldades relacionadas à gestão de serviços cuja não prestação ou prestação deficiente escancara o desequilíbrio socioeconômico.

A descentralização federativa projetada pela Constituição da República, com a correspondente alocação da missão de prestar os serviços públicos entre os entes federados, não se fez de forma impensada. Buscava-se alcançar a eficiência na atuação dividindo-se tarefas, o que nem sempre se traduz em efetiva capacidade do titular da competência, por razões as mais diversas, em prestar o serviço de forma satisfatória. No caso do saneamento, há de se considerar o investimento necessário e a dificuldade de parte significativa dos municípios de assumi-los, além dos aspectos ligados à baixa qualidade da regulação, a gerar ambiente de incertezas.

Assim, seja sob o prisma do investimento, seja em face das dificuldades operacionais e regulatórias, a história do saneamento no Brasil desafia soluções. Nem mesmo o Plano Nacional de Saneamento Básico (Planasa) e a imposição aos Municípios de firmarem contratos de concessão com empresas estaduais, como requisito para acessar recursos públicos federais e estaduais, revelaram-se, em longo prazo, como satisfatórios, porque geraram o empoderamento das empresas estatais, algumas delas descompromissadas com o aprimoramento do setor.

Quando da edição da Lei Federal nº 11.445, de 2007, 26 empresas estaduais continuavam responsáveis pelo abastecimento de água de mais de 73% e coleta de esgoto de aproximadamente 18% dos municípios brasileiros.[1] E se se pode elogiar a prestação de algumas empresas estatais, não se pode afirmar que elas, na sua totalidade, atendem de forma elogiosa à população.

A Lei nº 11.107/05,[2] que endereça o tema dos consórcios públicos, foi a responsável por primeiro utilizar a expressão contrato de programa, instrumento por meio do qual seriam constituídas e reguladas as obrigações que um ente da Federação constituísse para com outro ente da Federação ou para com consórcio público no âmbito de gestão associada em que existisse a prestação de serviços públicos ou a transferência total ou parcial de encargos, serviços, pessoal ou de bens necessários à continuidade dos serviços transferidos. Nos moldes do §1º do art. 13 da Lei de Consórcio, o contrato de programa deve atender à legislação de concessões e permissões de serviços públicos e, especialmente no que se refere ao cálculo de tarifas e de outros preços públicos, à de regulação dos serviços a serem prestados. Assim, o contrato de programa corresponderia ao contrato de concessão, este celebrado com empresas ou consórcio de empresas privadas.

A redação da Lei de Saneamento, antes da mudança incorporada, fazia alusão ao uso do contrato de programa como ferramenta apta a transferir a execução dos serviços públicos, vedando que o vínculo se estabelecesse mediante convênios, termos de parceria ou outros instrumentos de natureza precária. A Lei reforçava a comparação do referido contrato com os contratos de concessão, segundo a trilha que a Lei nº 11.107/05 havia prescrito.[3]

Tanto na Lei nº 11.107/05 quanto na Lei nº 11.445/07 nada se disse sobre licitação como fase antecedente à celebração dos

---

[1] SOUSA, Ana Cristina Augusto de; COSTA, Nilson do Rosário. Incerteza e dissenso: os limites institucionais da política de saneamento brasileira. *Rev. Adm. Pública* – Rio de Janeiro 47(3):587-599, maio/jun. 2013.
[2] Art. 13 da Lei nº 11.107/05.
[3] Art. 10 e 10-D da Lei nº 11.445/07.

contratos de programa. Ao contrário, a lógica que unifica as duas leis está na compreensão de que tais pactos se apoiam na dispensa de licitação de que cuida o art. 24, inciso VIII, da Lei nº 8.666/93, já referido neste trabalho.

Discussões à parte sobre a constitucionalidade dos dispositivos, exatamente por viabilizarem um elo direto com empresas estatais, que não precisavam disputar território com empresas privadas,[4] a Lei nº 14.026/20 provoca um giro de 180 graus na tratativa do tema.

---

[4] A redação do art. 175 nunca serenou por completo a discussão sobre a necessidade ou não de licitação quando o Município optava por contratar empresa estatal estadual, em especial diante do que prevê o art. 24 inciso VIII da Lei nº 8666/93. Julgados sustentando que a menção à licitação não alcançaria empresas estatais que se ajustassem às exigências do citado inciso podem ser exemplificados por meio dos seguintes acórdãos. "**Ementa:** REEXAME NECESSÁRIO. AÇÃO POPULAR. ATO ATACADO. LEI MUNICIPAL. AUTORIZAÇÃO DE CONCESSÃO DE SERVIÇO PÚBLICO DE TRATAMENTO DE ÁGUA E ESGOTAMENTO SANITÁRIO À **COPASA**. LEI DE EFEITO CONCRETO. CABIMENTO. IRREGULARIDADE FORMAL. INEXISTENTE. **DISPENSA** DE PROCESSO LICITATÓRIO. LESIVIDADE AO ERÁRIO NÃO DEMONSTRADA. IMPROCEDÊNCIA. – Embora não desconheça que incabível ação popular contra lei em tese, no caso dos autos, a lei que autoriza a concessão de serviços públicos de abastecimento de água e esgotamento sanitário à **Copasa** é ato normativo de efeito concreto, revestido impropriamente de lei, que não prevê mandamentos genéricos ou regras abstratas. – No cômputo de votação por maioria simples são desconsideradas as abstenções, sendo regularmente aprovada a lei em que mais da metade dos votantes for favorável. – Não restando demonstrada no processo a irregularidade do ato administrativo impugnado e a sua lesividade aos bens tutelados pelo artigo 5º, LXXIII, da Constituição da República, impõe-se a improcedência do pedido, mormente porque, no caso, a **licitação** prévia ao questionado contrato firmado entre Município e **Copasa** para fins de prestação de serviços públicos abastecimento de água e esgotamento sanitário era dispensável, a teor do artigo 24, inciso VIII, da Lei nº 8.666/93". (AC 10701071914751/001, Relator Des. Armando Freire, publicada em 14/09/2012). Outro precedente a ser citado é:
"APELAÇÃO CÍVEL – AÇÃO CIVIL PÚBICA – REEXAME NECESSÁRIO – CABIMENTO – CONHECIMENTO 'EX OFFICIO' – ANULAÇÃO DE RENOVAÇÃO CONTRATUAL ENTRE MUNICÍPIO E **COPASA** – **DISPENSA** DE PROCESSO LICITATÓRIO – AUSÊNCIA DE ILEGALIDADE E LESIVIDADE – AUSÊNCIA DE COMPROVAÇÃO DE PREJUÍZO AO ERÁRIO OU ENRIQUECIMENTO ILÍCITO DO AGENTE PÚBLICO – AUSÊNCIA DE DOLO OU CULPA – IMPOSSIBILIDADE DE PRESUNÇÃO – MANUTENÇÃO DA SENTENÇA – MEDIDA QUE SE IMPÕE. – A **COPASA** é o órgão da Administração Indireta do Governo Estadual (sociedade de economia mista) e foi criada (Lei nº 6.084/73) para institucionalizar a prestação de serviço público de saneamento básico. Assim, pode-se convir que a **COPASA** [enquadra-se como 'criada para esse fim específico', consoante dispõe a norma do inc. VIII do art. 24 da Lei nº 8.666/93, podendo realizar seus serviços mediante convênios ou contratos de concessão, realizados com os municípios interessados". (AC 1032408070593-6/001, Relatora Des. Vanessa Verdolim Hudson de Andrade, publicada em 11/05/2012). Por outro lado, poder-se-ia extrair do mesmo dispositivo constitucional o entendimento segundo o qual as empresas estatais estaduais seriam "terceiros" em face dos Municípios contratantes, pelo que não poderiam gozar do privilégio de serem contratadas à margem do ambiente de licitação.

Destacando expressamente a necessidade de licitação, a lei proíbe a prestação do serviço público por contratos de programa ou outros instrumentos precários celebrados com dispensa de licitação.[5]

A situação permaneceria inalterada não fossem as mudanças legais na Lei Federal nº 11.445/07, que mantinha o incentivo à manutenção das relações com estatais via contratos de programa, o que dificultava a entrada de atores privados e consequentemente um real ambiente de disputa entre prestadores.

A alteração da lei do saneamento por meio da Lei Federal nº 14.026/2020 altera as perspectivas. A isso se somam as decisões do Supremo Tribunal Federal nas ADIs 1842 e 2077 quanto à titularidade dos serviços de saneamento. Esses movimentos permitem uma perspectiva distinta e um novo olhar sobre a forma prestacional.

Diz o atual art. 8º da Lei Federal nº 11.445/07 que os Municípios e o Distrito Federal são os titulares no caso de interesse local. Mas afirma a titularidade do Estado, em conjunto com os Municípios que compartilhem efetivamente instalações operacionais integrantes de regiões metropolitanas, aglomerações urbanas e microrregiões, instituídas por lei complementar estadual, no caso de interesse comum. Definiu a lei, ainda, que o exercício das competências decorrentes da titularidade também pode ser compartilhado na forma da gestão associada, prevista no art. 241 da Constituição Federal.

Assim, tem-se que titularidades isoladas ou compartilhadas, nesse último caso em função da caracterização de interesses comuns definidos por lei complementar estadual ou por acordo entre as unidades federadas envolvidas.

2   Para começar a conversa: como permitir a prestação regionalizada de serviços?

Recentemente, com a edição do Novo Marco de Saneamento Básico, reacenderam no debate público dissertações sobre a estruturação da prestação regionalizada de serviços. A norma

---

[5] Art. 10 na redação da Lei nº 14.026/20.

disciplina, como princípio fundamental, a busca da "prestação regionalizada dos serviços, com vistas à geração de ganhos de escala e à garantia da universalização e da viabilidade técnica e econômico-financeira dos serviços".

A conciliação interfederativa no saneamento sempre foi vista como alternativa presente e imprescindível para a universalização dos serviços. Mesmo antes do novo marco legal, os Estados já tinham à sua disposição a possibilidade de criação de regiões metropolitanas, aglomerações urbanas, microrregiões, e os entes federados em geral poderiam adotar de forma voluntária os mecanismos de gestão associada de serviços previstos no art. 241 da Constituição.

Todavia, tais opções sempre foram marcadas pelas complexidades inerentes à sua concretização, potencializadas, no caso do saneamento, pelas disputas em torno da titularidade dos serviços e pelas formalidades excessivas presentes na construção dos mecanismos de gestão associada.

Ao lado do tema da titularidade, a Lei Federal nº 14.026/2020 operou mudanças no conceito de prestação regionalizada, objetivando incentivar a criação de figuras regionais de prestação dos serviços.

Nos dizeres de Adriana Schier e Cristiana Fortini:[6]

> Além da orientação trazida pelo Novo Marco Legal em relação às parcerias público-privadas, o texto também estabelece que as normas de referência deverão estimular a adoção de técnicas do federalismo por cooperação, estimulando-se a prestação compartilhada dos serviços de saneamento básico, com a adoção de métodos, técnicas e processos adequados às características e necessidades regionais e locais. De acordo com a nova redação do art. 4º-A, §3º, V, da Lei 9.984/00, a regionalização da prestação dos serviços visa permitir sua viabilidade técnica e econômico-financeira, viabilizando o alcance de ganhos de escala e eficiência.

Neste cenário, são diversas as vantagens que a atuação conjunta dos entes políticos pode proporcionar aos administrados, apontando-se, dentre outras, a melhor utilização no uso de

---

[6] FORTINI, Cristiana; SCHIER, Adriana da Costa Ricardo. Novo Marco do Saneamento e a atividade regulatória. In: DAL POZZO, Augusto Neves. *O novo marco regulatório do saneamento básico*. São Paulo: Thomson Reuters, 2020, p. 342.

recursos existentes, que deverão ser implantados no planejamento, programação e execução dos serviços de interesse comum dos entes,[7] possibilitando o atendimento das necessidades da população que, diante de um quadro de escassez de recursos, não seria realizado.[8]

A prestação regionalizada de serviços de saneamento, em sua via, pode ser feita a partir de Unidades Regionais instituídas pelo governo Estadual, via lei, Blocos de Referência ou através de Regiões Metropolitanas.[9] Todas essas conformações exigem uma grande articulação e interlocução interfederativa para saírem do papel e se tornarem operacionais, o que não é tarefa simples!

A Constituição da República já dispôs sobre região metropolitana, aglomeração urbana ou microrregião; de se destacar que são criadas por lei complementar do Estado alcançando Municípios limítrofes, que delas participam de forma compulsória, e se norteiam pelos parâmetros de gestão e governança da Lei Federal nº 13.089/15, conhecida como Estatuto da Metrópole. A lógica é a do planejamento e execução de funções públicas de interesse comum conceituadas na Lei nº 13.089/2015, como "a política pública ou ação nela inserida cuja realização por parte de um Município, isoladamente, seja inviável ou cause impacto em Municípios limítrofe".

A unidade regional de saneamento básico é uma novidade trazida pelas alterações implementadas no marco legal de saneamento. A citada lei prevê que os Estados podem criar, mediante lei ordinária, agrupamento de Municípios "para atender adequadamente às exigências de higiene e saúde pública, ou para dar viabilidade

---

[7] FORTINI, Cristiana. Encampação e caducidade – competência dos consórcios públicos e as agências reguladoras no Brasil. *A&C Revista de Direito Administrativo e Constitucional*. Belo Horizonte, ano 8, n. 30, p. 141-151, out./dez. 2007.

[8] MEDAUAR, Odete; OLIVEIRA, Gustavo Justino. *Consórcios públicos*. Comentários à Lei nº 11.107/2005. São Paulo: RT, 2006, p. 23.

[9] A Prestação regionalizada pode se dar via: a) região metropolitana, aglomeração urbana ou microrregião: unidade instituída pelos Estados mediante lei complementar, de acordo com o §3º do art. 25 da Constituição Federal, composta de agrupamento de Municípios limítrofes e instituída nos termos da Lei nº 13.089, de 12 de janeiro de 2015 (Estatuto da Metrópole); b) unidade regional de saneamento básico: unidade instituída pelos Estados mediante lei ordinária, constituída pelo agrupamento de Municípios não necessariamente limítrofes, para atender adequadamente às exigências de higiene e saúde pública, ou para dar viabilidade econômica e técnica aos Municípios menos favorecidos; c) ou via bloco de referência: agrupamento de Municípios não necessariamente limítrofes, estabelecido pela União criado por meio de gestão associada voluntária dos titulares. Vide art. 3º, inciso VI, da Lei federal nº 11.445/07.

econômica e técnica aos Municípios menos favorecidos" (art. 3º, VI, "b" da Lei Federal nº 11.445/07). A busca de eficiência que também perpassa a questão da sustentabilidade econômica está na raiz do surgimento das unidades regionais.

Unidades regionais podem ou não envolver municípios limítrofes, e sua estrutura de governança, tema ao qual se retornará, deve observar o disposto no Estatuto da Metrópole, assim como as regiões metropolitanas, aglomerações urbanas e microrregiões.

Blocos de referência, previstos no art. 3º, VI, "c" da Lei Federal nº 11.445/07 também representam uma novidade e igualmente consistem em um agrupamento de Municípios "não necessariamente limítrofes", instituído pela União, de forma subsidiária aos Estados (art. 52, §3º da Lei Federal nº 11.445/07). A lei expressamente consigna que, no bloco de referência, sua criação se dá "por meio de gestão associada voluntária dos titulares" (art. 3º, VI, "c" da Lei Federal nº 11.445/07), ressalva inexistente no texto da lei para a hipótese das unidades regionais de saneamento.

Natália Resende, Isadora Cohen e Fernando Marcato ressaltam que o grande desafio correlato consiste na criação de modelos de governança eficientes e que viabilizem a gestão nesses moldes:

> Independentemente da modalidade de prestação dos serviços públicos de saneamento básico, seu titular deverá definir a entidade responsável pela regulação e fiscalização desses serviços. Outrossim, seja na gestão associada, seja na prestação regionalizada dos serviços, os titulares poderão adotar os mesmos critérios econômicos, sociais e técnicos da regulação em toda a área de abrangência da associação ou da prestação.
>
> Em todos esses modelos, são criados mecanismos de governança em que todos os Municípios, em conjunto, tomam a decisão de ter um subsídio cruzado e uma integração de seus serviços de saneamento (...).
>
> *A grande incógnita – e o correlato desafio – do novo marco é se o modelo de regionalização proposto vai conseguir chegar num sistema de governança e criar incentivo para que todos os Municípios cooperem entre si.*
>
> Consoante destacado, a impossibilidade de acessar recursos federais pode ser considerada como um incentivo. Mas vale lembrar que a lei não detalha, por exemplo, se um conjunto de Municípios poderá ficar sem acesso a recursos federais caso, ainda que integre uma das estruturas de governança de prestação regionalizada, não chegue a um consenso sobre como operar os serviços de maneira conjunta.
>
> Cabe ressaltar, ainda, que a adesão às unidades regionais e aos blocos de referência, como salientado, é voluntária. Novamente, o principal

incentivo para essa adesão é o acesso aos recursos federais. O desafio, a partir desse ponto, é compreender as nuances que tangenciam as regras e os limites para acessar esses recursos e verificar a sua suficiência para induzir o município a participar da solução regional.[10]

Nesse sentido, este artigo busca, justamente, identificar os principais desafios de governança que permitam, futuramente, a estruturação e o planejamento de projetos de saneamento regionalizados através de cada uma das estruturas citadas. Para isso, adotamos a seguinte questão-chave: Qual estrutura de governança[11] viabiliza e estimula a elaboração e implementação de projetos de prestação regionalizada de serviços públicos de saneamento básico?

Responder a essa pergunta é fundamental para que os futuros projetos de saneamento possam ser planejados. Também devemos lembrar que o Decreto Federal nº 10.588/20, atualizado em 2022 pelo Decreto nº 11.030, estabelece que as Unidades Regionais, Regiões Metropolitanas e Blocos de Referências devem estar devidamente constituídos e com suas estruturas de governança funcionando, de forma a permitir a liberação de verbas e financiamentos federais.

Feitos esses apontamentos, podemos começar esta análise pelas Regiões Metropolitanas, cujas estruturas de governança, segundo o Novo Marco de Saneamento, também devem ser seguidas pelas Unidades Regionais.[12]

3 Governança metropolitana: desafios na tomada de decisão e o exemplo do Rio de Janeiro

Para falar de Regiões Metropolitanas (RMs), devemos ir ao Estatuto da Metrópole, que estabelece uma estrutura mínima de

---

[10] RESENDE, Natália *et al*. Gestão associada da prestação dos serviços – o que muda com o Novo Marco Legal do Saneamento? *in* DAL POZZO, Augusto Neves. *O novo marco regulatório do saneamento básico*. São Paulo: Thomson Reuters, 2020, p. 198-199.

[11] Por "estrutura de governança" entende-se a organização, atribuições, composição e interlocução dos órgãos de decisão e planejamento cuja estrutura básica referencial é definida no Estatuto da Metrópole (2015).

[12] Segundo o art. 8º, §3º, da Lei nº 11.445/07: A estrutura de governança para as unidades regionais de saneamento básico seguirá o disposto na Lei nº 13.089, de 12 de janeiro de 2015 (Estatuto da Metrópole).

governança, composta por: (I) Uma instância executiva representada pelos Chefes do Poder Executivo dos entes federativos integrantes das unidades territoriais urbanas (geralmente denominada "conselho deliberativo ou de desenvolvimento"); (II) uma instância colegiada deliberativa com representação da sociedade civil (geralmente denominado "conselho consultivo"); e (III) uma organização pública com funções técnico-consultivas (que geralmente é instituída através de uma autarquia especial).

Além dos Parâmetros do Estatuto da Metrópole, o Supremo Tribunal Federal (STF) também vem trazendo alguns contornos à governança metropolitana. Conforme o decidido nas ADIs 1.842/RJ e 6.573/AL, no processo decisório das RMs que envolvam a discussão e aprovação de projetos de prestação regionalizada, um ente federado, seja o próprio Estado ou algum Município, não pode predominar sobre os outros. Ou seja, não pode deter a maioria dos votos ou concentrar poder decisório.

Nesse sentido, um dos principais pontos dessa governança diz respeito à instância executiva, sem a qual nenhuma decisão de interesse metropolitano pode ser tomada. Olhar a forma como essas decisões são tomadas se mostra essencial para reconhecer ou não a operacionalidade das instâncias de governança de uma RM.

Para tornarmos esse debate mais didático, ilustrando pontos de destaque e de aprimoramento em estruturas de governança metropolitana, podemos nos valer do exemplo da Região Metropolitana do Rio de Janeiro (RMRJ), umas das primeiras do país a estruturar um projeto de concessão de prestação regionalizada de saneamento.[13] Além disso, esta RM tem sido apontada como uma das que possui um dos modelos mais interessantes de governança, permitindo a estruturação de projetos interfederativos, mesmo que ainda se façam necessárias revisões em sua organização.[14]

Na RMRJ, o Conselho Deliberativo (CDRMRJ) funciona como um corpo colegiado que toma as decisões acerca da aprovação ou não de projetos de prestação regionalizada de serviços públicos, entre os quais se incluem os de saneamento básico.

---

[13] Veja-se: http://www.concessaosaneamento.rj.gov.br/. Acesso em: 11 abr. 2022.
[14] Veja-se: https://www.jota.info/opiniao-e-analise/colunas/infra/regiao-metropolitana-rio-de-janeiro-disputas-politicas-convergencias-12112021. Acesso em: 07 abr. 2022.

A composição do órgão engloba o Governador do Estado e todos os prefeitos dos Municípios integrantes da RMRJ. Além disso, também há a presença de três representantes da sociedade civil, provenientes do Conselho Consultivo da RMRJ e nomeados a partir de votação no mesmo.

As decisões são tomadas a partir de uma votação de seus membros *em uma estrutura ponderada de votos*[15] em que nenhum dos entes detém a maioria dos votos (como exigido pelo STF). Em suma, tem-se que *a tomada de decisão do Conselho Deliberativo depende de duas condicionantes cumulativas*: (I) atingimento de cerca de 60% (⅗) do total de votos dos membros do Conselho Deliberativo; (II) exigência do voto favorável da maioria simples dos representantes presentes do Conselho Consultivo.

O ponto de atenção, nessa sistemática, é justamente a presença de três representantes da Sociedade Civil. O *efeito prático dessa estrutura decisória é que se torna possível barrar uma decisão, a ser tomada no Conselho Deliberativo com um simples voto contrário dos representantes do Conselho Consultivo presentes*. Na prática, estabelece-se um poder de veto às deliberações metropolitanas.

Em resumo, mesmo que a maioria majoritária dos Municípios, em conjunto com o Estado, vote de forma favorável ou contrária a um projeto, podem os representantes do Conselho Consultivo, por maioria simples entre si mesmos, reverter o resultado obtido. Essa estrutura pode gerar uma série de consequências danosas ao tirar, na prática, grande poder decisório do conjunto dos entes federados reunidos no Conselho Deliberativo.

Tal problemática *pode se agravar ainda mais ao rememorarmos a forma de eleição desses três representantes*. Conforme disciplinado na Resolução nº 02/2019 do Conselho Deliberativo, em seu art. 10, parágrafo único, "a indicação dos três representantes da sociedade civil respeitará segmentação tripartte exposta no artigo 18 da Lei Complementar nº 184/18, em seus incisos III, IV e V, onde (*sic*) cada grupo social indicará seu próprio representante, sendo eleitos por maioria simples e em turno único".

Ao consultar a legislação, tem-se que a mencionada segmentação diz respeito aos representantes que são diretamente nomeados

---

[15] Um detalhamento maior dessa sistemática pode ser consultado no art. 10 da LC 184/18.

pelo Governador de Estado. Ou seja, os representantes do setor empresarial, dos órgãos de classe, da Academia e de Organizações Não Governamentais. Com isso, os três representantes do Conselho Consultivo, participantes do Conselho Deliberativo, são eleitos dentro do grupo dos indicados pelo Governador, excluindo-se a apreciação e possibilidade de candidatura daqueles membros do Conselho Consultivo que não são indicados pelo Chefe do Executivo estadual.

O efeito prático da medida é que o Governador, apesar de não ter um poder de veto formal sobre os projetos metropolitanos, poderia intentar proceder alguma iniciativa de veto informal através de representantes que foram previamente nomeados pelo mesmo (gerando um desequilíbrio federativo que pode prejudicar o bom andamento de projetos metropolitanos). Além disso, a despeito dos membros do Conselho Consultivo possuírem mandato fixo de 4 (quatro) anos, esses são coincidentes com o do Governador do Estado, dificultando uma independência plena de atuação.

Pontua-se que esse possível efeito prático de "sanção indireta" do Governador é uma hipótese, não se podendo afirmá-lo concretamente, isso porque os membros do Conselho Consultivo continuam condicionados à prévia aprovação do Conselho Deliberativo. Uma boa articulação e negociação política, contudo, poderia contribuir para alguma forma de representação das vontades do Governador com os representantes da Sociedade Civil que estejam presentes no CDRMRJ.

O que podemos afirmar, entretanto, é que o sistema de nomeação e da possibilidade de veto dos projetos metropolitanos pelos três representantes do Conselho Consultivo introduz um risco de desequilíbrio de representatividade na tomada de decisão do Conselho Deliberativo. A depender do contexto político de cada época, pode o Governador intentar nomear membros do Conselho Consultivo que representem, em tese, seus interesses, reproduzindo-os no Conselho Deliberativo.

Um segundo problema de Governança, que podemos destacar, diz respeito à possível alteração da estrutura de votos ponderados na RMRJ, a partir da integralização de recursos no Fundo de Desenvolvimento da RMRJ (fundo contábil cujas verbas são destinadas à implementação de projetos e atividades metropolitanas).

Em resumo, conforme dita o art. 10, §3º, da LC nº 184, "quando houver aporte de recursos por parte dos entes elencados por esta Lei, o peso de cada entidade será proporcional ao valor integralizado".

O efeito prático da decisão é que a estrutura de votos no Conselho Deliberativo (responsável pela tomada das decisões metropolitanas) pode ser desvirtuada com um ente federado podendo predominar sobre os outros, a depender de sua contribuição financeira para o Fundo de Desenvolvimento Metropolitano. Pontua-se, contudo, que não há clareza o suficiente de como seria feito o cálculo dos votos a partir da integralização de recursos no mesmo.

A Resolução nº 01/19 editada pelo Conselho Deliberativo (que também regulamenta o uso do Fundo), apesar de rememorar a possibilidade de alteração da estrutura de votos ponderados, também não especifica em que termos seria feita a integralização, não prevendo mecanismos para que um ente federado não possa deter a maioria dos votos do Conselho Deliberativo.

Portanto, até o presente momento, não se pode afirmar como funcionaria, na prática, a alteração na estrutura de votação do Conselho Deliberativo. O que se identifica, contudo, é mais um risco de possíveis desvios que o processo decisório na RMRJ pode vir a sofrer em um período futuro.

Tem-se que esses dois problemas de governança mapeados podem comprometer o estímulo à livre estruturação de projetos de serviços regionalizados de saneamento no âmbito metropolitano.

Outras RMs que busquem reestruturar suas estruturas de governança devem levar esses pontos em consideração. Por isso, pensar uma estrutura decisória que confira real poder decisório, de forma equilibrada, aos entes federados componentes de uma RM, mostra-se essencial para evitar paralisias e vetos aos projetos de prestação regionalizada de saneamento.

Nessa linha, cumpre salientar que a estrutura básica de governança da Região Metropolitana do Rio de Janeiro, apesar das possíveis problemáticas reveladas, apresenta-se, a nosso ver, como minimamente adequada ao planejamento e estruturação de Serviços Públicos Regionalizados, podendo ser considerada como bom exemplo de estruturação de governança, corrigidas as eventuais inadequações destacadas neste artigo. *Isso porque a legislação metropolitana fluminense inova ao prever um sistema claro de competências não só da RMRJ, mas também de seus órgãos de governança.*

O Conselho Deliberativo funciona como uma instância decisória, determinando quais projetos serão modelados, aprovando os estudos e minutas elaboradas e autorizando a implementação prática desses seja através de sua atuação direta ou da delegação de serviços ou competências para outros entes ou órgãos que devem atuar em nome da Região Metropolitana.

A estrutura de votos ponderados, organizada pela Resolução nº 01/19, faz com que nenhum ente federado possa, na prática, barrar ou obrigar a implementação de um projeto, independente da opinião dos outros entes (ressalvados os riscos de predominação de vontades, conforme pontuado). Com isso, assegura-se a busca do verdadeiro interesse metropolitano, em linha com as diretivas dadas na ADI 1.842.

Já o Instituto Rio Metrópole, autarquia da RMRJ, desempenha a natureza executória das decisões tomadas pelo Conselho Deliberativo. O mesmo pode atuar tanto nos momentos de modelagem de um projeto de interesse metropolitano ou comum, através da elaboração de estudos referentes aos mesmos, quanto nas fases de licitação e acompanhamento de um projeto. Além disso, há a autorização expressa para que o Rio Metrópole possa contratar terceiros para auxiliar o desenvolvimento de suas atividades, o que é de grande importância, já que viabiliza o aproveitamento da *expertise* privada na estruturação de projetos como concessões de saneamento.

No âmbito financeiro, destaca-se a previsão da possibilidade do uso de outorgas, multas e taxas que sejam obtidas com projetos metropolitanos, como as concessões de saneamento, para obtenção de recursos para financiamento das obrigações de investimentos e custeio da RMRJ. A medida é relevante, pois permite uma fonte de recursos independente da necessidade de dotações e previsões orçamentárias em benefício do Fundo de Desenvolvimento Metropolitano.

Em relação ao Conselho Consultivo, resolveu a estrutura de governança da RMRJ congregar, em um mesmo órgão, atores políticos e da sociedade civil com interesses, muitas vezes, divergentes. A dificuldade de se chegar a consensos, contudo, não constitue óbices à implementação de projetos por parte do

Conselho Deliberativo. Isso porque o primeiro desempenha apenas atribuições opinativas, não sujeitando projetos à paralisia decisória. Ao mesmo tempo, as opiniões expressas pelo Conselho Consultivo conferem legitimidade popular aos projetos adotados pelo Conselho Deliberativo, além de viabilizarem o acompanhamento de contratos e iniciativas de infraestrutura que já estejam em execução.

Em conclusão, o saldo para RMRJ demonstra ser positivo. Estados interessados em criar uma boa estrutura de governança metropolitana podem se valer do exemplo fluminense como fonte de inspiração, estando, contudo, sempre atentos às recomendações aqui pontuadas e às necessidades específicas características de cada Região Metropolitana.

4 Unidades regionais: desafios na estruturação

Como citado ao início deste artigo, a estrutura de governança das Unidades Regionais (URAEs) deve observar aquelas das Regiões Metropolitanas, cujos alguns pontos de atenção foram destacados no tópico anterior.

Contudo, para, além disso, as URAEs também apresentam alguns desafios adicionais durante a sua estruturação interfederativa. Ocorre que o art. 8º, §2º, da Lei nº 11.445/07 determina que as Unidades Regionais de Saneamento devem *"contemplar, preferencialmente, pelo menos 1 (uma) região metropolitana"*, facultada a sua integração por titulares dos serviços de saneamento. O problema da medida é que se introduzem inúmeras questões. Como conciliar as estruturas de uma Governança Metropolitana apartada com aquelas estruturas da própria URAE (mesmo que as duas sejam semelhantes)?

Nesse sentido, inúmeros pontos de atenção devem ser considerados. Os Municípios de uma URAE devem ter em mente que suas opiniões podem ter pouco peso na conformação dos projetos finais. Também há pouca clareza sobre a forma como as decisões seriam tomadas, sobre quem regularia os serviços, modelaria projetos entre outros. A paralisia decisória decorrente de um arranjo tão complexo pode ser o problema da junção da governança de RMs com a de URAEs.

Além disso, a faculdade de integração de um titular à URAE é outro problema. Municípios, importantes para a viabilidade econômico-financeira de uma URAE, podem buscar fazer suas próprias concessões e projetos de saneamento de forma apartada. A falta de interesse de alguns municípios de médio e grande porte pode acabar inviabilizando a operacionalidade de uma URAE, por falta de demanda e atratividade comercial em um pleito de concessão, por exemplo.

Devemos pontuar que o art. 8º, §2º, da Lei nº 11.445/07 determina que as unidades regionais de saneamento básico devem apresentar sustentabilidade econômico-financeira, premissa para que recebam apoio federal nos termos do Decreto Federal nº 10.588/20. Assim, problemas na estruturação da macrogovernança de Unidades Regionais (acerca de sua composição e eventual articulação com estruturas de Regiões Metropolitanas) podem colocar em risco potenciais projetos de prestação regionalizada.

A dica é que os Estados sejam cuidadosos ao pensarem e regulamentarem as estruturas de governança de suas URAEs, estando atentos aos possíveis problemas futuramente enfrentados, de forma a permitir que elas se tornem ponto de referência na prestação regionalizada de saneamento básico.

5 Blocos de Referência: algumas sugestões de governança

Apresentados os desafios e pontos de atenção da governança das Regiões Metropolitanas e das Unidades Regionais, para permitir a organização e implementação de projetos de prestação regionalizada de saneamento, chega o momento de falar dos Blocos de Referência (BRs).

Os BRs adotam, sobretudo, uma organização semelhante à dos Consórcios Públicos (que podem, inclusive, ser transformados em BRs), compostos por diferentes Municípios. O papel da União ganha protagonismo aqui, visto que os Estados não precisam participar desses Blocos. Na realidade, é a própria União a responsável por organizar e instituir os BRs.

A governança desses órgãos deve ser embasada em um sistema de gestão associada voluntária dos titulares, cujos melhores direcionamentos seriam dados em regulamentação federal. Contudo, as informações que temos sobre a governança desses blocos vêm até aqui. Isso porque as referidas normatizações ainda não foram editadas. Mesmo assim, podemos sugerir algumas boas práticas que podem ser importantes para criar Blocos de Referência operacionais e capazes de estruturar projetos de prestação regionalizada.

Nesse sentido, um bom exemplo é o consórcio da Bacia PCJ, no Estado de São Paulo, que busca gerir os recursos hídricos das Bacias dos Rios Piracicaba, Capivari e Jundiaí, sendo uma associação de direito privado sem fins lucrativos, planejando e realizando atividades para a recuperação dos mananciais de sua área de abrangência.

A governança do Consórcio conta com 5 (cinco) órgãos principais:[16] (I) um Conselho de Associados, composto por Prefeitos, responsável pela tomada de decisões; (II) um Conselho Fiscal que acompanha a aplicação dos recursos financeiros do Consórcio; (III) uma Secretaria Executiva com equipes técnicas e administrativas; (IV) uma Plenária de Entidades, de função Consultiva, composta por representantes da Sociedade Civil; (V) um Conselho de Transição que tem como objetivo conduzir o Consórcio PCJ durante a vacância dos prefeitos na presidência da entidade em função das eleições municipais.

Essa estrutura de governança tem a vantagem de associar órgãos de competências decisórias com outros de viés técnico, que poderiam, no caso dos BRs, desempenhar funções de estruturação e acompanhamento de serviços de prestação regionalizada. Além disso, a paralisia decisória também é evitada em momentos delicados, como os das eleições municipais, através de um Conselho de Transição.

Isso não significa que a futura regulamentação federal deve recriar essas estruturas em seus Blocos. Contudo, ter em mente essas questões – de relacionamento decisório com o técnico – pode ser fundamental para criar uma estrutura de governança que permita a real gestão associada de projetos de prestação regionalizada de saneamento básico.

Conclusão: ainda é tempo de mudar e se readequar

Como visto nos tópicos anteriores, ainda são grandes os desafios para se criar estruturas de governança que possibilitem

---

[16] Veja-se: https://agua.org.br/nossa-estrutura/. Acesso em: 07 abr. 2022.

a boa interlocução interfederativa e funcionalidade de órgãos que permitam a estruturação, implementação e o gerenciamento de projetos de prestação regionalizada de Saneamento em Regiões Metropolitanas, Unidades Regionais e Blocos de Referência.

Contudo, ainda há tempo para avaliar os problemas e buscar a aprimoração da governança dos diferentes mecanismos que permitem a implementação de serviços regionalizados de saneamento básico.

Pensar em órgãos de natureza técnica, que possibilitem a modelagem, contratação de terceiros e o gerenciamento de projetos pode ser fundamental para o sucesso de modelos regionalizados. Mecanismos que busquem evitar a concentração, bem como a paralisia decisória, também são fundamentais para esse objetivo. Afinal, ainda não é tarde! Ainda há tempo para mudar, inovar e regulamentar estruturas de governança que permitam a prestação conjunta de serviços públicos, com destaque para o saneamento.

Informação bibliográfica deste texto, conforme a NBR 6023:2018 da Associação Brasileira de Normas Técnicas (ABNT):

FORTINI, Cristiana; COHEN, Isadora; CADEDO, Matheus. Prestação regionalizada de saneamento básico e seus desafios de governança; Análise das estruturas de governança interfederativa. *In*: ZULIANI, Geninho; DAL POZZO, Augusto Neves (coords.). *Saneamento básico*: uma lei e um marco. Belo Horizonte: Fórum, 2023. p. 19-35. ISBN 978-65-5518-485-3.

AVANÇOS E DESAFIOS DO NOVO MARCO LEGAL DO SANEAMENTO NO SETOR DE RESÍDUOS SÓLIDOS

LUIZ GONZAGA ALVES PEREIRA

1 Introdução

O novo Marco Legal do Saneamento (Lei nº 14.026/2020), um avanço significativo no sentido de estimular investimentos, incentivar a participação da iniciativa privada e viabilizar a prioritária universalização dos serviços, merece análise específica de seus impactos positivos no contexto do que se chama genericamente de lixo. Nesse sentido, criou condições mais concretas e exequíveis para o cumprimento da Política Nacional de Resíduos Sólidos (PNRS), instituída pela Lei nº 12.305, de 2 de agosto de 2010, que segue atual, pertinente e importante, embora com poucos efeitos práticos. Seus dois eixos principais são a logística reversa, pela qual cada cadeia de suprimentos deve responsabilizar-se pelo recolhimento e destinação final dos respectivos produtos usados e embalagens, e a gestão adequada dos resíduos sólidos, que inclui reciclagem, tratamento, recuperação energética e disposição em aterros sanitários.

Pois bem, o novo Marco Legal do Saneamento Básico tem tudo para transformar esses pressupostos legais em realidade concreta, em benefício do meio ambiente, da saúde pública, da agenda climática e da economia sustentável. Para isso, em primeiro lugar, extinguiu o modelo denominado *contrato de programa*. Tal modalidade permitia que empresas estatais fossem contratadas sem licitação e, portanto, sem a saudável concorrência privada. Tratava-se de um verdadeiro convite ao clientelismo e ao fisiologismo, vícios que precisam ser cada vez mais combatidos e extirpados do universo político e do setor público, dando lugar ao *compliance*, à ética e à transparência.

Assim, o grande aprimoramento do novo Marco Legal é justamente ampliar a participação do setor privado na prestação dos serviços, não só de água e esgoto, como de coleta, tratamento, transporte e destinação final dos resíduos sólidos. E faz isso com a obrigatoriedade de licitações e o fim da modalidade de *contratos de programa*, não apenas no que diz respeito a um município ou Estado, como também a consórcios entre dois ou mais entes federados. Também possibilita, o que é essencial, a sustentabilidade econômico-financeira dos serviços, com sua cobrança específica, como já ocorre com os sistemas de água, energia elétrica e telecomunicações, entre outros.

Essas são condições que destravam a PNRS. A lei completou 12 anos em 2022 sem que se atendesse a uma de suas mais importantes determinações – a de erradicação dos *lixões* no País, que, segundo seu texto original, deveriam ter sido extintos até agosto de 2014.

2 Contexto demográfico e universalização dos serviços

Ao se analisar o cenário demográfico brasileiro, entende-se melhor o significado do novo Marco Legal do Saneamento e seu potencial para reparar equívocos históricos e resgatar parte expressiva da dívida do poder público perante a sociedade, relacionada à qualidade da vida. Considerando que cerca de 90% dos brasileiros vivem em áreas urbanas e que mais da metade concentra-se em apenas 5,6% das cidades, sendo todas estas com mais de 100 mil habitantes (IBGE), constata-se a importância das políticas públicas relativas aos municípios. Dentre elas, três eixos prioritários devem ser contemplados simultaneamente: água/esgoto, coleta e destinação de resíduos sólidos e habitação.

Quanto ao primeiro, o diagnóstico é muito claro. Segundo dados recentes do Sistema Nacional de Informações sobre Saneamento (SNIS), 83,5% dos habitantes do Brasil são servidos por rede de água, mas somente 52,4% contam com esgoto coletado, do qual apenas 46% são tratados. É preciso considerar, ainda, que, estatísticas à parte, há bolsões, tanto regionais, como nos próprios ambientes urbanos, nos quais o déficit de saneamento básico é bastante acentuado, muito acima da média nacional.

Há, ainda, o grave problema dos *lixões*, cujo total era de 3,2 mil até a promulgação do Marco Legal do Saneamento, e cujo processo de extinção ainda está incipiente, embora mais promissor, conforme será possível observar mais adiante neste artigo. Infelizmente, ainda sofremos com essas excrescências ambientais, que ameaçam o meio ambiente e a saúde pública. Estima-se que, no Brasil, 95 milhões de pessoas sejam atingidas direta ou indiretamente por força dos *lixões*, segundo estimativas de 2020 da Associação Brasileira de Empresas de Limpeza Pública e Resíduos Especiais (Abrelpe).

A extinção dos ultrapassados e nocivos depósitos de lixo – que também incluem os chamados aterros controlados, tão inadequados quanto – exige a construção de 500 aterros sanitários regionais em todo o País, de acordo com estimativa que fizemos na Associação Brasileira de Empresas de Tratamento de Resíduos e Efluentes (Abetre). O investimento nesse grande empreendimento, segundo as entidades do setor, é estimado em R$2,6 bilhões, valor pequeno, considerando que o governo gasta, anualmente, cerca de R$3 bilhões no tratamento de saúde de pessoas que ficam doentes por causa da contaminação provocada pelos *lixões*. Levando-se em conta que cada ser humano gera em média 380 quilos de resíduos por ano, e que este número vem aumentando, fica evidente também a necessidade de investimento em educação ambiental.

É inegável que a solução dos passivos nacionais referentes a água, esgoto, coleta, tratamento, transporte e destinação final do lixo ganhou uma perspectiva mais promissora a partir do novo Marco Legal do Saneamento, que, como dissemos anteriormente, viabiliza a participação da iniciativa privada e parcerias desta com o setor público (PPP), por meio de licitações livres e abertas não apenas a companhias estatais, para a gestão dos sistemas e todas as atividades a eles inerentes, bem como a realização dos investimentos necessários. É importante, porém, que prefeitos e vereadores saibam como tirar o melhor proveito da nova legislação e tenham vontade política para convertê-la em avanços concretos nessas áreas tão fundamentais.

O terceiro eixo ao qual me referi, a habitação, além de seu significado intrínseco para o atendimento ao direito à moradia digna, também é relevante para o meio ambiente urbano. Casas e condomínios legalmente construídos, em áreas e ruas regulamentadas, atendem de modo mais correto à disposição e coleta do lixo. Obviamente, em ocupações ilegais – nas quais predominam construções precárias, barracos e palafitas, e não há ruas adequadas ao trânsito de veículos coletores – ocorre maior disposição inadequada de resíduos e seu indevido acúmulo, somando-se, na maior parte dos casos, à ausência de sistemas de esgotos e até mesmo de água potável.

A dimensão do problema fica clara quando se constata que faltam 7,7 milhões de residências no Brasil para que a população desfrute o direito a condições dignas de vida, segundo a Pesquisa Nacional por Amostra de Domicílios (Pnad/IBGE/2021). Adicionalmente, estudo da Associação Brasileira de Incorporadoras Imobiliárias (Abrainc), em parceria com a Fundação Getúlio Vargas (FGV), mostra que o déficit habitacional vem aumentando, sobretudo a partir de 2013. Não obstante os esforços do Governo Federal e de programas nas esferas estaduais e municipais, novas políticas públicas de incentivo ao capital privado são absolutamente necessárias.

Para exemplificar, cito o centro da cidade de São Paulo, a maior do Brasil. Na região, poderiam ser criadas condições urbanísticas incentivadas para produção de novas e mais baratas unidades habitacionais, aproveitando toda a infraestrutura local, já instalada e em grande parte ociosa. Por meio de mudanças no aumento do potencial construtivo, taxa de ocupação e limite de altura e isenção de IPTU, entre outras medidas possíveis, a prefeitura poderia concentrar rapidamente bilhões em investimentos na região, mudando o triste cenário de abandono, com centenas de prédios e lojas fechados.

3 A jornada ambiental e cívica da erradicação dos *lixões*

A prioritária cruzada ambiental para a extinção dos *lixões*, após a grande vitória inicial representada pela sanção do Marco Legal do Saneamento, apresenta avanços e alguns revezes, mas segue caminhando, embora em ritmo aquém do desejável. Cabe lembrar que os municípios das regiões metropolitanas, segundo a nova lei, tinham prazo até 2 de agosto de 2021 para começar a destinar o lixo de modo correto. Entretanto, até fevereiro de 2022, seis meses depois, portanto, 337, sendo três capitais, continuavam irregulares, utilizando *lixões* ou aterros em desconformidade com os padrões de engenharia. É o que demonstrava a última atualização, até a data de fechamento deste livro, do *Atlas da Destinação Final de Resíduos*, organizado pela Abetre, sobre o qual falaremos com maior detalhe mais adiante. O levantamento refere-se ao último trimestre do ano de 2021.

Estamos nos referindo aqui a uma situação gravíssima tanto para o meio ambiente como para a saúde pública. Há diversos caminhos e opções para que os governantes resolvam essa questão dos *lixões*, com alternativas válidas e eficientes. É preciso parar de empurrar os problemas para debaixo do tapete, procrastinando cada vez mais algo que tem solução.

Segundo o Instituto Brasileiro de Geografia e Estatística (IBGE), as regiões metropolitanas do Brasil compreendem um total de 1.294 municípios. É lamentável que 337, ou 26% do total, continuem descumprindo uma determinação legal. O cenário mostrado no *Atlas da Destinação Final de Resíduos* serve de alerta, pois marca a metade do caminho até a próxima fase de implementação do Marco Legal do Saneamento. A nova etapa, em vigor a partir de 2 de agosto de 2022, abrange as cidades com mais de 100 mil habitantes. Seguem-se: entre 50 mil e 100 mil habitantes, até 2023; e menos de 50 mil habitantes, até 2024.

É preciso que sociedade, governantes, senadores, deputados federais e estaduais, prefeitos e vereadores entendam com clareza a gravidade da questão e sejam resilientes na defesa do que estabeleceu o Marco Legal do Saneamento, em contraposição a tentativas de retrocesso. Uma delas, como exemplo do que pode ocorrer, está em curso na Câmara dos Deputados desde abril de 2021. Trata-se do Projeto de Lei nº 01414/21, do deputado federal Dr. Leonardo (Solidariedade-MT), que propõe a prorrogação por dois anos das datas determinadas pela lei. Alegação refere-se aos impactos da pandemia. Com isso, ocorreria retrocesso no processo, que já demorou mais de 10 anos para ser iniciado.

Havendo a postergação ou o não cumprimento das normas, a situação já ganha ares de retrocesso, considerando que a lei vem sendo descumprida por numerosos municípios. Com mais um adiamento, a situação de degradação ambiental seria muito agravada, pois milhões de pessoas continuariam convivendo com o lixo e sujeira em situação de indignidade.

4 Autonomia econômico-financeira e investimentos na gestão de resíduos

Um dos reflexos da sanção do novo Marco do Saneamento pode ser observado na carteira de investimentos do BNDES (Banco Nacional de Desenvolvimento Econômico e Social) no setor. Até novembro de 2021, haviam sido contempladas 11 proposições, somando o aporte de R$47,3 bilhões. Os números, contudo, referem-se, em sua grande maioria, à água e ao esgoto. Significativo estímulo ao fomento de projetos e investimentos na coleta, transporte e destinação ambientalmente correta dos resíduos sólidos seria a garantia da viabilidade econômico-financeira e, portanto, da sustentabilidade dos contratos, concessões ou parcerias público-privadas.

Nesse sentido, a lei, embora não obrigue, permite a criação de taxas específicas para esses serviços, cuja não adoção implica compulsória justificativa da origem dos recursos para a finalidade, sob risco de caracterização de renúncia de receita. O conceito é que as cidades tenham autonomia e condições de prestar sempre um atendimento de excelência nessa área tão fundamental para o meio ambiente e a saúde pública, sem a necessidade de utilização dos recursos de seu orçamento regular.

Sem a tarifação referente aos resíduos sólidos, que é análoga a de água/esgoto, energia elétrica, telefonia e internet, o que se verifica atualmente é um imenso grau de inadimplência das prefeituras perante as empresas prestadoras desses serviços, que são prioritários, indispensáveis e fundamentais. O risco de não serem remunerados ou até mesmo de terem de arcar de modo precário e com prejuízo com uma atividade que não pode ser paralisada desestimula os potenciais investidores e as parcerias com o setor público.

Por isso, é importante que os prefeitos e vereadores de todo o Brasil tenham mais consciência sobre essa questão, revertendo um traço cultural anacrônico e o dogma de que o Estado é obrigado a coletar gratuitamente os resíduos gerados pela sociedade e cada cidadão. Ninguém questiona a cobrança de energia, água, gás ou telefone, serviços que têm exatamente a mesma natureza e conceito da gestão do lixo.

É preciso quebrar esses paradigmas, pois os desafios são grandes e persistentes. Apesar dos avanços verificados desde a promulgação do Marco Legal do Saneamento, ainda há milhares de *lixões* ou aterros controlados ilegais ativos no País, poluindo o ambiente e causando danos à saúde da população. É preciso extingui-los e construir aterros sanitários ecologicamente corretos para substituí-los, o que exige, como já detalhamos anteriormente, vultoso investimento, dificultado pelo risco de inadimplência e/ou inviabilidade econômico-financeira dos projetos.

É pertinente salientar que investimentos em saneamento urbano em geral melhoram os índices de qualidade da vida. Estudos feitos pela Organização Mundial da Saúde (OMS) mostram que a cada dólar investido no setor, economizam-se quatro em saúde. Com a melhoria desses indicadores constata-se a redução dos atendimentos hospitalares e óbitos e a melhoria das condições sanitárias das cidades.

Temos amplas oportunidades, abertas pelo Marco do Saneamento, de promover um avanço histórico nessa questão prioritária, com aporte expressivo de capital, geração de empregos, redução da emissão de gases de efeito estufa, ganhos ambientais e sustentabilidade socioeconômica. Portanto, não devemos mais perder tempo em função de um equivocado conceito de paternalismo estatal, incongruente com as democracias do Século 21.

Cabe lembrar que, segundo o Marco Legal do Saneamento, as prefeituras que não optem por instituir cobranças específicas para coleta, tratamento, transporte e destinação final dos resíduos sólidos devem declarar expressamente "renúncia de receita" e informar com quais recursos os serviços serão custeados. Os municípios deveriam ter adotado a medida até julho de 2021.

O descumprimento da lei é outro fator que também afugenta investimentos privados no segmento, dada a insegurança quanto à sustentabilidade econômico-financeira dos serviços. Reitero que o novo Marco Legal do Saneamento estabelece a livre concorrência para a concessão ou contratação da coleta, transporte e destinação dos resíduos sólidos. Entretanto, empresas privadas relutam, ante o risco de inadimplência, que já é grande nos contratos em vigor.

Diante do problema, é urgente uma nova regulamentação, mais clara e incisiva, sobre a questão da cobrança. Também é importante a conscientização dos prefeitos que hesitam em instituir a cobrança, temerosos de eventuais ônus eleitorais. Entretanto, mitigar os danos ambientais e o prejuízo à saúde pública é uma prioridade, cujo atendimento, além de responsabilidade dos gestores, pode render justos e mais concretos dividendos políticos.

5 Guia de orientação aos municípios para a viabilidade econômica da gestão de resíduos

Dada a incompreensão ainda grande no Brasil relativa ao desafio de implementar um sistema econômico e financeiramente sustentável para a gestão do lixo urbano, a Abetre tem buscado alternativas no sentido de contribuir para a solução dos gargalos operacionais. Por isso, a entidade firmou acordo de cooperação técnica com o Ministério do Meio Ambiente para criar o *Concessão*. Trata-se de um guia prático e gratuito para subsidiar os prefeitos na implementação do modelo adequado para os serviços.

Cabe considerar a importância de oferecer informação qualificada aos municípios para ajudá-los a superar as dificuldades fiscais e orçamentárias relativas à implantação de serviços eficazes em área tão crucial para o meio ambiente e a saúde pública. O guia foi concebido para indicar como promover a sustentabilidade econômico-financeira dos serviços de resíduos conforme estabelece a legislação.

Levando em conta a dificuldade dos pequenos municípios, que não têm condições orçamentárias para a construção e manutenção de aterros sanitários e vivem em dificuldades para realizar a coleta e destinação dos resíduos, o guia orienta os prefeitos a cumprirem as exigências do novo Marco Legal do Saneamento. É demonstrado como é possível arrecadar somente o que se gasta, ter a sustentabilidade dos custos e os caminhos para garantir a valorização dos resíduos. São avanços fundamentais para a universalização e melhoria dos serviços.

Passos relevantes para a adequação das contas públicas são realizar a concessão regionalizada desses serviços e aderir a esse modelo. Ao abordar os benefícios da concessão regionalizada, o guia da Abetre acentua como essa alternativa proporciona ganhos em escala. Além disso, explica como os custos operacionais poderão ser diluídos entre os participantes de acordos e consórcios municipais entre duas ou mais cidades.

Um bom exemplo é a concessão de aterros sanitários regionais, que garantem a autossuficiência financeira, além de extinguir o descarte irregular de lixo, por exemplo. Nesse sentido, o guia é uma ferramenta acessível, de fácil entendimento e pensada para melhorar a gestão de resíduos sólidos. O *Concessão* é gratuito. Os leitores interessados poderão acessá-lo no site da Abetre (http://abetre.org.br/guia-de-concessao/). A publicação contém o passo a passo de como aderir ao movimento de aprimoramento da gestão municipal dos resíduos sólidos.

6 O relevante *case* de Joinville

Para ilustrar a importância da gestão correta dos resíduos sólidos e a viabilidade de sua sustentabilidade econômico-financeira, cabe apresentar exemplos exitosos, com ganhos efetivos para a sociedade. Um deles encontra-se no Estado de Santa Catarina, onde Joinville é um dos *cases* de sucesso. Ao criar, em dezembro de 1999, a cobrança para os serviços de coleta e remoção de resíduos, a movimentação de aterro, tratamento e destinação final do lixo coletado e todos os demais serviços de limpeza urbana, foi um dos primeiros municípios brasileiros com projeto de Concessão de Serviços de Manejo de Resíduos Sólidos Urbanos, objetivando viabilizar os investimentos na modernização e eficiência dos serviços de manejo de resíduos sólidos urbanos. Assim, foi também pioneiro em promover um padrão de performance operacional, ao antever um direcionamento que viria com a Política Nacional de Resíduos Sólidos (Lei nº 12.305/2010) e com o renovado Marco Legal do Saneamento.

7 O atlas dos resíduos sólidos

Segundo o último levantamento da Abetre, até a conclusão do texto deste livro, 645 *lixões* foram fechados (é bom frisar que a palavra correta aqui é *fechados*, e não encerrados) no Brasil desde 2019. Os dados constam do *Atlas da Destinação Final de Resíduos*, produzido e atualizado periodicamente pela entidade. Trata-se de outra ferramenta de apoio ao poder público e à sociedade, visando contribuir para o cumprimento do Marco Legal do Saneamento e os avanços ininterruptos na gestão da coleta, tratamento, transporte e acondicionamento apropriado do lixo.

O atlas baseia-se em pesquisas em numerosas fontes, como prefeituras, órgãos estaduais e municipais de meio ambiente e o SINIR (Sistema Nacional de Informações sobre a Gestão dos Resíduos Sólidos), instituído em julho de 2019 pelo Governo Federal e cuja construção também teve o apoio da entidade. Os vários programas do Ministério do Meio Ambiente, com o qual a Abetre mantém acordo de cooperação técnica desde o início de 2019, começam a mostrar resultados positivos. São passos importantes, depois de uma década na qual a Política Nacional de Resíduos Sólidos (PNRS) ficou patinando na inércia – desde sua instituição pela Lei nº 12.305, em 2010.

Em março de 2021, havia 2.632 *lixões* em atividade no Brasil. Em junho, o número foi reduzido para 2.612. Portanto, vinte foram fechados no período, nos seguintes municípios: Anastácio, Bodoquena, Corguinho, Dois Irmãos do Buriti, Figueirão, Itaquiraí, Ivinhema, Jaraguari, Nova Andradina, Paranaíba e Selvíria, no Mato Grosso do Sul; e Água Boa, Cláudia, Feliz Natal, Figueirópolis, D'Oeste, Itanhangá, Itaúna, Marcelândia, Sinop e Tabaporã, no Mato Grosso.

O *Programa Lixão Zero*, de 2019, e ações desenvolvidas a partir da promulgação do novo Marco Legal do Saneamento, em 2020, foram os responsáveis pela melhoria da situação. Quando fizemos os primeiros estudos em 2019, existiam 3.257 *lixões* no Brasil. Até o fechamento deste livro, 645 deixaram de receber resíduos. No entanto, suas estruturas físicas persistem, causando degradação ambiental. Por isso, as áreas precisam ser tratadas, recuperadas e descontaminadas (daí a terminologia *fechados*, e não *encerrados*).

Persistiam no País, até a data de conclusão deste texto, 2.612 *lixões* em operação. À letra da lei, na avaliação da Abetre e nos parâmetros técnicos, não se justifica o argumento de que parte dessas unidades caracteriza-se como aterro controlado. Isso é mentira. Aterro controlado é *lixão*, pois não capta e não trata lixiviados. Pode ser que alguns estejam ligeiramente cobertos, mas são irregulares. Saber fazer essa distinção técnica é de suma importância, pois as diferenças significam muito em termos de qualidade ambiental.

Dentre os 5.570 municípios brasileiros, 2.700 permaneciam no estágio de *lixão* até março de 2022, causando danos ambientais, emitindo gases de efeito estufa e colocando em risco a saúde pública. Todavia, a luta pela erradicação desse nocivo modelo, uma causa ecológica significativa e justa, tem avançado, pois já existem 2.727 aterros sanitários. Em 136 cidades utilizam-se usinas de triagem e compostagem, e nas sete restantes existem pequenos incineradores para lixo hospitalar.

As análises e os dados contidos no atlas da Abetre demonstram que, embora ainda haja um grande desafio a ser vencido, o País tem plenas condições de promover grandes avanços ambientais no meio urbano. Estão estabelecidas as condições para que os municípios que não encontravam soluções adequadas para a destinação do lixo possam solucionar a questão, incluindo a contratação de aterros sanitários privados, como está ocorrendo em várias localidades. Tais providências são prioritárias, considerando que os *lixões* seguem afetando milhões de brasileiros, sendo vetores de disseminação de doenças infectocontagiosas e lançando na atmosfera seis milhões de toneladas anuais de gases de efeito estufa.

8 Ferramenta eficaz para monitorar sistemas de informação sobre transporte de resíduos

Em outra contribuição para o cumprimento do Marco Legal do Saneamento e promoção de avanços na gestão da coleta, tratamento, transporte e destinação final de resíduos sólidos, a Abetre lançou o MTR (Manifesto de Transporte de Resíduos), ferramenta de utilização gratuita para integração das informações relativas à rastreabilidade do transporte de lixo. A plataforma foi disponibilizada inicialmente no Estado de Santa Catarina, mas tornou-se obrigatória como política pública.

A iniciativa insere-se no contexto da Portaria nº 280, de 29 de junho de 2020, do Ministério do Meio Ambiente, que estabeleceu a data de 1º de janeiro de 2021 para início da obrigatoriedade de utilização do Módulo MTR (Manifesto de Transporte de Resíduos) em todo o território nacional. Para facilitar o cumprimento da exigência, criou-se o Sistema de Gerenciamento *Online* de Resíduos, em operação desde o início de 2021. O *Webservice* agregou-se ao processo, facilitando a integração de todas as informações.

O *WebService* agrega os dados dos usuários que buscam códigos de resíduos e dos transportadores, no ato de declaração do MTR.

É um instrumento de ligação entre sistemas acessível para todos os que utilizam o MTR. Trata-se de uma ferramenta que amplia a produtividade das empresas ao permitir a centralização de dados – sem perda de tempo. Promove a comunicação entre sistemas. Com a plataforma, não é mais necessário fazer a transposição de dados. Assim, além da agilidade aumenta-se a confiabilidade, pois diminui os erros.

O *Webservice* MTR abriu espaço para que as empresas façam a comunicação de dados de modo mais eficaz. É um desenvolvimento nas duas pontas, integrando sistemas que começam a conversar entre si. Uma empresa que, por exemplo, recebe 200 carretas de resíduos por dia, levaria horas para lançar todos os dados no sistema. Agora, o procedimento pode ser feito em poucos minutos. Em média, são mais de 15 mil manifestos de transportes de resíduos por dia, volume que dimensiona a importância da plataforma para agilização e maior segurança no registro e processamento das informações.

Cabe lembrar que o MTR destina-se a atender à necessidade de controle, segurança e rastreabilidade dos geradores e destinadores de resíduo. Para isso, suas principais funcionalidades são: rastreabilidade total entre origem e destino, inclusive se houver armazenamento temporário; acompanhamento e registro histórico de ajustes quantitativos e qualitativos; disponibilização simultânea das informações para todos os agentes; balanço de massas e emissão de Certificado de Destinação Final (CDF) baseado em registros confiáveis. O *Webservice* agiliza todos esses procedimentos.

9 Importância dos resíduos sólidos para a produção de energia

O Marco Legal do Saneamento também potencializa a geração energética a partir de uma fonte renovável, num exemplo perfeito de economia circular. Nesse sentido, a Associação Brasileira de Cimento Portland (ABCP), Associação Brasileira de Empresas de Tratamento de Resíduos e Efluentes (Abetre), Associação Brasileira do Biogás (ABiogás) e Associação Brasileira de Empresas de Limpeza Pública e Resíduos Especiais (Abrelpe) criaram, em junho de 2020, a Frente Brasil de Recuperação Energética de Resíduos (FBRER). Com o apoio do Ministério do Meio Ambiente, as quatro entidades assinaram o

Acordo de Cooperação para Recuperação Energética de Resíduos e, de maneira inédita, estão trabalhando juntas para viabilizar soluções técnicas e operacionais em prol de uma destinação mais sustentável e ambientalmente adequada dos resíduos.

Dados do Panorama dos Resíduos Sólidos no Brasil 2019/2020, publicado pela Abrelpe, mostram que foram geradas cerca de 80 milhões de toneladas no meio urbano, cujo volume tem potencial de gerar 14.500 GWh/ano de energia elétrica por processos de tratamento térmico. Esse total representa cerca de 3% do consumo nacional, ou o suficiente para abastecer todo o Estado de Pernambuco ou Rio Grande do Norte, Paraíba e Alagoas juntos. Considerando, ainda, a necessidade de avanços no sistema de destinação de resíduos por parte dos municípios, além dos processos de tratamento térmico, o Brasil também comporta processos de tratamento biológico, pelos quais há um potencial adicional de geração de energia elétrica de 1.400 GWh/ano.

Estudo realizado em parceria entre a ABiogás e a Abrelpe constatou que cerca de 50% dos resíduos sólidos urbanos gerados no País correspondem à fração orgânica, o que representa enorme potencial para o aproveitamento energético por meio do biogás. Contudo, pouco mais da metade desse material é destinado para aterros sanitários, nos quais poderia haver o aproveitamento energético. Quase 80% do biogás produzido hoje no Brasil são oriundos de resíduos de aterros sanitários e estações de tratamento de esgoto, comprovando o alto potencial energético das usinas implantadas nesses locais.

Para aperfeiçoar a recuperação energética, será necessário erradicar os *lixões* e os aterros controlados, tão nocivos quanto os primeiros, substituindo-os por aterros sanitários adequados, inclusive regionais, conforme observamos anteriormente neste artigo. Isso representará um ganho muito relevante para a sociedade e o País, pois resolveremos um grave problema ambiental, geraremos energia e ainda teremos o conceito de zero desperdício, que é a base da economia circular. Com um ano de funcionamento, os aterros sanitários que substituirão esses absurdos depósitos de lixo a céu aberto estarão aptos a produzir metano e, por meio das usinas de biogás, poderemos ter uma geração elétrica quase dez vezes maior do que a atual.

Além de contribuir para o incremento da oferta energética, a geração de energia a partir dos resíduos sólidos beneficia todo o sistema de destinação praticado no País, que ainda é deficitário. Atualmente, o Brasil conta com grande índice (40%) de resíduos coletados com destinação em unidades inadequadas e poucas iniciativas para recuperação dos materiais (a reciclagem não supera 4%). O Marco Legal do Saneamento, como já citado, é fundamental para superarmos os problemas e viabilizarmos esses avanços.

Com investimentos que podem chegar a R$15 bilhões a partir da implantação de diferentes tecnologias, o processo de recuperação energética de resíduos proporcionará a redução da geração de chorume nas unidades de disposição final e emissão de gases de efeito estufa, na proporção de 90 mil toneladas/ano de CO^2. Na atmosfera, isso é equivalente, para cada mil toneladas de resíduos tratados, à emissão de cinco mil carros. Também possibilitará o aumento da reciclagem a partir da melhor seleção ou separação de materiais, com a consequente preservação dos recursos naturais. Há, ainda, outros ganhos expressivos: retorno de parte da energia consumida na produção, substituição de combustíveis não renováveis (fósseis) e ampliação da vida útil dos aterros sanitários atualmente em operação.

Contribuindo para os diagnósticos, monitoramento do sistema e identificação de possibilidades de investimentos, a FBRER criou o Atlas de Recuperação Energética, integrado ao Sistema de Informação Nacional (SINIR). A análise da realidade presente demonstra a necessidade de avanços na implantação de Unidades de Recuperação Energética (URE), nas quais se realiza a queima de resíduos sólidos.

São Paulo, unidade federativa com os melhores índices de tratamento de lixo, com 70% dos resíduos sendo destinados a aterros sanitários, ainda tem sete *lixões* e 91 aterros controlados. Também conta com apenas 24 UREs, ocupando o segundo lugar nesse quesito, atrás de Minas Gerais, com 25. Esses dois estados mais o Paraná e o Rio de Janeiro respondem por 54% de todas as unidades de recuperação energética do Brasil.

10 Resíduos sólidos e *lixões* sob o olhar do mundo e da sociedade

É importante analisarmos a coleta, o tratamento, o transporte e a destinação final correta dos resíduos sólidos também à luz dos desafios representados pelo crescimento populacional e pelas mudanças climáticas, bem como das transformações pelas quais passam o Brasil e o mundo, aceleradas pela Covid-19. Esse olhar mais amplo e holístico demonstra que a questão transcende à imediata e prioritária solução da gestão correta do lixo urbano. Negligenciá-la significa o distanciamento dos preceitos mais contemporâneos e o desalinhamento em relação aos processos voltados à sustentabilidade econômica, social e ambiental, que ocupam o foco basilar das mais avançadas democracias.

Não é sem razão que a aderência aos princípios de ESG (*Environmental, Social and Governance* / Meio Ambiente, Social e Governança Corporativa) torna-se cada vez mais decisiva e estratégica para o êxito das empresas e organizações de todos os setores. As rápidas transformações em curso pautam-se na percepção de que pessoas físicas e jurídicas, setores privado e público são partes integrantes de um grande ecossistema. Por isso, as boas práticas inerentes a ESG têm sido parâmetros para nortear investimentos, definir preferências dos consumidores e balizar a reputação das marcas perante a sociedade e todos os *stakeholders*.

Deve-se entender que todas as demandas que estavam em curso para viabilizar o futuro da civilização tornaram-se mais prementes após a pandemia. Vivemos no mesmo planeta, mas num mundo muito diferente. São duros os desafios a serem vencidos e as missões a serem cumpridas. Em toda essa agenda, note-se, a questão do lixo está direta e intrinsecamente presente.

Está mais claro do que nunca o dano representado pelas desigualdades e as fragilidades globais. Reforça-se, assim, o conceito de que o ser humano é o fim de tudo. Portanto, seu bem-estar deve ser o grande resultado da atividade econômica. A sociedade precisa ser mais solidária e consciente na solução dos problemas. Dentre eles, um dos gargalos enfatizados pelo novo coronavírus é a precariedade do saneamento básico e da gestão dos resíduos sólidos. Milhões de pessoas, em toda a Terra, sequer têm como lavar as mãos e convivem de maneira insalubre com a questão do lixo – fatores que favorecem o contágio e a proliferação de doenças.

Sob quaisquer prismas em que se avalie os rumos da economia e as prioridades do planeta, a conclusão sempre apontará para o social e a sustentabilidade ambiental, para a qual a boa gestão dos resíduos sólidos é decisiva. É uma demanda crescente, inclusive sob o aspecto demográfico. O Fundo das Nações Unidas para a Infância (UNICEF) estimou o nascimento de 140 milhões de crianças em 2021, sendo 2,5 milhões no Brasil. É responsabilidade de todos nós cuidar do mundo que legaremos às próximas gerações, proporcionando-lhes melhores condições de vida, com educação, saúde, trabalho digno, mobilidade e ambientes adequados sob o aspecto sanitário.

11 Gestão dos resíduos sólidos é decisiva para o êxito dos ODS

No presente cenário demográfico, ambiental e social, o cumprimento dos Objetivos de Desenvolvimento Sustentável (ODS) é mandatório. Mais do que um apelo universal da ONU à ação para acabar com a pobreza, proteger o planeta e assegurar que todas as pessoas tenham paz, saúde e prosperidade, essa agenda deve ser entendida como fator condicionante à vida digna dos terráqueos nas próximas décadas.

Cabe observar que dentre os 17 ODS, pelo menos sete têm sua viabilidade diretamente condicionada pelo sucesso dos serviços de coleta, tratamento, transporte e destinação dos resíduos sólidos, a saber: 3 ("Saúde e Bem-Estar"); 6 ("Água Potável e Saneamento"); 7 ("Energia Limpa e Acessível"); 11 ("Cidades e Comunidades Sustentáveis"); 13 ("Ação contra a Mudança Global do Clima"); 14 ("Vida na Água"); e 15 (Vida Terrestre").

A gestão dos resíduos sólidos também é crucial no âmbito das ações de combate às mudanças climáticas. Signatário do Acordo de Paris, o Brasil comprometeu-se a diminuir em 37% a emissão de gases de efeito estufa, em relação aos índices de 2005, até 2025. A redução deverá chegar a 43% em 2030. A erradicação dos *lixões* é contribuição relevante para o cumprimento dessa meta.

Os resíduos sólidos foram responsáveis, em 2019, pela emissão de 96 milhões de toneladas de dióxido de carbono equivalente (CO^2e), o que representa 4,4% do total de gases de efeito estufa do território nacional, segundo a oitava e mais atual edição do SEEG (Sistema de Estimativas de Emissões de Gases de Efeito Estufa). Porém, há cidades, dependendo do tratamento adotado, em que esse percentual pode variar de 10% e 20%. Ou seja, é decisiva a extinção dos *lixões*.

Embora o desmatamento e o uso e ocupação irregulares do solo sejam responsáveis pelas maiores emissões no Brasil, toda contribuição para o atendimento aos compromissos nacionais é importante. A meta global é manter o aumento médio de temperatura da Terra em, no máximo, 2º Celsius em relação à era pré-industrial, fazendo esforços para alcançar 1,5ºC.

12 Propósito nacional

A conclusão irrefutável de todas as informações contidas neste artigo é de que a gestão dos resíduos sólidos tem importância, impactos e consequências de amplo espectro, da saúde pública ao meio ambiente, passando pela geração de energia, criação de empregos e renda, mitigação do aquecimento da Terra e viabilização dos ODS. Assim, é fundamental a mobilização sinérgica de todas as instâncias do poder público, empresas, entidades de classe do setor e sociedade, para que o novo Marco Legal do Saneamento seja cumprido com extrema eficácia. Os ganhos serão imensos para o Brasil, incluindo sua inserção mais competitiva no cenário global como protagonista dos compromissos socioambientais da civilização.

Informação bibliográfica deste texto, conforme a NBR 6023:2018 da Associação Brasileira de Normas Técnicas (ABNT):

PEREIRA, Luiz Gonzaga Alves. Avanços e desafios do novo Marco Legal do Saneamento no setor de resíduos sólidos. *In*: ZULIANI, Geninho; DAL POZZO, Augusto Neves (coords). *Saneamento básico*: uma lei e um marco. Belo Horizonte: Fórum, 2023. p. 37-53. ISBN 978-65-5518-485-3.

A IMPORTÂNCIA DOS CONSÓRCIOS PÚBLICOS NO CONTEXTO DO NOVO MARCO LEGAL DO SANEAMENTO

VICTOR BORGES

A República Federativa do Brasil a partir da Constituição de 1988 atribuiu aos municípios deveres e responsabilidades, por entender que o ente federativo, estando mais próximo da população, em última análise, poderia atender mais eficazmente os problemas de suas respectivas comunidades.

Não obstante as obrigações alocadas às cidades tenham sido dinamizadas, o mesmo não pode ser dito sobre a transferência de repasses financeiros para suportar os encargos. A capacidade de investimentos pós aplicações constitucionais, como folha de pagamento, saúde e educação, praticamente inexista.

Mormente, a realidade impõe que os prefeitos demandem emendas parlamentares de deputados e senadores como forma de promover investimento em infraestrutura, renovação de frotas de veículos e mesmo equipamentos de Unidades do Serviço de Saúde, como ambulâncias, tomógrafos, usinas de oxigênio e outros gêneros.

O orçamento do Governo Federal também tem reduzida capacidade de investimento. Senão vejamos, mais uma vez, o quão muitos ministérios da Esplanada precisam das emendas parlamentares para tocarem suas pautas, como, por exemplo, no Desenvolvimento Regional e mesmo no Meio Ambiente.

Disso decorre uma situação que leva ao encilhamento dos municípios e Estados. Impedidos pela Lei de Responsabilidade Fiscal de emitirem dívidas, tem sido comum assistirmos os Estados entrarem na Justiça para não pagarem o serviço da dívida com a União ou assinarem o Regime de Recuperação Fiscal, como foi o caso recente de Goiás.

O que dizer, portanto, da necessidade de ampliação de investimentos robustos em infraestrutura? Para obras de grande monta é praticamente impossível aos entes subnacionais tocarem adiante com recursos oriundos de seus tesouros. Com efeito, nesse contexto têm ganhado força as Parcerias Público-Privadas. Tal iniciativa tem, em países como Espanha e Reino Unido, mais de 20 anos de prática. Aperfeiçoou-se de tal sorte o modelo, que de um lado apraza o tempo de retorno do investidor, e de outro, o custo para o usuário do serviço concessionado. Mas não é só. A regulação, isto é, a fiscalização, por parte do Estado, da qualidade do serviço prestado ao cidadão, controle da planilha de tempo *versus* alocação de recursos privados, demanda o fortalecimento das Agências Regulatórias.

No Brasil, temos a figura dessas agências com o pressuposto da autonomia e independência de seu mister. Os diretores ou diretoras são indicados pelo Poder Executivo e sabatinados pelo poder Legislativo, que os aprova ou não dentro de um período temporal chamado mandato.

Na área da Saúde temos a Agência de Vigilância Sanitária, responsável, no Brasil, pela aprovação de medicamentos que podem ser vendidos nos estabelecimentos privados ou adotados pela CONITEC, órgão de suporte decisório do Ministério da Saúde.

Outro exemplo de agência, criada após o processo de Privatização do Sistema de Telefonia Brasileiro durante o governo do ex-Presidente Fernando Henrique Cardoso, é a ANATEL. Nessa seara, o processo de privatização trouxe aumento na disponibilidade do serviço de telefonia, ou melhor, no acesso para grande parte da população, que antes não tinha sequer condições de adquirir uma linha. Na outra ponta ainda remanesce a discussão sobre a tarifa e os valores dos serviços cobrados, mesmo que a competição entre as operadoras e serviços como o *WhatsApp* tenha reduzido essa assimetria que penalizava o cidadão que tinha o telefone, mas não conseguia pagar pelo serviço.

Na área de Transportes a Agência Nacional de Transporte Terrestre cuida da regulação, fiscalização e supervisão das atividades ligadas aos transportes terrestres. Ela é uma autarquia federal criada pela Lei nº 10.233/21 e, dentro do processo de concessão de estradas, define as diretrizes e premissas regulatórias e mantém, durante o desenrolar do processo, relação tanto com o Ministério da Infraestrutura quanto com o Tribunal de Contas.

Falando do Tribunal de Contas da União (TCU), esse importante órgão de controle, que auxilia o Poder Legislativo, foi criado pela Constituição de 1988 nos artigos 71 a 74 visando principalmente a probidade da aplicação dos gastos públicos. O TCU tem tido preponderante papel na fiscalização da aplicação dos recursos em obras de infraestrutura, o que por vezes ocasiona reclamações dos gestores executivos pela demora nas entregas.

Para os serviços de Água e Saneamento, a União conta com a Agência Nacional de Águas, que foi criada com a atribuição em nível federal. "A Agência Nacional de Águas e Saneamento Básico (ANA) é a responsável, na esfera federal, por implementar a Política Nacional de Recursos Hídricos; por regular o uso de recursos hídricos; pela prestação dos serviços públicos de irrigação e adução de água bruta; pela segurança de barragens; e pela instituição de normas de referência para a regulação dos serviços públicos de saneamento básico. A Agência tem como missão garantir a segurança hídrica para o desenvolvimento sustentável no País e atua:
- em articulação com setores e esferas de governo;
- na produção e disseminação de informações e conhecimentos; e
- no estabelecimento de normas que visam garantir o direito ao uso da água, minimizar os efeitos de eventos críticos (secas e inundações) e dar referência para a regulação dos serviços públicos de saneamento básico." (Disponível em: https://www.gov.br/pt-br/orgaos/agencia-nacional-de-aguas)

Existe, nos entes Subnacionais, também a figura das Agências Reguladoras, como por exemplo a AGERSA (Bahia), a ARSAL (Alagoas), AGR (Goiás), ARSESP (São Paulo), além de agências em âmbito municipal, como a Agência Reguladora dos Serviços de Saneamento das Bacias dos Rios Piracicaba, Capivari e Jundiaí, a Agência de Regulação, Controle e Fiscalização de Serviços Públicos de Palmas (ARP) e também agências que figuram como Consórcios Públicos Intermunicipais, como o CISAM (Meio Oeste) em Santa Catarina.

Tais agências ganharam destaque durante a aprovação do Novo Marco do Saneamento, Lei nº 14.026/2020. A ANA ganhou atribuições e mudou de nome. Passou a se chamar Agência Nacional de Águas e Saneamento Básico, cabendo a ela a responsabilidade pela regulação de normas no tocante ao Saneamento.

O Sistema de Saneamento Básico no Brasil não chega a todos. De Acordo o Sistema Nacional de Informações sobre o Saneamento Básico, em 2020 mais de 30 milhões de pessoas não tinham acesso a água tratada, e quase 100 milhões não tinham coleta de esgoto.

Portanto, o desafio da universalização está posto, e na esteira de instrumentos para enfrentar o binômio falta de capacidade pública para investimentos *versus* a imperiosidade de levar o serviço de saneamento e tratamento de água a um expressivo conjunto da população eclodiu o Novo Marco do Saneamento Básico.

Passo a abordar o tema Consórcios Públicos. A Lei nº 1.107/2005 descreve os consórcios públicos como autarquias, portanto, seguindo os parâmetros do Direito Público. Deles podem participar entes municipais, estaduais e, em alguns casos específicos, a União. A Lei também preconiza preferência na celebração de convênios entre a União e os Consórcios, com vistas a atender a pleitos comuns de uma região formada por vários entes simultaneamente, o que otimiza a aplicação de recursos e oferece economia de Escala.

A propósito dessa última citação, o novo diploma legal da Lei das Licitações estimula que os municípios que possuem menos de 10 mil habitantes priorizem as suas compras por meio de um consórcio. Com efeito, a realidade brasileira apresenta mais de 2/3 dos municípios com menos de 30 mil habitantes, ou seja, é um país eminentemente grandioso em número de cidades e com pouca população em boa parte desses entes federativos.

Quando iniciou-se o debate sobre o Novo Marco do Saneamento, aprovado e sancionado *a posteriori* como Lei nº 14.026/20, a Rede Nacional de Consórcios Públicos, entidade representativa em âmbito nacional dos consórcios, imediatamente provocou uma série de debates para aclarar os aspectos do então Projeto de Lei, seja em fóruns regionais, reuniões e por diversas vezes conversas com o eminente Deputado Geninho Zuliani, relator do projeto, e com sua eficiente equipe técnica, liderada pelo Chefe de Gabinete, Thiago Simão.

A preocupação dos consórcios residia em dois aspectos principais, a saber: os contratos de programa e a regionalização, posto que seria necessário dotar os consórcios para realização de modelagem para Parcerias Público-Privadas em regiões interioranas onde a figura do consorciamento já estava consolidada.

Sobre o primeiro aspecto, a Rede Nacional e a CNM mostraram que o termo "contrato de programa" era amplo, porquanto utilizado não só para a área de saneamento, mas especialmente era instrumento dos consórcios nas relações dos serviços de saúde que estes prestam. Portanto, ao acabar com o termo *lato sensu* haveria um problema para outras áreas exógenas ao Saneamento, o que contou com a compreensão do Deputado Eugênio Zuliani.

A outra preocupação era a de que no processo de regionalização e no Decreto 10.588/20, que viria a regulamentar a nova Lei do Novo Marco do Saneamento Básico nos aspectos de alocação de recursos técnicos e financeiros da União, os consórcios constassem de forma clara e expressa como um instrumento de regionalização para adoção das regras do Marco, junto com as regiões metropolitanas, por exemplo.

Nessa quadra, a articulação da Rede contou com o inestimável apoio do Secretário Nacional de Qualidade Ambiental, Senhor André França, que desde o início de seu mister à frente dessa importante pasta no Ministério do Meio Ambiente tem apoiado as políticas públicas com foco na organização dos Consórcios.

Por derradeiro, temos ainda alguns desafios, notadamente o de preparar tecnicamente os consórcios para que possam participar das orientações expedidas pela Agência Nacional de Águas e Saneamento ou mesmo das agências subnacionais, objetivando uma boa regulação na concessão e formação das taxas ou tarifas. Ao mesmo tempo há a necessidade de qualidade e suporte técnico na formatação de Parcerias Público-Privadas, e antes disso até mesmo os Procedimentos de Manifestação de Interesse em prol dos Consórcios Públicos.

A sugestão da Rede Nacional de Consórcios é que tanto a ENAP quanto consultorias especializadas possam assessorar, em nível regional, os consórcios nesse processo de maturação, para os que optarem pela vereda concessionada.

Faz muito bem o BNDES em sua assessoria técnica para os Estados, e os casos de concessões começam a aparecer, como no Rio de Janeiro, Rio Grande do Sul, Alagoas e Amapá. Urge fornecer tal assessoria, direta ou indiretamente, para os consórcios, pois após as rodadas de leilões nas capitais, creio que o interior do Brasil, essencialmente formado por pequenos municípios, passará a ser observado pelos investidores. Destarte, para que esse investimento aconteça, a modelagem de atratividade precisa estar bem equacionada política e tecnicamente.

Referências

https://www.in.gov.br/en/web/dou/-/decreto-n-10.588-de-24-de-dezembro-de-2020-296387871

https://www.in.gov.br/en/web/dou/-/lei-n-14.026-de-15-de-julho-de-2020-267035421

http://www.planalto.gov.br/ccivil_03/_ato2019-2022/2021/lei/L14133.htm

https://www.gov.br/infraestrutura/pt-br/assuntos/transporte-terrestre/rodovias-federais/rodovias-federais-concessoes-de-rodovias-papel-da-antt#:~:text=Criada%20pela%20Lei%20n%C2%BA%202010.233,por%20terceiros%2C%20visando%20garantir%20a

http://www.planalto.gov.br/ccivil_03/_ato2004-2006/2005/lei/l11107.htm

https://www.gov.br/ana/pt-br/assuntos/saneamento-basico/a-ana-e-o-saneamento

---

Informação bibliográfica deste texto, conforme a NBR 6023:2018 da Associação Brasileira de Normas Técnicas (ABNT):

BORGES, Victor. A importância dos consórcios públicos no contexto do novo Marco Legal do Saneamento. *In*: ZULIANI, Geninho; DAL POZZO, Augusto Neves (coords). *In*: ZULIANI, Geninho; DAL POZZO, Augusto Neves (coords). *Saneamento básico*: uma lei e um marco. Belo Horizonte: Fórum, 2023. p. 55-60. ISBN 978-65-5518-485-3.

O NOVO PAPEL INSTITUCIONAL DA AGÊNCIA NACIONAL DE ÁGUAS E SANEAMENTO BÁSICO EM PROL DA UNIVERSALIZAÇÃO DOS SERVIÇOS PÚBLICOS DE SANEAMENTO

JOÃO PAULO SOARES COELHO
CÍNTIA LEAL MARINHO DE ARAUJO

1 Introdução

A competência legal da Agência Nacional de Águas e Saneamento Básico, de instituir normas de referência para a regulação dos serviços públicos de saneamento básico (art. 4º-A da Lei nº 9.984/2000 c/c art. 25-A da Lei nº 11.445/2007), tem por *âmbito de vigência pessoal* (isto é, destinatários da incidência normativa) os próprios titulares dos serviços públicos, em par com as entidades reguladoras e fiscalizadoras que, por ato dos titulares, vierem a exercer competências públicas de regulação.

Do ponto de vista constitucional geral, o art. 174 da Constituição Federal[1] atribui às entidades federativas (União, Estados, Distrito Federal e Municípios) as funções propriamente *estatais* de atuação do Poder Público como agente normativo e regulador da atividade econômica, que se desdobram em funções de fiscalização, incentivo e planejamento, nos termos da lei.

Do ponto de vista constitucional específico, a atribuição da competência para editar normas de referência para regulação dos serviços públicos de saneamento básico, nos termos da Lei nº 14.026, de 15 de julho de 2020, decorre da *competência da União para instituir diretrizes para o desenvolvimento urbano de todos os entes federativos em matéria de saneamento* (art. 21, XX, CF/88).

---

[1] "Art. 174. Como agente normativo e regulador da atividade econômica, o Estado exercerá, na forma da lei, as funções de fiscalização, incentivo e planejamento, sendo este determinante para o setor público e indicativo para o setor privado."

Posto isso, o *destinatário fundamental das diretrizes federais são os titulares dos serviços públicos* de saneamento, independentemente de o exercício da titularidade atender a interesse local ou interesse comum, nos termos do art. 8º, incisos I e II, da Lei nº 14.445/2007.

Do ponto de vista legal, os dispositivos que atribuem à ANA a prerrogativa de editar normas de referência nacional são expressos em indicar a dimensão subjetiva da incidência normativa, nos termos do art. 4º-A da Lei nº 9.984/2000² e, ainda, do art. 25-A da Lei nº 11.445/2007.³

Em ambas as redações, a legislação federal atribuiu, expressamente, dupla destinação das normas de referência a serem editadas pela ANA, a saber: (i) aos titulares dos serviços públicos (em primeiro plano, eis que são pessoas de direito público interno, integrantes da República Federativa do Brasil, com previsão e funções constitucionalmente expressas), e também (ii) às entidades reguladoras que, por ato de delegação dos citados titulares, venham a estar habilitadas para o *exercício* da função de regulação, eis que a *titularidade* é indelegável, imprescritível e improrrogável.

Do ponto de vista regulamentar, o Decreto nº 7.217, de 21 de junho de 2010, que busca dar fiel execução à Lei nº 11.445/2007, não deixa dúvidas quanto à possibilidade de as entidades federativas gozarem da prerrogativa de exercer o poder-dever de exarar regulação propriamente dita.

No plano conceitual, a própria enunciação adotada para descrever os aspectos ínsitos à noção de *regulação* adotada no regulamento[4] afasta a conclusão de que a função regulatória seria atribuição privativa ou exclusiva do ente federativo que a detém. E, não sendo exclusiva do titular do serviço ao qual se atrela, tampouco a função regulatória poderia ser cogitada como prerrogativa autônoma ou exclusiva do ente administrativo para quem foi delegada.

---

[2] Art. 4º-A. A ANA instituirá normas de referência para a regulação dos serviços públicos de saneamento básico *por seus titulares* e suas entidades reguladoras e fiscalizadoras, observadas as diretrizes para a função de regulação estabelecidas na Lei nº 11.445, de 5 de janeiro de 2007.

[3] Art. 25-A. A ANA instituirá normas de referência para a regulação da prestação dos serviços públicos de saneamento básico *por seus titulares* e suas entidades reguladoras e fiscalizadoras, observada a legislação federal pertinente.

[4] Confira-se o art. 2º, II, Decreto nº 7.217/2010): "regulação: todo e qualquer ato que discipline ou organize determinado serviço público, incluindo suas características, padrões de qualidade, impacto socioambiental, direitos e obrigações dos usuários e dos responsáveis por sua oferta ou prestação e fixação e revisão do valor de tarifas e outros preços públicos, para atingir os objetivos do art. 27".

No plano material, o Decreto nº 7.217/2010 dedica seu Capítulo III à regulação. Quanto ao exercício da função de regulação, a Subseção II cuida das normas de regulação e estabelece distribuição material de competências funcionais a serem exercidas pelos titulares (art. 30, I), de um lado, e de outro, aquelas a serem exercidas pelas entidades administrativas de regulação (art. 30, II) a fim de dar fiel execução à Lei nº 11.445/200.

Quanto às *competências regulatórias dos titulares*, confira-se o que estabelece o regulamento da Lei nº 11.445/2007 (art. 30, I, Decreto nº 7.217/2010):

> Art. 30. *As normas de regulação dos serviços serão editadas:*
> I - *por legislação do titular,* no que se refere:
> a) aos direitos e obrigações dos usuários e prestadores, bem como às penalidades a que estarão sujeitos; e
> b) aos procedimentos e critérios para a atuação das entidades de regulação e de fiscalização;

Quanto às *competências regulatórias a serem exercidas pelas entidades de regulação* (art. 2º, IV, Decreto nº 7.217/2010), confira-se o quanto consignado no art. 30, inciso II, do citado regulamento da Lei nº 11.445/2007 (art. 30, I, Decreto nº 7.217/2010):

> Art. 30. *As normas de regulação dos serviços serão editadas:*
> (...)
> II - *por norma da entidade de regulação,* no que se refere às dimensões técnica, econômica e social de prestação dos serviços, que abrangerão, pelo menos, os seguintes aspectos:
> a) padrões e indicadores de qualidade da prestação dos serviços;
> b) prazo para os prestadores de serviços comunicarem aos usuários as providências adotadas em face de queixas ou de reclamações relativas aos serviços;
> c) requisitos operacionais e de manutenção dos sistemas;
> d) metas progressivas de expansão e de qualidade dos serviços e respectivos prazos;
> e) regime, estrutura e níveis tarifários, bem como procedimentos e prazos de sua fixação, reajuste e revisão;
> f) medição, faturamento e cobrança de serviços;
> g) monitoramento dos custos;
> h) avaliação da eficiência e eficácia dos serviços prestados;
> i) plano de contas e mecanismos de informação, auditoria e certificação;
> j) subsídios tarifários e não tarifários;

k) padrões de atendimento ao público e mecanismos de participação e informação; e

l) medidas de contingências e de emergências, inclusive racionamento.

No plano orgânico-institucional, o Decreto nº 7.217/2010, ainda no Capítulo III, destina sua Subseção III ao tratamento dos órgãos e das entidades de regulação, estabelece possibilidades de a função regulatória ser exercida *diretamente pelo titular*, isto é, por órgão ou por entidade de sua própria Administração Pública (art. 31, I); ou, indiretamente, por intermédio de delegação, a qual será realizada: (i) via convênio de cooperação, firmado em favor de órgão ou entidade de outro ente da Federação; ou (ii) via consórcio público, instituído para gestão associada de serviços públicos, do qual o titular não participe, com vistas a preservar a autonomia da entidade de regulação.

Importante aspecto é verificar que a redação do art. 21 da Lei nº 11.445/2007, conferida pela Lei nº 14.026/2020, não revogou tal sistemática. Eis o texto do dispositivo: "Art. 21. função de regulação, desempenhada por entidade de natureza autárquica dotada de independência decisória e autonomia administrativa, orçamentária e financeira, atenderá aos princípios de transparência, tecnicidade, celeridade e objetividade das decisões".

Conquanto a interpretação puramente gramatical desse dispositivo legal deva ser o primeiro exame da atividade hermenêutica, para a interpretação juridicamente adequada há que se examinar, primeiramente, a disciplina constitucional e, em seguida, examinar a legislação federal a fim de compreender a sistematicidade da questão no plano do ordenamento jurídico globalmente considerado, dado que "o direito não se interpreta às tiras".

Desse modo, não se pode tomar a oração adjetiva explicativa reduzida de particípio que consta na cabeça do citado art. 21 como sendo a regra central de governança regulatória, na medida em que, como se viu, a função regulatória é, por força constitucional geral e específica, prerrogativa dos titulares, e não poderia, por isso mesmo, alijar os titulares da capacidade de se autoadministrarem e de autogerirem, no plano interno, seus próprios serviços e, antes até o planejamento e a regulação deles.

Trata-se, portanto, o art. 21 da Lei nº 11.445/2007, com a redação conferida pela Lei nº 14.026/2020, de norma que indica preferência geral de arranjo organizatório das entidades de regulação para as dimensões de caráter técnico, econômico e social da regulação, sem prejuízo, portanto, da possibilidade jurídica – *ex vi constituitionis* – de os titulares editarem regulação via legislação, sem prejuízo de outros meios de produção normativa decorrentes do devido processo legal e que observem os princípios da Administração Pública.

Para que não restem dúvidas quanto à correção dessa conclusão, é de se examinar outros dispositivos da atual redação da Lei nº 11.445/2007, que, quer mantidos, quer alterados ou introduzidos, dão conta de que os titulares seguem dotados de competências regulatórias próprias e, nessa medida, podem ser destinatários das normas de referência da ANA:

(i) é o titular dos serviços de saneamento básico quem define a entidade responsável pela regulação e fiscalização desses serviços (art. 8º, §5º c/c. art. 9º II),[5] além de poderem adotar critérios regulatórios mais adequados às realidades em que os serviços são prestados (*e.g.*, art; 24, Lei nº 11.445/2007).[6]

(ii) é o titular que formula a política pública de saneamento básico e define se prestará diretamente os serviços ou se os concederá, mas, em todo caso, cabe a ele definir a entidade responsável pela regulação e fiscalização dos serviços (art. 9º, II);

(iii) é o titular do serviço que determina qual a extensão, da sua competência de regular, que será delegada, eis que a função de regulação é corolário da titularidade do serviço (competência material) e da competência legislativa para sua disciplina (art. 23, §1º);[7]

---

[5] Art. 8º §5º O titular dos serviços públicos de saneamento básico deverá definir a entidade responsável pela regulação e fiscalização desses serviços, independentemente da modalidade de sua prestação.
Art. 9º O titular dos serviços formulará a respectiva política pública de saneamento básico, devendo, para tanto: (...)
II – prestar diretamente os serviços, ou conceder a prestação deles, e definir, em ambos os casos, a entidade responsável pela regulação e fiscalização da prestação dos serviços públicos de saneamento básico

[6] Art. 24. Em caso de gestão associada ou prestação regionalizada dos serviços, os titulares poderão adotar os mesmos critérios econômicos, sociais e técnicos da regulação em toda a área de abrangência da associação ou da prestação

[7] Art. 23. §1º A regulação da prestação dos serviços públicos de saneamento básico poderá ser delegada pelos titulares a qualquer entidade reguladora, e o ato de delegação explicitará a forma de atuação e a abrangência das atividades a serem desempenhadas pelas partes envolvidas.

(iv) é o titular do serviço que estabelece procedimentos de fiscalização e aplicação de sanções fundadas em lei, sem prejuízo daquelas firmas em contrato (art. 23, inciso XIII, Lei nº 11.445/2007).

(iii) a função de planejamento, prevista no art. 174, CF/88 como obrigatória para o setor público ("*a contrario sensu*" de ser meramente indicativa ao setor privado), é decorrente da atuação do ente estatal como agente normativo e *regulador*, e, no plano da Lei nº 11.445/2007, é exercida pelos titulares: "Os planos de saneamento básico serão aprovados por atos dos titulares e poderão ser elaborados com base em estudos fornecidos pelos prestadores de cada serviço" (art. 19, §1º, Lei nº 11.445/2007); "a consolidação e compatibilização dos planos específicos de cada serviço serão efetuadas pelos respectivos titulares" (art. 19, §2º, Lei nº 11.445/2007).

Posto isso, entende-se pela possibilidade de que sejam emanadas normas de referência que tenham por destinatário o titular dos serviços, de forma isolada ou, conforme o caso, em conjunto com a entidade delegatária do exercício das funções regulatórias legalmente cometidas, sempre respeitados os fundamentos, limites e instrumentos próprios ao mister regulatório de cada qual.

A própria legislação estabelece regramento próprio para o exercício da titularidade, indicando que se cuida de prerrogativa dos entes federativos (art. 8º, Lei nº 11.445/2007, com a redação da Lei nº 14.026/2020), razão pela qual o regramento dos contratos e as obrigações de alteração que a lei impôs a esses vínculos pressupõem o exercício de competências dos titulares para sua efetividade.

2 Norma de Referência nº 02/2021

A Norma de Referência ANA nº 2/2021 dispõe sobre a padronização dos aditivos aos contratos administrativos para prestação de serviços de abastecimento de água potável e esgotamento sanitário, a fim de incorporar as metas de universalização previstas no art. 11-B na Lei nº 11.445/2007.

Quanto às metas de universalização e a seu modo de internalização nos contratos para os quais incide o dever de inclusão (art. 1º), a norma estabilizou os conceitos empregados (art. 2º), indicou o conteúdo mínimo dos aditivos (art. 3º), reforçou o caráter facultativo da adoção desta e das futuras normas de referência (art. 4º); apontou os critérios referenciais de verificação periódica e progressiva do alcance das metas de universalização (art. 5º, *caput* e §1º), cuja avaliação prospectiva não pode retroagir para fins sancionatórios (art. 5º, §3º). Ademais, a NR ressalvou a possibilidade futura de incidência, a esses contratos em processo de celebração de aditivo, de futura norma de referência sobre metas de qualidade (art. 5º, §2º).

Quanto à aferição específica e à comprovação do atingimento das metas de universalização, o art. 6º da NR adotou indicadores de universalização para os serviços de abastecimento de água (art. 6º, I), para coleta e, ainda, para tratamento de esgotos (art. 6º, II e III), todos voltados a aferir o índice de economias residenciais atendidas, na área de abrangência do prestador de serviços.

Adotaram-se, ainda, critérios técnicos para cálculo dos indicadores, apresentados em anexo à norma (Anexo I), além de se ter previsto a possibilidade de as entidades reguladoras examinarem à conta de efetivo atendimento certas situações excepcionais em que ou bem são empregados métodos alternativos e descentralizados, ou soluções individuais na ausência da efetiva ligação às redes públicas (art. 7º).

A fim de reforçar o caráter isonômico da universalização pretendida, eis que as metas previstas serão observadas no âmbito de cada município, mesmo onde houver prestação regionalizada (art. 8º).

Por fim, previu-se (art. 9º) que em até 120 (cento e vinte) dias da celebração dos aditivos, as entidades reguladoras deverão enviar manifestação acerca do atendimento aos critérios da norma de referência, com a indicação de que a ANA disciplinará os meios para que as entidades reguladoras infranacionais possam informá-la quanto ao cumprimento dos preceitos do ato normativo, que entrou em vigor quando de sua publicação (art. 10).

Considerando a iminência do fim do prazo legal para viabilizar a inclusão das metas do art. 11-B da Lei nº 11.445/2007, e observando o art. 9º da NR 2/2021, compete à ANA, desde logo, conferir critérios adequados para que as entidades reguladoras infranacionais possam emitir seu juízo técnico quanto à adequação da minuta firmada aos preceitos da norma de referência.

Cumpre ressaltar que a aferição do grau de universalização, nos termos do art. 11-B da Lei nº 11.445/2007, não adota o critério comumente aplicado, de cobertura geográfica dos investimentos em capital, mas sim o de atendimento efetivo da população, mediante ligações das unidades consumidoras à rede de serviços de água e esgoto.

Considerando o caráter incremental dos aditivos frente às obrigações originalmente contratadas, a adoção de um indicador mais gravoso em termos de exigência de investimento e desempenho poderia, quando do exame do cumprimento dos percentuais, da progressividade e da isonomia dessas obrigações novas, culminar aplicando tal parâmetro a todo o conjunto de obrigações do prestador (*i.e.*, obrigações anteriores e novas), sem as devidas verificações acerca de qual parâmetro de controle se aplica e sobre qual base de cálculo cada qual recairá.

Nessa medida, ante o risco de violação do próprio critério de segurança jurídica fixado na NR 2/2021 (art. 5º, "caput" e §3º)[8] e, ainda, face ao princípio legal da segurança jurídica (art. 2º, XIII, Lei nº 9.784/99), cumpre orientar que a aferição do atendimento efetivo às economias residenciais deve ser examinado proporcionalmente, de modo a evitar que as obrigações contratuais anteriores à celebração do aditivo – e que, nessa medida, cogitem de investimentos mensurados por cobertura, em especial aos contratos licitados –, sejam impactadas por eventual aplicação ampliativa de critério avaliativo mais rígido e recente.

Em síntese, da adoção formal do indicador de universalização pela efetividade da ligação não decorre que todas as condições técnicas, administrativas e legais necessárias à implementação exitosa desse critério avaliativo estejam equacionadas, porque não se resolvem apenas mediante aporte de investimentos e obras de engenharia.

É dizer: o alcance da ligação efetiva pode não ser exequível ao prestador contratado por uma série de óbices de ordem factual, que vão desde o exercício da oposição ou resistência contra a

---

[8] Art. 5º Os aditivos aos Contratos de Programa e de Concessão deverão prever metas finais e intermediárias de universalização.
(...)
§3º A adoção das metas de universalização previstas no *caput* do art. 11-B da Lei nº 11.445/2007 terão exame prospectivo, vedando-se a aplicação e a interpretação retroativas para verificação do cumprimento de obrigações de universalização previstas nos instrumentos contratuais anteriormente à celebração dos aditivos.

pretensão do prestador em promover a ligação, por ato de quem seja proprietário (ou de quem exerça os poderes a ela inerentes), passando por ausência de ocupação do imóvel ou não localização do responsável, além de problemas de ordenação do território, endereçamento, acessibilidade física etc.

A efetividade da ligação, não raro, pressupõe exercício de poder intrusivo na propriedade privada, em caso de omissão ou oposição do proprietário em fazer ou permitir que se faça a ligação às redes. Na ausência de concordância do particular, a legitimidade para exercício de poder extroverso, isto é, adentrando a esfera jurídica de terceiros, requer habilitação legal e possibilidade do exercício do poder de polícia (art. 78, CTN), além do devido processo legal administrativo para preservação da paz e da saúde públicas na esfera da localidade.

Ainda que a legislação federal já dê amparo a pretensões de realização obrigatória de ligação de água da prestadora ao reservatório do usuário, quanto ao abastecimento de água (art. 45, *caput* e §3º, Lei nº 11.445/2007) e, no caso dos serviços de coleta e tratamento de esgotos, a conexão das edificações às redes públicas (art. 45, *caput*, §§4º a 7º, Lei nº 11.445/2007) – inclusive, sob pena de a *entidade reguladora ou o titular* serem responsabilizados administrativa, contratual e ambientalmente, caso não se verifique, até 31 de dezembro de 2025, a efetiva conexão.

Posto isso, em atenção ao preceito geral segundo o qual a alocação de riscos deve ser feita levando-se em conta quem tem melhores condições de gerenciá-lo e, ademais, mitigá-lo a menores custos, entende-se necessário que o exame do atendimento aos indicadores avalie não apenas o regular cumprimento do quanto cabível aos prestadores, mas também aos titulares.

É certo que a norma de referência em comento (NR nº 2/2021) assim como o próprio dever legal de inclusão de metas de universalização em contratos têm por destinatário fundamental o titular do serviço público, sem prejuízo das entidades de regulação, face ao ordenamento vigente.

Pacificado esse primeiro entendimento sobre a responsabilidade da universalização do serviço, outras questões ficam mais claras, como, por exemplo, quando o Decreto 10.710/2021 traz a exigência de anuência do titular dos serviços quanto à celebração de aditivos para a inclusão de metas.

3 Da declaração de anuência do titular dos serviços quanto à celebração dos aditivos para inclusão de metas de universalização de atendimento

O termo de anuência pressupõe termo subscrito pelo Poder Concedente, *por meio do qual declare conhecer os termos do aditivo e manifeste sua anuência com as condições nele previstas*, assumindo o compromisso de assiná-lo caso o prestador logre êxito em comprovar a capacidade econômico-financeira.

A mera confirmação da entrega da minuta de termo aditivo ao Concedente não pode ser compreendida como um termo de anuência, pois não expressa qualquer concordância com seus termos ou compromisso em pactuá-lo, já que o contrato é um acordo entre partes, o aditivo, para ser reconhecido, precisa da manifestação expressa de ambas.

Inclusive por exigências específicas decorrentes do decreto, em que – pelo fato de o contrato de programa ser um instrumento em extinção –, a impossibilidade de repactuação por aditivo de prazo somada à necessidade de amortizar esses investimentos no prazo remanescente contratual, seja ele qual for, podem significar um aumento tarifário, sobre o qual o titular precisa manifestar sua concordância.

Por esse motivo a legislação exige manifestação positiva de anuência e não prevê a consequência jurídica da presunção de concordância ("silêncio eloquente").

Cabe à entidade reguladora avaliar a possibilidade e oportunidade de: (i) a agência reguladora determinar que a companhia oficie os municípios faltantes, instando-os a se manifestarem no sentido de anuir ou não com o aditivo; ou (ii) dela mesma fazê-lo, dando-lhes a oportunidade de anuir, respeitado o prazo legal.

No caso da anuência, o Concedente estará aceitando os termos do aditivo contratual até o fim do prazo do contrato de programa e se comprometendo a assiná-lo caso o prestador comprove capacidade. O serviço continuará sendo prestado pela companhia estadual, nas condições preconizadas pelo contrato e aditivo, e assim deverá ser universalizado.

No caso de não anuência expressa, o contrato de programa se tornará irregular, nos termos do art. 20 do Decreto nº 10.710/2021, considerando a impossibilidade do cumprimento da exigência legal de inclusão de metas de universalização após o prazo definido em lei.

As consequências do não envio do termo aditivo ou da declaração de anuência à minuta de termo aditivo para incorporação de metas de universalização incide de modo distinto a cada espécie de contrato de prestação de serviço, a depender de se cuidar de contrato de concessão oriundo de licitação ou, em outra hipótese, de contrato de programa, nos termos da Norma de Referência nº 2/2021 da Agência Nacional de Águas e Saneamento Básico.

O Art. 11-B, §2º, da Lei nº 11.445/2007 prevê que contratos de concessão firmados por meio de procedimentos licitatórios que possuam metas diversas daquelas previstas no *caput* daquele artigo, inclusive contratos que tratem, individualmente, de água ou de esgoto, permanecerão inalterados nos moldes licitados.

Entende-se que prestadores de serviço em contratos precedidos de licitação não se submetem, necessariamente, aos termos do Decreto nº 10.710/2021, porquanto cabe ao titular dos serviços adotar as providências para atingimento das metas de universalização requeridas pelo Novo Marco Legal do Saneamento: não havendo o titular dos serviços anuído com proposta a si porventura apresentada pelo contratado, nem, tampouco, tendo ele próprio (o titular) proposto a alteração contratual para inclusão de metas, permanecem válidos e em vigor os termos originariamente firmados em contrato.

É dizer: caso o titular dos serviços não tenha proposto, no prazo legal, a alteração dos vínculos aos prestadores de serviço detentores de contratos de concessão licitados, daí não poderão advir consequências jurídicas que afetem negativamente os contratos de concessão licitados, por se pressupor que o titular do serviço, ao se omitir da tentativa de firmar aditivo mediante negociação, pretende adotar outras formas legais de atingimento das metas de universalização (*e.g.*: prestação direta e licitação da parcela remanescente).

A seu turno, os contratos de programa haverão de ser submetidos, indistintamente, à avaliação de capacidade econômico-financeira. O Decreto nº 10.710/2021 trouxe duas modalidades de comprovação: a global (art. 6º e seguintes) e a regionalizada (art. 9º). A segunda é uma faculdade dada à companhia, sob determinadas condições. Contudo, não tendo sido uma opção da Companhia, e sendo evidenciado que a todos os titulares foi oferecida a oportunidade de anuir, é possível, conforme entendimento técnico e jurídico da agência reguladora, construir argumentos para que se faça a prestação global.

Primeiro, porque a agência não poderia ser onerada por uma opção que não foi exercida por ela. Sabe-se que a prestação regionalizada traz algumas exigências adicionais, inclusive de prévia definição das regiões, por lei ordinária estadual, e de constituição de sociedade de propósito específico. Essas e outras exigências podem ser de difícil cumprimento pela agência, e por essa razão não poderiam ser exigidas de quem comprovadamente buscou a inclusão de todos os titulares.

Segundo, porque é possível, a critério da agência reguladora, construir o argumento jurídico de que, com a perda do prazo de 31/12/2021, e novamente sendo aberta a oportunidade de anuência por meio de diligência, e novamente perdendo-se a oportunidade, preclui-se o direito daqueles municípios que não anuíram.

Assim, automaticamente esses contratos não poderão ter sua capacidade comprovada, e por isso já se encontram irregulares desde já, nos termos do art. 20 do Decreto. Como a comprovação é apenas dos contratos regulares, conforme o art. 1º do Decreto, então esses municípios não entram mesmo na comprovação global. Mas isso, enfatize-se, é uma tese a ser explorada pela agência reguladora, no âmbito de sua competência, diante do caso concreto.

A anuência é requisito fundamental para a comprovação de capacidade (art. 7º, inciso III, e art. 11, inciso II). Logo, fluxos de caixa referentes a tais contratos não poderão constar no fluxo de caixa global a que se refere o art. 6º. Assim, a agência reguladora deve estar atenta para um possível prazo adicional de diligência para o recálculo do fluxo de caixa global, após a manifestação final dos municípios. Essa diligência poderá ser cumprida pela própria agência ou pela companhia, por determinação da agência, conforme o rito processual administrativo de cada uma.

Aqueles contratos que já previam a universalização, atendendo às metas do art. 11-B da Lei nº 11.445/2007, não precisam se submeter à inclusão de metas. Neste caso, o fluxo a eles correspondente deverá constar na avaliação de capacidade e compor o fluxo de caixa global do prestador, mas dispensa termos de anuência, pois não necessitará de aditamento.

A avaliação de capacidade econômico-financeira do prestador deverá se dar sobre um fluxo de caixa global resultante da soma de (i) fluxos de caixa de contratos que já contemplem as metas de universalização, dispensando aditivos ou termos de anuência e (ii) fluxos de caixa de contratos que precisem de aditamento para inclusão das metas de universalização, desde que contem com o termo de anuência do Concedente para seu aditamento, excluindo-se (iii) fluxos de caixas de contratos que não contemplem as metas de universalização e cujo concedente não tenha apresentado anuência para que sejam aditados/regularizados.

Nesse sentido, a avaliação do VPL do fluxo de caixa global do prestador se dará a partir de uma base de contratos específica. Assim, a comprovação de capacidade do prestador para atender a este conjunto de contratos não poderá ser utilizada para aditamento de contratos estranhos a este conjunto.

Admitir essa hipótese seria esvaziar a avaliação realizada pela agência e o objetivo pretendido pela Lei com a comprovação de capacidade. Basta pensar que poderiam ser assinados aditivos de contratos deficitários cujos fluxos, se considerados na análise de comprovação de capacidade, comprometeriam o VPL do fluxo de caixa global e importariam reprovação do prestador, comprometendo sua capacidade de cumprir com as obrigações que assumiu junto a outros municípios.

4 Da incidência do dever de inclusão de metas de universalização aos contratos de concessão

De forma geral, os contratos de concessão comum (regidos pela Lei nº 8.987/95) ou qualificados como parcerias público-privadas (regidos pela Lei nº 11.079/2004, quer na forma patrocinada, quer na forma administrativa) devem disciplinar metas, em razão do disposto no art. 18, inciso I, da Lei nº 8.987/95. Tal dispositivo da lei geral de concessões, que se aplica às concessões comuns e às PPPs, determina que o edital há de disciplinar "o objeto, metas e prazo da concessão".

A lei geral, contudo, não especifica a natureza dessas metas, em razão do que tal instituto pode adquirir feições de variada natureza (*e.g.*: metas de investimento, metas de cobertura do serviço, metas de qualidade dos serviços prestados, metas de conclusão de etapas do serviço no tempo etc.). Justamente por isso é possível que certas metas de investimentos em bens e de *performance* dos serviços equivalham a metas de cobertura e atendimento e, nessa medida, façam as vezes de metas de universalização.

No caso das parcerias público-privadas, há, também, regra específica, contida no art. 6º, §1º da Lei nº 11.079/2004, segundo a qual "o contrato poderá prever o pagamento ao parceiro privado de remuneração variável vinculada ao seu desempenho, conforme metas e padrões de qualidade e disponibilidade definidos no contrato". As metas às quais o dispositivo da Lei das PPPs faz referência são aquelas relativas a aspectos quantitativos e qualitativos do desempenho do objeto contratual, cujo atendimento é condição para a percepção dos pagamentos que o parceiro privado espera receber. Trata-se, pois, de cláusula de incentivo inerente ao objeto do contrato administrativo.

Em ambos os casos, da Lei nº 8.987/95 e da Lei nº 11.074/2004, as metas estabelecidas podem manter, portanto, estrita relação com a dimensão temporal da conclusão do objeto contratual estabelecido no edital da licitação que antecedeu a formação do vínculo.

O fato de o objeto constar como cláusula essencial do contrato de concessão, como também "ao modo, forma e condições de prestação do serviço", nos termos do art. 23, I e II da Lei nº 8.987/1995, reforça essa conclusão de que, apesar de metas não serem cláusula essencial, nos estritos termos do rol do art. 23 da Lei de Concessões, as metas podem decorrer, justamente, do objeto, do modo, da forma e das condições de prestação do serviço.

O objeto do contrato, em se cuidando de prestação de serviços de saneamento básico de tratamento de água e esgotamento sanitário, pode compreender investimentos em expansão ou, tão somente, em operação de ativos já existentes.

Aqueles contratos que cuidem tão somente de operação, sem previsão de expansão dos serviços, em princípio, não contemplariam metas de expansão. Contudo, não é verossímil que existam tais contratos, de feição apenas operacional, dado que as obrigações de investimento em universalização são típicas dos contratos administrativos do setor de saneamento básico.

A Lei nº 11.445/2007, em sua redação original, que antecede as modificações realizadas pela Lei nº 14.026/2020, eis que a universalização do acesso já constava como princípio fundamental da prestação dos serviços públicos de saneamento básico (art. 2º, I, da redação original), o que veio a ser reforçado pela nova redação do dispositivo, que, além da universalização do acesso, determina a "efetiva prestação do serviço" (art. 2º, I, redação atual da Lei nº 11.445/2007, com a redação conferida pela Lei nº 14.026/2020).

Também na redação originária da Lei nº 11.445/2007 já havia conceito expresso de universalização, contido no art. 3º, III, do diploma, nos seguintes termos: "ampliação progressiva do acesso de todos os domicílios ocupados ao saneamento básico". Tal conceito veio a ser aperfeiçoado pela redação conferida pela Lei nº 14.026/2020, com a seguinte redação: "ampliação progressiva do acesso de todos os domicílios ocupados ao saneamento básico, em todos os serviços previstos no inciso XIV do *caput* deste artigo, incluídos o tratamento e a disposição final adequados dos esgotos sanitários".

A redação original do Art. 11, §2º da Lei nº 11.445/2007 já previa que os contratos de concessão deveriam conter metas progressivas e graduais de expansão dos serviços, redução progressiva e controle de perdas na distribuição de água, energia e outros recursos naturais.

Tal conceito veio a ser aperfeiçoado pela redação conferida pela Lei nº 14.026/2020, com a seguinte redação: "ampliação progressiva do acesso de todos os domicílios ocupados ao saneamento básico, em todos os serviços previstos no inciso XIV do caput deste artigo, incluídos o tratamento e a disposição final adequados dos esgotos sanitários".

A redação original do Art. 11, §2º da Lei nº 11.445/2007 já previa que os contratos de concessão deveriam conter metas progressivas e graduais de expansão dos serviços, redução progressiva e controle de perdas na distribuição de água, energia e outros recursos naturais.

Dessa forma, mesmo antes do Novo Marco Legal do Saneamento Básico, as exigências de investimento e de prestação de serviço já pressupunham aumento de cobertura e de atendimento, de modo que é possível interpretar que mesmo contratos administrativos que não contivessem, de forma expressa e nominal, metas de universalização, já pressupunham tal dimensão de ampliação de acesso como aspecto intrínseco ao objeto dos contratos a ser realizada no prazo do contrato.

Ou seja: as obrigações de desempenho e de investimento firmadas em tais avenças trazem (ou deveriam trazer) a dimensão dinâmica da expansão de atendimento dos serviços públicos de saneamento básico durante o prazo do contrato.

Reforça essa conclusão a circunstância legislativa de que a presença formal, nos contratos, de metas de universalização e, inclusive, de um cronograma de universalização dos serviços passou a ser condição de validade dos contratos administrativos voltados à prestação de serviços públicos de saneamento básico recentemente, por força do inciso V do art. 11 da Lei nº 11.445/2007 incluído pela Lei nº 14.026/2020.

Com o advento da Lei nº 14.026/2020, passou-se a exigir que os contratos relativos à prestação dos serviços públicos de saneamento básico passassem a conter, expressamente, além das cláusulas essenciais previstas no art. 23 da Lei nº 8.987/1995, metas de expansão dos serviços (art. 10-A, I, Lei nº 11.445/2007).

Desse modo, contratos administrativos firmados mediante procedimentos licitatórios que, porventura, não contenham metas expressas com o objeto específico ou com a especificação devotada à universalização, não deixam, tão somente por razão de sua redação, de contemplar essa dimensão que, como visto, já era presente e cogente na redação anterior da lei setorial.

Nessa medida, o art. 11-B, §2º, da Lei nº 11.445/2007 inserido pela Lei nº 14.026/2020, ao indicar que existem contratos firmados por meio de procedimentos licitatórios com metas diversas daquelas previstas no *caput* do art. 11-B – quais sejam, metas de universalização que garantam o atendimento de 99% (noventa e nove por cento) da população com água potável e de 90% (noventa por cento) da população com coleta e tratamento de esgotos até 31 de dezembro de 2033 – contempla tanto contratos administrativos que contenham metas específicas de universalização quanto contratos administrativos que, apesar de não terem descrição específica ou cláusula expressa de metas, ostentem no próprio objeto do contrato obrigações de investimento e de prestação de serviços que equivalham ao conceito legal de universalização, nos termos do art. 3º, inciso III, da Lei nº 11.445/2007.

O propósito do art. 11-B foi, justamente, oportunizar a alteração dos contratos administrativos para definição de metas de universalização, isto e, para inovar nos vínculos de modo a constituir novas obrigações de investimento e de prestação dos serviços que, materialmente, garantam o atendimento nos montantes e no horizonte temporal previstos em lei.

É o que se conclui da interpretação "*a contrario sensu*" do §1º do art. 11-B, que é reforçado pelo quanto disposto no §2º do mesmo dispositivo, o qual assegura a inalterabilidade dos contratos que, tendo sido firmados por meio de procedimentos licitatórios, ostentem – de forma expressa ou analítica, vinculada ao objeto, ao modo, à forma e às condições de prestação do serviço – metas de universalização diversas das preconizadas pelo *caput* do art. 11-B.

Ou seja, a verificação da presença das metas de universalização nos contratos decorre não propriamente do exame formal da redação contratual, mas do exame material das obrigações de investimento e prestação dos serviços públicos.

Há, portanto, dois cenários:

1º Cenário: Caso os contratos contemplem as exigências de atendimento da população preconizadas pela lei, e no tempo estabelecido pelo diploma, tem-se por presentes as metas, a despeito da redação contratual não ser, eventualmente, expressa quanto a elas, não haverá necessidade de aditivo para inclusão de obrigações e, por conseguinte, não serão submetidos a exame de comprovação de capacidade econômico-financeira. Nesses casos, o que se poderá, no limite, proceder é a um mero aditivo de natureza redacional, tão somente para atendimento do quanto disposto no art. 10-A.

2º Cenário: De outro modo, caso os contratos não contemplem, isto é, caso não viabilizem, materialmente, essas exigências de atendimento dos serviços à população no montante e no horizonte temporal definido pela lei, aí, sim, seria necessária a alteração contratual, mas tão somente para aqueles contratos em vigor que não tenham sido firmados mediante procedimentos licitatórios, em apreço à ressalva do §2º do art 11-B.

Em resumo:

(i) a legislação de concessões (tanto de concessões comuns) prevê a existência de metas nos contratos ou nos editais de licitação, sendo que nem sempre essas metas estarão com a denominação "universalização", ou identificadas claramente como "metas", mas a sua consecução visa a obter os mesmos resultados práticos na forma de obrigações de fazer. Ciente dessa realidade, o legislador ao tratar de "metas" no §2º não qualificou as metas como sendo especificamente "metas de universalização";

(ii) o Art. 11-B, §2º, da Lei nº 11.445/2007 prevê que contratos firmados por meio de procedimentos licitatórios que possuam metas diversas daquelas previstas no *caput* deste artigo, inclusive contratos que tratem, individualmente, de água ou de esgoto, permanecerão inalterados nos moldes licitados, e o titular do serviço deverá buscar alternativas para atingir as metas definidas no *caput* do respectivo artigo;

(iii) contratos firmados por procedimentos licitatórios que possuam metas (em sentido amplo) que visem alcançar os mesmos resultados práticos de expansão quantitativa e qualitativa dos serviços não serão obrigados a se submeter ao processo de capacidade econômico-financeira previsto no Decreto nº 10.710/2021 (aplicável especificamente a metas de universalização, e não a outras), sejam essas metas definidas textualmente como metas de universalização ou não.

(iv) Considerando que o objetivo do Decreto nº 10.710/2021 é justamente a comprovação da capacidade econômico-financeira para inclusão de metas de universalização, eventual ausência de metas de universalização ou das que busquem o mesmo resultado prático em contratos precedidos de licitação seria, no limite, um problema de validade da própria licitação, ou do contrato administrativo, por possível violação ao art. 18, I da Lei nº 8.987/95, questão essa que foge ao escopo do objeto de comprovação da capacidade econômico-financeira.

Por isso mesmo, a NR 2/2021 estabeleceu que os contratos de concessão firmados por meio de procedimentos licitatórios que não tenham metas de universalização previamente estabelecidas (art. 1º, §1º, III) e contratos de concessão firmados por meio de procedimentos licitatórios que contenham metas de universalização que não garantam o atendimento de 99% (noventa e nove por cento) da população com água potável e de 90% (noventa por cento) da população com coleta e o tratamento de esgotos até 31 de dezembro de 2033 (art. 1º, §1º, IV) terão a faculdade de firmar aditivos para inclusão das metas de universalização previstas no art. 11-B da Lei nº 11.445/2007, nos termos do seu §2º, mediante pactuação entre titulares e prestadores de serviços, observados os termos da citada Norma de Referência.

5 Da comprovação de capacidade econômico-financeira em hipóteses de subdelegação

Outro ponto que precisa ficar claro diz respeito ao dever de comprovação de capacidade econômico-financeira que recai sobre a prestadora de serviço contratada pelo titular. O instituto da subconcessão só é plenamente aplicável e admitido quando aplicado a contratos de concessão, com autorização expressa do poder concedente, isto é, do titular dos serviços. E, mesmo nesse âmbito, e ainda que precedida de licitação, a subconcessão permite a sub-rogação nos direitos e nas obrigações do subconcedente dentro dos limites da subconcessão (art. 26, §2º, Lei 8.987/1995).

Ainda que se tenha aplicado, por analogia, a técnica da subconcessão aos contratos de programa, de modo a permitir que as empresas estaduais contratadas diretamente subcontratassem parcela do objeto dos contratos de programa por razões de eficiência empresarial, a sub-rogação plena e a criação de vínculo autônomo entre o subcontratado e o titular dos serviços não eram, por princípio, admissíveis a essa hipótese de avença.

Estratégias de subdelegação realizadas pelas companhias contratadas diretamente por municípios não ensejam a sub-rogação plena nem a transferência do objeto, razão pela qual não se formam vínculos diretos entre subcontrato e o titular, eis que, mesmo sob a vigência do marco legal anterior, não era juridicamente possível o aperfeiçoamento de contratos de concessão sem licitação realizada pelo titular, nos termos do art. 43 da Lei nº 8987/1995.

Não é a subdelegatária que deve apresentar os dados relativos ao objeto do contrato que tem com a companhia, mas sim esta última que deve apresentar as informações que a exploração desse objeto resulta, em termos econômico-financeiros, para a companhia, devidamente refletidos em seu balanço patrimonial.

O fato de o contrato de programa firmado entra a municipalidade e a companhia estadual contemplar, originariamente, hipótese de subcontratação parcial ou total entre esta última e terceiros não permite a sub-rogação plena das obrigações originárias, tampouco a autonomização do vínculo da subcontratada com a municipalidade.

Assim, as informações econômico-financeiras dos contratos com terceiros devem ser empregadas pelas companhias contratadas pelos titulares dos serviços públicos para fins de sua comprovação de capacidade econômico-financeira.

Ademais, o Decreto nº 10.710/2021 preconiza, no art. 7º, §4º, que "Não será admitida a comprovação da capacidade por meio do incremento das metas de contratos de subdelegação, quando exceder o limite de vinte e cinco por cento definido pelo art. 11-A da Lei nº 11.445, de 2007".

6 Das metas de não intermitência, de redução de perdas, de melhoria dos processos de tratamento

Outra questão que necessita ser ressaltada diz respeito ao caso em que um contrato de programa, ou concessão que não passou por licitação, possua metas de universalização iguais ou superiores à do art. 11-B da Lei Federal nº 11.445/2007 para o ano de 2033, *mas não possua as metas de não intermitência, de redução de perdas, de melhoria dos processos de tratamento*, restando muitas vezes dúvidas nobre a obrigação de esse contrato ser aditivado no processo de comprovação de capacidade econômico-financeira.

O art. 11-B, *caput*, da Lei nº 11.445/2007, com a redação conferida pela Lei nº 14.026/2020, determina que "Os contratos de prestação dos serviços públicos de saneamento básico deverão definir metas de universalização que garantam o atendimento de 99% (noventa e nove por cento) da população com água potável e de 90% (noventa por cento) da população com coleta e tratamento de esgotos até 31 de dezembro de 2033, assim como metas quantitativas de não intermitência do abastecimento, de redução de perdas e de melhoria dos processos de tratamento". A seu turno, o parágrafo primeiro do aludido artigo indica que os contratos em vigor que não possuírem as metas de que trata o *caput* desse artigo terão até 31 de março de 2022 para viabilizar essa inclusão.

A leitura estrita do parágrafo primeiro, que remete às metas da cabeça do artigo, sem distinguir a quais alcança, aponta para que tanto as metas de universalização quanto as metas quantitativas devem ser contempladas nos artigos a serem celebrados até 31 de março de 2022.

Contudo, o art. 10-B da Lei nº 11.445/2007 estabelece que "(o)s contratos em vigor, incluídos aditivos e renovações, autorizados nos termos desta Lei, bem como aqueles provenientes de licitação para prestação ou concessão dos serviços públicos de saneamento básico, estarão condicionados à comprovação da capacidade econômico-financeira da contratada, por recursos próprios ou por contratação de dívida, com vistas a viabilizar a universalização dos serviços na área licitada até 31 de dezembro de 2033, nos termos do §2º do art. 11-B desta Lei".

Por interpretação sistemática, portanto, a inclusão de metas de universalização dos serviços é o escopo fundamental do processo de avaliação de capacidade econômico-financeira e, por conseguinte, dos aditivos a serem firmados até 31 de março de 2022.

A conclusão de que o processo de avaliação de capacidade econômico-financeira tem por escopo a inclusão da universalização decorre também de alguns dispositivos do Decreto nº 10.710/2021, que restringiu a metodologia para comprovação da capacidade econômico-financeira dos prestadores de serviços públicos de abastecimento de água potável ou de esgotamento sanitário que detenham contratos regulares em vigor à finalidade de viabilizar o cumprimento das metas de universalização, conforme se constata da redação expressa dos artigos 1º e 3º, o que revela que o propósito fundamental da avaliação de capacidade econômico-financeira é o de direcionar o processo de inclusão das metas de universalização, isto é, aquelas voltadas à "ampliação progressiva do acesso de todos os domicílios ocupados", em linha com o conceito legal de universalização (art. 3º, III, da Lei nº 11.445/2007).

Tão é assim que o Decreto nº 10.710/2021 faz referência às metas de universalização do *caput* do art. 11-B, nos termos do art. 2º,

IX (IX – metas de universalização – metas previstas no *caput* do art. 11-B da Lei nº 11.445, de 2007), que são, como visto, as metas de 90% para esgotamento sanitário e 99% para tratamento de água. Não se poderia interpretar que a expressão constante do citado art. 2º, IX, contemplasse, necessariamente, todas as metas arroladas na cabeça do dispositivo como se de universalização fossem, na medida em que a própria lei, ato superior ao decreto, extrema e diferencia tais metas, conclusão que é reforçada pelo conceito legal de universalização, que, como visto, restringe-se àquelas metas voltadas à "ampliação progressiva do acesso de todos os domicílios ocupados" (art. 3º, III, da Lei nº 11.445/2007).

Ainda que se faça essa consideração, tal interpretação sobre a possibilidade de exame de capacidade econômico-financeira tão somente em relação às metas quantitativas de qualidade é tarefa que cabe, de forma direta e autônoma, às entidades reguladoras destinatárias da norma, às quais compete, nos termos do art. 25, §2º, Lei nº 11.445/2007.

A Agência Nacional de Águas e Saneamento Básico, inclusive, quando exerceu a competência de elaborar norma de referência relativa ao conteúdo mínimo dos aditivos contratuais – Norma de Referência nº 2/2021 –, não teve propósito de excepcionar a aplicação do Decreto nº 10.710/2021, até por não ter competência para tal, tanto é que a NR 2 assevera, em seu art. 9º, que a verificação da adequação das minutas de aditivos aos termos da norma de referência será realizada após o processo de celebração das avenças.

A NR 2 restringiu-se à dimensão das metas de universalização e, ainda, assentou que haverá, futuramente, norma de referência a definir metas quantitativas de não intermitência do abastecimento, de redução de perdas e de melhoria dos processos de tratamento. Uma vez editadas tais normas de referência, os prestadores e os titulares terão a faculdade de incorporar tais normas no bojo de seus contratos, atendidas as necessidades e peculiaridades regionais.

Posto isso, conforme já assentado, aqueles contratos que já previam a universalização, atendendo às metas do art. 11-B da Lei nº 11.445/2007, não precisam se submeter à inclusão de metas. Nesse caso, o fluxo a eles correspondente deverá constar na avaliação de capacidade e compor o fluxo de caixa global do prestador, mas dispensa termos de anuência, pois não necessitará de aditamento.

7 Questões que devem ser examinadas após a celebração dos aditivos de inclusão de metas de universalização

Por fim, cabe ainda ressaltar que a legislação é peremptória em indicar a data de 31 de março para viabilização da inclusão, nos contratos em vigor, das metas de universalização, o que aponta que, até a referida data, deve ocorrer o aperfeiçoamento formal dos vínculos contratuais.

A concomitância entre a data final para exame de capacidade econômico-financeira e para celebração dos aditivos não gera inexequibilidade nem revela qualquer antinomia.

Considerando que a instrução da capacidade econômico-financeira pressupõe a anuência do titular quanto a minuta e quanto as obrigações, e que o exame das obrigações, por sua vez, é objeto de escrutínio, justamente, na referida avaliação, ao final do processo já se presume haver a presença de todos os fundamentos e solenidades necessárias à assinatura do instrumento que constitui o acordo recíproco de vontades.

A Lei nº 11.445/2007 é expressa em assentar que tão somente os contratos de concessão licitados é que podem, no limite, manter-se com seu âmbito objetivo originário inalterado – conquanto, ainda nessa hipótese, crie-se o dever de o titular dos serviços públicos promover a universalização da prestação dos serviços nos montantes e no prazo determinado pela legislação federal pelas outras vias legalmente admitidas (*e.g.*: prestação direta, licitação da parcela remanescente, acordo com o contratado).

Em tal contexto, caso não respeitado o prazo legal, poderá se afigurar impossível proceder ao incremento do objeto dos contratos de concessão em vigor com a magnitude que o permissivo legal ora possibilita, excepcionalmente, realizar e que requerem as obrigações de investimentos para o atingimento das metas de atendimento de 99% (noventa e nove por cento) da população com água potável e de 90% (noventa por cento) da população com coleta e tratamento de esgotos.

Desse modo, após tal data, conquanto remanesça a possibilidade de repactuação amigável ou de alteração unilateral dos contratos administrativos de concessão advindos de licitação, os quais permanecem válidos nos moldes em que contratados (*ex vi* do art. 11-B, §2º, da Lei nº 11.445/2007), presume-se que essas concessões poderiam ter de respeitar os limites legais gerais de alteração do objeto contratual de até 25% do valor do contrato, ainda que haja posições teóricas que afirmem que tal limitação, própria aos contratos regidos pela Lei nº 8.666/93, não se aplica adequadamente a contratos de concessão regidos pela Lei nº 8.987/1995 e, conforme o caso, pela Lei nº 11.079/2004.

A questão dos limites de alteração do objeto dos contratos de concessão que não optarem por realizar o aditivo amplo de inclusão de obrigações para atingimento das metas de universalização até 31 de março de 2022, em face da circunstância de que, uma vez não celebrado o aditivo com o concessionário detentor de contrato licitado (quer por ausência de anuência do titular, quer por ausência de consenso entre titular e atual prestador, quer por desatendimento dos requisitos para celebração do aditivo, inclusive reprovação da viabilidade econômico-financeira), o titular ou bem deverá promover a prestação direta ou bem deverá licitar a parcela remanescente.

Permitir ampla repactuação (unilateral ou amigável) do contrato que não tenha se valido da janela temporal para inclusão das metas de universalização ora oportunizada pela Lei nº 14.026/2020 pode ensejar burla ao dever de licitar e à vinculação do instrumento convocatório, se aplicado entendimento conservador quanto à imposição de limites à ampliação objetiva dos contratos de concessão licitados.

Tal aspecto deve ser examinado na medida em que pode vir a ser aventado tanto pelos órgãos de controle infranacionais (no exame do respeito ao dever de licitar), quanto pelos órgãos de controle federais (no exame da legitimidade da destinação de recursos públicos federais a sujeitos que, eventualmente, descumprem o dever de licitar).

De outro lado, os contratos de programa válidos que não sejam capazes (técnica, jurídica ou economicamente) de celebrar os aditivos para inclusão das obrigações voltadas à universalização de que cogita o art. 11-B, *caput*, e §1º da Lei nº 11.445/2007, poderão deixar de ostentar o requisito da regularidade, necessário não apenas à alocação de recursos federais (art. 50, VI, da Lei nº 11.445/2007), mas à própria continuidade dos vínculos contratuais no mundo jurídico, eis que só se assegurou a continuidade dos contratos de programas vigentes que ostentassem regularidade (art. 3º, XIII c/c art. 10, §3º da Lei nº 11.445/2007), o que pode indicar um dever superveniente de desfazimento daqueles contratos que não atendessem aos requisitos da lei.

É o que está indicado no art. 20, *caput*, do Decreto nº 10.710/2021, vazado nos seguintes termos: "Art. 20. Serão considerados irregulares os contratos de programa de prestação de serviços públicos de abastecimento de água potável ou de esgotamento sanitário caso o prestador não comprove sua capacidade econômico-financeira nos termos do disposto neste Decreto".

Entende-se que contratos administrativos, sujeitos às exigências da legislação e à prerrogativa do Poder Público de realizar alterações unilaterais (inclusive extintivas), não poderiam opor qualquer pretenso direito de manter-se na exploração de competência pública a título de direito adquirido ou ato jurídico perfeito, conforme se colhe do julgamento do RMS nº 34.203, de relatoria de Sua Excelência o Ministro Dias Toffoli: "Nesse passo, nem mesmo eventual disposição contratual em sentido contrário (o que não vislumbro ocorrer no caso dos autos), poderia se sobrepor às previsões legislativas." (STF, RMS nº 34.203, Relator Ministro Dias Toffoli).

Conclusão

O objetivo deste capítulo foi ressaltar em primeiro lugar a responsabilidade da universalização do serviço por parte do titular. Esse é um fator de extrema relevância, especialmente em um período de mudança de legislação, com regras mais rígidas sobre a prestação do serviço, contratos com requisitos essenciais para a universalização e, especialmente, avaliação da capacidade econômico-financeira.

A partir de 31 de março de 2022, municípios com contratos irregulares, sejam eles contratos que não passaram na capacidade econômico-financeira, até os que nem se habilitaram para isso, por não possuírem regras mínimas conforme a lei determinava, deverão buscar formas alternativas para a prestação do serviço, seja pela prestação direta ou pela licitação do serviço. Essa decisão será do titular, que independentemente da escolha, deverá garantir que alcançará a universalização até dezembro de 2033.

Além disso, as discussões aqui levantadas buscaram também enfatizar sobre as formas que o Novo Marco Legal do Saneamento Básico trouxe para incentivar a atração de investimentos na busca da universalização trazendo à ANA a responsabilidade de melhorar a segurança jurídica e estabilidade regulatória do setor, corroborando com esse objetivo a agência deve editar normas com respeito aos contratos vigentes regulares.

Por fim, cabe que a agência reguladora infracional é uma parte essencial nesse processo, a regulação específica da operação do serviço precisa garantir o cumprimento dos contratos e que o serviço chegue a toda população brasileira. Assim, deve-se comunicar ao titular sobre irregularidades verificadas, para que esse tome providências para regularizar a prestação do serviço. Dessa forma, esse conjunto de atores garantirá um serviço adequado para toda a população.

Informação bibliográfica deste texto, conforme a NBR 6023:2018 da Associação Brasileira de Normas Técnicas (ABNT):

COELHO, João Paulo Soares; ARAUJO, Cíntia Leal Marinho de. O novo papel institucional da Agência Nacional de Águas e Saneamento Básico em prol da universalização dos serviços públicos de saneamento. *In*: ZULIANI, Geninho; DAL POZZO, Augusto Neves (coords). *Saneamento básico*: uma lei e um marco. Belo Horizonte: Fórum, 2023. p. 61-86. ISBN 978-65-5518-485-3.

OS DESAFIOS DA REGIONALIZAÇÃO DA PRESTAÇÃO DE SERVIÇOS PÚBLICOS DE SANEAMENTO BÁSICO NO BRASIL
Breve análise das modificações impostas pela Lei Federal nº 14.026/2020

MARCOS RODRIGUES PENIDO

1 Introdução

A Lei Federal nº 14.026, editada em 15 de julho de 2020, inaugurou uma nova etapa na agenda da infraestrutura no Brasil. Com a proposta de atualizar o marco legal, o documento normativo trouxe uma série de mudanças para a pauta do saneamento básico do país, visando melhorar a qualidade da prestação dos serviços públicos de abastecimento de água potável, esgotamento sanitário, limpeza urbana e manejo de resíduos sólidos, bem como drenagem e manejo das águas pluviais urbanas, que são de suma importância para toda população. Sem prejuízo de ressaltar outro relevante objetivo do novel Marco Legal Regulatório, qual seja, conferir maior segurança jurídica para atração de novos investimentos no setor.

Dentre as modificações trazidas pelo recém editado diploma normativo, atualizou-se a Lei nº 11.445/2007,[1] que trata das diretrizes nacionais para o saneamento básico, para aprimorar, de maneira geral, diversas condições estruturais relacionadas à organização, planejamento, regulação e, principalmente, à prestação dos serviços.

E os objetivos do Novo Marco Regulatório são bastante claros; busca-se, em resumo, (i) qualificar a prestação dos serviços no setor; (ii) uniformizar as regras de modo a conferir maior segurança

---

[1] BRASIL. Lei nº 11.445, de 5 de janeiro de 2007. Estabelece as diretrizes nacionais para o saneamento básico; cria o Comitê Interministerial de Saneamento Básico; altera as Leis nº 6.766, de 19 de dezembro de 1979, 8.666, de 21 de junho de 1993, e 8.987, de 13 de fevereiro de 1995; e revoga a Lei nº 6.528, de 11 de maio de 1978. Brasília: Diário Oficial da União, Seção 1, p. 03-07, Publicado em: 08/01/2007.

jurídica; (iii) somar esforços públicos e privados na execução das atividades de saneamento; (iv) planejar e prestar os serviços de forma regionalizada e, principalmente, (v) universalizar[2] os serviços de abastecimento de água potável, assim como de coleta e tratamento de esgoto da população, até a data de 31 de dezembro de 2033.[3]

Vale a pena notar que, dentre as alterações trazidas em 2020, a Lei nº 11.445/2007 passou a considerar a prestação *regionalizada* dos serviços como sendo um dos princípios fundamentais do saneamento básico, ao lado, por exemplo, da universalização do acesso e efetiva prestação do serviço; da eficiência e sustentabilidade econômica; da adoção de métodos, técnicas e processos que considerem as peculiaridades locais e regionais e da segurança, qualidade, regularidade e continuidade (art. 2º, inc. XIV); espera-se, com isso, de forma explícita, gerar ganhos de escala, assim como garantir a universalização e a viabilidade técnica e econômico-financeira na prestação dos serviços (art. 2º, inc. XIV, *in fine*).

Como bem observa Rafael Domingos Faiardo Vanzella:[4]

> (...) há a simplificação quantitativa dos titulares dos serviços públicos em uma determinada região. Se estivermos diante de uma fração territorial compreensiva de 10 municípios, que em princípio seriam, cada qual e individualmente, materialmente competentes pela prestação dos serviços públicos no interior de seus limites geográficos, passaríamos, mediante a prestação regionalizada, a uma única autoridade concedente: um operador interessado em atender à região participaria de apenas uma licitação, em vez de dez. a diminuição dos custos de transação também ressoaria na atuação dos órgãos de controle: a maior relevância do projeto provavelmente atrairia maior atenção da imprensa, do

---

[2] A Lei nº 11.445/07 define universalização como sendo a ampliação progressiva do acesso de todos os domicílios ocupados ao saneamento básico, em todos os serviços previstos no inc. XIV do seu art. 3º, incluídos o tratamento e a disposição final adequados dos esgotos sanitários (art. 3º, inc. III).

[3] Art. 11-B. Os contratos de prestação dos serviços públicos de saneamento básico deverão definir metas de universalização que garantam o atendimento de 99% (noventa e nove por cento) da população com água potável e de 90% (noventa por cento) da população com coleta e tratamento de esgotos até 31 de dezembro de 2033, assim como metas quantitativas de não intermitência do abastecimento, de redução de perdas e de melhoria dos processos de tratamento.

[4] VANZELLA, Rafael Domingos Faiardo; BORGES, Jéssica Suruagy Amaral. Notas sobre a prestação regionalizada dos serviços públicos de saneamento básico. *In:* DAL POZZO, Augusto Neves (Coord.). *O Novo Marco Regulatório do Saneamento Básico*. São Paulo: Thomson Reuters Brasil, 2020, p. 222-223.

Tribunal de Contas, do Ministério Público, agentes que, se por um lado podem incutir letargias nos processos de desestatização, por outro lado, promovem maior institucionalidade, transparência e segurança jurídica a partir do escrutínio prévio dos empreendimentos. Os requisitos de conformidade e integridade corporativa das companhias privadas recomendam, por vezes, participar de licitações em bloco ou estaduais em detrimento das estritamente locais (sem preconceito com os municípios, e sem embargo das peculiaridades das grandes capitais, é forçoso reconhecer que o grande capital tende a preferir recorrentemente os projetos com maior exposição à opinião pública, pela estabilidade que os processos de controle e de participação da sociedade civil trazem no longo prazo).

Em segundo lugar, a prestação regionalizada ampara os subsídios cruzados, isto é, um mecanismo econômico-financeiro pelo qual municípios mais atrativos sustentam aqueles menos atrativos. Essa técnica de *pool finance* é essencial em alguns mercados de infraestrutura, e o saneamento básico é um deles. Os limites geográficos das municipalidades não apenas impedem uma solidariedade federativa, mas podem se tornar, adicionalmente, antieconômicos em atenção a determinadas soluções de projeto. De um lado, a abordagem municipalista pode insistir em alocações subótimas ou subaproveitamento de economias de escala. Se cada município integrante de determinada região optar por construir o seu próprio e exclusivo sistema de tratamento de efluentes, uma economia das despesas e dos benefícios indiretos da construção restaria impossível (muito embora isso pudesse ser compensado por dimensões de projetos menores que atraíssem empreiteiras de menor porte, dispostas a praticar preços mais competitivos, resultantes em valores relativos mais vantajosos). Por outro lado, há um problema de seleção adversa: a iniciativa empresarial poderia se interessar apenas por municípios superavitários (em que as receitas tarifárias superam as despesas de capital e operacionais para a universalização e atendimento dos serviços de saneamento básico), em detrimento de municípios mais deficitários. A atuação individual dos municípios pode levar a resultados predatórios, ao passo que o desenvolvimento de certas políticas públicas tem dimensões e impactos que extrapolam limites administrativos municipais, demandando articulação e cooperação interfederativa.

Fora isso, além de agora ser um princípio fundamental, "promover a regionalização dos serviços, com vistas à geração de ganhos de escala, por meio do apoio à formação dos blocos de referência e à obtenção da sustentabilidade econômica financeira do bloco" passa também a ser um dos objetivos da Política Federal de Saneamento Básico, segundo dispõe expressamente o art. 49, inc. XIV, da Lei.

Vale ressaltar, no entanto, que a regionalização do saneamento não é assunto novo;[5] ela já existia na versão original da Lei nº 11.445/2007, porém obviamente com outros contornos, e não com a mesma relevância apresentada agora pelo Novo Marco Regulatório.

Todavia, para que os serviços de saneamento possam vir a ser prestados de forma regionalizada consoante estabelece o diploma normativo federal referenciado, vários desafios – técnicos, jurídicos e financeiros – deverão ser enfrentados pelos Estados-membros para que sejam alcançados todos os resultados almejados pelo legislador ordinário, em especial, a articulação com as políticas de desenvolvimento urbano e regional e a integração das infraestruturas e dos serviços com a gestão eficiente dos recursos hídricos, cumprindo-nos aqui o exame de 3 (três) desafios conforme explicitar-se-á.

2 Definição dos conjuntos de municípios

O principal desafio a ser enfrentado para a implementação da prestação regionalizada dos serviços públicos de saneamento básico envolve a definição dos conjuntos de municípios que deverão compor a região metropolitana, a aglomeração urbana, a microrregião ou, mesmo, a unidade regional de saneamento básico.[6]

---

[5] "Embora o texto original da Lei 11.445/2007 não vedasse a prestação regionalizada como forma de unificação de titularidades dos serviços de saneamento básico, ele limitava-se às atividades de regulação, planejamento e fiscalização. Não havia uma preocupação, no sistema inicial da Lei 11.445/2007, com a simplificação quantitativa das autoridades públicas materialmente competentes para prestar ou delegar os serviços públicos de saneamento básico. O objetivo, mais circunscrito, era promover uma associação de municípios para criar uma agência reguladora com competência comum sobre eles (...) ou permitir certas economias à empresa estatal engajada, mediante contratos de programa, por diversos municípios de uma mesma região de fato (não necessariamente uma região legal, isto é, criada por lei, mas uma região entendida como uma unidade de negócio da empresa estatal). Até o Novo Marco, a prestação regionalizada foi, na prática, uma ferramenta de estatização do setor de saneamento básico." (Cf.: VANZELLA, Rafael Domingos Faiardo; BORGES, Jéssica Suruagy Amaral. Notas sobre a prestação regionalizada dos serviços públicos de saneamento básico. In DAL POZZO, Augusto Neves (Coord.). O Novo Marco Regulatório do Saneamento Básico. São Paulo: Thomson Reuters Brasil, 2020, p. 222.

[6] A Lei nº 13.089/15, que instituiu o Estatuto da Metrópole, adota em seu bojo os seguintes conceitos: (i) região metropolitana: unidade regional instituída pelos Estados, mediante lei complementar, constituída por agrupamento de Municípios limítrofes para integrar a organização, o planejamento e a execução de funções públicas de interesse comum; (ii) aglomeração urbana: unidade territorial urbana constituída pelo agrupamento de 2

De acordo com a Lei nº 11.445/2007, a prestação regionalizada pode ser estruturada ou por meio de regiões metropolitanas, aglomerações urbanas e microrregiões, instituídas por meio de lei complementar, de acordo com o §3º do art. 25 da Constituição Federal,[7] composta de agrupamento de municípios limítrofes e instituída nos termos da Lei nº 13.089, de 12 de janeiro de 2015 (Estatuto da Metrópole), ou, então, mediante a criação de unidades regionais de saneamento básico, instituídas por lei ordinária, constituídas pelo agrupamento de municípios não necessariamente limítrofes, seja para atender adequadamente às exigências de higiene e saúde pública, seja para dar viabilidade econômica e técnica àqueles municípios menos favorecidos, competência esta específica dos Estados-membros, segundo dispõem as alíneas "a" e "b" do inc. VI do art. 3º.

Observe-se que, na hipótese dessa competência não ser exercida a tempo pelos Estados, pode a União, de forma subsidiária, estabelecer blocos de referência, compostos por Municípios não necessariamente limítrofes, para a prestação regionalizada dos serviços de saneamento básico, os quais dependem de gestão associada voluntária dos titulares (art. 3º, inc. VI, alínea "c" c/c art. 52, parágrafo 3º, da Lei).[8]

Os Estados, contudo, por óbvio, não podem definir esses conjuntos de Municípios de forma aleatória. Além das questões locais e regionais que não podem ser ignoradas, como aventado, a nova redação da Lei nº 11.445/2007 exige que haja viabilidade técnica e também econômico-financeira. Isso significa, portanto, que os Estados devem pautar as suas decisões obrigatoriamente em estudos técnicos que comprovem a viabilidade do bloco (em

---

(dois) ou mais Municípios limítrofes, caracterizada por complementaridade funcional e integração das dinâmicas geográficas, ambientais, políticas e socioeconômicas; (art. 2º, incisos I e VII).

[7] Não obstante a orientação ora contida na Lei nº 11.445/07, vale lembrar que a Constituição da República de 1988, em seu art. 25, parágrafo 3º, preceitua que: "Os Estados poderão, mediante lei complementar, instituir regiões metropolitanas, aglomerações urbanas e microrregiões, constituídas por agrupamentos de municípios limítrofes, para integrar a organização, o planejamento e a execução de funções públicas de interesse comum".

[8] Dispõe a Lei nº 14.026/20: Art. 15. A competência de que trata o §3º do art. 52 da Lei nº 11.445, de 5 de janeiro de 2007, somente será exercida caso as unidades regionais de saneamento básico não sejam estabelecidas pelo Estado no prazo de 1 (um) ano da publicação desta Lei.

sentido amplo), onde não é demais lembrar, a sustentabilidade econômico-financeira[9] e a modicidade tarifária são preceitos que não poderão ser ignorados.

E somente com base nesses elementos é que o Estado pode editar a sua lei, seja ela *complementar* (na hipótese de região metropolitana, aglomeração urbana ou microrregião), seja ela *ordinária* (no caso de unidade regional de saneamento básico), as quais obrigatoriamente terão que observar os prazos e os processos legislativos estabelecidos em suas respectivas constituições, para criar os conjuntos de municípios necessários à regionalização.

Ocorre que, mesmo havendo a estrita observância de todas essas exigências legais por parte dos Estados, não há garantia alguma de que a prestação regionalizada se efetive. E tal se dá, de acordo com a própria Lei em questão, tendo-se em vista que a adesão do Município é *facultativa* quando envolve a prestação de serviços públicos de interesse local. É o que dispõe expressamente o art. 8-A da Lei nº 11.445/07: "É facultativa a adesão dos titulares dos serviços públicos de saneamento de interesse local às estruturas das formas de prestação regionalizada".

Referido disposto, sem sombra de dúvida, encontra guarida na Constituição da República de 1988, mais precisamente nos dispostos nos incisos I e V, do art. 30, que asseguram a competência exclusiva dos Municípios para "legislar sobre assuntos de interesse local" e "organizar e prestar, diretamente ou sob regime de concessão ou permissão, os serviços públicos de interesse local (...)".

Não é demais lembrar que, a partir da edição do Novo Marco Regulatório, a Lei passa a adotar a distinção entre serviços públicos de saneamento básico de interesse *comum*[10] e serviços públicos

---

[9] Art. 29. Os serviços públicos de saneamento básico terão a sustentabilidade econômico-financeira assegurada por meio de remuneração pela cobrança dos serviços, e, quando necessário, por outras formas adicionais, como subsídios ou subvenções, vedada a cobrança em duplicidade de custos administrativos ou gerenciais a serem pagos pelo usuário, nos seguintes serviços: I – de abastecimento de água e esgotamento sanitário, na forma de taxas, tarifas e outros preços públicos, que poderão ser estabelecidos para cada um dos serviços ou para ambos, conjuntamente; II – de limpeza urbana e manejo de resíduos sólidos, na forma de taxas, tarifas e outros preços públicos, conforme o regime de prestação do serviço ou das suas atividades; e III – de drenagem e manejo de águas pluviais urbanas, na forma de tributos, inclusive taxas, ou tarifas e outros preços públicos, em conformidade com o regime de prestação do serviço ou das suas atividades.

[10] Art. 3º, inc. XIV – serviços públicos de saneamento básico de interesse comum: serviços de saneamento básico prestados em regiões metropolitanas, aglomerações urbanas

de saneamento básico de interesse *local*,[11] o que traz impacto, por consequência direta, para a definição de competências dos Estados e Municípios em matéria de saneamento.

Isso significa dizer, em outras palavras, que somente naqueles casos em que houver interesse comum, isto é, quando tiver o compartilhamento de instalações operacionais de infraestrutura de abastecimento de água e/ou de esgotamento sanitário entre 2 (dois) ou mais municípios, é que caberá ao Estado exercer a titularidade dos serviços públicos de saneamento básico, de acordo com o que enuncia o art. 8º, inc. II, da Lei nº 11.445/07.[12]

Nas demais hipóteses, ou seja, onde há apenas interesse local na prestação dos serviços de saneamento, a competência para decidir – importante repisar – é exclusiva do Município, que poderá ou não aderir à prestação regionalizada desde que comprove a sua sustentabilidade econômico-financeira para universalização dos serviços de água e esgoto com recursos próprios, dentro do prazo legal.

Convém salientar que, consoante a Lei, a consequência para não adesão à prestação dos serviços de forma regionalizada consiste na impossibilidade de o Município acessar, daqui em diante, recursos públicos federais, assim como financiamentos com recursos da União ou com recursos geridos ou operados por órgãos ou entidades da União (art. 50, inc. VII).

---

e microrregiões instituídas por lei complementar estadual, em que se verifique o compartilhamento de instalações operacionais de infraestrutura de abastecimento de água e/ou de esgotamento sanitário entre 2 (dois) ou mais Municípios, denotando a necessidade de organizá-los, planejá-los, executá-los e operá-los de forma conjunta e integrada pelo Estado e pelos Municípios que compartilham, no todo ou em parte, as referidas instalações operacionais;

[11] Art. 3º, inc. XV – serviços públicos de saneamento básico de interesse local: funções públicas e serviços cujas infraestruturas e instalações operacionais atendam a um único Município;

[12] Ricardo Marcondes Martins defende o seguinte: "(...) nas regiões metropolitanas, os Estados têm competência para impor condicionamentos exigidos pelo interesse regional; nelas, os Estados têm titularidade para prestar os serviços cuja prestação, em si, extravasa os limites territoriais do Município, serviço que, por sua própria natureza, são intermunicipais. O serviço de saneamento básico não se encaixa nessa categoria: é serviço local, mesmo na região metropolitana, pois a prestação não extravasa, pela sua natureza, o limite territorial do Município. Fixe-se: os Municípios são os titulares do serviço de saneamento nas regiões metropolitanas, mas, ao prestá-lo, devem obedecer aos condicionamentos, justificados pelo interesse regional, impostos na legislação estadual". (cf.: Titularidade do serviço de saneamento básico à luz da Lei Federal nº 14.026/2020. In: DAL POZZO, Augusto Neves (Coord.). *O Novo Marco Regulatório do Saneamento Básico*. São Paulo: Thomson Reuters Brasil, 2020, p. 167-168).

O problema disso é que, em determinados casos, acredita-se que a não adesão de um Município, por sua relevância local, regional ou mesmo pela quantidade de população, ainda que não compartilhe a infraestrutura ou a sua instalação operacional, poderá inviabilizar todo o bloco estabelecido originariamente pelo Estado, por conta da inexistência de viabilidade econômica para os Municípios remanescentes.

Uma das principais vantagens da prestação regionalizada dos serviços de saneamento básico, sabidamente, consiste na possibilidade da adoção de subsídios cruzados dentre os Municípios de um mesmo conjunto, onde os superavitários acabam contribuindo com parte ou com a totalidade dos custos daqueles que são deficitários, de modo a manter a cobrança de uma tarifa média entre todos.

Isso implicará, em última análise, na necessidade de redesenho dos agrupamentos dos municípios por parte dos Estados ou, talvez, pela definição dos blocos de referência por parte da União, até a definição de um formato que faça sentido para os entes envolvidos.

3 Informações adequadas para tomada de decisão

Outro ponto que merece especial atenção diz respeito à necessidade de informações adequadas, por parte dos Municípios, para que se possa decidir acerca da adesão ou não ao modelo de regionalização da prestação dos serviços públicos de saneamento básico.

O Novo Marco Regulatório, como visto anteriormente, impõe a obrigatoriedade de *universalização* dos serviços de abastecimento de água potável, assim como de coleta e tratamento de esgotos, até a data de 31 de dezembro de 2033, sem prejuízo de ressaltar que, pautado nos princípios da segurança, da qualidade, da regularidade e da continuidade dos serviços, visando melhorar a qualidade da sua prestação, passa-se a exigir metas quantitativas de não intermitência do abastecimento, de redução e controle das perdas de água, assim como de melhoria dos processos de tratamento.

A nova redação da Lei nº 11.445/2007 deixa claro ainda que, a partir de agora, o prestador dos serviços públicos de saneamento básico tem o dever de comprovar capacidade econômico-financeira, com vistas a viabilizar a universalização dentro do prazo legal (art. 10-B).[13]

Além disso, estabelece que os serviços públicos de saneamento básico devem ter a sustentabilidade econômico-financeira assegurada por meio de remuneração pela cobrança dos serviços (art. 29).

Seja por um motivo, seja por outro, fato é que os Municípios terão que conhecer as suas respectivas infraestruturas básicas de abastecimento de água e esgotamento sanitário e, mais do que isso, precisarão saber calcular os investimentos que serão necessários para universalização desses serviços, assim como para melhorar a qualidade da prestação, considerando principalmente a tarifa existente.

Apenas com base nesses elementos, os quais certamente deverão considerar as diretrizes contidas num plano de saneamento elaborado a partir de estudos técnicos consistentes, é que os municípios poderão decidir pela regionalização.

É bastante natural, no entanto, que, quanto mais próximo do atendimento dos índices impostos por Lei para universalização (quais sejam, atendimento de 99% da população com água potável e de 90% da população com coleta e tratamento de esgotos), maior será o interesse em não aderir à prestação regionalizada. E o mesmo pode-se dizer em relação à situação inversa. Quanto mais longe do atendimento dos percentuais estabelecidos em Lei, maior será a probabilidade de adesão, tendo em vista a inviabilidade econômico-financeira para universalização dos serviços até o final de 2033.

Acredita-se, porém, que parte considerável dos Municípios brasileiros, em especial aqueles com menos de 100.000 habitantes, não possui informações técnicas adequadas para tomar esse tipo de decisão. E isso possivelmente se deve a vários motivos, que vão desde a falta de recursos financeiros e de servidores público especializados até a falta de tecnologia ou, mesmo, de um plano

---

[13] Nesse sentido, foi editado o Decreto nº 10.710, de 31 de maio de 2021, regulamentando o art. 10-B da Lei nº 11.445, de 5 de janeiro de 2007, para estabelecer a metodologia para comprovação da capacidade econômico-financeira dos prestadores de serviços públicos de abastecimento de água potável ou de esgotamento sanitário, considerados os contratos regulares em vigor, com vistas a viabilizar o cumprimento das metas de universalização previstas no *caput* do art. 11-B da Lei nº 11.445, de 2007.

municipal de saneamento básico atualizado, indispensável e valiosa ferramenta para o planejamento de qualquer ação nessa agenda.

Isso certamente poderá levar o Município a tomar decisões atécnicas ou, pior ainda, decisões pautadas em questões político-partidárias, que certamente não contribuem em nada para o desenvolvimento dessa pauta eminentemente técnica, de suma importância para a infraestrutura do país.

4 Definição da governança interfederativa

Mais um ponto, que ressaltamos, o qual poderá impactar na implantação da regionalização da prestação dos serviços públicos de saneamento básico diz respeito à definição da governança interfederativa.

De acordo com a Lei nº 11.445/2007, a prestação regionalizada dos serviços públicos de saneamento básico, realizada em determinada região cujo território abranja mais de um Município, pode ser estruturada pelos Estados ou por meio de regiões metropolitanas, aglomerações urbanas ou microrregiões, instituídas através de lei complementar, para municípios limítrofes ou então mediante a criação de unidade regional de saneamento básico mediante a edição de lei ordinária, constituída pelo agrupamento de municípios não necessariamente limítrofes (art. 3º, inc. VI, alíneas "a" e "b").

Em ambos os casos, o Novo Marco Regulatório determina que deverá haver uma estrutura própria de governança, a qual observará as diretrizes contidas na Lei nº 13.089/2015, denominada Estatuto da Metrópole, que estabelece diretrizes gerais para o planejamento, a gestão e a execução das funções públicas de interesse comum em regiões metropolitanas e em aglomerações urbanas instituídas pelos Estados, normas gerais sobre o plano de desenvolvimento urbano integrado e outros instrumentos de governança interfederativa.

O referido Estatuto, importante observar, traz o conceito de governança interfederativa. Para efeito da Lei, trata-se do "compartilhamento de responsabilidades e ações entre entes da Federação em termos de organização, planejamento e execução de funções públicas de interesse comum" (art. 2º, inc. IV). E não obstante, a Lei nº 13.089/2015 apresenta um conceito adicional, que é o de governança interfederativa das funções públicas de interesse comum, assim considerado o "compartilhamento de responsabilidades e ações entre entes da Federação em termos de organização, planejamento e execução de funções públicas de interesse comum, mediante a execução de um sistema integrado e articulado de planejamento, de projetos, de estruturação financeira, de implantação, de operação e de gestão" (art. 2º, inc. IX).

Segundo a Lei nº 13.089/2015, a governança interfederativa das regiões metropolitanas e das aglomerações urbanas deve respeitar os seguintes princípios: prevalência do interesse comum sobre o local; compartilhamento de responsabilidades e de gestão para a promoção do desenvolvimento urbano integrado; autonomia dos entes da Federação; observância das peculiaridades regionais e locais; gestão democrática da cidade; efetividade no uso dos recursos públicos e busca do desenvolvimento sustentável (art. 6º).

Além disso, o Estatuto da Metrópole traz as diretrizes específicas que deverão ser observadas pela governança interfederativa, além daquelas de caráter geral fixadas no art. 2º da Lei nº 10.257, de 10 de julho de 2001 (Estatuto das Cidades): implantação de processo permanente e compartilhado de planejamento e de tomada de decisão quanto ao desenvolvimento urbano e às políticas setoriais afetas às funções públicas de interesse comum; estabelecimento de meios compartilhados de organização administrativa das funções públicas de interesse comum; estabelecimento de sistema integrado de alocação de recursos e de prestação de contas; execução compartilhada das funções públicas de interesse comum, mediante rateio de custos previamente pactuado no âmbito da estrutura de governança interfederativa; participação de representantes da sociedade civil nos processos de planejamento e de tomada de decisão; compatibilização dos planos plurianuais, leis de diretrizes orçamentárias e orçamentos anuais dos entes envolvidos na governança interfederativa; compensação por serviços ambientais ou outros serviços prestados pelo Município à unidade territorial urbana, na forma da lei e dos acordos firmados no âmbito da estrutura de governança interfederativa (art. 7º).

Percebe-se, em resumo, que a Lei nº 13.089/2015 estabelece um sistema de governança pautado em princípios democráticos, que privilegiam a ampla participação, o compartilhamento de competências, funções públicas e responsabilidades e, especialmente, a transparência.

E esse modelo de governança, conforme consta da própria Lei, prevê em sua estrutura básica duas instâncias de decisão, sendo uma executiva, composta pelos representantes do Poder Executivo dos entes federativos integrantes das unidades territoriais urbanas, e outra colegiada deliberativa, com representação da sociedade civil, além daquela voltada para organização pública com funções técnico-consultivas e de um sistema integrado de alocação de recursos e de prestação de contas (art. 8º).

Isso significa dizer, em outras palavras, que uma determinada decisão que envolva um interesse regional não será tomada de acordo com a vontade de um único Município, mas, sim, de acordo com aquilo que for deliberado e aprovado nas instâncias colegiada e executiva; ou seja, ao aderir à prestação regionalizada, o interesse público envolvido deixa de ser local e passa a ser comum e, por consequência direta, quem passa a ser o titular desse direito não é mais o município, mas a governança que será constituída para aquele fim específico.

Esse modelo, porém, por mais democrático e transparente que seja, possivelmente não agradará a todos, e elencamos três razões para tanto.

Primeiro, pelo fato de aparentemente reduzir o poder decisório do titular do Poder Executivo Municipal. Pois, enquanto circunscrito exclusivamente ao seu território, a decisão era unicamente sua. E como o modelo de governança trazido pelo Estatuto da Metrópole, a decisão passa a ser coletiva, após análise e manifestação dos seus órgãos técnicos, onde obrigatoriamente terá participação popular.

Segundo, porque parte dos Municípios já possui uma autarquia (ou uma empresa) responsável pela prestação de serviços de abastecimento de água e tratamento de esgoto e não vai querer abrir mão dessa sua estrutura própria de governança seja por questões técnicas, políticas ou, até mesmo, de foro íntimo.

Terceiro, por conta de esse novo modelo de governança federativa não permitir que a estrutura seja utilizada como instrumento de política partidária, justamente pelo fato de congregar representantes de todos os entes federativos que os integram e também por ter uma organização pública com funções técnico-consultivas própria e independente.

5 A experiência do Estado de São Paulo na criação das URAEs

Com o advento da Lei nº 14.026/2020, o Estado de São Paulo começou a desenvolver uma série de estudos técnicos, jurídicos e econômico-financeiros visando a implementar a prestação regionalizada dos serviços públicos de saneamento básico no seu território, dentro do prazo legal, isto é, até o dia de 15 de julho de 2021.

Para a realização dos trabalhos, o Estado utilizou informações extraídas do Sistema Nacional de Informações de Saneamento – SNIS 2019, para 628 dos seus 645 municípios.

Para proposição das unidades regionais de saneamento básico, os Municípios foram agregados em grandes grupos por proximidade geográfica, respeitando as bacias hidrográficas como unidade de planejamento de saneamento básico, visando a viabilidade da prestação dos serviços e a sustentabilidade econômico-financeira dos agrupamentos de municípios propostos.

Dentro desse contexto, a primeira unidade regional foi definida pelo conjunto de Municípios operados pela Companhia de Saneamento Básico do Estado de São Paulo – SABESP, que, por meio de suas Unidades de Negócio, já atende às exigências da Lei. Para os demais Municípios, buscou-se a formação de grupos com indicadores de viabilidade econômico-financeira para a prestação dos serviços no conjunto dos municípios por meio da economia proporcionada pelos ganhos de escala.

A partir dessas premissas, concluiu-se pela viabilidade técnica e econômico-financeira da proposta de divisão do Estado em 4 (quatro) unidades regionais de saneamento básico, que foram propostas da seguinte forma: (i) Unidade 1 – Sudeste, com 370 municípios (SABESP); (ii) Unidade 2 – Centro, com 98 municípios; (iii) Unidade 3 – Leste, com 35 municípios, e (iv) Unidade 4 – Norte, com 142 municípios.

Importante notar que, para formação desses agrupamentos regionais, o Estado buscou seguir todas as orientações contidas no Novo Marco Regulatório, em especial:

- a obrigação de universalizar o atendimento da população com água potável e com coleta e tratamento de esgotos até 31 de dezembro de 2033;

- a preferência por contemplar pelo menos 1 (uma) região metropolitana em cada uma das unidades;
- a necessidade de apresentar capacidade econômico-financeira para atingir as metas de universalização; e
- a garantia de sustentabilidade econômico-financeira.

Levou-se em conta, ainda, além dos dados do Instituto Brasileiro de Geografia e Estatística – IBGE, os índices constantes do SNIS, principalmente aqueles voltados ao atendimento urbano com abastecimento de água, atendimento urbano de esgoto referido aos municípios atendidos com água, tratamento de esgoto, perdas por ligação, tarifa média praticada e desempenho financeiro.

O resultado desse trabalho embasou o Projeto de Lei nº 251/2021, de iniciativa do Poder Executivo, apresentado à Assembleia Legislativa do Estado de São Paulo.

O PL contou com amplo debate público e, durante a sua tramitação, acabou recebendo uma série de propostas de emendas,[14] as quais, ao final, não foram aceitas.

Após o devido processo legislativo, o PL foi convertido na Lei Estadual nº 17.383, de 05 de julho de 2021, que dispõe sobre a criação de unidades regionais de saneamento básico, com fundamento nos artigos 2º, inciso XIV, e 3º, inciso VI, alínea "b", da Lei Federal nº 11.445, de 5 de janeiro de 2007, e dá providências correlatas.

Posteriormente foi editado o Decreto Estadual nº 66.289, de 02 de dezembro de 2021, que regulamentou a Lei nº 17.383/21, para dispor sobre a adesão dos Municípios às respectivas Unidades Regionais de Serviços de Abastecimento de Água Potável e Esgotamento Sanitário – URAEs e sobre a estrutura de governança interfederativa.

Do desenho proposto, apenas a Unidade 1 – Sudeste se viabilizou. Todas as demais infelizmente tiveram uma adesão muito baixa, o que acabou obrigando o Estado a reestudar a configuração

---

[14] Em resumo, as emendas tinham por objetivo: (i) incluir o manejo de resíduos sólidos; (ii) dividir o Estado em 23 unidades regionais; (iii) exigir a adesão por meio de lei aprovada na Câmara Municipal; (iv) realização de audiências públicas antes da instituição das governanças interfederativas; (v) inclusão de membro do Poder Legislativo na instância executiva da estrutura de governança; (vi) inclusão de representante da Ordem dos Advogados do Brasil na instância colegiada da estrutura de governança; (vii) definição de composição paritária entre representante do Poder Público e da Sociedade Civil etc.

e a viabilidade técnica e econômico-financeira de cada uma dessas regiões. E isso deverá ensejar uma mudança legislativa, após exaurido o debate com os municípios envolvidos com a toda a sociedade.

Conclusões

O principal desafio da regionalização da prestação de serviços públicos de saneamento básico é a definição dos conjuntos de Municípios que deverão compor a região metropolitana, a aglomeração urbana, a microrregião ou, mesmo, a unidade regional de saneamento básico. Mesmo observando estritamente as exigências legais por parte dos Estados, não há garantia alguma de que a prestação regionalizada seja efetivada. Tal se dá porque além de a Lei exigir viabilidade econômica e modicidade tarifária, cabe ao Município a decisão de aderir ou não, no caso de haver interesse local. Como visto, a adesão do Município é *facultativa* quando envolve a prestação de serviços públicos de interesse local por força do que enuncia o art. 8-A da Lei nº 11.445/2007.

Outro desafio destacado vem a ser a falta de informações técnicas adequadas, a qual tem o inequívoco condão de comprometer o processo de tomada de decisão por parte dos Municípios, em especial aqueles que não dispõem de recursos suficientes, realidade considerável dos Municípios brasileiros com menos de 100.000 (cem mil) habitantes, os quais, por diversos motivos estruturais e operacionais, não possuem informações técnicas adequadas para tomar esse tipo de decisão.

Mais um ponto que merece atenção diz respeito à estrutura de governança que passará a ser adotada na prestação regionalizada dos serviços. De acordo com o Novo Marco Regulatório, torna-se obrigatória a adoção do modelo de governança instituído pela Lei nº 13.089/15, denominada Estatuto da Metrópole. Nesse modelo, para fins da prestação dos serviços públicos de saneamento básico, o Município deixa de ser o titular exclusivo do serviço público e passa a compor uma estrutura de governança colegiada, a qual é composta por representantes do Poder Executivo dos entes federativos que o integram, que contém instâncias executiva e deliberativa, além de organização pública com funções técnico-

-consultivas e de um sistema integrado de alocação de recursos e de prestação de contas.

Não resta dúvida, no entanto, que o caminho da regionalização da prestação dos serviços públicos de saneamento básico é o melhor. Consegue-se, por meio dele, ganhos reais de escala, maior viabilidade técnica e econômico-financeira na operação, assim como a utilização de subsídios cruzados dentro do mesmo bloco. Além, é claro, de uma governança própria, bem mais democrática, participativa e transparente.

Informação bibliográfica deste texto, conforme a NBR 6023:2018 da Associação Brasileira de Normas Técnicas (ABNT):

PENIDO, Marcos Rodrigues. Os desafios da regionalização da prestação de serviços públicos de saneamento básico no Brasil; Breve análise das modificações impostas pela Lei Federal nº 14.026/2020. In: ZULIANI, Geninho; DAL POZZO, Augusto Neves (coords). Saneamento básico: uma lei e um marco. Belo Horizonte: Fórum, 2023. p. 87-102. ISBN 978-65-5518-485-3.

UM OLHAR SOBRE O ENTENDIMENTO PARA A APROVAÇÃO DO NOVO MARCO DO SANEAMENTO

PERCY SOARES NETO

O chamado Novo Marco Legal do Saneamento foi uma conquista do povo brasileiro, que ainda hoje convive, em sua maior parte, sem ter à disposição serviços que são básicos para a vida humana, como o acesso à água potável e de qualidade, coleta e tratamento de esgoto. Sua aprovação no Congresso Nacional, ratificada pelo Executivo e confirmada por decisões posteriores no Judiciário, demandou um grande esforço de diálogo e conscientização.

1 Antecedentes

O histórico desse esforço começa em 2018, quando veio à luz a primeira Medida Provisória a tratar do assunto. A MP 844 seria publicada no Diário Oficial em 9 de julho daquele ano, numa primeira tentativa do Governo Federal à época de atualizar o marco legal do saneamento, Lei nº 11.445, de 2007. Foi o início de um longo processo de negociação por parte de diversas entidades e lideranças ligadas ao setor, que culminou na aprovação, dois anos depois, da Lei nº 14.026/20.

A MP 844 pode ter surpreendido alguns observadores, uma vez que o "S" de saneamento sempre foi, historicamente, um tópico esquecido na infraestrutura brasileira. Mas quem acompanhava de perto o setor sabia que aquela iniciativa era extremamente necessária.

Elaborada pelo Ministério das Cidades, juntamente com a Casa Civil, a MP 844 foi motivada após uma auditoria do TCU (Tribunal de Contas da União). Em 2015, o TCU identificou um grande descompasso entre os recursos do Orçamento Geral da União, liberados pelo Governo Federal e aplicados a fundo perdido, e o pouco efetivo aumento da cobertura nos municípios que receberam esses recursos. No documento apresentado pelo TCU, o relatório da TC 017.507/2015-4, ficava claro que essa situação prejudicava sobremaneira o país, afetando diretamente a saúde pública e o meio ambiente. Não havia registro de impactos relevantes em indicadores como a redução da mortalidade infantil, na saúde, e a ampliação da disponibilidade hídrica, no âmbito da sustentabilidade e preservação ambiental. Uma prova de que a então chamada Lei Geral do Saneamento (Lei nº 11.445/07), que já vigorava há quase uma década, não estava sendo suficiente para o enorme desafio de se expandir a cobertura dos serviços entre a população.

Cabe lembrar que o ambiente insalubre causado pela precariedade no tratamento de esgoto faz com que, ainda hoje, tenhamos que conviver, no Brasil, com a ocorrência de diarreia, infecções estomacais, infecções cutâneas e verminoses. Antes mesmo da pandemia, essas doenças, que já poderiam estar erradicadas, pressionavam o SUS. No limite, a falta de saneamento faz com que o Brasil registre óbitos por motivos inimagináveis em países desenvolvidos, com acentuado impacto entre as crianças, as mulheres e a população de baixa renda. Seria correto afirmar que, sem saneamento básico nenhum brasileiro poderá se considerar, de fato, um cidadão.

Em 2018, com o assunto trazido à tona pelo TCU, a necessidade de avançar em cobertura e eficiência nos serviços de abastecimento público e esgotamento sanitário era ainda mais imperiosa. Algo precisava ser feito!

2 Déficit de investimentos

Com a MP 844 já se pretendia encontrar uma solução para acelerar as parcerias com os operadores privados e estimular o aporte de novos investimentos, a fim de combater os baixos índices de atendimento no setor, com mais ênfase na coleta e tratamento de esgoto. Os números à época eram praticamente os mesmos dos índices atuais de cobertura desses serviços: mais de 100 milhões de brasileiros não possuem acesso a esgotamento sanitário (com os primeiros grandes investimentos saindo do papel, a expectativa é reverter esse quadro, que conta ainda com cerca de 35 milhões de pessoas sem água nas torneiras).

Em 2017, ano anterior à publicação da MP 844, apenas 46% do esgoto gerado havia sido tratado, segundo o Panorama da Participação Privada no Saneamento. Em 2012, esse volume era o equivalente a 38,7%, evidenciando assim o lento progresso no tratamento de esgoto, identificado no relatório do TCU.

O investimento geral no saneamento, que sempre esteve aquém do necessário, havia caído de 2016 para 2017, passando de R$11,5 bilhões para R$11 bilhões, ou cerca de 0,16% do PIB (R$6,5 trilhões naquele ano), enquanto a meta preconizada pelo Plano Nacional de Saneamento Básico – PLANSAB é mais do que o dobro dessa média (0,33% do PIB). Tomando ainda o PLANSAB como referência, considerava-se à época que o investimento no saneamento deveria ser de pelo menos R$20 bilhões ao ano, ou seja, aproximadamente o dobro da média histórica do setor (R$12,1 bilhões no período 2008-2017).

Dois princípios que seriam depois consolidados no novo marco legal já estavam traçados naquela primeira MP: o chamamento público, que durante o debate legislativo evoluiu para a exigência de licitação para toda e qualquer concessão, ou seja, acabando com a figura do "contrato de programa", que, na maior parte das vezes, não trazia metas claras de ampliação da cobertura a serem cumpridas; e o fortalecimento da regulação, a partir da indicação da ANA (à época, apenas Agência Nacional de Águas, sem a inclusão do Saneamento Básico ao nome) como agência que faria a elaboração das normas de referência para as agências reguladoras subnacionais. Previa-se, acertadamente, que a padronização de procedimentos contribuiria decisivamente para a segurança jurídica, reduzindo a possibilidade de medidas díspares e ingerência do Estado na atuação dos órgãos reguladores.

3 Atuação da ABCON SINDCON

Diante dos evidentes benefícios que a MP 844 traria para a isonomia competitiva ao mercado, a ABCON SINDCON, entidade que reúne os operadores privados de saneamento no país, posicionou-se imediatamente a favor da medida. A associação, que já havia participado da construção da Lei nº 11.445/07, montou uma força-tarefa para reunir as informações que pudessem subsidiar o debate em torno da necessidade de mudanças no saneamento. Outra ação relevante foi estimular as tratativas e discussões a respeito da importância de se alterar o marco legal, entre diferentes públicos: em meio ao governo, Legislativo, a entidades do setor, órgãos de regulação e sociedade em geral.

Para somar a esse processo, passei a compor o time da ABCON SINDCON, no segundo semestre de 2018, como diretor de relações institucionais, cargo especialmente criado para a articulação que se daria ao longo de vários meses. À equipe técnica e de comunicação da ABCON SINDCON foram incorporadas assessorias de *advocacy digital* e relações governamentais. Todas essas frentes foram suportadas por um intenso trabalho de divulgação junto à imprensa e uma base técnica sólida, com informações contundentes e verificáveis sobre o estado lamentável em que se encontrava o saneamento brasileiro.

Ao longo do processo, o aprendizado na interlocução com a sociedade fez com que novas estratégias surgissem e passassem a ser utilizadas com êxito. Uma delas foi estratificar a informação por estados e promover o engajamento de formadores de opinião locais. Com isso, potencializou-se a mobilização da sociedade por mais saneamento e, consequentemente, também se atingiu a sensibilização no ambiente político.

No mundo virtual, a ABCON SINDCON apoiou a criação de uma causa – a "Saneamento é Saúde" – que fortaleceu as ações de conscientização entre a opinião pública sobre a necessidade de se investir em saneamento como política de saúde.

A elaboração de materiais com conteúdo específico – vídeos, impressos e compilados com números, *position papers*, resumos sobre os principais tópicos da MP e esclarecimentos sobre mitos e realidades do setor – contou com a participação de representantes de todos os associados da entidade, divididos em grupos de trabalho.

No chamado *advocacy* presencial, a entidade procurou participar de todos os eventos que pautassem as mudanças propostas pela MP, inclusive fóruns onde a receptividade do público não fosse essencialmente favorável a mudanças na lei. No Congresso Nacional, a iniciativa também foi marcar presença nas audiências e nos eventos públicos convocados para debater o assunto. As primeiras discussões ocorreram no âmbito da Comissão Mista especialmente constituída para analisar o texto, tendo como relator o senador Valdir Raupp (MDB-RO) e como presidente o deputado Hildo Rocha (MDB-MA).

Paralelamente a ABCON SINDCON promoveu eventos em parceria com outras entidades – a exemplo de um seminário realizado em Brasília, ao lado da CNI, Abdib e Abiquim, para esclarecer os impactos positivos que a MP 844 traria ao país. Uma rede de organizações públicas e privadas foi se consolidando para defender a causa de qualificar o arcabouço legal e institucional do setor.

Todas essas ações foram pautadas por um modelo de associação que se desenhava antes mesmo da publicação da MP 844. Em 2018 a entidade já contava com mais de duas décadas de atividade e tinha em sua história o feito de ter se engajado nas principais conquistas e nos avanços do setor. O ingresso de novas associadas que possuíam participação de capital estrangeiro em sua composição acionária não apenas fortaleceu essa missão de aprimorar e qualificar o mercado, como também impulsionou a adoção de padrões elevados de governança pela ABCON SINDCON. *Compliance*, transparência e boas práticas de governança se tornaram premissas para sua atuação e orientaram a ABCON SINDCON em todo o processo de negociação no âmbito dos Poderes Legislativo e Executivo.

A ABCON SINDCON espelhava a evolução provocada pelas mudanças decorrentes do novo momento do País e da entrada de fundos de investimentos estrangeiros no controle de grandes empresas com atuação no saneamento, todas elas pertencentes ao quadro da associação. Por influência direta desse modelo, o projeto específico para levar as propostas do segmento privado ao processo de aprovação do novo marco foi, portanto, baseado em *compliance*, boas práticas e disseminação de informação técnica de qualidade.

4 Tramitação das propostas

Informação, transparência e disposição para travar o diálogo com toda a sociedade: tínhamos dessa forma os elementos necessários para conduzir o trabalho de conscientização e convencimento do grande avanço que a aprovação da MP 844 representaria. No entanto, a matéria não seria levada a plenário para votação na Câmara dos Deputados. Seus dispositivos acabariam "caducando" em 19 de novembro de 2018. Foi decisivo para frustrar esse primeiro movimento de aprovação o empenho dos governadores, que queriam preservar sem mudança os contratos das companhias estaduais de saneamento (na maior parte das vezes, contratos de programa). Mesmo os governadores de plataforma liberal se insurgiram contra a modernização do setor naquele momento, trabalhando firmemente para manter o controle do setor por meio de suas Companhias Estaduais.

Ficava claro para nós que o esforço pela modernização do marco legal do setor estava em curso, mas que a tarefa não seria trivial. Muito caminho estava para ser trilhado, e muitas resistências para serem vencidas.

Outra oportunidade para termos um novo marco legal de saneamento surgiu em seguida, quando o governo reeditou a maioria das propostas da MP 844 em uma segunda medida provisória, a MP 868/2018, de 28 de dezembro daquele ano. Essa nova MP manteve as premissas de fortalecimento da regulação e incentivo à concorrência e isonomia de mercado.

Para conduzir os trabalhos da MP 868 na Comissão Mista Parlamentar foi designado como presidente o deputado Evair Vieira de Melo (PP-ES). A relatoria coube ao senador Tasso Jereissati (PSDB-CE). Entre outros dispositivos, o texto substitutivo ousou e inovou ao propor a proibição da celebração dos contratos de programa entre estados e municípios, renovados sem a necessidade de licitação. Certamente um avanço central e decisivo no texto em discussão. Foi também no relatório sobre a MP 868 que a regionalização ganhou espaço, a partir do reconhecimento da relevância dos ganhos de escala no processo de universalização dos serviços.

Uma nova agenda de debates transcorreu no Legislativo, e a ABCON SINDCON se mobilizou novamente para promover o entendimento em torno de propostas estruturantes para o setor. Dessa vez, a MP seria aprovada na comissão por 10 votos favoráveis e cinco contrários, mas também acabou "caducando", em maio de 2019. Mais uma vez houve a pressão dos governadores para que a MP não fosse adiante.

O próximo capítulo da discussão do marco legal no saneamento seria inaugurado com o PL 3261/19, que substituiu a MP 868 e passou a tramitar na Câmara dos Deputados. A origem do texto seria o Senado, por intermédio de Tasso Jereissati, que usou no PL sua experiência como relator da MP 868. No texto, o senador apensava outros oito projetos de lei, preservando a proposta de fortalecimento da ANA como referência para a regulação nacional. Foi mantida a formulação da diretriz de regionalização, ou seja, a formação de blocos de municípios e microrregiões para ganho de escala das operadoras no atendimento à população, que acabaria vingando no marco legal a ser aprovado, tornando-se o terceiro pilar do tripé formado ainda pelo fortalecimento da regulação e indução à concorrência.

Nesse momento, entra em cena o deputado Geninho Zuliani (DEM-SP), como relator do PL 3261. O Deputado pautou os prazos para universalização dos serviços (2033-2040) e instituiu o moderno mecanismo de comprovação da capacidade econômico-financeira dos prestadores. Sua hábil atuação na articulação de um consenso em torno da matéria foi decisiva para que o novo marco legal seguisse adiante. Ao contemplar propostas efetivas de mudança, baseadas em dados irrefutáveis, o relatório do deputado Geninho Zuliani representou um grande salto para que se concretizassem avanços consideráveis no texto. Junto ao Deputado, um time de primeira linha do recém-criado Ministério da Economia cumpriu um papel central no processo de discussão e aprimoramento do texto.

O substitutivo ao PL 3261 foi alvo de discussão no Congresso ao longo de meses, durante os quais houve várias audiências públicas para debater seus principais aspectos e os efeitos que a medida causaria na sociedade. O texto consolidava as mudanças que precisavam acontecer para que o avanço no setor de fato acontecesse. Novamente a ABCON SINDCON se fez presente nas audiências e em vários outros fóruns de debate sobre o novo marco legal.

Em outubro de 2019, o texto relatado pelo deputado Geninho estava maduro para ser examinado pela Comissão da Câmara que analisava o marco legal. Em um aceno ao entendimento, o deputado incluiu no relatório a possibilidade de os contratos de programa serem renovados até março de 2022, por mais 30 anos. No entanto, ficava estabelecido que esses novos contratos deveriam contemplar a comprovação da capacidade econômico-financeira da concessionária, a partir de metodologia que seria definida posteriormente, por meio de decreto do Poder Executivo.

Naquele momento, a atuação da Frente Parlamentar Mista do Saneamento, liderada pelo Deputado Enrico Misasi, passou a atuar mais firmemente em prol do novo marco do saneamento. Destaque também ao papel do Deputado Felipe Rigoni, que teve um papel relevante no campo da esquerda.

O relatório foi levado à apreciação daquela Comissão, tendo sido aprovado por 21 votos a 13 no dia 30 de outubro. A sessão deliberativa foi presidida pelo deputado Evair Vieira de Melo, presidente da comissão parlamentar, cujo atuação a favor do avanço da matéria também merece ser lembrada e destacada.

5 Saneamento na pauta das prioridades nacionais

No final de 2019, às vésperas de mais uma votação, dessa vez no plenário da Câmara dos Deputados, o cenário se mostrava finalmente favorável à aprovação do novo marco legal. Tornara-se nítido para a maior parte da sociedade que essa aprovação era uma medida absolutamente imprescindível para o país deixar a idade das trevas no saneamento. Era inaceitável que alguns decisores públicos, legisladores e especialistas estivessem confortáveis com os vergonhosos índices de cobertura dos serviços de esgotamento sanitário e abastecimento público de água.

Nessa fase da negociação, o novo Ministro do Desenvolvimento Regional, Rogério Marinho, passou também a cumprir um papel importante na articulação da base do governo para aprovação do texto. No âmbito do Poder Executivo estavam mobilizados os Ministérios da Economia e do Desenvolvimento Regional, o Programa de Parceria para Investimento e a Casa Civil; no âmbito da sociedade, um *pool* de Associações de Representação Empresarial, operadores dos serviços e investidores. Todo esse movimento, baseado em sólidas argumentações técnicas e uma prática republicana ganhou espaço na imprensa, que percebeu o problema e foi fundamental na qualificação do debate.

6 Aprovação

Em 17 de dezembro de 2019, o texto apensado no Projeto de Lei do Executivo 4162/19 seria aprovado por larga maioria e encaminhado ao Senado Federal. Lideranças da Câmara mantiveram tratativas com os senadores para que os avanços alcançados na aprovação da lei fossem preservados em nova apreciação da matéria. Coube novamente a Tasso Jereissati a relatoria. Avaliando a legitimidade da decisão da Câmara, Tasso acatou apenas uma das 86 emendas apresentadas nessa fase, sem alteração do mérito. Seu relatório final foi aprovado em sessão plenária remota, no dia 24 de junho de 2020, por 65 votos favoráveis e 13 votos contrários, em uma sessão conduzida com maestria pelo então Presidente da Casa, Senador Davi Alcolumbre.

O texto aprovado confirmava avanços relevantes, resumidos no tripé: competição (fim do contrato de programa); ganho de escala com a regionalização na prestação de serviços; e harmonização da regulação, tendo a nova ANA, Agência Nacional de Águas e Saneamento Básico, no papel de edição das diretrizes regulatórias, sem prejuízo da atuação de agências locais e regionais. Trouxe ainda determinações importantes sobre a fase de transição dos contratos de programa: se estivessem em vigor, poderiam ser mantidos e prorrogados, até março de 2022, por mais 30 anos, desde que fosse comprovada sua viabilidade econômico-financeira. O texto estabelecia o comprometimento com metas de universalização até 2033 (cobertura de 99% para o fornecimento de água potável e de 90% para coleta e tratamento de esgoto, calculada sobre a população da área atendida).

Com relação à regionalização, o projeto aprovado induzia os estados para que formassem grupos ou blocos de municípios para contratar os serviços de forma coletiva. Como autarquia intermunicipal ou interfederativa, o bloco não poderia fazer contrato de programa com estatais nem delegar a prestação do serviço sem licitação. A adesão à governança interfederativa seria voluntária: uma cidade poderia optar por não ingressar no bloco estabelecido e licitar sozinha, quando caracterizado o interesse local. No entanto, sem a adesão aos blocos, o município estaria sujeito a não ter acesso a recursos públicos federais onerosos (BNDES, CEF) e não onerosos (recursos do Ministério do Desenvolvimento Regional e outros constantes do orçamento geral da União). O tema da regionalização seria regulamentado posteriormente pelo Decreto 10.588/20, sobre o qual abordaremos adiante.

Havia, por fim, no projeto aprovado, determinações sobre resíduos sólidos e drenagem urbana.

7 Sanção e vetos do Executivo

No entanto, pairavam no ar algumas incertezas, principalmente sobre a regra de transição. No dia 15 de julho, seria efetivada a sanção presidencial da lei. Com efeito, o PL 4.162 recebeu vetos do Executivo antes de se configurar na Lei nº 14.062/20. As mudanças tiveram o mérito de tornar o marco legal mais efetivo no esforço de alcançar a universalização. Na oportunidade, a ABCON SINDCON veio a público para defender a decisão como positiva e disponibilizou sua análise sobre a assertividade das medidas.

O veto mais importante foi o do Artigo 16, que tratava da possibilidade de renovação dos contratos de programa por mais 30 anos. O Executivo entendeu que tal regra prolongaria demasiadamente a situação de penúria do saneamento, não se alinhando, portanto, com os objetivos do novo marco legal.

Entre as alterações consideradas positivas pela ABCON SINDCON estava ainda o veto ao Artigo 20, que restringia a aplicação de alguns dispositivos apenas aos serviços de abastecimento de água e esgotamento sanitários. Outros pontos considerados nevrálgicos pela associação precisariam ser meticulosamente esclarecidos e aprimorados no processo de regulamentação, como a manutenção do Artigo 18-A, que prevê o ressarcimento dos operadores do setor aos empreendedores imobiliários.

A decisão de não se permitir a renovação dos contratos de programa, especificamente, foi a principal polêmica quando da votação no Congresso para a manutenção dos vetos, ocorrida em 17 de março de 2021. O Vice-líder do Governo, Deputado Evair de Melo, encampou a defesa dos vetos e, em um processo de articulação política muito bem conduzido, mobilizou a base do Governo. Coerentes com os avanços proporcionados pela Lei nº 14.062, que já eram visíveis, os parlamentares aprovaram a preservação do novo marco conforme havia sido sancionado.

8 Judiciário

Ainda havia, porém, mais um obstáculo a ser vencido para que a sonhada segurança jurídica para os operadores de saneamento fosse alcançada: o julgamento das Ações Diretas de Inconstitucionalidade no Supremo Tribunal Federal.

A aprovação do marco legal levou ao ajuizamento de quatro ADIs perante o STF, questionando as determinações da nova lei: as ADIs 6492, 6536, 6882 e 6583. No conjunto, elas questionavam conquistas importantes, como o fim do contrato de programa.

No dia 2 de dezembro de 2021, o STF considerou, por sete votos a três, as quatro ADIs improcedentes, o que equivalia a confirmar a constitucionalidade da lei. Foram examinados pelo Judiciário em seu julgamento os resultados já perceptíveis da aplicação do novo marco legal à época (R$37,7 bilhões em investimentos já haviam sido contratados, em benefício de mais de 15 milhões de brasileiros em 127 municípios. Além dos investimentos, foram pagos mais de R$25 bilhões de outorga, a serem revertidos em investimentos por governos estaduais e prefeituras para melhoria da vida da população). Esses impactos e a perspectiva de novos investimentos foram apresentados pela ABCON SINDCON, por meio de seus representantes legais, diante do plenário do STF, contribuindo para que a decisão fosse positiva para o saneamento brasileiro, ao conferir segurança jurídica ao texto aprovado pelo Congresso Nacional, evitando questionamentos.

9 Decretos regulamentadores

Por parte do Executivo, a demanda era cumprir com o papel de editar os decretos regulamentadores do novo marco legal. Com efeito, tendo como protagonista o Ministério do Desenvolvimento Regional, por meio da Secretaria Nacional de Saneamento, os decretos foram publicados, trazendo regras que são fundamentais para fazer cumprir o objetivo da Lei nº 14.026/20.

O já citado Decreto 10.588, de 24 de dezembro de 2020, dispunha sobre o Apoio Técnico e Financeiro da União, conforme expresso no artigo 13 do marco legal. Ele trata da alocação de recursos públicos federais, onerosos e não onerosos, conforme previsto pelo artigo 50 da Lei nº 11.445, de 5 de janeiro de 2007, bem como das diferentes formas de apoio técnico da União aos estados e municípios no saneamento.

Em linhas gerais, o decreto estabelece que as cidades teriam até o dia 31 de março de 2022 para aderir aos blocos de municípios definidos pelos governos estaduais. Após essa data, haveria restrição para a alocação de recursos públicos federais e financiamentos com recursos da União, ou com recursos geridos ou operados por órgãos ou entidades da União, em municípios que não aderirem à prestação regionalizada.

O Decreto trazia, entretanto, uma regra de transição e algumas exceções, um pleito da ABCON SINDCON desde o dia seguinte à aprovação da Lei nº 14.026/20. Os contratos de concessão e de PPP precedidos de licitação que tenham sido licitados ou submetidos à consulta pública anteriormente à data de publicação do Decreto – ou seja, contratos de concessão ou de PPP atualmente vigentes, ou cuja licitação correspondente já foi concluída – não sofreriam restrição para a alocação de recursos públicos federais e financiamentos com recursos da União com recursos geridos ou operados por órgãos ou entidades da União, mesmo que não estivesse estruturada a prestação regionalizada. O mesmo é válido para os projetos em estruturação por instituições financeiras federais, ou seja, contratos de concessão e de PPP precedidos de licitação que sejam objeto de estudos já contratados pelas instituições financeiras federais anteriormente à data de publicação do Decreto.

Com o término do prazo de 31 de março para a adesão aos blocos de municípios, o Governo Federal verificou a necessidade de se estabelecer um período de transição. O Decreto 10.588/20 foi alterado em 1º de abril desse ano. Por meio do novo decreto (11.030/22), os prazos dos contratos poderão ser reduzidos ou prorrogados, desde que a data de convergência do término dos contratos regulares não seja posterior a três anos da assinatura dos respectivos aditivos de redução ou prorrogação (não há prazo para assinatura desses aditivos). O Decreto 11.030/22 também estabelece que convênios de cooperação e consórcios públicos podem ser equiparados a blocos de referência enquanto a União não aditar ato instituindo blocos.

Um levantamento feito pela ABCON SINDCON por meio de seu Painel de Monitoramento da Implementação do Novo Marco Legal, atualizado em maio desse ano, mostrou que 1.545 municípios ainda estão com a adesão aos blocos regionais pendente. Em três

Estados (Goiás, Mato Grosso e Minas Gerais) a aprovação de projeto de lei específico sobre o assunto ainda está em trâmite nas assembleias legislativas estaduais. Acre, Tocantins e Pará ainda não apresentaram seus projetos de regionalização.

Outro decreto de extrema importância para a consolidação do novo marco legal é o 10.710/21, de maio de 2021, que traz a metodologia de comprovação da capacidade econômico-financeira das operadoras. Pelo Decreto, as empresas tinham até 31 de dezembro de 2021 para encaminhar essas informações às agências reguladoras responsáveis pela fiscalização de seus contratos, que efetuariam a avaliação. O prazo para a análise desses dados por parte dos órgãos reguladores se encerrou no dia 31 de março.

A última atualização do Painel de Monitoramento da Implementação do Novo Marco Legal da ABCON SINDCON indica que 1.107 municípios brasileiros estariam em situação irregular, muitos deles não conseguiram realizar a comprovação da capacidade econômico-financeira, por meio de suas concessionárias. Desses, 1.000 municípios têm menos de 50.000 habitantes, o que demonstra a urgente necessidade de uma Política de Estado para enfrentar o desafio da regionalização, fazendo valer o disposto nos decretos.

10 *Pipeline* de projetos

A atualização dos números dos leilões realizados nos últimos três anos revela que há resultados consistentes a serem comemorados sob a influência do novo marco legal do saneamento. A ABCON SINDCON estima que já foram contratados investimentos da ordem de R$46,7 bilhões, em benefício de 217 municípios e 20 milhões de pessoas, com outorga de R$29,5 bilhões concedida aos cofres públicos. O mapa dos leilões inclui desde o semiárido alagoano, passando por todo o Amapá, a maior parte do Mato Grosso do Sul – regiões com extrema urgência de investimentos no saneamento básico – e os blocos de municípios formados na concessão da companhia estadual fluminense, a Cedae, incluindo regiões da cidade do Rio de Janeiro, que, assim como todo o Estado, aguarda a inclusão de milhões de pessoas no serviço de esgotamento sanitário.

Para o segundo semestre de 2022 e o ano de 2023, o levantamento da ABCON SINDCON, com base em dados do Radar PPP e do BNDES, aponta para a realização de ao menos mais 25 leilões, a maior parte deles no âmbito municipal, com a expectativa de alcançar mais de R$24 bilhões em investimento e beneficiar 14 milhões de pessoas.

Grandes projetos, como o da Cedae, foram modelados pelo BNDES, que se tornou uma referência nesse tipo de estruturação e vem se consolidando como grande apoiador dos projetos regionais de concessões sob as regras do novo marco legal. O trabalho desenvolvido pelo BNDES durante todo o debate do Novo Marco do Saneamento foi fundamental para que os resultados concretos pós-marco pudessem ser alcançados. A qualidade na modelagem dos projetos e a confiabilidade trazida pelo BNDES ao mercado são e seguirão sendo fatores necessários para que o setor avance com robustez e eficiência.

11 Desafios presentes

Esse novo caminho de investimentos robustos que começa a se desenhar passa por grandes desafios na implementação efetiva da Lei nº 14.026/20. Dois deles, a regionalização e o fortalecimento da regulação, já exploramos aqui. Os decretos regulamentadores estão postos, e o Governo Federal tem demonstrado alto grau de comprometimento em fazer valer essas determinações, buscando o entendimento com as esferas estaduais e municipais. Espera-se, ainda, que a ANA, cuja direção acaba de ser renovada, acelere a agenda de publicação das normas de referência nacionais de regulação para o setor. A qualidade das diretrizes editadas pela ANA, a capacidade de diálogo da Agência com os reguladores subnacionais e o monitoramento da aplicação das mesmas serão centrais para consolidar o novo momento do setor.

Um terceiro aspecto que merece atenção nesse processo de consolidação é o fato de que o setor ainda convive com iniciativas contrárias ao espírito da lei, com a formulação de estratégias – isoladas, é verdade – para driblar o que está disposto no texto. São ocorrências que, ao serem levadas adiante, podem arranhar o muito que já foi conquistado e que pode ser alcançado a partir do novo marco legal. A reorganização e união do setor serão fundamentais para seu avanço. Consolidar a transformação ocorrida e olhar para frente é fundamental.

12 Conclusão

O aprendizado adquirido durante o processo de negociação do Novo Marco de Saneamento foi grande. Todos os envolvidos puderam vivenciar uma experiência particular. A aprovação do texto no Senado Federal e o debate dos vetos ocorreram em meio à pandemia, o que trouxe uma complexidade particular. Nesse processo foi possível amadurecer enquanto profissionais e enquanto organização. Percebemos que as entidades de representação ganharam um novo contorno na vida nacional e puderam ocupar um espaço relevante na modernização do saneamento no País.

Lições aprendidas são muitas, a maioria delas precisaria de um artigo específico para que pudessem ser detalhadas. Enquanto ABCON SINDCON, evoluímos na construção de uma estratégia de *advocacy* mais elaborada, em governança interna e *compliance*. O apoio integral dos Associados foi sempre o diferencial mais importante para seguirmos andando e fazendo a diferença. Além do suporte material, a dedicação do tempo dos Associados e seus colaboradores nas discussões de Conselhos e comitês internos co-construindo cada passo da estratégia e da ação qualificou muito nossa ação.

Enquanto estratégia de *advocacy*, articulamos ações digitais com iniciativas presenciais, criando um processo dinâmico e sempre suportado por uma forte base técnica. A credibilidade da base de informações que produzimos e que os parceiros produziram, a transparência e a robustez nos posicionamentos e a disposição constante ao debate franco e aberto foram nossa marca. Complementando essa base, o diálogo com a imprensa foi essencial para que o tema e a indignação com a falta de tratamento de esgotos chegassem à sociedade.

A construção de um conjunto de informações técnicas estratificadas por Estados e Distrito Federal ajudou na comunicação com a sociedade e, por meio dela, com o mundo político. O ponto alto dessa ação foi o painel montado em parceria com o Instituto Trata Brasil no túnel do Congresso Nacional, com as informações de cada Estado sobre os índices de atendimento do setor, com dados dos impactos em saúde e na economia. Naquele momento ficou explícito ao mundo político a precariedade do setor no País.

Vale ressaltar que a harmonia entre as equipes técnicas responsáveis pela ação nas redes sociais, pelo corpo a corpo no Congresso Nacional e gabinetes do poder executivo e pela produção de informações técnicas se mostrou um diferencial. Mobilizar pessoas, agentes econômicos e lideranças políticas certas em cada momento do processo fez parte dessa estratégia de *advocacy* vencedora – estratégia essa levada a cabo pela aliança de entidades.

Também merece destaque a capacidade de articulação das entidades representativas em torno do propósito – mais saneamento. Sem uma liderança formal, mas com disposição de contribuir, um sem-número de entidades e pessoas se somaram a essa onda. Não correrei o risco de citar nenhuma das co-irmãs, para não ser traído por algum esquecimento. O que fica é a lição de que fazer as coisas juntos é sempre mais efetivo e prazeroso, ainda mais com um propósito forte.

Pessoalmente, sou grato à experiência de ter tido a interlocução com um conjunto de atores públicos: servidores, Deputados e Senadores comprometidos com o País, pautados por um diálogo republicano em todos os momentos da negociação. Também a parceria de uma equipe que foi crescendo no processo, engajada no propósito de avançar na universalização, fez a diferença.

A aprovação do Novo Marco do Saneamento foi o primeiro passo, sua implementação enseja desafios tão ou mais complexos. A mobilização das entidades continua, e a atenção ao processo será ininterrupta. Com esse propósito a ABCON SINDCON disponibiliza, em seu site, o Painel de Monitoramento da Implementação do novo marco; é só acessar para acompanhar os próximos passos dessa história: https://abconsindcon.com.br/abcon-sindcon/painel-de-monitoramento-da-implementacao-do-novo-marco-legal.

Informação bibliográfica deste texto, conforme a NBR 6023:2018 da Associação Brasileira de Normas Técnicas (ABNT):

SOARES NETO, Percy. Um olhar sobre o entendimento para a aprovação do Novo Marco do Saneamento. *In*: ZULIANI, Geninho; DAL POZZO, Augusto Neves (coords). *Saneamento básico*: uma lei e um marco. Belo Horizonte: Fórum, 2023. p. 103-118. ISBN 978-65-5518-485-3.

DESAFIOS DA LEI FEDERAL Nº 14.026/2020: A UNIVERSALIZAÇÃO DA REGULAÇÃO

DALTO FAVERO BROCHI
CARLOS ROBERTO DE OLIVEIRA

1 Introdução

A Lei Federal nº 11.445, de 05 de janeiro de 2007, instituiu as diretrizes nacionais para o saneamento básico e para a política Federal de saneamento básico, representando importante instrumento de avanço jurídico e de tecnicidade para o setor de saneamento básico, criando regras objetivas para temas recorrentemente apontados como deficiências setoriais: planejamento, regulação e controle social.

No tocante ao planejamento da prestação de serviços de saneamento básico (art. 19), submete o município à obrigação de planejar suas ações no âmbito local (através do plano municipal de saneamento)[1] ou no âmbito regional (com o plano de desenvolvimento urbano integrado – PDUI),[2] em se tratando de regiões metropolitanas, aglomerados urbanos ou microrregiões. Em linhas gerais, o planejamento do saneamento básico, que sempre teve pouca atenção da Administração Pública, passou a figurar como elemento essencial para o processo de construção da universalização de acesso e do serviço adequado.

No tocante ao acompanhamento da qualidade dos serviços e regras tarifárias, que muitas das vezes estavam submetidas a decisões meramente políticas e sem estudos claros que avaliassem

---

[1] O conceito de plano municipal de saneamento básico pode ser extraído da Portaria nº 118, de 14 de fevereiro de 2012, da Fundação Nacional da Saúde – FUNASA, que define como "O Plano Municipal de Saneamento Básico, nos termos da Lei nº 11.445, de 05 de janeiro de 2007 e Decreto nº 7.217, de 21 de junho de 2010, tem como diretrizes a promoção da equidade social, o estímulo à adequada regulação dos serviços, o planejamento com base em indicadores epidemiológicos e de desenvolvimento social, a qualidade de vida e o desenvolvimento urbano e regional dentre outros fatores focados na qualidade dos serviços, visando sua universalização".

[2] Cf. art. 12 da Lei Federal nº 13.089/2015 – Estatuto da Metrópole.

as reais necessidade de universalização de acesso e de melhorias, a norma Federal inova e subordina o prestador aos acompanhamentos técnicos e econômicos de uma agência reguladora independente.[3]

O modelo jurídico de regulação dos serviços públicos de saneamento básico difere da estruturação de outros mercados e serviços públicos regulados, em especial pela titularidade municipal para os serviços de água, esgotamento sanitário, resíduos sólidos e drenagem pluvial urbana.

Esse reconhecimento advém do próprio texto constitucional, por interpretação de interesse local para os serviços de saneamento básico (art. 30, I, da Constituição Federal), com exceção das hipóteses em que o Município integre região metropolitana, aglomerado urbano ou microrregião, o que transforma a titularidade local em titularidade compartilhada com os demais integrantes da região metropolitana e com o Estado.[4]

A titularidade municipal possibilita variadas formas jurídicas para os reguladores infranacionais,[5] como destaca Floriano de Azevedo Marques Neto:[6]

> Importante lembrar que a Lei abre várias alternativas de configuração do ente que exercerá a regulação. A mais importante, pelo seu caráter inovador, talvez seja a delegação das competências regulatórias pelo titular do serviço para um ente de administração indireta de outra esfera da federação. É o que vem previsto no §1º do art. 23. Por este dispositivo, alguns requisitos devem ser observados. O primeiro requisito é que a entidade reguladora delegatária pertença à administração indireta de

---

[3] Cf. art. 21 e seguintes da Lei Federal nº 11.445/2007.
[4] Cf. ADI 1.842/RJ – Supremo Tribunal Federal, publicada em 16/09/2013.
[5] A nomenclatura infranacional tem sido adotada para designar as agências reguladoras que não foram criadas pela União. São as agências reguladoras de saneamento básico que podem ser constituídas, no âmbito do município (agências municipais), por união de municípios, formando consórcios públicos (agências intermunicipais), ou no âmbito do Estado da Federação (agências estaduais). Essa particularidade na modelagem da agência decorre da titularidade municipal dos serviços públicos de saneamento básico e teve tratamento disciplinado pelo art. 31 do Decreto Federal nº 7.217/2010. A tese da titularidade municipal dos serviços de saneamento básico resulta de interpretação do art. 30, inc. V, da Constituição Federal, segundo o qual: "Compete aos Municípios: (...) V – organizar e prestar, diretamente ou sob regime de concessão ou permissão, os serviços públicos de interesse local, incluído o de transporte coletivo, que tem caráter essencial; (...)"
[6] MARQUES NETO, Floriano de Azevedo. A regulação no setor de saneamento. *In*: CORDEIRO, B. S. (coord.). *Lei Nacional de Saneamento Básico*: perspectivas para as políticas e gestão dos serviços públicos, vol. 1, Brasília: Editora, 2009, p. 179-180.

um ente situado dentro dos limites territoriais do estado. Isso significa que, sendo os serviços de saneamento municipais, o poder local poderá delegar a regulação para um ente de outro município do mesmo estado, para um consórcio de municípios situados nos lindes estaduais ou para ente regulador do respectivo estado. Remanesceria a dúvida quanto a saber se poderia haver delegação da regulação de um município para um ente da administração Federal. Na minha opinião, isto não se põe conveniente ou legalmente possível. É inconveniente porque a regulação do saneamento pressupõe proximidade com as circunstâncias locais (urbanísticas, ambientais, sociais) que são incompatíveis com um ente de abrangência mais ampla. É legalmente inviável, pois, do ponto de vista legal, interpreto o art. 23, §1º ("entidade reguladora constituída dentro dos limites do respectivo Estado") de forma a excluir os entes da administração Federal, pois ela é constituída com limites obviamente mais amplos do que os estaduais.

Em que pese a regulação constar como obrigação atribuída aos municípios pela Lei Federal nº 11.445/2007, ainda são enfrentados muitos desafios para a sua consolidação, como se verá adiante.

Outro avanço foi a participação da sociedade no saneamento básico, nominada pela Lei como controle social, que deve ser entendido como o acompanhamento e verificação das ações e metas da gestão pública na execução das políticas públicas através da avaliação dos objetivos, processos e resultados. O modelo de acompanhamento da sociedade está exposto no art. 47 da Política Nacional de Saneamento Básico.

A proposta foi elogiada desde o seu início, em virtude da tímida transparência para os atos de gestão no saneamento, já que, historicamente, existe um déficit de participação social na formulação e fiscalização das políticas públicas de saneamento básico.

O processo de ampla transparência e a inserção dos usuários e dos cidadãos na discussão dos rumos do saneamento ainda carecem de aprimoramentos, porém, o curso e a rota das ações merecem elogios.

Com a Lei nº 11.445/2007 e o seu Decreto regulamentador, tivemos o início de um ciclo virtuoso de mudanças no setor, com a busca pela profissionalização – em contraponto à anterior politização –, instrumentos para harmonia entre o planejamento e a regulação da prestação destes serviços públicos e o controle social para garantir a transparência das ações.

Mesmo em processo de consolidação, a Política Nacional de Saneamento Básico foi alvo de uma grande campanha de revisão, e o propósito era revisitar muitos pontos da Lei Federal nº 11.445/2007, sendo denominada de "novo marco regulatório do saneamento básico".

A ideia de revisão da norma fracassou em duas oportunidades: com as Medidas Provisórias nº 844, de 06 de julho de 2018, e, posteriormente, nº 868, de 27 de dezembro de 2018, que perderam vigência por falta de consenso.

Após muitas negociações na Câmara e no Senado, o texto do Projeto de Lei – PL nº 4.162/2019 foi aprovado, com a decorrente sanção da Lei Federal nº 14.026/2020, que alterou significativamente a Lei Federal nº 11.445/2007.

As alterações trazidas com a Lei geraram significativas mudanças em pilares já consolidados na Política Nacional de Saneamento, que podem ser divididas em três blocos de conteúdo normativo, entendidos como: i) Novas atribuições relativas a recursos hídricos para a Agência Nacional de Águas (que passa a ser nominada como Agência Nacional de Águas e Saneamento Básico); ii) Delegação de competências para edição de normas de referência relativas à regulação do saneamento básico à Agência Nacional de Águas e Saneamento Básico; e iii) Regramentos referentes à contratualização da prestação de serviços de saneamento básico, com destaque para a formação de blocos regionais[7] para ganho de escala.[8]

Nesse cenário ainda de grande acomodação dos novos conceitos jurídicos é gestado o presente artigo, com o propósito de aprofundar o debate em relação ao papel do ente regulador infranacional na nova formatação do setor, com especial ênfase para a universalização da regulação.

---

[7] Nesse sentido o Decreto Federal nº 10.588/2020: "Art. 2º. A prestação regionalizada de serviços de saneamento visa à geração de ganhos de escala e à garantia da universalização e da viabilidade técnica e econômico-financeira dos serviços, com uniformização do planejamento, da regulação e da fiscalização".

[8] A ideia de ganho de escala com agrupamento de município para prestação regionalizada tem sido incentivada e bastante estudada, sendo um dos fomentadores o Banco Mundial. Cf. WORLD BANK GROUP. 2017. *Joining Forces for Better Services*: when, why, and how water and sanitation utilities can benefit from working together. World Bank, Washington, DC. Disponível em: https://openknowledge.worldbank.org/handle/10986/28295. Acesso em: 13 maio 2021.

2 A regulação independente como indutora de segurança jurídica, previsibilidade e tecnicidade para o saneamento básico

A regulação chega tardiamente ao saneamento básico – ao contrário de outros serviços regulados, como energia elétrica e telecomunicações –, notadamente pela opção constitucional consagrada de reconhecer ao serviço de saneamento básico a titularidade local, com decisão municipal na escolha do prestador (art. 175 da Constituição Federal) e a definição do regulador que deve fazer o acompanhamento e fiscalização desses serviços (art. 31 do Decreto Federal nº 7.217/2010).

Mesmo diante de críticas direcionadas aos reguladores infranacionais, em especial pela falta de padronização regulatória[9] – classificada como insegurança jurídica –, devemos destacar que a regulação do saneamento é instrumento absolutamente positivo. A regulação independente trouxe tecnicidade, transparência e controle social para um setor historicamente desregulamentado e pautado em decisões locais e políticas.

Nesse sentido, preocupou-se a Lei federal em assegurar garantias institucionais ao regulador infranacional, como independência decisória, autonomia financeira e mandato fixo aos seus dirigentes, com vistas a enfrentar temas sensíveis, notadamente nas políticas tarifárias e qualidade dos serviços públicos, que têm impacto direto nos usuários-consumidores.

Há de se destacar, ainda, que a obrigatoriedade de indicação de regulador para os contratos (art. 11, III, da Lei Federal nº 11.445/2007) ou para a prestação direta dos serviços, através de autarquia ou secretaria municipal (art. 8º, §5º, da Lei Federal nº 11.445/2007), serve para incrementar segurança jurídica e estabilidade às relações

---

[9] Nos dizeres de Carlos Motta Nunes, Alexandre Anderaos e Cíntia Leal Marinho de Araújo: *"Some of the major challenges of the WSS in Brazil have been a lack of standardization and regulatory effectiveness, lack of competition and attractiveness for the private sector, and, as a result, a lack of private investments"*. Cf. NUNES, Carlos Motta; ANDERAOS Alexandre; MARINHO DE ARAUJO, Cíntia Leal. The 2020 Reform of the Water and Sanitation Services Sector in Brazil. *BRICS Law Journal*. 2021;8(2):66-88. Disponível em: https://doi.org/10.21684/2412-2343-2021-8-2-66-88. Acesso em: 27 fev. 2022.

existentes nos serviços públicos de saneamento básico, que são prestados em regime de monopólio[10] natural e prescindem de supervisão regulatória, independentemente do modelo jurídico de prestação – se pelo privado ou pelo poder público.

Por fim, a regulação incrementa previsibilidade e tecnicidade na medida em que, diante do seu poder normativo,[11] reconhecido pelo art. 23 da Lei Federal nº 11.445/2007, cria regras setoriais e impõe padrões e regulamentações até então inexistentes.

3 A universalização da regulação

À primeira vista, o tema da definição do ente regulador pode parecer uma discussão extemporânea, já que passada mais de uma década desde a edição da Lei das Diretrizes Nacionais para o Saneamento Básico. O tema, infelizmente, é bastante atual, pois muitos municípios ainda não dispõem de agência reguladora infranacional independente e deixam de atender ao comando da Lei Federal nº 11.445/2007, o que torna a discussão do assunto atual e obrigatória.

Os recentes debates que envolveram o novo marco regulatório do saneamento básico sempre destacaram a relevância de padronização das práticas normativas dos entes reguladores infranacionais, encarregando a Agência Nacional de Águas e Saneamento Básico –

---

[10] Nos dizeres de Carlos Roberto de Oliveira: "Enquanto delegatária de atribuições inerentes ao poder público, a concessionária submete-se a um regime rígido de deveres, que devem ser pautados sempre pela continuidade dos serviços. Evidente que grande parte do atrativo para a empreitada das empresas em tais atividades é a interessante retribuição por atuar em ramo de atividade – na maioria dos casos –, acobertada pela exploração de atividades estatal em regime de monopólio natural, o que incentiva muitos a assumirem o risco de operação". Cf. OLIVEIRA, Carlos Roberto de. *Contratos de concessão e terceirização*: tensões entre o público e o privado. Rio de Janeiro: Lumen Juris, 2020, p. 30.

[11] Destacam Wladimir Antônio Ribeiro e Ivan César Ribeiro: "(...) a posição hoje hegemônica é a que reconhece o poder normativo das agências, entendendo que a Constituição permite à lei reconhecer essa competência. Não se confunde o poder regulamentar, do chefe do Poder Executivo, com a competência de editar normas, muitas delas de conteúdo técnico ou previstas em contratos ou outros instrumentos. A lei genérica e abstrata do constitucionalismo clássico é insuficiente para os desafios sociais e econômicos atuais, sendo natural que se reconheça a órgãos do Executivo o poder de editar normas que completem o seu sentido, inclusive garantindo que alcancem eficácia". Cf. RIBEIRO, Wladimir Antônio; RIBEIRO, Ivan César. *Análise de impacto regulatório no Brasil*. Migalhas, 21 de setembro de 2010. Disponível em: http://www.migalhas.com.br/dePeso/16,MI117582, 31047-Analise+de+impacto+regulatorio+no+Brasil. Acesso em: 20 maio 2021.

ANA dos esforços para a unidade normativa nacional, dotando a sociedade de segurança jurídica e previsibilidade.

Entretanto, tema de pouca visibilidade e negligenciado nos debates dos últimos anos foi a baixa adesão brasileira à regulação do saneamento básico.

Com base em dados de 2020, a Agência Nacional de Águas e Saneamento Básico – ANA, para atendimento às novas atividades delegadas com a Lei Federal nº 14.026, realizou detalhado levantamento e identificou 1.785 municípios sem regulação, ou seja, 32% do número de municípios brasileiros (correspondendo a 40,1 milhões de habitantes)[12] ainda não contam com um ente regulador para fiscalizar e normatizar a prestação de serviços de saneamento básico (água, esgoto, resíduos sólidos e drenagem urbana).[13]

A falta de adesão à regulação não está ligada à desestruturação, tampouco à falta de recursos financeiros do Estado ou dos Municípios, pois temos casos emblemáticos, como ocorre com o Estado de São Paulo, que soma mais de 250 cidades que não têm ente regulador para o saneamento básico, ou seja, quase 40% do Estado mais desenvolvido da nação sem entidade técnica de regulação.

Ademais, a questão da baixa adesão à indicação da regulação não está ligada somente ao desinteresse pelo cumprimento de uma norma, e sempre existiu debate jurídico – a nosso ver, de fácil superação – que questionava a viabilidade de regulação para os casos de prestação dos serviços de forma direta (por Secretaria ou Departamento) ou por ente da Administração Indireta do próprio Poder Público (através de autarquia ou empresa pública).[14]

---

[12] O detalhamento desses dados pode ser consultado no artigo: NUNES, Carlos Motta; ANDERAOS Alexandre; MARINHO DE ARAUJO, Cíntia Leal. The 2020 Reform of the Water and Sanitation Services Sector in Brazil. *BRICS Law Journal*. 2021;8(2):66-88. Disponível em: https://doi.org/10.21684/2412-2343-2021-8-2-66-88. Acesso em: 29 jul. 2021.

[13] Cf. art. 3º, da Lei Federal nº 11.445/2007.

[14] Ao discorrer sobre a hipótese de regulação de prestadores públicos de serviços públicos, destaca André Saddy: "É certo que tal modelo possui vantagens em relação àqueles em que o ente se autorregula sozinho, afinal, é uma pessoa externa em comparação com o prestador que impõe, restringe e permite determinadas condutas. Mas é bem verdade que esse tipo de regulação não costuma surtir efeito satisfatório à população. O problema dessa forma de regulação é que a Administração direta não possui a especialização técnica devida e, pior, é titularizada por agentes políticos, o que, em muitos casos, ocasiona uma grande instabilidade e pouca racionalidade ao setor regulado. E tal ocorrência costuma levar a uma incapacidade de predizer cenários e de desenhar políticas e diretrizes. Em suma, o mercado regulado pela Administração direta, em geral, fica sem instrumentos de

Por essa lógica, muitos eram os defensores de que a regulação pública somente caberia diante de uma delegação de uma atividade estatal, através de contrato, para uma empresa privada (concessionária). Nesse sentido, o Poder Público (Concedente) transfere e delega ao privado a prestação dos serviços públicos por determinado período (mediante contrato de concessão) e reserva para si a fiscalização da qualidade, das metas e dos requisitos financeiros, o que se faz por entidade reguladora dotada de independência decisória e autonomia.[15]

Respeitadas as posições defendidas, a tese sempre nos pareceu equivocada, pois dá a impressão de que a regulação do saneamento só deve ocorrer em contratos, desprezando que o verdadeiro objetivo da Lei é instituir uma política pública para aprimoramento do saneamento básico,[16] com fiscalização dos serviços, metas a serem observadas e clara política tarifária, pensada para acesso aos mais pobres, porém com evidente eixo de sustentabilidade para os investimentos necessários à universalização e melhoria dos sistemas existentes.[17]

Pensar a regulação não apenas para os contratos, mas para a prestação dos serviços públicos de saneamento básico – independentemente da modelagem jurídica adotada para a prestação dos serviços, se pública ou privada –, pressupõe reconhecer uma

---

coordenação e de controle e, por isso, acaba por possibilitar abuso dos prestadores". Cf. SADDY, André. Regulação do saneamento básico: obrigatoriedade da existência de uma entidade que preste e outra que regule e fiscalize os serviços de saneamento básico. *In*: SADDY, André; CHAUVET, Rodrigo da Fonseca (Coord.). *Aspectos jurídicos do saneamento básico*. Rio de Janeiro: Lumen Juris, 2017, p. 140-141.

[15] Cf. art. 21, da Lei Federal nº 11.445/2007.

[16] Tais dificuldades são realçadas por Carlos Ari Sundfeld: "Em outra oportunidade, deixei registrada a complexidade da regulação do setor apontando para três aspectos: "(a) as enormes externalidades (positivas e negativas) dos serviços de saneamento ambiental, que tornam dificultoso seu tratamento como atividade meramente econômica; (b) o fato de estarem envolvidas atividades indivisíveis, dificultando a delegação da prestação diretamente ao usuário final; e (c) as peculiaridades na definição do ente público titular do serviço". Cf. SUNDFELD, Carlos Ari. As parcerias público-privadas no saneamento ambiental. *In*: SUNDFELD, Carlos Ari (coord.). *Parcerias público-privadas*. São Paulo: Malheiros, 2005, p. 311.

[17] Na avaliação de Verônica Cruz: "A instauração de aparato regulatório capaz de prevalecer sobre os vícios detectados anteriormente na administração pública ganhou corpo e assim as agências se multiplicaram e, atualmente no Brasil, controlam os mais distintos setores, de audiovisual a vigilância sanitária, passando por telecomunicações, saúde, energia e transportes". Cf. CRUZ, Verônica. Estado e regulação: fundamentos teóricos. *In*: RAMALHO, Pedro Ivo Sebba (Org.) *Regulação e agências reguladoras*: governança e análise de impacto regulatório, Brasília: Anvisa, 2009. p. 56.

unidade de atuação para todos os brasileiros, garantindo que os serviços sejam regulados e fiscalizados com tarifas técnicas, e não decisões políticas e eleitoreiras, o que tanto se almeja.

Nesse sentido, a expressão que cunhamos e tanto defendemos nos últimos anos, a chamada "universalização da regulação", foi atendida pelo novo marco regulatório e inserida com a Lei Federal nº 14.026/2020, através do §5º do art. 8º:

> Art. 8º (...)
> §5º O titular dos serviços públicos de saneamento básico deverá definir a entidade responsável pela regulação e fiscalização desses serviços, independentemente da modalidade de sua prestação. (Incluído pela Lei nº 14.026, de 2020)

Sob essa nova perspectiva, com vistas ao aprimoramento da política pública de regulação dos serviços públicos de saneamento básico, passa a ser obrigação de todo município brasileiro escolher[18] o ente regulador para os seus serviços públicos de água, esgoto, resíduos sólidos e drenagem urbana, independentemente da modelagem da prestação dos serviços – se gerenciados pelo público ou pelo privado.

O desafio para a universalização da regulação está posto, cabendo agora uma política de incentivos e de esclarecimentos sobre as benéficas ações que serão desencadeadas com a escolha de um órgão técnico e independente para acompanhamento dos serviços.

Espera-se, com a regionalização da prestação dos serviços públicos, que muitos municípios – sem qualquer espécie de regulação definida – busquem aderir à regulação por meio de convênio de gestão associada com a agência reguladora estadual ou por meio de consórcio público de regulação formado por municípios pertencentes ao mesmo estado da federação, possibilitando a geração de ganhos de escala e a garantia da uniformização das funções administrativas da regulação e da fiscalização dos serviços públicos de saneamento básico.

---

[18] Nos termos do art. 31 do Decreto Federal nº 7.217/2010, foi definido: "As atividades administrativas de regulação, inclusive organização, e de fiscalização dos serviços de saneamento básico poderão ser executadas pelo titular: I – diretamente, mediante órgão ou entidade de sua administração direta ou indireta, inclusive consórcio público do qual participe; ou, II – mediante delegação, por meio de convênio de cooperação, a órgão ou entidade de outro ente da Federação ou a consórcio público do qual não participe, instituído para gestão associada de serviços públicos".

4 Os desafios regulatórios do novo marco do saneamento

Como destacado, a prerrogativa de indicação do ente regulador infranacional por parte do Executivo Municipal se dá pelo comando constitucional[19] que define o Município como titular (responsável) pelas políticas públicas locais vinculadas ao saneamento básico. Nesse sentido, dispõe a Política Nacional de Saneamento Básico:

> Art. 9º O titular dos serviços formulará a respectiva política pública de saneamento básico, devendo, para tanto:
> (...)
> II - prestar diretamente ou autorizar a delegação dos serviços e definir o ente responsável pela sua regulação e fiscalização, bem como os procedimentos de sua atuação.

Diante dessa modelagem de competências, cabe ao Município Titular eleger o modelo mais adequado[20] para a formatação jurídica do seu ente regulador,[21] podendo optar por uma autarquia municipal (autarquia integrante da administração indireta do Município), por integrar uma agência de atuação regional, com formato de

---

[19] A competência legislativa para instituir "diretrizes para o desenvolvimento urbano, incluindo habitação, saneamento básico e transporte urbano" pertence à União, conforme art. 21, inc. XX, da Constituição Federal; já no tocante à titularidade e execução de serviços públicos de interesse local, conforme art. 30, inc. IV, da Carta Magna, é de competência o Município, notadamente para: "organizar e prestar, diretamente ou sob regime de concessão ou permissão, os serviços públicos de interesse local, incluído o de transporte coletivo, que tem caráter essencial".

[20] Rememora, com precisão, Ricardo Dip: "Não há um tipo uniforme ou modelo de ente regulador no direito brasileiro vigente, e ausência de previsão da natureza jurídica do instituto empolgou ao ponto de pretender-se admiti-lo sob o regime de uma pessoa jurídica de direito privado, ou seja, ao modo de uma descentralização social ou até a privatização. A experiência foi repulsada pelo STF (no julgamento plenário da ADI 1.717), que, declarando a inconstitucionalidade de vários dispositivos da Lei 9.649/1998, assentou conclusão no sentido da indelegabilidade, a uma entidade privada, de atividade típica do Estado, que abrange até poder de polícia, de tributar e de punir". Cf. DIP, Ricardo Henry Marques. Os entes reguladores estaduais e municipais no Brasil. *In*: FREITAS, Vladimir Passos de; SILVA, Fernando Quadros da (coord.). *Agências reguladoras no direito brasileiro*. São Paulo: Editora Revista dos Tribunais, 2014, p. 294.

[21] Preconiza o art. 31 do Decreto Federal nº 7.217/2010 (que regulamentou a Lei Federal nº 11.445/2007): "As atividades administrativas de regulação, inclusive organização, e de fiscalização dos serviços de saneamento básico poderão ser executadas pelo titular: I – diretamente, mediante órgão ou entidade de sua administração direta ou indireta, inclusive consórcio público do qual participe; ou, II – mediante delegação, por meio de convênio de cooperação, a órgão ou entidade de outro ente da Federação ou a consórcio público do qual não participe, instituído para gestão associada de serviços públicos".

consórcio público de direito público, configurando uma autarquia interfederativa (conforme Lei Federal nº 11.107/2005), ou através de convênio de cooperação com ente regulador estadual (também respaldado pela Lei Federal nº 11.107/2005).

Aliás, considera-se como entidade de regulação qualquer órgão ou entidade de direito público que possua competências próprias de natureza regulatória, independência decisória e não acumule funções de prestador dos serviços regulados (inciso IV, art. 2º, do Decreto nº 7.217/2010).[22]

Portanto as entidades reguladoras continuam sendo definidas por legislação do titular, podendo inclusive o exercício da função reguladora e fiscalizadora da prestação do serviço público de saneamento básico ser delegado para entidade reguladora de outro ente da federação, e no caso de gestão associada ou prestação regionalizada dos serviços, os titulares poderão adotar os mesmos critérios econômicos, sociais e técnicos da regulação em toda a área de abrangência da associação ou da prestação (art. 24 da LNSB), razão pela qual poderá coexistir mais de uma agência reguladora atuando no âmbito da mesma prestação regionalizada dos serviços públicos de saneamento básico.

Com o advento da Lei Federal nº 14.026/2020, a competência municipal para a escolha do ente regulador infranacional foi reforçada – apenas reservada a exceção da regional metropolitana, com titularidade compartilhada –, porém alguns cenários futuros podem ser projetados sob a perspectiva do novo marco.

O primeiro cenário é que os conceitos de ganho de escala e de regionalização para prestação dos serviços tendem a enfraquecer o modelo municipal de prestação e regulação, já que as leis ordinárias estaduais criaram unidades regionais (art. 8º, §2º, da Lei Federal nº 14.026/2020) e prestigiam planejamento e prestação de serviços com ganho de escala. A tendência natural será a consolidação das agências reguladoras estaduais e o crescimento significativo de consórcios públicos para atuação nas unidades regionais, em sua condição de autarquias interfederativas.

---

[22] Logo, as entidades reguladoras continuam sendo criadas por lei, sob a forma de autarquia especial ou de associação pública, sendo que sua atuação, no território de cada município, dar-se-á por definição do titular dos serviços públicos de saneamento básico, no âmbito de sua política pública de saneamento básico (art. 9º, II da LNDSB).

O segundo cenário é que os entes reguladores ainda em fase de estruturação terão uma pressão por parte dos prestadores e titulares para adequação às normas de referência editadas pela ANA,[23] sob pena de prejuízo à fonte de financiamentos públicos federais para os investimentos de universalização.[24] Nesse sentido, todas as agências com baixa normatização e com processos ainda incipientes de fiscalização e regulação dos serviços tendem a perder espaço. Essa adaptação não será tarefa fácil para as entidades reguladoras infranacionais, muitas em fase de amadurecimento institucional; porém, uma participação ativa na elaboração dessas normas facilitará o processo de integração.

O terceiro cenário envolve o futuro da regulação local diante das pressões legislativas para um novo modelo de prestação e regulação pautados no ganho de escala e regionalização. A tendência é buscar arranjos de regulação que satisfaçam o novo modelo de contratualização regionalizada, com vistas a garantir aos prestadores dos serviços a possibilidade de acesso a recursos federais.[25] Esse modelo de indução parece enfraquecer do cenário de possibilidades a criação de novas agências reguladoras municipais.

O quarto cenário, bastante controverso para a regulação infranacional, tem a ver com a possibilidade e atuação de um regulador em outro Estado de Federação (art. 23, §1º A, da Lei Federal nº 11.445/2007). A nosso ver, a norma apresenta muitos problemas jurídicos e poucos resultados práticos, já que a condicionante de adesão ao regulador de outro Estado depende da inexistência de regulador no Estado ou que não atenda à norma de referência. As agências reguladoras estaduais estão presentes em mais de 90% do território nacional, o que torna a norma pouco provável de produzir efeitos práticos.

Por fim, independentemente do modelo jurídico de formatação do regulador infranacional, percebemos um círculo virtuoso para segurança jurídica e padronização da regulação. Aliás, a própria ANA tem agido com transparência e franco diálogo com as agências estaduais, regionais e municipais, e todos estão convencidos

---

[23] Cf. art. 23, *caput*, da Lei Federal nº 11.445/2007.
[24] Cf. regras do Decreto Federal nº 10.588/2020.
[25] Cf. art. 50, §1º, da Lei Federal nº 14.026/2020.

da necessidade de apoiar a concretização da Agenda Regulatória (Resolução ANA nº 105, de 18 de outubro de 2021).[26]

A participação da reguladora federal será decisiva nesse processo, e aguardamos que as "normas de referência" estimulem a cooperação entre os entes federativos, a livre concorrência, a competitividade, a eficiência e a sustentabilidade econômica na prestação dos serviços, bem como possibilitem a adoção de métodos, técnicas e processos adequados às peculiaridades locais e regionais, incentivem a regionalização da prestação dos serviços com o estabelecimento de metas de cobertura e do atendimento aos indicadores de qualidade, promovam a prestação adequada dos serviços, com atendimento pleno aos usuários, observados os princípios da regularidade, da continuidade, da eficiência, da segurança, da atualidade, da generalidade, da cortesia, da modicidade tarifária, da utilização racional dos recursos hídricos e da universalização dos serviços, estabeleçam critérios limitadores da sobreposição de custos administrativos ou gerenciais a serem pagos pelo usuário final, independentemente da configuração de subcontratações ou de subdelegações e assegurem a prestação concomitante dos serviços de abastecimento de água e de esgotamento sanitário (art. 4-A, §3º, da Lei Federal nº 9.984/2000).

5 Conclusões

A proposta do artigo foi apresentar os impactos do novo marco regulatório do saneamento (Lei Federal nº 14.026/2020) nas agências reguladoras infranacionais setoriais.

As novas perspectivas almejadas de padronização regulatória (através de normas de referência), regionalização da prestação de serviços por meio de unidades regionais – com vistas ao ganho de escala na prestação dos serviços – e a indução ao modelo regionalizado de regulação tendem a ganhar espaço nos debates jurídicos a partir de agora.

---

[26] Disponível em: https://arquivos.ana.gov.br/_viewpdf/web/?file=https://arquivos.ana.gov.br/resolucoes/2021/0105-2021_Ato_Normativo_18102021_20211020085344.pdf?09:35:59. Acesso em: 15 mar. 2022.

Recebeu ênfase a importância do fortalecimento da regulação infranacional, pois mesmo diante do curto período de implantação da regulação do saneamento básico, pode-se perceber a indução de boas práticas, profissionalização do setor, previsibilidade e tecnicidade para o saneamento básico.

Foi registrado, ainda, o problema ainda não solucionado da universalização da regulação – e se queremos padronização, precisamos partir da premissa de que a regulação é uma realidade presente em todos os municípios brasileiros, o que não ocorre atualmente. Nesse sentido, a Lei nº 14.026/2020 deu passo decisivo, e existindo instrumentos de incentivo, teremos um modelo regulatório uniforme para o saneamento brasileiro.

Pauta de grande relevância deve surgir, ainda, com a acomodação das múltiplas modelagens de entes reguladores infranacionais de saneamento (municipais, intermunicipais e estaduais) frente ao novo marco, que altera consideravelmente os conceitos históricos de decisões locais e prerrogativas municipais para os serviços. A nova legislação, ao apostar em regionalização e ganho de escala, propõe nova ordem de definição para as políticas públicas de saneamento básico (água, esgoto, resíduos sólidos e drenagem pluvial urbana), o que traz reflexo direto na modelagem jurídica dos reguladores setoriais.

Por fim, é importante destacar que as alterações introduzidas pela Lei Federal nº 14.026/2020 não retiram atribuições e tampouco buscam eliminar a regulação setorial. O que se espera é uma maior tecnicidade das agências setoriais, que incorporarão uma série de obrigações impostas e que implicam em mudanças na forma de atuação, sendo que muitas agências precisarão adequar sua organização administrativa e suas estruturas técnicas de pessoal, promovendo melhorias no aspecto da governança regulatória e na forma de fiscalizar a prestação dos serviços públicos de saneamento básico.

Referências

CRUZ, Verônica. Estado e regulação: fundamentos teóricos. *In*: RAMALHO, Pedro Ivo Sebba (Org.) *Regulação e agências reguladoras*: governança e análise de impacto regulatório. Brasília: Anvisa, 2009.

DIP, Ricardo Henry Marques. Os entes reguladores estaduais e municipais no Brasil. *In*: FREITAS, Vladimir Passos de; SILVA, Fernando Quadros da (coord.). *Agências reguladoras no direito brasileiro*. São Paulo: Editora Revista dos Tribunais, 2014, p. 285-300.

ENGDAHL, D. The Spending Power. *Duke Law J*, v. 44, n. 1, p. 1-109, Oct. 1994. Disponível em: https://scholarship.law.duke.edu/dlj/vol44/iss1/1/. Acesso em: 07 maio 2021.

HEINEN, Juliano. Saneamento básico. *In:* HEINEN, Juliano (Org.). *Direito da regulação:* teoria e prática dos setores regulados. Salvador: JUSPODIVM, 2021, p. 457-527.

MARQUES, Rui Cunha. *Definição do conceito e estrutura das diretrizes das normas de referência*. Brasília: Associação Brasileira das Agências de Regulação, 2020.

MARQUES, Rui Cunha. *Procedimento para elaboração das normas de referência*. Brasília: Associação Brasileira das Agências de Regulação, 2020.

MARQUES, Rui Cunha. *Velocidade da construção das diretrizes e prazo para a implantação das Normas de Referência pelas agências*. Brasília: Associação Brasileira das Agências de Regulação, 2020.

MARQUES NETO, Floriano de Azevedo. A regulação no setor de saneamento. *In:* CORDEIRO, B. S. (coord.). *Lei Nacional de Saneamento Básico*: perspectivas para as políticas e gestão dos serviços públicos, vol. 1, Brasília: Editora, 2009.

NUNES, Carlos Motta; ANDERAOS Alexandre; MARINHO DE ARAUJO, Cíntia Leal. The 2020 Reform of the Water and Sanitation Services Sector in Brazil. *BRICS Law Journal*. 2021;8(2):66-88. Disponível em: https://doi.org/10.21684/2412-2343-2021-8-2-66-88. Acesso em: 29 jul. 2021.

OLIVEIRA, Carlos Roberto de. *Contratos de concessão e terceirização:* tensões entre o público e o privado. Rio de Janeiro: Lumen Juris, 2020.

OLIVEIRA, Carlos Roberto de. A regulação infranacional e o novo marco regulatório. *In:* OLIVEIRA, Carlos Roberto de; GRANZIERA, Maria Luiza Machado (org.). *Novo marco do saneamento básico no Brasil*. São Paulo: Editora Foco, 2021, p. 73-87.

POSNER, Richard. *Natural monopoly and its regulation*. Washington: Cato Institute, 1999.

RIBEIRO, Wladimir Antônio; RIBEIRO, Ivan César. *Análise de impacto regulatório no Brasil*. Migalhas, 21 de setembro de 2010. Disponível em: http://www.migalhas.com.br/dePeso/16,MI117582, 31047-Analise+de+impacto+regulatorio+no+Brasil. Acesso em: 20 maio 2021.

SADDY, André. Regulação do saneamento básico: obrigatoriedade da existência de uma entidade que preste e outra que regule e fiscalize os serviços de saneamento básico. *In:* SADDY, André; CHAUVET, Rodrigo da Fonseca (Coord.). *Aspectos jurídicos do saneamento básico*. Rio de Janeiro: Lumen Juris, 2017, p. 133-152.

SUNDFELD, Carlos Ari. As parcerias público-privadas no saneamento ambiental. *In*: SUNDFELD, Carlos Ari (coord.). *Parcerias público-privadas*. São Paulo: Malheiros, 2005.

WORLD BANK GROUP. 2017. *Joining Forces for Better Services*: when, why, and how water and sanitation utilities can benefit from working together. World Bank, Washington, DC. Disponível em: https://openknowledge.worldbank.org/handle/10986/28095. Acesso em: 13 maio 2021.

Informação bibliográfica deste texto, conforme a NBR 6023:2018 da Associação Brasileira de Normas Técnicas (ABNT):

BROCHI, Dalto Favero; OLIVEIRA, Carlos Roberto de. Desafios da Lei federal nº 14.026/2020: a universalização da regulação. *In*: ZULIANI, Geninho; DAL POZZO, Augusto Neves (coords). *Saneamento básico*: uma lei e um marco. Belo Horizonte: Fórum, 2023. p. 119-133. ISBN 978-65-5518-485-3.

A GESTÃO DOS RESÍDUOS SÓLIDOS NO NOVO MARCO LEGAL DO SANEAMENTO BÁSICO: DESAFIOS E PROPOSTAS

GENINHO ZULIANI
CARLOS SILVA FILHO

1 Introdução

Os primeiros esforços para criar uma Política Nacional de Resíduos Sólidos no Brasil aparecem, de forma ainda embrionária, nos debates para formulação da Lei Federal nº 11.445/2007, que instituiu a Política Nacional de Saneamento Básico. Como uma de suas principais implicações, a nova legislação incluiu as atividades de limpeza urbana e manejo de resíduos sólidos como componentes essenciais do saneamento básico, ao lado dos serviços de abastecimento de água, tratamento de esgoto e drenagem de águas pluviais urbanas.

Essa inclusão, relevante evidenciar, possibilitou uma importante base legal para disciplinar a gestão de resíduos sólidos no país, sobretudo no que se refere à consolidação do tema na esfera jurídica legislativa. Até a sanção da Política Nacional de Saneamento Básico, as disposições aplicáveis ao setor se configuravam como dispersas e muito mais oriundas de normas infralegais, a exemplo de Resoluções e Portarias, o que denotava a necessidade de uma harmonização de conceitos e diretrizes legais em âmbito nacional.

Os três anos que se seguiram foram marcados por uma intensa movimentação, no Congresso Nacional, para apresentar propostas que vinham sendo amplamente debatidas entre instituições representativas do setor e da sociedade civil, com o objetivo de fazer o país avançar na elaboração de uma legislação moderna e abrangente na área de resíduos sólidos. Uma Comissão Especial foi criada no Congresso Nacional para avaliar os projetos que já tramitavam na Câmara Federal e no Senado. Após a realização de diversas audiências públicas e amplos debates com a sociedade, essa Comissão conseguiu aprovar o relatório final em ambas as Casas e, assim, convertê-lo na Lei Federal nº 12.305, de 02 de agosto de 2010, que instituiu a "Política Nacional de Resíduos Sólidos (PNRS)".

Com a contribuição efetiva de diferentes atores, a PNRS nasce de forma arrojada, possibilitando uma série de dinâmicas que modernizaram sobremaneira as diretrizes para gestão dos resíduos sólidos no país, a começar pela definição de conceitos, princípios e diretrizes, até então apontada como uma necessidade. Entre as inovações possibilitadas pela nova legislação estão: a implementação obrigatória de iniciativas como a coleta seletiva; a obrigação, por parte das gestões municipais, estaduais e federal, da elaboração de planos de gestão de resíduos sólidos; a responsabilidade compartilhada dos resíduos gerados entre geradores e o poder público, assim como a valorização dos resíduos numa lógica de economia circular, onde boa parte dos materiais descartados passa a ser considerada recurso, sendo, dessa forma, recuperada para aproveitamento posterior – um ciclo valioso que gera emprego e renda, protege o meio ambiente e conserva os recursos naturais.

É justamente nesse âmbito conceitual que a nova legislação se mostra moderna e atual. Ao diferenciar os termos "resíduo" e "rejeito", a PNRS estabelece que apenas deve ser destinado aos aterros sanitários aquilo que não pode mais ser mais aproveitado, a não ser pela extração do biogás. Nessa lógica, ela rompe com uma concepção linear do manejo de resíduos sólidos para introduzir uma lógica circular, valorizando o trabalho de reciclagem. Assim, a PNRS também estabelece diferenciações entre os termos "destinação final" e "disposição final ambientalmente adequada".

Outra inovação está na introdução do conceito de "logística reversa" (Art. 3, Cap. XII), que definiu um conjunto de ações, procedimentos e meios ao setor empresarial para viabilizar a coleta e o aproveitamento de resíduos sólidos, e, dessa forma, fomentar o desenvolvimento sustentável. Também merece destaque o princípio da hierarquia na gestão de resíduos, o qual estabelece a ordem de prioridade de ações para a gestão e o gerenciamento de resíduos sólidos.

Porém, mesmo tratando-se de uma legislação moderna e abrangente, a PNRS pouco conseguiu avançar no decorrer desta última década. Uma constatação dessa morosidade está no prazo que a Lei havia estabelecido para a destinação final ambientalmente adequada para a totalidade dos resíduos gerados no país: 2014, quatro anos após a sanção da Lei. Isso quer dizer que era para o Brasil estar livre deste cenário medieval, que mantém lixões a céu aberto e destrói drasticamente os recursos naturais, pelo menos desde meados da década passada. Porém, não é o que mostram estudos recentes realizados por instituições conceituadas do setor.

2 O cenário da gestão de resíduos sólidos no Brasil: 10 anos da PNRS

Com o objetivo de avaliar os impactos dessa década de implementação da Política Nacional de Resíduos Sólidos (PNRS) e compreender os desafios que ainda estão impostos ao setor, a Associação Brasileira de Empresas de Limpeza Urbana e Resíduos Especiais (Abrelpe), entidade pioneira que há mais de quatro décadas se dedica a estudar a gestão de RSU no país e a buscar soluções para o seu efetivo avanço, publicou, em 2020, um abrangente estudo que evidenciou, em números, o "Panorama dos Resíduos Sólidos no Brasil", estabelecendo, para isso, um comparativo entre os anos de 2010 e 2019, período em que a PNRS completou dez anos em vigor.

A primeira constatação a que chegou o estudo foi que o Brasil ampliou, nesse intervalo de tempo, a geração de resíduos sólidos não só no montante, consequência imediata do próprio crescimento populacional, mas também na geração *per capita*. Em 2010, o país gerava 66.695.720 toneladas de resíduos por ano. Em 2019, esse número teve um aumento de 19%, chegando a 79.069.585 toneladas. A análise por habitante mostra que cada indivíduo ampliou em 30 quilos a sua geração de resíduos nos últimos 10 anos, saindo de 348,3 quilos por ano para 379,2 (ABRELPE, 2020).

Com o aumento de resíduos gerados, outro dado que chama atenção diz respeito à forma como todo esse montante foi destinado, que é o encaminhamento dado depois que ele é coletado. Os números do Panorama mostram que houve, proporcionalmente, uma sensível melhora no percentual de resíduos destinados adequadamente. Enquanto que em 2010 cerca de 43% dos resíduos gerados no Brasil iam para os locais inadequados, em 2019 esse percentual caiu para

40,5%. Porém, em termos quantitativos o país não evoluiu. Se em 2010 o Brasil destinou 25.395.000 toneladas de resíduos para locais inadequados, em 2019 houve um aumento para 29.450.000. Isso quer dizer que, embora tenha melhorado a destinação adequada, o aumento na geração de resíduos também implicou a ampliação do volume encaminhado para lixões. Tudo isso, importante ressaltar, com uma Política Nacional de Resíduos Sólidos em vigência.

As consequências dessa destinação inadequada mostram impactos severos a curto, médio e longo prazos, não apenas ao meio ambiente, mas também à saúde e à qualidade de vida das populações. Ainda de acordo com o Panorama dos Resíduos Sólidos no Brasil (ABRELPE, 2020), esse cenário se configura, hoje, com a permanência de quase três mil lixões a céu aberto ativos em todo país, que, juntos, afetam a saúde de 77.650.000 pessoas, com custo de recuperação ambiental e custo de tratamento de saúde de cerca de U$1 bilhão por ano.

O desperdício gerado com toda essa destinação inadequada também salta aos olhos. De acordo com o estudo, o Brasil perde, por ano, cerca de R$14.000.000,00 em resíduos que poderiam ser reciclados, mas que acabam indo para os lixões a céu aberto, sem contar os materiais que sequer são coletados ou que são depositados em outras destinações. Apenas 4% de tudo o que é gerado hoje no Brasil é reciclado. O que chama mais atenção é que, se for mantido o ritmo da última década, em termos de adequação da destinação final, o país ainda vai levar 55 anos para acabar com a destinação inadequada. Ou seja, neste ritmo os lixões apenas serão encerrados tão somente em 2075.

Nesse mesmo cálculo estão incluídas as estimativas que revelam que a ampliação na geração de resíduos no Brasil, assim como constatado na última década, deve se manter em crescimento pelas próximas décadas, saindo das atuais 79 milhões de toneladas ao ano para 100 milhões até o fim de 2033, e 121 milhões até 2050. Portanto, o grande desafio do agora não é somente dar conta do volume de 40% que vem sendo destinado inadequadamente, mas viabilizar soluções que assegurem a destinação ambientalmente e economicamente adequadas a esse volume crescente de geração de resíduos.

O repto de assegurar uma destinação também economicamente viável surge, entre outras coisas, pela falta de visão estratégica e de conhecimento técnico, por parte das gestões públicas, para identificar as possibilidades econômicas existentes naquilo que, durante anos, tratou-se como um problema: o lixo. Mesmo com uma legislação em vigor que preconiza a potencialidade da economia circular, o Brasil continuou adotando, ao longo desta última década, uma perspectiva linear de gestão de resíduos sólidos, em que o processo não valoriza a otimização e o reaproveitamento de materiais.

A falta de visão técnico-gerencial se une a outras importantes avaliações que, ao final dessa última década, propuseram-se a tentar entender, ou a tentar explicar, por que a PNRS não conseguiu avançar, ou por que o Brasil se manteve estagnado mesmo de posse de uma legislação tão moderna e arrojada para disciplinar um tema da maior relevância para a qualidade de vida das pessoas e da proteção do meio ambiente. Entre as principais respostas, estão: a ausência de compromisso dos vários atores envolvidos; a falta de vontade política de autoridades públicas; a insegurança jurídica que impossibilitava a efetivação de todos os avanços proporcionados pela PNRS; e, principalmente, a falta de recursos financeiros. Se por um lado a Política Nacional de Resíduos Sólidos possibilitou uma série de novas dinâmicas, por outro, acabou por não designar quem deveria pagar pela conta para viabilizar os avanços previstos na Lei: ampliação dos serviços e novas infraestruturas num cenário de maior aproveitamento e crescente valorização dos materiais descartados.

A falta de segurança jurídica para investir em soluções inovadoras e duradouras configurou, por todo o país, um cenário heterogêneo, caótico e totalmente obscuro, salvo algumas exceções, na atuação da gestão pública no setor de saneamento básico – um cenário em que as 27 unidades federativas tentavam realizar, com as suas respectivas estatais, cada uma a seu jeito, a gestão do saneamento básico e, com ela, a gestão dos resíduos sólidos.

Essa malversação se dava mediante a celebração de "contratos de programas", uma espécie de pacto sem concorrência pública em que o próprio gestor escolhia as empresas e celebrava os acordos com 20, 30 e até 50 anos de vigência. As agências reguladoras que naquele momento nasciam já iniciavam o trabalho de fiscalização fragilizadas tecnicamente, e, como consequência, o serviço na ponta não era implementado de forma eficiente.

Voltando à falta de recursos financeiros, esse era o segundo grande desafio. Era preciso apontar de onde sairiam os recursos para custear os serviços e investir em infraestrutura. Para que o Brasil alcance a meta da universalização do saneamento, que prevê o acesso de 99% da população à água tratada e de 90% à rede de esgoto, até dezembro de 2033 (Art.10-B), além de 100% de destinação adequada de resíduos até agosto de 2024 (art. 54, da PNRS, com redação atribuída pela Lei nº 14.026/2020), será imprescindível contar com os recursos necessários aos investimentos e custeio dessas operações, principalmente com a participação da iniciativa privada. Dessa forma, também era necessário criar dispositivos que fomentassem a disponibilidade de recursos e o investimento privado no setor de saneamento básico.

Por fim, era preciso, ainda, assegurar a efetiva regulação do setor, de modo a padronizar normas de referência e de fiscalização para todas as unidades da federação e encerrar de vez com aquele cenário heterogêneo. Passados 13 anos, estava mais do que na hora de o Brasil concentrar os esforços para atualizar a Lei Federal nº 11.445/2007 (Marco Legal do Saneamento Básico) e acrescentar os dispositivos que dessem conta de superar todos esses desafios impostos à universalização do saneamento básico no país, incluindo, necessariamente, os serviços de limpeza urbana e manejo dos resíduos sólidos.

O resultado desse esforço se concretizou na sanção da Lei Federal nº 14.026, de 15 de julho de 2020, que passou a ser conhecida como o Novo Marco Legal do Saneamento Básico. Apesar de não constituir uma política em si mesma, a nova legislação apresenta um conjunto de disposições que modernizam ou revogam trechos de outros diplomas legais, notadamente da Lei nº 11.445/2007, que foi atualizada para refletir novas dinâmicas e atender às demandas mais atuais para viabilizar os avanços tão almejados – e necessários – no setor de saneamento.

3 Contribuições do Novo Marco do Saneamento para o avanço da gestão de resíduos no Brasil

Entre as inovações da nova legislação, senão a principal mudança proporcionada, está a obrigação para a garantia da sustentabilidade econômico-financeira mediante a remuneração pela cobrança dos serviços (art.29). Em se tratando especificamente de limpeza urbana e manejo de resíduos sólidos, tal sustentabilidade estará assegurada na forma de taxas, tarifas ou outros preços públicos, conforme o regime de prestação do serviço ou das suas atividades (art.29, II). Além disso, também ficou estabelecido (art.35, §2º) que a não proposição de tal instrumento de cobrança no prazo de 12 meses configuraria renúncia de receita, estando sujeita à penalidades da Lei de Responsabilidade Fiscal (LC 101/2000), entre as quais insere-se a improbidade administrativa, com possível perda de mandato, e demais penalidades decorrentes da Lei de Crimes Ambientais, no caso de restarem configurados danos ao meio ambiente em decorrência da má gestão de resíduos sólidos.

A nova legislação também revisou os princípios básicos estabelecidos para a prestação do serviço, presentes no artigo 20 da Lei nº 11.445/2007. Entre os 16 princípios instituídos pela nova legislação, sete merecem ser destacados, a saber: a universalização do acesso, ou seja, que todos têm o direito ao acesso adequado na prestação dos serviços de saneamento básico; a integralidade da prestação dos serviços, "compreendida como o conjunto de atividades e componentes de cada um dos diversos serviços de saneamento que propicie à população o acesso a eles em conformidade com suas necessidades e maximize a eficácia das ações e dos resultados" (Art. 20, II); adequação à saúde pública, que prevê que os serviços sejam executados de forma adequada à saúde pública, à conservação dos recursos naturais e à proteção do meio ambiente; a prestação regionalizada dos serviços, com vistas à geração de ganhos de escala e à garantia da universalização e da viabilidade técnica e econômico-financeira dos serviços; e, por fim, a seleção competitiva do prestador dos serviços, princípio esse que, conforme lembrado anteriormente, vinha sendo totalmente negligenciado pelas administrações públicas do setor por todo o Brasil.

Entre esses destaques, o princípio que estabelece que os serviços de saneamento básico devem ser prestados em adequação à saúde pública (Art. 20, IV) evidencia uma coerência conceitual com a própria noção de saúde, sobretudo quando analisados os impactos que a falta de saneamento desencadeia no bem-estar das populações. Esse é um aspecto importante, que não pode ser dissociado da realidade hoje enfrentada por milhões de brasileiros afetados diretamente pela falta efetiva da prestação dos serviços como abastecimento de água, tratamento de esgoto, drenagem de águas pluviais e limpeza urbana e manejo de resíduos sólidos, numa situação de total vulnerabilidade, com impactos negativos diretos – e contínuos – sobre a saúde dessas mesmas pessoas.

Dessa forma, a conservação dos recursos naturais, entendendo que esses recursos são finitos e que não podem ser explorados ou extraídos de uma maneira indiscriminada, assim como a proteção do meio ambiente, passam a se tornar condições para prestação do serviço de manejo dos resíduos sólidos. Isso quer dizer que, se é um princípio fundamental a proteção do meio ambiente, então o país não pode mais continuar com a questão da inadequação da destinação, muito menos com os lixões a céu aberto e o não aproveitamento dos resíduos.

A prestação regionalizada do serviço (Art. 20, VI), preconizada pelo Novo Marco Legal do Saneamento, também se propôs a mudar o panorama atomizado de atuações que existiam entre os entes federados no setor. O princípio prevê que a prestação seja realizada não de forma individualizada, mas "integrada de um ou mais componentes dos serviços públicos de saneamento básico em determinada região cujo território abranja mais de um Município".

Por fim, era necessário melhorar a eficiência do setor e acabar de vez com as mazelas políticas que se apossaram da gestão pública na área de saneamento básico. A seleção competitiva do prestador, com prioridade para o estabelecimento de contatos de longo prazo, possibilitou que as relações contratuais, além de captarem maior eficiência, prezassem pela legalidade, impessoalidade, moralidade, publicidade e eficiência da administração pública, fazendo sobretudo valer a compreensão de que a melhor proposta seja aquela que vai vigorar.

4   A sustentabilidade econômico-financeira

Conforme frisado anteriormente, a grande virada possibilitada pelo Novo Marco Legal foi, certamente, encontrar uma solução viável para a falta de recursos financeiros, que incapacitava Estados e Municípios de implementarem os avanços trazidos pela Política

Nacional de Resíduos Sólidos (PNRS). O Novo Marco Legal passa a obrigar que os serviços de saneamento básico tenham a sua sustentabilidade econômico-financeira assegurada por meio da cobrança junto aos usuários.

Importante frisar que a versão anterior, a redação original da Lei nº 11.445/2007, já trazia redigido esse mesmo artigo, porém com uma diferença: deixou de ser uma recomendação para ser uma obrigação. Antes se lia: "Os serviços públicos de saneamento básico terão, *sempre que possível*, a sustentabilidade econômico-financeira assegurada". Agora, com o texto atualizado, esse trecho foi modificado para: "os serviços públicos de saneamento básico terão a sustentabilidade econômico-financeira assegurada por meio de remuneração pela cobrança dos serviços" (Art. 29). Portanto, a partir de então passa a ser uma obrigação do gestor municipal garantir essa sustentabilidade econômico-financeira por meio de um instrumento de remuneração.

Em síntese, se um dos motivos pelos quais a gestão de resíduos no Brasil não avança é justamente a falta de recurso, a falta de custeio, então, o Novo Marco do Saneamento Básico vem suprir essa falta ao estabelecer que a remuneração deve ser concebida como uma obrigação, não mais como mera faculdade. O titular que não realizá-la vai estar sujeito a sanção de danos legais, e a não proposição configura a renúncia de receita (art. 35, §2º).

De acordo com dados disponibilizados pela Abrelpe, na publicação "Universalização da Limpeza Urbana – Concessões, PPPs e Sustentabilidade Financeira dos Serviços: a hora e a vez dos prefeitos e prefeitas (2021-2024)", atualmente apenas uma pequena parcela dos municípios brasileiros dispõe de sistema de cobrança para custeio dos serviços de limpeza urbana, e dentre eles mais de 80% o fazem por meio de taxa específica no boleto do IPTU (Imposto Predial e Territorial e Urbano). Cerca de 10% das cidades que cobram o fazem por meio de taxa específica no boleto de abastecimento de água, e 4,2% das cidades que cobram o fazem por meio de taxa em boleto específico. Chama atenção que menos de 1,5% dos municípios que se utilizam de algum instrumento de remuneração para custeio dos serviços de limpeza urbana o fazem por meio de tarifa ou outras formas de cobrança.

Para reverter esse quadro crônico de deficiência na arrecadação de recursos para os serviços de limpeza urbana e manejo de resíduos sólidos, foi estabelecido o prazo de 12 meses, que se expirou em 15 de julho de 2021, para referida proposição, sob pena de ficar configurada renúncia de receita, com aplicação das determinações da Lei de Responsabilidade Fiscal, a ser configurada mediante atuação dos Tribunais de Contas, principalmente quando da análise das contas do exercício de 2021. Ao obrigar que haja a remuneração e a cobrança pelos serviços e, ao mesmo tempo, que seja determinada a penalidade a quem não as cumprir, a nova legislação reverte aquela incômoda impressão de que no Brasil há leis que acabam não surtindo efeito.

É importante ressaltar que esse instrumento de remuneração dos serviços de limpeza urbana previsto na legislação não significa aumento da carga tributária, muito menos a introdução de novo imposto. Muito pelo contrário. Trata-se de dar efetividade a um princípio da justiça social mediante a estruturação de um sistema de pagamento por um serviço público efetivamente prestado e usufruído pelos munícipes, a exemplo de serviços como abastecimento de água, fornecimento de energia elétrica, internet, tratamento de esgoto, telefonia, entre outros, que são remunerados conforme a proporção de utilização.

Da forma como estavam estruturados, os serviços de limpeza urbana e manejo de resíduos sólidos vinham sendo subsidiados exclusivamente com recursos do orçamento municipal, que acabava comprometido numa porção considerável para custear a coleta, o transporte e a destinação final dos resíduos de toda uma população, sem diferenciar quem gera mais de quem gera menos, quem faz a separação na fonte e se engaja com a coleta seletiva de quem descarta tudo misturado. Somente a partir da estruturação adequada do instrumento de cobrança será possível aplicar o princípio do poluidor-pagador (nesse caso, gerador-pagador), arcar com os custos adequados do sistema de limpeza urbana e manejo de resíduos e, além de atender às determinações da Política Nacional de Resíduos Sólidos (PNRS), evoluir para um sistema circular de gestão de resíduos.

O contexto de carência de recursos destinados para custear os serviços de limpeza urbana é generalizado em todo o país, com um número reduzido de municípios que arrecadam valores minimamente necessários para custeio das operações atuais, e todos praticamente sem perspectivas para viabilizar avanços na gestão de resíduos sólidos.

Por outro lado, relatório da Agência Nacional de Águas e Saneamento Básico (ANA) publicado em março de 2021 indica que, atualmente, os municípios arrecadam R$6,5 bilhões por ano para manter as operações de gestão de resíduos, ante uma despesa anual que se aproxima dos R$15 bilhões. Essa situação verificada atualmente, de carência de recursos para implementar uma prestação minimamente adequada dos serviços de limpeza urbana e manejo de resíduos sólidos, é a principal explicação para a desastrosa manutenção de cerca de 2.600 lixões a céu aberto ainda em operação em todo o território nacional.

Vê-se, portanto, como é essencial a instituição de um instrumento de remuneração para assegurar que os recursos necessários ao atendimento das determinações do Novo Marco do Saneamento e da Política Nacional dos Resíduos Sólidos, sancionada há mais de dez anos, sejam efetivamente arrecadados. Além de resolver um problema ambiental e de saúde pública, isso propicia a liberação de recursos públicos do orçamento geral para outras áreas prioritárias (por exemplo, melhorias na saúde, modernização de escolas, construção de moradias e ampliação de benefícios sociais), viabilizando avanços para um setor de relevante utilidade pública que tem urgência para chegar ao século XXI.

5 Segurança jurídica: a regulamentação do setor e o novo papel da ANA

Para dar conta da falta de segurança jurídica, o Novo Marco Legal (Lei nº 14.026/2020) estabeleceu (Art.10) que a prestação dos serviços de saneamento básico por entidade que não integre a administração dos titulares depende da celebração de contrato de concessão, mediante prévia licitação, sendo vedados os contratos de programa, convênio, termo de parceria ou outros instrumentos de natureza precária, que tanto contribuíram para o atraso da universalização das ações de saneamento no país. Trata-se de uma orientação clara, inserida na nova legislação, que o Titular dos serviços deverá formular a respectiva política pública de saneamento básico, cabendo a ele, entre outras determinações, prestar diretamente os serviços ou conceder a prestação desses (Art. 90, II).

Assim, de acordo com a nova disciplina legal fica clara a obrigatoriedade, por parte das gestões públicas, da utilização de Concessão seja por meio de um compromisso baseado na Lei nº 8.987/95 ou pela utilização de Parcerias Público-Privadas (PPPs), reguladas pela Lei nº 11.079/2004, com a finalidade de universalizar os serviços, desenvolver a infraestrutura e superar o déficit observado no setor de saneamento básico, incluindo os serviços de limpeza urbana e manejo de resíduos sólidos.

Com os contratos de concessão, a segurança jurídica passa a ser compartilhada por todos os envolvidos: o gestor que licita, a empresa que ganha o certame, o investidor que aplica o dinheiro para execução do projeto e, sobretudo, a própria população, que paga a conta e recebe os serviços devidamente executados, com eficiência, em todas as suas etapas.

Ainda no campo da segurança jurídica, outra importante inovação possibilitada com a nova legislação diz respeito à criação de uma autoridade nacional com a atribuição de regular os serviços do setor. Com o Novo Marco Legal a Agência Nacional de Águas e Saneamento Básico (ANA) passa a ter novas competências nesta matéria, passando a ser responsável pela instituição de normas de referência para a regulação dos serviços, principalmente no tocante à regulação tarifária, com vistas a promover a prestação adequada, o uso racional de recursos naturais, o equilíbrio econômico-financeiro e a universalização do acesso ao saneamento básico, zelando pela uniformidade regulatória e pela segurança jurídica na prestação e na regulação dos serviços.

Importante, todavia, reforçar que o texto original contido na Lei nº 11.445/2007 já determinava que a existência de regulação e a designação da entidade de regulação e de fiscalização fossem condições de validade dos contratos que tenham por objeto a prestação de serviços públicos de saneamento básico, dentre os quais se incluem os serviços de limpeza urbana e manejo de resíduos sólidos.

Entre as primeiras missões apresentadas à ANA, em seu papel de regular a prestação dos serviços no setor, estava a de definir o que é essa "sustentabilidade econômico-financeira" assim como o que seria também essa "receita requerida": em suma, como e quanto cobrar pela prestação do serviço. Com o objetivo de corroborar com o entendimento da lei quanto à instituição deste novo instrumento, assim como orientar os municípios sobre como instituir essa cobrança, a ANA publicou, em 15 de junho de 2021, a sua primeira Resolução (Resolução 79/2021) no Diário Oficial da União (DOU). Trata-se da Norma de Referência NR 1 para regulação dos serviços públicos de saneamento básico, que dispõe sobre o regime, a estrutura e os parâmetros da cobrança pela prestação do serviço público de manejo de resíduos sólidos urbanos, bem como os procedimentos e prazos de fixação, reajuste e revisões tarifárias. A resolução, contudo, não abrange a cobrança pela prestação dos serviços públicos de limpeza urbana (SLU), por existir uma discussão, no âmbito jurídico e conceitual, de que determinados serviços de limpeza urbana não podem ser divisíveis, ou seja, não são possíveis de ser atribuídos a um responsável. São exemplos os serviços de varrição de rua, capina, poda de árvores entre outros.

Voltando à Norma de Referência NR 1, da ANA, o texto define a Sustentabilidade Econômico-Financeira como "a cobrança, arrecadação e efetiva disponibilização ao Prestador de Serviço de recursos financeiros, suficientes para fazer frente aos custos eficientes de operação e de manutenção (OPEX), de investimentos prudentes e necessários (CAPEX), bem como a remuneração adequada do capital investido para a prestação adequada do serviço de manejo de resíduos sólidos no longo prazo". O regime, a estrutura e os parâmetros da cobrança pela prestação do serviço de manejo de resíduos sólidos devem ser adequados e suficientes para assegurar e manter a sustentabilidade econômico-financeira da prestação dos serviços e devem considerar o princípio da modicidade tarifária.

A Norma também define "Receita Requerida" como aquela suficiente para ressarcir o prestador de serviço das despesas administrativas e dos custos eficientes de operação e manutenção (OPEX), de investimentos prudentes e necessários (CAPEX), bem como para remunerar de forma adequada o capital investido. Deve também incluir as despesas com os tributos cabíveis e com a remuneração da entidade reguladora dos serviços de manejo de resíduos sólidos e contratação de associações ou cooperativas de catadores de materiais recicláveis, quando for o caso.

6 Concessões, PPPs e investimentos no setor: caminhos para a universalização dos serviços

Com o Novo Marco Legal do Saneamento Básico, conforme mencionado anteriormente, a contratação dos serviços passou a ter como premissa a concorrência pública. Como um dos principais desafios do setor sempre foi a falta de recursos financeiros, criar condições para possibilitar uma maior participação da iniciativa privada na gestão dos serviços passou a ser uma necessidade. Com isso, a nova legislação também passou a fomentar as Concessões e as Parcerias Público-Privadas como instrumentos inovadores e de alto potencial transformador na administração das cidades. O que falta agora, contudo, são as gestões municipais implementarem este valioso instrumento de participação da iniciativa privada na administração pública.

É importante evidenciar o quanto, ao longo dos anos, o papel do Estado vem se alterando e dando lugar a práticas mais modernas e avançadas de gestão, deixando de ser um Estado provedor-assistencialista para ser um Estado gestor, indutor e facilitador de políticas e serviços públicos desempenhados para o pleno atendimento dos anseios e demandas sociais, que também vêm evoluindo ao longo das décadas. Esse novo papel, que aproxima sobremaneira a gestão pública da iniciativa privada, acaba impondo ao Estado uma importante tarefa, que é a de planejar assertivamente as contratações que serão realizadas em suas inúmeras frentes de atuação, para que, no tempo e com a qualidade adequados, todos os insumos necessários estejam disponíveis para que o serviço público possa de fato ser prestado.

O estudo publicado pela Abrelpe, de forma inédita, mapeou até o ano de 2020 mais de 2.790 projetos de PPPs e concessões em desenvolvimento em todo o Brasil, dos quais 304 iniciativas estavam voltadas exclusivamente para o setor de gestão de resíduos sólidos. Em números gerais, o segmento ficou atrás apenas da Iluminação Pública, com 386 projetos, e Água e Esgoto, com 365. O estudo evidenciou que há projetos em 25 unidades federativas mais o Distrito Federal. Apenas no estado do Amapá não são conhecidas iniciativas de concessões em resíduos sólidos. O Sudeste é a região com maior número de projetos e contratos assinados – 126 e 27 respectivamente. O Nordeste aparece como a segunda região onde há mais iniciativas, com 65. As regiões Sul e Centro-Oeste vêm na sequência, com 46 e 44 projetos respectivamente. Na região Sul há 7 contratos assinados, enquanto nas regiões Nordeste e Centro-Oeste há 6 contratos assinados em cada uma.

O que chama atenção, porém, é que dessas 304 iniciativas para contratação dos serviços de gestão de resíduos sólidos sob o modelo de Concessão ou PPP, entre os anos de 2002 e 2020, apenas 50 resultaram em contratos iniciados. O diagnóstico aponta que, entre esses contratos iniciados, a média de prazo supera 24 anos, e estão previstos R$88 milhões em investimentos por projeto.

Esse cenário evidencia, por um lado, a dificuldade enfrentada por gestores municipais para implementar tecnicamente os projetos para efetiva construção dessas parcerias. Por outro, reforça o cenário generalizado de carência financeira por parte dos municípios para custear os serviços de limpeza urbana, com um número reduzido de administrações que arrecada valores minimamente necessários para custeio das operações atuais, e todos praticamente sem perspectivas para viabilizar avanços na gestão de resíduos sólidos no país, um serviço de caráter essencial para qualquer sociedade.

As PPPs e as Concessões são contratos público-privados de longo prazo, dinâmicos, altamente inovadores, possíveis de serem realizados em centenas de cidades do país, sempre precedidos por concorrência pública, cuja missão é contribuir decisivamente com uma solução eficiente e de longo prazo para a prestação de serviços públicos, assim como garantir que os recursos envolvidos, orçamentários e tarifários, sejam empregados com total qualidade, levando a uma prestação eficiente e contundente de serviços essenciais, que ficarão como um legado da administração para a respectiva sociedade. Além disso, trata-se de instrumentos efetivos de participação da iniciativa privada na gestão pública, refletidos, principalmente, na possibilidade de investimentos sólidos em infraestrutura.

Conforme mencionado anteriormente, segundo estimativas da Abrelpe, o Brasil demanda investimentos (CAPEX) da ordem de R$10 bilhões, até 2031, nas infraestruturas minimamente necessárias para adequação do sistema atual, em atendimento às determinações da PNRS, e uma demanda por recursos para custeio das operações

(OPEX) da ordem de R$14,3 bilhões por ano, adicionalmente ao que já é despendido atualmente, para garantir o funcionamento dessas novas unidades. Até o momento, os 50 contratos celebrados no setor contemplam investimentos privados (CAPEX) da ordem de R$1,15 bilhão e, caso as iniciativas com estudos econômico-financeiros disponíveis venham a ser implantadas, haverá o comprometimento com investimentos de cerca de R$6 bilhões pelo setor.

Não obstante a falta de contratos celebrados para atrair investimentos da iniciativa privada, estudos preliminares realizados pela ANA, publicados em março de 2021, no âmbito da Consulta Pública nº 04/2021, indicam que os municípios arrecadam R$6,5 bilhões por ano para manter as operações atuais do sistema de limpeza urbana e manejo de resíduos ante uma despesa anual em torno de R$14 bilhões por ano, o que representa atualmente um déficit de R$7,5 bilhões por ano – montante que é custeado pelo orçamento geral dos municípios.

7 Considerações finais

É notório que as disposições do Novo Marco Legal do Saneamento Básico (Lei nº 14.026/2020) vieram integrar-se às disposições da Política Nacional de Resíduos Sólidos (Lei nº 12.305/2010) para viabilizar avanços na gestão de resíduos sólidos no país, sobretudo no tocante à prestação dos serviços públicos de limpeza urbana e manejo de resíduos sólidos, de caráter essencial e contínuo, que integram a principal barreira sanitária de qualquer cidade.

O Brasil já possui um arcabouço legal robusto para disciplinar os temas relacionados à gestão de resíduos sólidos, com vistas não apenas a alcançar a universalização da prestação básica de um serviço essencial e de utilidade pública, com ganhos para a qualidade de vida da população, melhorias na saúde das pessoas e proteção ambiental, mas também para viabilizar os avanços necessários para que esses mesmos serviços contribuam para a preservação dos recursos naturais, com a mitigação das mudanças climáticas, além de maior geração de emprego e renda, num ambiente de economia circular em que os materiais descartados deixam de ser considerados resíduos e assumem a condição de recursos.

Em outras palavras, o país conta com todas as condições necessárias para levar integralmente os serviços de saneamento a toda a população e, com isso, reduzir consideravelmente os agentes de poluição e os problemas de saúde que hoje afligem mais de 77 milhões de brasileiros. Isso se resume na ampliação da cobertura da coleta regular, na ampliação da coleta seletiva, na recuperação de materiais recicláveis, em oportunidade de renda para milhões de pessoas, na valorização dos resíduos na forma de recursos e energia e, sobretudo, com o encerramento imediato das destinações inadequadas representadas, primordialmente, pelos lixões a céu aberto.

Porém, de nada adianta o esforço de avançar numa esteira tão complexa e tão eminente, como é o campo conceitual e jurídico, se não houver, na mesma proporção do esforço, a vontade política de fazer, por parte de quem ocupa posições estratégicas nesta imensa engrenagem que são os serviços de saneamento básico na administração pública. Importante, dessa forma, evidenciar que a existência de uma legislação específica para o setor é reconhecida como sendo da maior importância, todavia a sua efetividade e implementação na prática são fundamentais para que suas disposições resultem em mudanças.

Com o Novo Marco Legal do Saneamento Básico, o Brasil encontrou soluções para superar os três principais desafios que mantiveram o setor de Resíduos Sólidos em total estagnação na última década, a saber: a falta de recursos financeiros (incluindo o desperdício com a aplicação inadequada dos recursos existentes); a falta de segurança jurídica (para implementar soluções e investimentos a longo prazo); e o principal, a falta de vontade política (configurada pelo cenário de total marasmo com o qual os gestores municipais trataram a gestão de resíduos sólidos no país).

Para superar a falta de recursos financeiros, a nova legislação obrigou as administrações municipais a implementarem a sustentabilidade econômico-financeira mediante a remuneração dos serviços prestados por taxas de cobranças. Esse foi um grande passo para a garantia do custeio dos serviços. Além disso, a nova legislação fomenta a participação de capital privado na prestação dos serviços de saneamento básico na medida em que prioriza a concessão da prestação dos serviços (art. 9, II) por meio de instrumentos como as Parcerias Público-Privadas (PPPs). Esse, vale destacar, é o único meio de atrair os investimentos minimamente necessários em infraestrutura.

Quanto à insegurança jurídica, o Novo Marco também assegurou a concorrência pública e busca reverter a precarização da forma como eram celebrados os contratos públicos, possibilitando que a escolha das empresas vencedoras fosse garantida por meio de licitação. Tal mudança, importante destacar, permitirá que os serviços passem a ser prestados com maior eficiência.

Já em relação à falta de vontade política, uma simples mudança semântica permitiu que a gestão adequada de resíduos sólidos no Brasil se tornasse uma obrigação legal efetiva, prevendo diversas sanções para quem descumprir as disposições da Política Nacional de Resíduos Sólidos e o Novo Marco Legal do Saneamento Básico. Sem sombras de dúvidas, essa também foi uma grande virada proporcionada pela nova legislação. Agora, o gestor que não estiver atento aos prazos e às determinações previstos pela Lei nº 14.026/2020 e pela Lei nº 12.305/2010 responderá por crimes previstos na Lei de Responsabilidade Fiscal (Lei Complementar nº 101), na qual se inclui o crime de improbidade administrativa, com todas as suas combinações (a exemplo de perda de mandato e suspensão dos direitos políticos) e por crimes previstos na Lei de Crimes Ambientais, que inclui a pena de reclusão, além de multa e obrigação de reparação dos danos verificados.

Voltando aos aspectos econômico-financeiros, a sustentabilidade econômico-financeira dos serviços aliada aos contratos de longo prazo e ao planejamento estratégico para a gestão integrada das atividades de limpeza urbana e manejo de resíduos sólidos também resulta em importantes externalidades positivas, trazendo melhores condições para o meio ambiente, para a saúde e para a qualidade de vida da população, temas que certamente fazem parte das metas de qualquer sociedade e, por consequência, de qualquer gestor público.

Nunca foram criadas tantas possibilidades ao desenvolvimento do setor de resíduos sólidos no Brasil como se observa com a sanção desta nova legislação juntamente com outros instrumentos normativos posteriores, que dão sustentação e base para a estruturação das atividades já previstas há mais de uma década na Política Nacional de Resíduos Sólidos. A expectativa é que esse conjunto de mudanças possibilitadas pelo Novo Marco Legal do Saneamento Básico estabeleça um novo horizonte na gestão dos resíduos no Brasil, abrindo novas frentes para geração de riquezas e melhorando sobremaneira a qualidade de vida da população, que passará a ter acesso universal aos serviços de saneamento básico, cujo prazo final para universalização é 31 de dezembro de 2033.

O Brasil tem totais condições de seguir o caminho de grandes economias mundiais e transformar em oportunidades para milhões de brasileiros aquilo que durante décadas identificou como problema. Com a nova legislação, o terreno e as condições para que o setor se desenvolva estão preparados e, com eles, as possibilidades para que também o país seja um expoente na gestão ambiental.

Referências

ABRELPE. *Universalização da limpeza urbana* – concessões, PPPs e sustentabilidade financeira dos serviços: a hora e a vez dos prefeitos e prefeitas (2021-2024).

ABRELPE. *Panorama dos resíduos sólidos 2020*. 2020.

Informação bibliográfica deste texto, conforme a NBR 6023:2018 da Associação Brasileira de Normas Técnicas (ABNT):

ZULIANI, Geninho; SILVA FILHO, Carlos. A gestão dos resíduos sólidos no Novo Marco Legal do Saneamento Básico: desafios e propostas. *In*: ZULIANI, Geninho; DAL POZZO, Augusto Neves (coords). *Saneamento básico*: uma lei e um marco. Belo Horizonte: Fórum, 2023. p. 135-153. ISBN 978-65-5518-485-3.

O DIA DEPOIS DO AMANHÃ DO SANEAMENTO NO BRASIL

GABRIEL FIUZA DE BRAGANÇA
EDSON SILVEIRA SOBRINHO

1 Introdução

Durante toda a tramitação das Medidas Provisórias 844/18 e 868 e, posteriormente, do Projeto de Lei nº 4.162/19, muito se falou sobre a importância do dia seguinte à promulgação do Novo Marco Legal do Saneamento Básico (NMLSB), qualquer que fosse a sua configuração. Os atores entendiam, desde as fases iniciais do processo, que aprovar o marco dentro das premissas estabelecidas para incentivar a universalização era uma batalha fundamental, mas não garantiria a vitória na guerra. A Lei precisaria ser bem regulamentada para "pegar". Naquela época, já sabíamos que os dias seguintes à aprovação da Lei seriam fundamentais. Depois de anos de trabalho e muito esforço, o amanhã para o saneamento básico finalmente chegou, no dia 16 de julho de 2020, com a sanção da Lei nº 14.026.

Com a aprovação do NMLSB, o Congresso saiu momentaneamente do palco, e entraram na ribalta outros atores importantes para o ordenamento normativo do setor de saneamento básico, como os governos federais e estaduais, os municípios, os arranjos municipais, a Agência Nacional de Água e Saneamento Básico (ANA) e as agências reguladoras locais. Este artigo tem como foco os desafios do Poder Executivo Federal na elaboração de seus decretos, mas discute também, ao final, a importância desempenhada pela ANA e alguns itens de sua agenda regulatória que reputamos de extremo relevo para o sucesso do marco.

O NMLSB é bastante detalhado, extenso e complexo. A sua regulamentação integral demanda um trabalho exaustivo e tempo suficiente para uma discussão diligente e a formação de consenso técnico dentro do Governo Federal. Para se ter uma ideia, a Lei do Saneamento Básico (11.445/2007) demorou três anos e meio para ser regulamentada. Além de reestruturar enormemente a Lei do Saneamento Básico, o NMLSB traz dispositivos originais transformadores e altera estruturalmente outras leis importantes, como a Lei da ANA, a Lei dos Consórcios e o Estatuto da Metrópole, entre outras. No entanto, para que o NMLSB fosse bem-sucedido, a tempestividade era fundamental. Afinal de contas, chegar aos 99% de abastecimento de água e 90% de coleta de esgoto até 2033 em um país com as dimensões e carências do Brasil não era, e continua não sendo, uma tarefa trivial. Por conta disso, priorizar e escolher bem as batalhas era fundamental.

Diante disso, o objetivo deste artigo é fazer um relato cronológico dos quatro decretos publicados após o marco legal do setor – e explicá-los brevemente. Em seguida, discutimos o papel da ANA e enfatizamos dois pontos de destaque de sua agenda regulatória. Ao fim, concluímos chamando a atenção para outros desafios importantes no horizonte do setor legal e regulatório.

2 O Comitê Interministerial de Saneamento Básico – Decreto nº 10.430/2020

O Decreto nº 10.430, de 20 de julho de 2020, foi o primeiro decreto regulamentador do Novo Marco Legal do Saneamento Básico, expedido apenas cinco dias após a publicação da referida Lei. O fato de esse decreto se deter sobre o funcionamento do Comitê Interministerial de Saneamento Básico (CISB), inovação trazida pelos novos artigos 53-A, 53-B, 53-C e 53-D da Lei nº 11.445, incluídos pela Lei nº 14.026/20, dá conta da importância e grande expectativa que o setor tinha em relação a esse colegiado.

A Lei criou o Comitê Interministerial de Saneamento Básico (CISB), colegiado que, sob a presidência do Ministério do Desenvolvimento Regional, tem a finalidade de assegurar a implementação da política federal de saneamento básico e de articular a atuação dos órgãos e das entidades federais na alocação de recursos financeiros em ações de saneamento básico.

Definiu-se como política federal de saneamento básico a execução de obras de infraestrutura básica de esgotamento sanitário e abastecimento de água potável em núcleos urbanos formais, informais e informais consolidados, passíveis de serem objeto de Regularização Fundiária Urbana (salvo aqueles que se encontrarem em situação de risco). Além disso, a Lei incentiva a implantação e a execução das obras de infraestrutura básica de abastecimento de água e esgotamento sanitário mediante sistema condominial a fim de produzir soluções tecnológicas que conjuguem redução de custos de operação e aumento da eficiência com vistas a criar condições para a universalização.

O Decreto nº 10.430/20 firmou que o comitê é composto pelos seguintes ministros ou seus substitutos: Ministro de Estado do Desenvolvimento Regional, que o presidirá; Ministro de Estado Chefe da Casa Civil da Presidência da República; Ministro de Estado da Saúde; Ministro de Estado da Economia; Ministro de Estado do Meio Ambiente; e Ministro de Estado do Turismo. A Resolução nº 1, aprovada na primeira reunião do CISB em 4 de setembro de 2020, traz os detalhes do regimento interno.

Cabe mencionar que a Lei nº 14.026/20 é *per se* bastante detalhada na caracterização das competências do CISB, estabelecendo textualmente que cabe ao comitê:

  (i) coordenar, integrar, articular e avaliar a gestão, em âmbito federal, do Plano Nacional de Saneamento Básico;
  (ii) acompanhar o processo de articulação e as medidas que visem à destinação dos recursos para o saneamento básico, no âmbito do Poder Executivo federal;
  (iii) garantir a racionalidade da aplicação dos recursos federais no setor de saneamento básico, com vistas à universalização dos serviços e à ampliação dos investimentos públicos e privados no setor;
  (iv) elaborar estudos técnicos para subsidiar a tomada de decisões sobre a alocação de recursos federais no âmbito da política federal de saneamento básico; e
  (v) avaliar e aprovar orientações para a aplicação dos recursos federais em saneamento básico.

O Decreto nº 10.430/20 avança ao tornar mais clara a atuação do CISB no exercício dessas competências. Em particular, o comitê deve atuar para:

  (i) promover a articulação entre o Plano Nacional de Saneamento Básico, o Plano Nacional de Resíduos Sólidos e o Plano Nacional de Recursos Hídricos, com base em estudos e relatórios apresentados pela Agência Nacional de Águas e Saneamento Básico;

(ii) assegurar que a alocação de recursos em saneamento básico, administrados ou geridos por órgãos e entidades da administração pública federal, considere:

a) progressivamente, as diretrizes da política federal de saneamento básico e os critérios de elegibilidade, priorização e seleção definidos no Plano Nacional de Saneamento Básico, no Plano Nacional de Resíduos Sólidos e no Plano Nacional de Recursos Hídricos; e

b) os critérios de promoção da saúde pública, de maximização da relação benefício-custo e de maior alcance para a população brasileira com vistas à universalização do acesso às infraestruturas de saneamento;

(iii) priorizar planos, programas e projetos que visem à implantação e à ampliação da oferta dos serviços e das ações de saneamento básico nas áreas ocupadas por populações de baixa renda, incluídos os núcleos urbanos informais consolidados, quando não se encontrarem em situação de risco;

(iv) simplificar e uniformizar os procedimentos para candidatura e acesso aos recursos federais, observados os princípios da eficiência e da transparência no uso de recursos públicos; e

(v) aperfeiçoar os critérios de elegibilidade e priorização para o acesso a recursos federais, em observância ao disposto no art. 50 da Lei nº 11.445, de 2007.

Em sua atuação, O CISB deverá observar os condicionantes para alocação de recursos públicos federais e os financiamentos com recursos da União ou com recursos geridos ou operados por órgãos ou entidades da União, inclusive promovendo a observância às normas de referência a serem editadas pela ANA.

Cabe enfatizar que as orientações do Comitê Interministerial de Saneamento Básico para a aplicação dos recursos federais no setor de saneamento básico e as demais deliberações do referido Comitê deverão ser observadas pelos órgãos e pelas entidades da administração pública federal, inclusive agências de fomento e instituições financeiras operadoras dos recursos dessa política. Em outras palavras, o CISB tem o mandato e o poder para direcionar as ações de políticas públicas no setor de saneamento básico, cabendo a ele não somente a definição das políticas públicas prioritárias, mas também a orientação quanto à melhor alocação de recursos diretos e indiretos da União no setor de saneamento básico.

O CISB pode ainda instituir grupos de estudos técnicos a fim de auxiliá-lo no desempenho de suas funções e subsidiá-lo em suas decisões. Além dos representantes indicados pelos membros do Comitê Interministerial de Saneamento Básico, caso seja necessário, poderão participar representantes de outros órgãos ou entidades públicas. Além disso, o Decreto nº 10.430/20 determina que o comitê elabore periodicamente um relatório de monitoramento e de avaliação da alocação de recursos da política federal de saneamento básico, a ser encaminhado à Presidência da República e divulgado no sítio eletrônico do Ministério do Desenvolvimento Regional.

Infelizmente, apesar de ser um instrumento com grande legitimidade e potencial para conferir transparência e contribuir com as políticas públicas no setor, o CISB nunca foi de fato operacionalizado. Houve duas reuniões. Uma para inaugurá-lo e aprovar o seu regimento logo em sua partida e a segunda, mais de dois anos depois, em dezembro de 2022, em que foi estabelecido o Bloco de Referência do Vale do Jequitinhonha, MG. Alguns grupos foram iniciados e descontinuados, e regras para que houvesse ao menos duas reuniões ordinárias anuais e a elaboração periódica de um relatório, definidas em decreto, foram desrespeitadas. O próprio Plano Nacional de Saneamento Básico (Plansab), competência primeira do referido comitê, não é atualizado desde 2019.

É fundamental reativar esse instrumento para avançar em discussões importantes como, por exemplo, a definição de metodologia para avaliação da sustentabilidade econômico-financeira de desenhos de regionalização propostos para os setores de água e esgoto (a fim de orientar o repasse de recursos federais), e avançar na definição de formas de prestação regionalizadas válidas e de políticas públicas para os ainda mais carentes setores de resíduos sólidos e drenagem pluvial. É preciso refundar o CISB como o núcleo governamental de discussões e ações públicas federais no setor de saneamento básico.

3 O Apoio técnico e financeiro e a alocação de recursos federais – Decreto nº 10.588/2020 original

O marco se apoia em ao menos três ações para tornar viável a universalização com qualidade e tarifas justas dos serviços de distribuição de água e de coleta e tratamento de esgoto: (i) melhoria regulatória a partir da observância das normas de referência da ANA; (ii) incentivo a modelagens econômicas sustentáveis, eficientes, harmônicas e inclusivas a partir da construção de formas de prestação regionalizadas; e (iii) manutenção no setor de empresas com efetiva capacidade econômica e financeira para atingir as metas de universalização. O incentivo criado pela Lei nº 14.026/20 para que o setor adira às ações mencionadas é fornecer apoio técnico e financeiro da União para municípios e estados que queiram se enquadrar (art. 13 da Lei) e condicionar o repasse de recursos da União e o financiamento de bancos públicos federais à adoção das melhores práticas (art. 50 da Lei nº 11.445/2007).

Fundamentalmente, o Decreto nº 10.588, de 24 de dezembro de 2020, trata desses dois dispositivos. Em resumo, ao regulamentá-los, estaríamos alcançando dois objetivos: um, estaríamos dando as diretrizes para a adequada alocação de recursos públicos federais, de modo a se seguir a política pública federal; dois, estaríamos dando as bases de referência para que órgãos de controle dos entes subnacionais – valendo destacar os Tribunais de Contas e Ministérios Públicos estaduais – pudessem agir cobrando do Poder Executivo municipal e das agências reguladoras locais a atuação conforme os ditames da Lei. Haveria ali um caminho que, sem atentar contra o princípio da continuidade do serviço público, daria referências objetivas, com fundamentos técnicos razoáveis, de atos administrativos que claramente demonstram o esforço dos órgãos públicos em buscar a regularização da prestação. Antes de proceder ao decreto, vale discutir o que já se encontrava em Lei.

O art. 13 da Lei nº 14.026/20 dispõe sobre o apoio técnico e financeiro da União à adaptação dos serviços públicos de saneamento básico às disposições da 14.026, observadas as seguintes etapas:

(i) adesão pelo titular a mecanismo de prestação regionalizada;

(ii) estruturação da governança de gestão da prestação regionalizada;
(iii) elaboração ou atualização dos planos regionais de saneamento básico, os quais devem levar em consideração os ambientes urbano e rural;
(iv) modelagem da prestação dos serviços em cada bloco, urbano e rural, com base em estudos de viabilidade técnica, econômica e ambiental (EVTEA);
(v) alteração dos contratos de programa vigentes, com vistas à transição para o novo modelo de prestação;
(vi) licitação para concessão dos serviços ou para alienação do controle acionário da estatal prestadora, com a substituição de todos os contratos vigentes.

A Lei dispõe expressamente que esse apoio da União seja condicionado ao compromisso do titular em concluir as seis etapas acima. Em caso de descumprimento, as despesas deverão ser ressarcidas.

Já o art. 50 da 11.445/07 estabelece, entre outras coisas, que alocação de recursos públicos federais e os financiamentos com recursos da União (ou com recursos geridos ou operados por órgãos ou entidades da União) sejam condicionados:

(i) ao alcance de índices mínimos de: a) desempenho do prestador na gestão técnica, econômica e financeira dos serviços; e b) eficiência e eficácia na prestação dos serviços públicos de saneamento básico;
(ii) à operação adequada e à manutenção dos empreendimentos com os recursos públicos da União mencionados;
(iii) à observância das normas de referência para a regulação da prestação dos serviços públicos de saneamento básico expedidas pela ANA;
(iv) ao cumprimento de índice de perda de água na distribuição, conforme definido em ato do Ministro de Estado do Desenvolvimento Regional;
(v) ao fornecimento de informações atualizadas para o Sinisa, conforme critérios, métodos e periodicidade estabelecidos pelo Ministério do Desenvolvimento Regional;
(vi) à regularidade da operação a ser financiada;
(vii) à estruturação de prestação regionalizada;

(viii) à adesão pelos titulares dos serviços públicos de saneamento básico à estrutura de governança correspondente em até 180 (cento e oitenta) dias contados de sua instituição, nos casos de unidade regional de saneamento básico, blocos de referência e gestão associada; e

(ix) à constituição da entidade de governança federativa no prazo estabelecido no item anterior.

O Decreto aborda três aspectos principais: maior detalhamento dos condicionantes do apoio técnico e financeiro e do repasse dos recursos da União; definição do conceito de prestação regionalizada para efeito de aplicação de recursos da União e definição de uma carência para que as regras de repasse passassem a valer de maneira a preservar a continuidade da prestação do serviço essencial de saneamento básico. Vale discutir um pouco mais os últimos dois itens.

A prestação regionalizada de serviços de saneamento visa à geração de ganhos de escala e à garantia da universalização e da viabilidade técnica e econômico-financeira dos serviços, com uniformização do planejamento, da regulação e da fiscalização. O Decreto reforça a prescrição, existente em Lei, de que o NMLSB contempla exclusiva e exaustivamente apenas três formas de prestação regionalizada (PR) para efeito da aplicação e recursos da União:

(i) região metropolitana, aglomeração urbana ou microrregião, com a aprovação da lei complementar correspondente;

(ii) unidade regional de saneamento básico (URSB), com a declaração formal, firmada pelo Prefeito, de adesão aos termos de governança estabelecidos na lei ordinária; ou

(iii) bloco de referência, estabelecido por ato do Poder Executivo federal (a partir de deliberação do CISB) com a assinatura de convênio de cooperação ou com a aprovação de consórcio público pelo ente federativo.

Vale mencionar que a adesão dos titulares às PRs é facultativa no caso de interesse local e obrigatória no caso de interesse comum. Neste último caso, frequentemente associado a regiões metropolitanas ou microrregiões, o exercício da titularidade municipal é feito através de uma instância de governança interfederativa. Se, por um lado, formas de prestação regionalizada baseada em leis complementares estaduais exigem maior esforço político e institucional do estado, a estruturação de PRs alicerçadas em interesse local envolve grande esforço de negociação e conscientização para a adesão dos municípios.

Em relação ao papel dos consórcios na regionalização, o Decreto nº 10.588/20 já em sua forma original reforçava a importância da prestação associada nos termos da Lei dos Consórcios (Lei nº 13.089/15) como um meio para implementar, viabilizar ou facilitar as estruturas de prestação regionalizada referentes à Unidade Regional de Saneamento Básico ou bloco de referência. Vale ressaltar que em nenhuma hipótese o consórcio ou qualquer outro arranjo municipal de prestação associada configura *per se* uma PR. Por fim, o cumprimento da exigência de prestação regionalizada é condicionado à segmentação de todo o território do Estado em estruturas de prestação regionalizada que apresentem viabilidade econômico-financeira. Ou seja, se alguma forma de prestação regionalizada existente em um estado não parar de pé, o repasse de recursos federais é inviabilizado para as demais PRs. O objetivo é incentivar um desenho de prestações regionalizadas que não deixe de fora os municípios mais carentes, garantindo o objetivo último da NMLSB, que é a universalização.

Por fim, a versão original do Decreto nº 10.588/2020 já trazia a preocupação de não causar descontinuidades e riscos para os processos de concessão em curso ao estabelecer uma espécie de *waiver* para a exigência de regionalização. Especificamente, o Decreto estabelece que a exigência de (i) estruturação de prestação regionalizada e (ii) adesão pelos titulares dos serviços públicos de saneamento básico à estrutura de governança correspondente/ constituição da entidade de governança federativa não sejam aplicadas aos contratos de concessão e PPPs que, anteriormente à data de publicação do Decreto, tenham sido licitadas ou submetidas à consulta pública ou que sejam objeto de estudos já contratados pelas instituições financeiras federais.

Com a eleição do novo governo, o Decreto nº 10.588 foi revogado. Em seu lugar, foi editado o Decreto nº 11.467, de 5 de abril de 2023. Objeto de muita polêmica, diversas regras foram alteradas ou revogadas. Notadamente, equiparou-se à prestação direta a contratação de empresa pública estadual sem licitação. Esse dispositivo foi objeto do Projeto de Decreto Legislativo nº 98/2023, aprovado pela Câmara dos Deputados, visando sustar seus efeitos por exorbitar do poder regulamentar ou dos limites de delegação legislativa.

Outros dispositivos introduzidos pelo novo decreto ainda poderão ser questionados, como o dispositivo que posterga para dezembro de 2025 a entrada em vigor das exigências do art. 50 da Lei, que exige a regularidade das operações como condição para o recebimento de recursos federais. Também tema de polêmica, o Decreto afastou a aplicação do limite legal de 25% em caso de Parcerias Público-Privadas subdelegadas.

Tais dispositivos poderão ser questionados, seja via decreto legislativo, por exorbitar do poder regulamentar ou dos limites da delegação legislativa, seja por questionamentos judiciais. O próprio Tribunal de Contas da União poderá questionar a legalidade de transferências da União feitas sob o fundamento de um dispositivo de decreto entendido como ilegal. A discussão segue em aberto, trazendo insegurança jurídica para os investimentos, com o potencial de atrasar o atingimento das metas de universalização.

4 A comprovação da capacidade econômico-financeira – Decreto nº 14.710/2021

Elaborar o Decreto de Capacidade Econômico-Financeira foi uma das tarefas mais desafiadoras que experimentamos. A Lei nº 14.026/2020 havia dado um comando que seria um divisor de águas no setor de saneamento básico do Brasil. Condicionou os contratos em vigor à comprovação de capacidade econômico-financeira do prestador, com vistas à universalização dos serviços até 2033. Tal comprovação seria condição para inclusão nos contratos das metas de universalização, o que deveria ser feito até 31 de março de 2022.

Para contratos licitados, a lei trazia alternativas. Além de aditá-los para inclusão das metas de universalização, seria possível providenciar a prestação dos serviços na parcela remanescente diretamente pelo titular dos serviços, ou mediante licitação complementar. Assim, a Lei trazia uma proteção aos contratos licitados, sem obrigá-los a comprovar sua capacidade econômico-financeira, a não ser que se pretendesse aditá-los para incluir as metas de universalização.

Mas para os contratos que não tinham sido precedidos de licitação não havia essas alternativas. Eles necessariamente deveriam comprovar sua capacidade econômico-financeira.

Eis o desafio. Mais de 90% do mercado de saneamento básico do Brasil está fundamentado em contratos de programa que não foram precedidos de licitação. Todos esses estavam submetidos à comprovação da capacidade, sob pena de se tornarem irregulares perante a Lei. E os critérios para tal comprovação deveriam constar num decreto do Poder Executivo.

Era necessário desenhar um decreto justo. Justo no sentido de que as boas empresas, administrativamente organizadas, contabilmente robustas e tecnicamente eficientes, deveriam passar. As empresas desorganizadas, operando com prejuízos acumulados e tecnicamente incapazes deveriam ser reprovadas.

Um decreto mal calibrado, com requisitos desarrazoadamente exigentes, de comprovação difícil ou impossível, poderia colocar na irregularidade quase todo o setor de saneamento no Brasil. Pressões políticas contra o Novo Marco cresceriam substancialmente. Se o decreto diz que todos são irregulares, portanto, que não há empresa boa de saneamento no Brasil, então ele está errado. Seria politicamente muito convincente dizer que o Poder Executivo errou, citando alguns exemplos de boas empresas estaduais reprovadas.

A consequência disso seria deletéria para o Novo Marco. No mínimo, seria necessário revogar o prazo legal de 31 de março de 2022 para dar mais tempo para os Poderes Executivo e Legislativo pensarem numa nova solução. O Poder Executivo correria o risco de cair em descrédito para fazer um novo decreto de capacidade. Soluções simplistas salvadoras apareceriam, e o argumento de que a comprovação teria que ser fácil iria preponderar.

Mais que isso, seria necessário mexer novamente na Lei. A aprovação da Lei nº 14.026/2020 fora dificílima. Envolvera um equilíbrio tênue entre diversos agentes, pois acabava com uma reserva de mercado de décadas. Acabar com esse tipo de estrutura tem o desafio político de contestar a força de grupos de interesse organizados, em benefício do cidadão comum, cujo interesse está disperso, e não organizado, por toda a sociedade. Abrir a janela de oportunidade para revisitar a Lei seria tudo o que os incumbentes gostariam para ter uma nova chance de abrandar o pacto político que fora a Lei.

Mas havia também o risco oposto. Um decreto mal calibrado, com requisitos muito fracos, ou de fácil comprovação por meio de promessas futuras vagas e irrealistas, daria uma legitimação das companhias ruins. Seria também um duro golpe no Novo Marco, pois as companhias incapazes ficariam muitos anos mais com suas reservas de mercado, com o argumento político e jurídico de terem comprovado sua capacidade econômico-financeira. O Novo Marco iria falhar, e perto de 2033, ao perceber que as metas não seriam cumpridas, estaríamos discutindo novamente o que fazer. A tão desejada universalização do saneamento no Brasil iria atrasar anos, talvez décadas, e quem sofreria com isso seria o cidadão mais pobre.

Era necessário separar, com fidedignidade, as boas das más empresas. Era necessário desenhar, no plano abstrato, um decreto de comprovação de capacidade que distinguisse empresas capazes das incapazes, por meio de critérios técnicos, olhando para a situação atual refletida num horizonte de 12 anos à frente. Não poderia haver critérios casuísticos. Era necessário ter fundamentos econômicos sólidos, sob pena de ilegalidade. Era necessário calibrar tais critérios para que as boas, e apenas as boas, passassem.

Criamos um procedimento de comprovação em duas etapas. A primeira era um retrato contábil recente das empresas. Tomamos os últimos cinco anos como referência. Identificamos variáveis corriqueiramente utilizadas no mundo corporativo e adotamos, por conservadorismo, exigências bem menos rigorosas do que o mercado.

Uma empresa, para sobreviver, precisa apresentar lucro. Para investir e expandir, muito mais. Se a empresa, ao longo dos últimos cinco anos, apresentou prejuízo reiterado, então é um sinal forte de que não teria capacidade de alavancar recursos, próprios ou de terceiros, para investir na universalização.

Uma empresa tem que ter patrimônio. Se apresentou, reiteradamente ao longo dos últimos cinco anos, um patrimônio líquido "invertido", significando que os prejuízos acumulados são maiores que todos os aportes de capital acumulados feitos pelos acionistas, é muito improvável que tenha capacidade de angariar recursos, próprios ou de terceiros, para investir na universalização.

Uma vez aprovada na primeira etapa, a companhia iria para a segunda etapa. Essa tinha um caráter mais prospectivo. Basicamente dizia que mesmo uma companhia saudável, hoje, pode ser incapaz de fazer um investimento se esse investimento não se pagar. Em outras palavras, a companhia teria que estimar um fluxo de caixa futuro, com previsão de receitas e despesas, até o fim do contrato. Isso não pode implicar uma expectativa de prejuízo já na largada. Se implicar uma expectativa de prejuízo, a decisão racional da companhia é não fazer.

Inspiramo-nos em critérios básicos de avaliação de sustentabilidade econômico-financeira de um *project finance* (PF). O PF é uma forma de estruturação financeira frequentemente utilizada na estruturação de projetos grandes, tanto de infraestrutura quanto outros empresariais, em que se busca garantir a sustentabilidade financeira do projeto com base nos ativos e fluxo de caixa gerados exclusivamente pelo projeto. Especificamente, cria-se uma sociedade de propósito específico (SPE) para gerir o projeto, contrair dívidas e, em sua forma pura, isolar o risco do projeto do balanço dos acionistas. No entanto, da mesma forma que na primeira etapa, novamente por conservadorismo, fomos bem menos exigentes do que o mercado nos parâmetros e critérios de avaliação.

Por exemplo, consideramos parâmetros irrisórios de lucratividade. A taxa de retorno, que em geral envolve um componente importante de risco do empreendedor, poderia ser baixa, mas não menor que a TLP – Taxa de Longo Prazo usada no mercado como referência para investimentos de renda fixa de alta liquidez. O valor presente líquido do projeto poderia ser até zero, mas não negativo. Com requisitos básicos como esses filtraríamos as companhias que não teriam a mínima capacidade de investir.

Tivemos também um cuidado: a companhia funciona com a lógica privada, em regime de direito privado, e suas decisões têm que proteger o acionista. Por isso, inclusive, é que ela tem algumas liberdades que órgãos públicos não têm. Mas os serviços de saneamento são públicos, com externalidades sociais muito positivas, e podem justificar um subsídio público, de modo a cobrir um prejuízo do projeto. Daí, fizemos a previsão de que o fluxo de caixa das companhias poderia contar com subsídios dos entes públicos, desde que com previsão orçamentária.

Outro cuidado que tivemos foi com a possibilidade de elevação de tarifas. Nada impede que uma companhia faça investimentos mediante elevações tarifárias, mas isso não poderia ser meramente alegado na projeção de receitas. Teria que haver a aprovação do titular dos serviços e da agência reguladora.

Também tomamos um cuidado de vedar uma "maquiagem" contábil. Ao se estimar receitas e despesas de um projeto inviável, poder-se-ia prever arbitrariamente uma indenização ao final, de modo a fechar a conta. Ora, desde que o contratante pague um valor alto o suficiente ao final, qualquer projeto ruim para de pé. Do ponto de vista econômico, seria como jogar o problema para o futuro prefeito e, principalmente, para o cidadão, que teria que pagar essa conta de forma repentina.

Vale mencionar também a comprovação presumida. Nesse caso, o raciocínio trazido foi que, ao se privatizar uma empresa está-se colocando para avaliação do mercado a viabilidade do contrato com as metas de universalização. Se a companhia for viável, haverá quem pague por ela. Se for inviável, a privatização será frustrada, e a comprovação presumida perderá seus efeitos. Nesse caso, paralelamente à comprovação presumida previu-se a possibilidade de comprovação ordinária. Isso evitaria prejudicar a boa companhia que tentasse a privatização, mas desistisse por razões diversas.

Foram vários os cuidados que tomamos. Várias as brechas que fechamos. E várias as críticas que antecipamos. Conseguimos propor regras mínimas razoáveis. Conseguimos elaborar um decreto que passou por um escrutínio político, jurídico e técnico, e saiu do outro lado. Por proposta do Ministério da Economia e do Ministério do Desenvolvimento Regional, o Presidente da República sancionou, em 31 de maio de 2021, o Decreto nº 10.710, que estabeleceu as condições para comprovação da capacidade econômico-financeira das companhias de saneamento.

Vencemos as ações judiciais a partir de uma defesa sólida da Advocacia Geral da União contra mandados de segurança que questionaram tudo o que podiam contra o Decreto. Os questionamentos, que, diga-se de passagem, fazem parte do devido processo legal de um Estado democrático de Direito, foram apreciados e refutados pelo Poder Judiciário.

Entre 31 de maio de 2021 e 31 de dezembro de 2021, as companhias elaboraram as documentações e apresentaram seus pleitos de comprovação de capacidade. Os titulares municipais deram sua anuência, quando assim entenderam. As agências reguladoras locais examinaram e decidiram a respeito dos pleitos até 31 de março de 2022.

A Agência Nacional de Águas e Saneamento Básico – ANA fez a consolidação e divulgação dos resultados. As companhias estaduais conseguiram comprovar sua capacidade econômico-financeira em cerca de metade dos municípios brasileiros. Companhias como a Sabesp (SP), a Copasa (MG) e a Sanepar (PR), usualmente reconhecidas como algumas das melhores do Brasil, foram aprovadas. Algumas companhias sequer submeteram seus pedidos e foram reprovadas.

O efeito mais importante que desejávamos foi obtido. A aprovação de boas companhias e a reprovação de companhias que têm muito a aprimorar deu legitimidade ao Decreto e, consequentemente, deu legitimidade a este primeiro e importantíssimo teste de fogo do Novo Marco do Saneamento.

As boas companhias vão continuar com seus contratos regulares. Apresentaram elementos que comprovam que têm os atributos necessários para fazer os investimentos tão importantes para a sociedade. Têm condições de universalizar.

As companhias reprovadas agora têm seus contratos reconhecidos como irregulares. Os municípios atendidos por elas terão que tomar as providências. Para que recebam apoio técnico e financeiro da União, terão que regularizar as operações por meio de uma das formas válidas de prestação.

Em todo esse processo, vale destacar o papel das instituições dos diferentes Poderes dos diferentes entes federados. O Congresso Nacional aprovou a Lei. O Poder Executivo Federal editou o Decreto regulamentando-o. O Poder Judiciário reconheceu a legalidade do Decreto. O pleito de comprovação ficou a cargo das companhias de saneamento. Os municípios, titulares dos serviços, deram sua anuência quando assim entenderam. As dezenas de agências reguladoras locais analisaram e decidiram. A fiscalização se tudo está sendo feito adequadamente ficará a cargo dos Tribunais de Contas e dos Ministérios Públicos estaduais, para fins de controle dos contratos municipais, e federais, para fins de repasses da União. A comprovação de capacidade se consolidou e ajudou a consolidar o Novo Marco.

Com o novo governo, eleito em 2022, o Decreto nº 14.710 também foi revogado. Em seu lugar, foi editado o Decreto nº 11.466, de 5 de abril de 2023, que também foi objeto de muita polêmica, por revogar ou alterar diversas regras. A principal, e mais importante, é que o Decreto reabriu o prazo para a comprovação da capacidade econômico-financeira, postergando-a para 31 de março de 2024.

Contudo, o prazo previsto na Lei já venceu em 31 de março de 2022. Isso porque o art. 11-B da Lei deu até tal data o prazo para a inclusão de metas de universalização, que, por força do art. 10-B, dependiam da comprovação da capacidade econômico-financeira. Logo, aqueles que não cumpriram o prazo de 31 de março de 2022, em tese, pela lei, não deveriam mais estar aptos a comprovar capacidade e incluir metas de universalização.

Outro tema polêmico do novo decreto foi a permissão para, até 31 de dezembro de 2025, a regularização de contratos provisórios não formalizados, ou de contratos, instrumentos ou relações irregulares ou de natureza precária, a despeito de a Lei autorizar a continuidade apenas dos contratos de programa regulares vigentes. Esse dispositivo foi também objeto do Decreto Legislativo nº 98/2023, aprovado pela Câmara dos Deputados, visando sustar seus efeitos por exorbitar do poder regulamentar ou dos limites de delegação legislativa.

Como se vê, também no tema da comprovação da capacidade econômico-financeira, a revogação do Decreto nº 10.710 ainda estará sujeita a grandes discussões, seja no Parlamento, com a possibilidade de decretos legislativos visando sustar seus efeitos, seja no Poder Judiciário, com a discussão da legalidade de tais decretos, ou no Tribunal de Contas da União. A insegurança jurídica que tais polêmicas trarão é de efeitos incalculáveis para o investimento e para o cumprimento das metas de universalização até 2033.

5   A transição – Decreto nº 11.030/2022

Com a edição dos primeiros decretos de regulamentação do Novo Marco, notadamente do Decreto de Capacidade Econômico-Financeira, muito se perguntava sobre o que seria dos contratos irregulares. Após o prazo para comprovar a capacidade e incluir as metas, de 31 de março de 2022, era esperado que diversos contratos não seriam aprovados pelas agências reguladoras locais, o que os colocaria em situação de irregularidade perante a Lei. Não só esses, vários outros contratos já eram irregulares por motivos diversos, como, por exemplo, por faltar alguma condição essencial de validade ou por terem sido objeto de prorrogação indevida na vigência da Lei nº 14.026/2020. Um dos questionamentos mais frequentes era sobre o que deveria ser feito com esses contratos, uma vez constatada uma irregularidade.

Obviamente, o serviço público deveria ser mantido. Aplica-se aí, com toda certeza, o princípio da continuidade do serviço público. Não poderia o prestador, tampouco o contratante ou a agência reguladora, decidir pela interrupção dos serviços. Seria ofensivo ao ordenamento jurídico, e poderia ocasionar o caos social a interrupção do fornecimento de água potável ou de esgotamento sanitário.

Por outro lado, não se poderia permitir que tudo seguisse da mesma forma que antes, como se o princípio da continuidade do serviço público desse fundamento jurídico para que a prestação continuasse irregular, sem que medidas concretas fossem tomadas. Era, pois, necessário traçar um plano de transição. Um delineamento objetivo de medidas e prazos para que os entes responsáveis se guiassem. Pensamos então num decreto de transição.

Com essa lógica foi editado o Decreto nº 11.030, de 1º de abril de 2022. A bem da técnica legislativa, optou-se pela inclusão de dispositivos no Decreto nº 10.588/2020, que trata do apoio da União, cuja forma original foi discutida na seção 3.

Uma das principais medidas foi a inclusão do §10 no art. 3º. Contratos irregulares poderiam continuar recebendo recursos da União, com vistas à adaptação dos serviços, com fundamento no art. 13 da Lei nº 14.026/2020, desde que os titulares assumissem o compromisso de, até 30 de novembro de 2022, aderirem a mecanismo de prestação regionalizada e contratarem o estudo de modelagem. E ainda, até 31 de março de 2024, de publicar o edital de licitação da concessão, e até 31 de março de 2025, de substituir os contratos de programa vigentes por contratos de concessão.

Além de estarem previstas no art. 13 da Lei nº 14.026/2020, essas são etapas que objetivamente demonstram os esforços do ente federado e também sua organização administrativa rumo à regularização dos serviços e atendimento da Lei.

Um detalhe que vale a pena mencionar diz respeito à indenização. É uma preocupação dos municípios com contratos irregulares, e até mesmo daqueles com contratos regulares que desejam migrar para concessões, como pagar a indenização por investimentos em bens reversíveis, ainda não amortizados, feitos pelo prestador do contrato de programa. Trata-se, provavelmente, do tema de maior complexidade quando se fala da extinção antecipada de contratos de concessão ou de programa.

Deixamos evidenciado que tal indenização deve ser objeto de estudos da modelagem. Enfatizamos que a competência para apuração é das agências reguladoras. E, com atenção especial para os casos de uma eventual encampação, em que a Lei nº 8.987/1995 (art. 37) exige o pagamento prévio à retomada do serviço, deixamos claro que, mesmo nesses casos, é possível atribuir esta responsabilidade no escopo de novos contratos de concessão.

Um tema importante também foi a convergência de prazos de contratos de programa. O §1º do art. 13 da Lei nº 14.026 prevê que, caso a transição dos contratos de programa para o novo modelo de prestação exija a substituição de contratos com prazos distintos, estes poderão ser reduzidos ou prorrogados, de maneira a convergir a data de término com o início do contrato de concessão.

Importantíssimo ressaltar que essa não é uma porta aberta para prorrogações de contratos de programa. O art. 10º da Lei vedou contratos de programa. O §3º deste mesmo art. 10 permitiu os vigentes apenas até o advento do seu termo contratual. O art. 16, que permitiria a prorrogação, foi vetado pelo Presidente da República, e o veto foi apreciado e mantido pelo Congresso Nacional. Desta forma, é sempre bom lembrar, a prorrogação de contratos de programa é ilícita.

A previsão de uniformização de prazos trazida no §1º do art. 13 é uma hipótese bastante específica. Em primeiro lugar, ela está contida no contexto do *caput*, que define que é apenas para fins de apoio federal. Mais ainda. O apoio federal é para a adaptação dos serviços, culminando na licitação para concessão, com a substituição dos contratos de programa vigentes. Logo, se a prorrogação não ocorrer neste contexto específico de apoio federal com vistas à adaptação, a prorrogação é flagrantemente ilícita.

O *caput* do art. 13 da Lei traz também as etapas que devem ser cumpridas para fins dessa adaptação. Entre elas, por exemplo, estão a adesão a mecanismo de prestação regionalizada (inciso I) e a modelagem com base em estudos de viabilidade técnica, econômica e ambiental (inciso IV). Estas são etapas prévias à alteração dos contratos de programa (inciso V). O §1º permite a uniformização dos prazos na etapa prevista no inciso V. Logo, todas as fases antecedentes têm que ter sido cumpridas, sob pena de nulidade da prorrogação do contrato de programa.

O Decreto tratou dessa convergência de prazos, trazendo a limitação de três anos. A uma, porque o contexto do artigo é de transição do modelo de contrato de programa para o modelo de concessão. Não faria sentido dar uma permissão aberta para que se prorrogasse contratos de programa muitos anos à frente, sem que isso estivesse conectado a atos administrativos voltados para a licitação e substituição dos contratos. A duas, porque uma das etapas prévias é a modelagem econômico-financeira. Trata-se de aprofundados estudos econômicos, financeiros, ambientais e de engenharia que se tornam obsoletos com o tempo. Tais estudos, se ultrapassado um longo prazo de sua conclusão, tornar-se-iam inúteis. Não faria sentido lógico a lei permitir uma prorrogação desconexa deste que é um dos incisos do *caput* do art. 13.

Muito se questiona também sobre a possibilidade jurídica e a forma de extinção de contratos de programa. Alega-se a proteção ao ato jurídico perfeito e que, por conta disso, tais contratos seriam quase que irresolúveis. Acreditamos que este é um tema para a doutrina e jurisprudência se debruçarem; não obstante, é oportuno explicitar nosso entendimento.

A referência que o Decreto traz é de que as providências para extinção antecipada de contratos irregulares devem considerar os conceitos e os procedimentos aplicáveis aos contratos de concessão no que for cabível. *Prima facie*, nenhum contrato administrativo é irresolúvel. Nem mesmo os contratos de concessão, precedidos de licitação. A Lei nº 11.107/2007 exige que o contrato de programa atenda à legislação de concessões (art. 13, §1º). A Lei nº 8.987/1995 – Lei de Concessões, trouxe, dentre as hipóteses de extinção, a encampação, caracterizada prementemente pela unilateralidade. Havendo interesse público, até mesmo um contrato de concessão, fruto de um processo de licitação, ainda que ato jurídico perfeito, pode ser extinto unilateralmente.

Nessa hipótese é necessário haver interesse público. Diante, por exemplo, de um contrato de programa que não tenha conseguido comprovar capacidade econômico-financeira de universalização dos serviços de saneamento, é claramente possível comprovar o interesse público em sua extinção, pois a universalização é um valor social de extrema relevância.

Ainda nesse caso, talvez não seja necessária a encampação. Por exemplo, se o ente municipal comprovar, no caso concreto, que houve perda das condições econômicas, técnicas ou operacionais de prestação do serviço, a Lei nº 8.987/1995 prevê essa como uma causa de caducidade (art. 38, §1º, inciso IV). Ou também, no caso de o serviço estar sendo prestado de forma inadequada ou deficiente, tendo por base as normas, os critérios, indicadores e parâmetros definidores da qualidade do serviço (art. 38, §1º, inciso I).

Há, ainda, outros remédios na Lei nº 8.987/1995 que servem para hipóteses bastante comuns no setor de saneamento. Por exemplo, a anulação, que serve para os casos em que haja vícios de validade dos contratos. É possível, também, que o contrato de programa traga estipulações próprias, não previstas na Lei de Concessões, quanto a outras possibilidades de extinção, talvez até mais simples e diretas, próprias de um contrato que não foi precedido de licitação.

Por fim, voltando à lógica sobre a qual o Novo Marco foi construído, vale destacar que o Decreto mais uma vez valoriza o papel dos Poderes dos entes federados. O art. 4º-A ratifica que cabe ao titular do serviço público de saneamento básico e à entidade reguladora competente a avaliação quanto à existência de eventuais irregularidades, inclusive dando conhecimento aos Tribunais de Contas e Ministérios Públicos. E define que cabe ao titular do serviço a imediata adoção de providências para transição para uma forma de operação regular.

Estes dispositivos também foram alterados com a edição do Decreto nº 11.467, de 2023. Uma das principais alterações foi revogar o limite de três anos para o término de contratos de programa que tenham seus prazos equalizados com vistas à adaptação dos serviços à exigência de licitação da Lei. Fica a pergunta se, com base no novo decreto, poderá um contrato de programa cujo vencimento esteja previsto para os próximos anos ter seu prazo prorrogado por décadas à frente, a despeito do veto ao artigo da Lei que permitiria a prorrogação dos contratos de programa (art. 16 da Lei nº 14.026 – vetado). Esse é mais um item da lista de inseguranças jurídicas.

6 O papel da ANA e dois temas regulatórios de destaque

6.1 A regulação contratual

O Novo Marco trouxe um papel de destaque para a ANA – Agência Nacional de Águas. Esta, a propósito, ganhou um sobrenome: "e Saneamento Básico". As mais de 30 menções feitas à ANA na lei trazem uma noção da importância atribuída à agência reguladora federal.

Logo no artigo inicial, o normativo já lhe atribui seu principal novo papel: competência para instituir normas de referência para a regulação dos serviços públicos de saneamento básico.

Contratos de concessão, muitas vezes apelidados de parcerias, têm como característica a sua longa duração, geralmente de mais de 20 anos. Envolvem, frequentemente, a realização de elevados dispêndios de capital, seguida da prestação de serviços públicos e arrecadação de tarifas junto ao usuário. Para seu sucesso, é fundamental a atuação das agências reguladoras. Estas são muitas, mais de 80 no Brasil, e irão regular milhares de contratos licitados com parceiros privados.

Para o sucesso da atuação dessas agências, o Novo Marco prestigiou a ANA com a função de definir as normas de referência, que versarão sobre: padrões de qualidade e eficiência dos serviços, regulação tarifária, padronização de contratos, metas, matriz de riscos, equilíbrio econômico-financeiro, governança entre vários outros temas listados em 13 incisos do §1º do art. 4º-A, inserido na Lei de criação da ANA.

Um desses temas, vale destacar, é com relação ao modelo geral de regulação. O setor de saneamento esteve, desde o Planasa, nos anos de 1970, predominantemente atendido pelas companhias estaduais. Há décadas a tradição regulatória vem sendo um tanto quanto "público-pública". O governador, o prefeito e a direção da companhia, escolhida pelo governo do estado, decidem, de tempos em tempos, os investimentos, os níveis de serviços, as tarifas, as localidades atendidas entre outras escolhas importantes. As principais decisões são negociais, em geral, carregadas de aspectos políticos locais e regionais. É comum um prefeito solicitar ao governador uma obra para seu município e negociar que uma parcela dos recursos virá do orçamento da prefeitura, e outra parte, da companhia estadual. Ou que a companhia estadual realizará investimentos em asfaltamento nos municípios em contrapartida à exploração dos serviços de saneamento naquele município. Essa forma de regulação "público-pública", carente de critérios técnicos, é de consecução impensável num ambiente concorrencial em que se contrata um concessionário privado.

Com o passar dos anos, esse modelo vem sendo aperfeiçoado. Vêm-se utilizando critérios técnicos de apuração de investimentos, dos custos operacionais, das tarifas e do equilíbrio econômico-financeiro do contrato. A atividade de regulação vem aplicando, cada vez mais, métodos de economia, finanças e de engenharia. O papel da agência reguladora local vem sendo fortalecido. Mesmo assim, os modelos vigentes mais avançados ainda buscam controlar custos e receitas. Buscam calibrar, periodicamente, tarifas e investimentos para fins de apuração do equilíbrio econômico-financeiro, conforme os custos apurados na atividade regulatória.

Entendemos que tal método, mesmo tendo sido aprimorado, não se adequa bem a contratos com empresas privadas licitadas. Pode até servir como forma de relacionamento com empresas públicas, com contratos de programa, que já têm essa tradição de décadas, e uma mudança repentina poderia gerar inseguranças. Mas nas concessões, a licitação é o procedimento competitivo por meio do qual se escolhe a melhor proposta. Os licitantes competem pelo mercado, e para isso montam suas propostas de preço competitivas para que se sagrem vencedores. Uma vez celebrado o contrato, o equilíbrio econômico-financeiro passa a ser uma cláusula pétrea.

Para que isso funcione bem, a matriz de riscos passa a exercer papel fundamental. Ela deve ser bem desenhada, alocando os riscos na parte que melhor pode gerenciá-los. O risco de construção, por exemplo, é mais bem gerenciado pelo concessionário, e por isso, geralmente, é a ele atribuído. Se tiver um bom desempenho na construção, o ganho será do concessionário. Se os custos forem maiores que o esperado, o ônus será do concessionário. Assim, o concessionário tem incentivos para realizar os investimentos ao menor custo global possível, considerando todo o horizonte de prazo do contrato.

Um modelo de regulação dos contratos que divirja disso provavelmente vai trazer incentivos adversos. Caso a atividade regulatória se proponha a atrair para a tarifa, periodicamente, impactos dos custos incorridos pela concessionária, a estrutura de incentivos vai mudar. Tendo em vista as assimetrias de informação existentes entre o concessionário e o regulador, é provável que a agência reguladora não consiga enxergar e controlar plenamente a atividade do concessionário. O corolário disso é o concessionário perder o incentivo a minimizar o custo global do contrato, ou simplesmente absorver os ganhos, sem que isso beneficie o usuário.

No modelo de concessões, os licitantes observam as regras postas no edital, na minuta de contrato e na regulação. Uma oportunidade para ganhos com a minimização de custos de construção é uma oportunidade para os prestadores mais eficientes formularem propostas mais agressivas para vencerem as licitações. Propostas mais agressivas significam tarifas menores e outorgas maiores, beneficiando o usuário e o contribuinte.

Essa discussão demonstra o quão importante é o desenho adequado do mercado. O setor de saneamento está migrando de uma lógica de contrato de programa com empresas estatais para uma lógica de contrato de concessão com empresas privadas selecionadas mediante licitação. Essa lógica demanda dos titulares municipais e das agências reguladoras locais uma grande responsabilidade no desenho regulatório e contratual.

Este é o principal papel a ser desempenhado pela ANA. Caberá a ela estudar as melhores práticas e recomendar para os entes subnacionais o que se deve adotar. Isso valerá tanto para o desenho dos editais de licitação e das minutas de contrato como para as práticas regulatórias ao longo de toda a execução contratual.

O Ministério da Economia, em parceria com o Programa das Nações Unidas para o Desenvolvimento – PNUD, contratou a consultoria prestada pela Fundação Getúlio Vargas. Os trabalhos foram desenvolvidos ao longo de 2021, inclusive com a participação de técnicos da ANA. Ao final, o Ministério da Economia entregou para a ANA o produto dos trabalhos, um manual técnico orientativo das melhores práticas regulatórias recomendadas para o setor de saneamento. Isso servirá para auxiliar a ANA no importantíssimo desafio de construir normas de referência para os entes subnacionais.

6.2 A indenização por investimentos vinculados a bens reversíveis

Dentre diversos temas regulatórios, vale destacar um em especial. Trata-se da indenização por investimentos em bens reversíveis não amortizados ao término do contrato. A discussão é super oportuna, porque diversos contratos de programa estão irregulares e devem migrar para uma forma de prestação regular. Isso implicará a extinção dos contratos e troca dos prestadores, e com isso virá à tona a indenização.

Via de regra, um contrato de concessão deve se pagar. Se, de largada, desde o momento dos estudos que embasam a licitação, uma concessão depender de um pagamento público para seu equilíbrio econômico-financeiro, então esse contrato deve ser uma parceria público-privada no sentido estrito da Lei nº 11.079/2004. Então, se o contrato for cumprido conforme o previsto, os investimentos devem ser integralmente amortizados com a exploração das receitas da concessão.

Aqui vale uma digressão. O direito à amortização não dá garantia de que o concessionário irá recuperar seus investimentos. A concessão lhe implica riscos, e por conta desses riscos ele pode não conseguir obter o retorno esperado. A amortização não tem a ver com o efetivo retorno sobre o capital investido; tem a ver com dar a oportunidade, por meio da exploração, no prazo contratual, para que o concessionário obtenha o retorno econômico. Portanto, à medida do prazo contratual, a amortização ocorre, independentemente de uma eventual frustração de receitas cujo risco seja privado.

Mas, por algumas razões, a amortização pode não acontecer. Por exemplo, se no decorrer do contrato o poder concedente requisitar uma mudança no plano de investimentos com mais ônus ao concessionário. Esse tipo de mudança gera o direito ao reequilíbrio econômico-financeiro. Via de regra, tal reequilíbrio é dado por meio de aumento tarifário. Mas, pode ser que o contrato esteja próximo do fim, e não haja tempo suficiente de recuperar tais investimentos via aumento tarifário sem comprometer a modicidade tarifária. Num caso como este, o investimento não estará totalmente amortizado até o fim do contrato – e caberá indenização.

O caso mais comum ocorre no término antecipado do contrato. Seja qual for a razão para o término, ainda que seja uma caducidade por uma falta grave do concessionário, não se pode admitir um enriquecimento sem causa por parte do poder concedente. Caso tenha havido investimentos sem que tenha decorrido o prazo para amortização, haverá um direito à indenização por investimentos não amortizados. Esse é o espírito dos dispositivos da Lei nº 8.987/1995 que cuidam da indenização por investimentos vinculados a bens reversíveis.

A pergunta de ouro é sobre a metodologia de cálculo dessa indenização. A cultura administrativa no Brasil tem adotado uma referência ao valor contábil. Para ser mais preciso, essa cultura administrativa tem apontado é para o reembolso do custo histórico.

A Lei nº 8.987/1995 em nenhum momento que trata desse tipo de indenização faz menção ao critério de valor contábil. Muito menos faz qualquer menção a reembolso de custo histórico. Pelo contrário, faz menção a uma "indenização por investimentos vinculados a bens reversíveis". Frise-se: investimentos. Como atribuir valor a um investimento?

Um investimento numa ação de alta liquidez negociada em bolsa de valores tem uma precificação diária. É fácil apurar seu valor. Se o poder público, por uma razão qualquer, precisar indenizar alguém por uma ação ter passado do patrimônio dessa pessoa para o patrimônio público, é bastante natural que se vá apurar o valor atual daquela ação. Certamente não haveria nenhum questionamento de enriquecimento sem causa de nenhuma das partes. Dificilmente alguém iria argumentar que a indenização justa seria pelo valor pelo qual aquela pessoa adquirira a ação anos antes.

Boa parte dos bens explorados numa concessão revertem ao poder concedente. Qual o valor de um investimento num bem da concessão? A resposta para isso tem a ver com o contrato. É o contrato de concessão que dá os parâmetros e limites do direito de exploração que o concessionário tem. O valor dos bens da concessão é intimamente ligado às estipulações do contrato de concessão.

O Ministério da Economia fez aprofundados estudos[1] sobre as experiências internacionais tratando deste tema nos setores de rodovias e aeroportos. Demostrou que, em geral, são praticadas três metodologias: (i) com base no valor contabilizado a partir do custo histórico; (ii) com base no valor de mercado da concessão; (iii) com base no valor da dívida financiada.

Resumidamente, na metodologia de valor contábil, o custo do ativo, à medida que é construído, passa a integrar o valor contábil. Caso se fruste a expectativa de recuperar aquele custo, o valor do ativo deve sofrer uma redução ao valor recuperável (*impairment*), conforme as normas contábeis nacionais (CPC 01) e internacionais (IAS 36).[2] Por isso, quando se fala na metodologia de valor contábil, esse valor deve ser levado em consideração. Quando se desconsidera uma eventual redução ao valor recuperável, o que se está fazendo, a rigor, não é uma metodologia por valor contábil, mas sim uma metodologia de reembolso de custo histórico. Nessa hipótese, a indenização provavelmente vai desconsiderar a matriz de riscos da concessão, pois o custo histórico não reflete os riscos incorridos pelo concessionário até o momento da extinção do contrato.

Já na metodologia do valor de mercado da concessão busca-se apurar o valor presente líquido a ser obtido por alguém que assumisse o lugar do concessionário, no estado em que o contrato se encontra, explorando-o até o final. Portanto, nessa metodologia a matriz de riscos do contrato é respeitada ao se apurar o valor de mercado seja por meio de um procedimento de relicitação do mesmo contrato, seja por meio de estimativas econômico-financeiras feitas pela agência reguladora.

---

[1] Nota Técnica SEI nº 9/2019/CGL/SRM/SDI/SEPEC-ME e Nota Técnica SEI nº 16/2019/SRM/SDI/SEPEC-ME.

[2] Essa redução a valor recuperável estará muito presente nos casos de concessões com dificuldades financeiras, pois a concessionária perde a expectativa de recuperar todo o seu investimento. As normas contábeis determinam, assim, a redução do valor do ativo ao valor que se espera recuperar.

A metodologia de valor da dívida decorre de uma estipulação contratual, previamente definida, de um critério simples e que dá proteção aos financiadores. É mais rara, e não encontramos exemplos no Brasil.

O setor de saneamento, tal como foi a tradição dos contratos de programa das últimas décadas, baseou-se num modelo de regulação "público-pública", como se discutiu acima. Mesmo nos casos que evoluíram para critérios técnicos de regulação, com métodos de economia, finanças e de engenharia aplicados por agências reguladoras, ainda assim se baseiam numa tradição de controle de custos e receitas, com a calibragem periódica de tarifas e investimentos com fins de apuração do equilíbrio econômico-financeiro.

Com tal modelo contratual, é de se esperar que a avaliação do valor dos investimentos em bens reversíveis, feita pela avaliação das obrigações e direitos estipulados no contrato, vá espelhar o custo histórico, pois o risco de não haver recuperação dos investimentos não está alocado ao concessionário. Pelo contrário, essa recuperação é revista periodicamente, repassando à tarifa diversos (mas não todos) riscos de custos, frustrações de receitas etc. Nessa perspectiva, é bastante razoável defender que a metodologia de cálculo do valor dos investimentos vinculados a bens reversíveis venha a ser uma metodologia que corresponda com a reposição de custos.

Nos trabalhos feitos pela consultoria KPMG, contratada pelo Ministério da Economia, em parceria com o PNUD, para estudar esse tema no setor de saneamento, chegou-se às seguintes recomendações. Em primeiro lugar, se o contrato prevê alguma metodologia, tal metodologia deve ser respeitada. Ocorre que, no setor de saneamento, pela precariedade da regulação "público-pública" praticada ao longo de décadas, frequentemente inexistem informações contábeis relevantes. Para esses casos, recomendou-se a utilização do valor novo de reposição, que, a nosso ver, é apenas uma variante do valor do custo histórico, porém com precificação mais atual.

Para novos contratos, as conclusões do trabalho da KPMG para o Ministério da Economia foram no sentido de que o método de indenização deve ser o de valor de mercado. De fato, para novos contratos, a serem licitados, a lógica deve ser diferente dos contratos de programa. Se queremos aprimorar o modelo regulatório contratual, em que a licitação é o procedimento competitivo por meio do qual se escolhe a melhor proposta, e os licitantes montam suas propostas de preço competitivas para que se sagrem vencedores, então temos que respeitar, na indenização, a matriz de riscos do contrato. Como dito, uma vez celebrado, o equilíbrio econômico-financeiro passa a ser uma cláusula pétrea. Esse equilíbrio tem tudo a ver com a matriz de riscos. Não pode o poder concedente reembolsar (ou deixar de reembolsar) um valor que o concessionário, por conta de risco seu, não iria recuperar (ou iria mais do que recuperar) se seguisse no contrato.

7 Conclusão

Os esforços do Executivo e da ANA não se encerram nos temas e dispositivos listados. Por um lado, caberá ao Executivo regulamentar todo o restante da Lei. Sobretudo, refazer ou atualizar o Decreto nº 7.217/2010, que ficou ultrapassado frente às grandes mudanças trazidas pelo NMLSB. Outros aspectos da Lei, não referentes às modificações na Lei nº 11.445/07, podem merecer maior detalhamento ou esclarecimento futuro. Por outro lado, caberá à ANA lidar com uma extensa e necessária agenda regulatória. Temas importantes da regulação econômica e técnica estão sendo ou serão discutidos com a sociedade para a elaboração de normas de referência que estabelecerão o padrão para o setor. Além de vários itens de regulação contratual e metodologia de indenização anteriormente discutidos, serão tratados temas importantes como a própria definição de norma de referência, padrões e indicadores de qualidade, diretrizes e *building blocks* essenciais referenciais da regulação discricionária aplicada aos contratos existentes (por exemplo, diretrizes de contabilidade regulatória e de reajustes/revisões tarifárias), procedimentos de mediação e arbitragem pela ANA, condições gerais de prestação e indicadores de qualidade e eficiência para a prestação de serviços de resíduos sólidos urbanos e tantos outros.

Este artigo busca relatar o esforço feito no campo normativo pelo Executivo Federal para que o Novo Marco Legal do Saneamento

Básico se traduza no esperado trinômio de universalização, qualidade na prestação e tarifas justas. No entanto, o sucesso do marco envolve muitas partes relacionadas. Precisamos da participação constante da sociedade organizada e da academia, da vigilância dos órgãos de controle e do Ministério Público. Estados e Municípios (Executivo e Legislativo) devem manter compromisso com a inclusão social e com a sustentabilidade econômico-financeira na definição das formas de prestação regionalizadas e no desenho das licitações. Órgãos reguladores devem buscar independência e máxima governança. Enfim, agentes públicos e privados do setor devem ser estimulados a investir, estruturar, financiar e operar os empreendimentos de saneamento básico da forma mais eficiente e em prol do interesse público possível.

Aqueles que tiveram o privilégio de contribuir com essa trajetória têm todos os motivos para se orgulhar. Entretanto o Brasil merece mais. Esperamos que ao término dessa empreitada, em 2033, o Brasil atinja a maior transformação social que este país vivenciará em, pelo menos, uma geração.

Informação bibliográfica deste texto, conforme a NBR 6023:2018 da Associação Brasileira de Normas Técnicas (ABNT):

BRAGANÇA, Gabriel Fiuza de; SILVEIRA SOBRINHO, Edson. O dia depois do amanhã do saneamento no Brasil. *In*: ZULIANI, Geninho; DAL POZZO, Augusto Neves (coords). *Saneamento básico*: uma lei e um marco. Belo Horizonte: Fórum, 2023. p. 155-183. ISBN 978-65-5518-485-3.

IMPORTÂNCIA DOS DADOS DE SANEAMENTO NA CONSTRUÇÃO DO CONVENCIMENTO SOBRE A AGENDA DO SETOR

LUANA SIEWERT PRETTO

1 O Instituto Trata Brasil

O Instituto Trata Brasil é uma Organização da Sociedade Civil – OSCIP de Interesse Público formada por empresas com interesse nos avanços do saneamento básico e na proteção dos recursos hídricos do país. Atua desde 2007 trabalhando para que o cidadão seja informado e reivindique a universalização do serviço mais básico, essencial para qualquer nação: o saneamento básico. O Instituto tem o objetivo de conscientizar a sociedade para um Brasil mais justo, com todos tendo acesso à água tratada, coleta e tratamento dos esgotos.

A missão da organização é contribuir para a melhoria da saúde da população e a proteção dos recursos hídricos com a visão de que a população e os formadores de opinião têm um papel fundamental no convencimento das autoridades, de forma a garantir o acesso de todos aos serviços básicos, tão essenciais ao ser humano e à natureza.

A informação é parte essencial do trabalho do Trata Brasil, não só para a população, mas para os diferentes agentes envolvidos no setor, por meio dos diversos estudos que realiza abordando diferentes frentes que são impactadas pelo saneamento. Esses materiais servem como base para tomada de decisões, pois reúnem dados que mostram a realidade nacional do setor.

2 Cenário do saneamento

Hoje, no Brasil, a ausência de acesso à água tratada atinge quase 35 milhões de pessoas, e 100 milhões de brasileiros não têm acesso à coleta de esgoto – refletindo em centenas de pessoas hospitalizadas por doenças de veiculação hídrica. Os dados do Sistema Nacional de Informações sobre Saneamento (SNIS) ano base de 2020 apontam que o país ainda tem uma dificuldade com o tratamento do esgoto, do qual somente 50% do volume gerado é tratado – isto é, um volume equivalente a mais de 5,3 mil piscinas olímpicas de esgoto sem tratamento são despejadas na natureza diariamente.

Em mais de uma década, os índices de saneamento não evoluíram expressivamente. Em 2010, 81% da população era atendida por água; em 2020, 84,1%. Apenas 45,4% da população tinha acesso à coleta de esgoto em 2010, enquanto em 2020, 55% tinha acesso, uma pequena evolução do índice, que ainda é preocupante. Do volume de esgoto gerado em 2010, 36,2% era tratado; já em 2020, 50,8% do esgoto foi tratado. Com relação a perdas na distribuição, o valor passou de 39% em 2010 para 41,1% em 2020, ou seja, o índice está ligeiramente pior.

O atraso do saneamento no Brasil é histórico, além disso, o país passou anos sem ter uma Lei Federal que abrangesse a questão de forma efetiva. A Lei nº 11.445/2007 foi um dos primeiros marcos para o saneamento no Brasil, pois estabeleceu diretrizes nacionais para o desenvolvimento do saneamento básico e trouxe algumas evoluções desde que foi sancionada. De lá para cá, algumas cidades avançaram com os investimentos e, consequentemente, com o fornecimento dos serviços de saneamento; no entanto, outras ficaram estagnadas. A Lei de 2007 foi pouco enfática sobre prazos e metas – e não deu muita abertura para novos investimentos. Logo, os valores investidos no saneamento se limitaram ao que derivava de grandes programas de infraestruturas do Governo Federal, como o Programa de Aceleração de Crescimento (PAC).

Durante anos, o Instituto Trata Brasil acompanhou a evolução das obras do PAC em municípios acima de 500 mil habitantes, e foram constatadas centenas de obras paralisadas, ou que nem começaram, devido a vários problemas, sobretudo advindos dos tomadores de recursos. Ao mesmo tempo, os planejamentos do saneamento básico nos municípios também foram colocados à prova, uma vez que ao avaliar os Planos Municipais de Saneamento Básico (PMSBs), exigência imposta pelo Plano Nacional de Saneamento (PLANSAB) de 2013, foi possível notar que, nos últimos levantamentos do próprio Governo Federal, somente 30% das cidades tinham feito os

PMSBs, e mesmo daqueles que os fizeram, alguns não os revisitaram após quatro anos, conforme o PLANSAB exigia.

Os investimentos em saneamento sofreram uma queda significativa nos últimos anos. Pegando como exemplo um dos programas do Governo Federal, o PAC 1, que foi lançado em 2007, teve uma previsão de investimentos de R$40 bilhões para serem aplicados entre 2007 e 2010 para saneamento, sendo R$12 bilhões de recursos orçamentários e R$20 bilhões de financiamentos. O PAC 2 foi lançado em março de 2010 com o objetivo de garantir a continuidade dos investimentos públicos destinados à melhoria das condições de vida da população brasileira, e R$41,1 bilhões foram para os investimentos em saneamento na segunda etapa do Programa. Outros R$4 bilhões para investimentos em saneamento ficariam sob responsabilidade da Fundação Nacional de Saúde (FUNASA), para apoio às intervenções em municípios de pequeno porte – abaixo dos 50 mil habitantes –, totalizando o montante de R$45,1 bilhões. Após esse período, a recessão e a crise fiscal dos Estados e Municípios frearam os investimentos em saneamento básico.

Anos depois, em 2020, o setor de saneamento básico ganhou novos capítulos com a aprovação do Marco Legal do Saneamento (Lei nº 14.026/2020), com o objetivo de universalizar e qualificar a prestação dos serviços no setor, além de estabelecer a meta de alcançar a universalização até 2033. O novo momento legislativo do saneamento básico busca atrair mais investimentos para o setor abrindo espaço para o setor privado por meio de licitações e leilões, acabando com o direito de preferência das companhias estaduais na continuação de contratos de programas firmados com os municípios por décadas. Além disso, a nova Lei permite a prestação regionalizada para a gestão de serviços de saneamento, o que contribui para o avanço da universalização. Logo, há mais competição no mercado, o que pode dar mais velocidade para quem espera ter acesso a água potável e tratamento de esgoto.

Como consequência direta do Marco Legal do Saneamento, os leilões do BNDES (Banco Nacional de Desenvolvimento Econômico e Social) já ocorrem em várias partes do Brasil, com o intuito de contribuir para o alcance das metas de universalização. Eles podem seguir diferentes modelos; alguns são feitos por meio de Parcerias Público-Privada (PPP) de esgoto ou água, e outros, por meio de concessão plena, que inclui produção e distribuição de água e esgoto. Um dos maiores sucessos dos leilões até aqui foi o que aconteceu na CEDAE, no Rio de Janeiro, em abril de 2021, considerado o maior realizado no país até o momento, com outorga de R$22,7 bilhões.

3 Regulação do setor e o poder da informação

Diante do cenário de transformações, gerar informações é ainda mais importante para mapear os efeitos da nova Lei nos órgãos envolvidos e guiar as decisões futuras.

Um dos pontos essenciais estabelecidos no Marco Legal do Saneamento é a regulação do setor. Com a aprovação da Lei, a ANA (Agência Nacional de Águas e Saneamento Básico) passa a ser responsável pelas normas de referência do setor. As regras criadas deverão ser seguidas pelas agências reguladoras de saneamento infranacionais (municipais, intermunicipais, distritais e estaduais).

Com as novas normas nacionais estabelecidas para o setor de saneamento, sobretudo para a regulação, a ANA tem um papel fundamental para firmar pontos os quais são de constante observação, como a interferência política nas agências reguladoras. São as agências reguladoras infranacionais que precisam acompanhar os contratos, fazer cumprir as metas, verificar o avanço nos indicadores e o cumprimento dos investimentos, mas também a qualidade dos serviços, tarifas e capacidade de pagamento do cidadão.

A participação popular só é possível se a informação chegar ao cidadão de maneira clara e concisa. O Instituto Trata Brasil trabalha ao lado de parceiros para contribuir com a expansão do alcance da informação, produzindo estudos e projetos sociais para difundir ainda mais o saneamento básico no dia a dia da sociedade.

3.1 Percepção das agências reguladoras infranacionais quanto à atualização do Marco Regulatório do Saneamento Básico

Pensando na produção da informação para sensibilizar e mobilizar a sociedade, o Instituto Trata Brasil, em parceria com a

Associação Brasileira de Agências de Regulação (ABAR), instituição que congrega os principais entes reguladores do Brasil, realizou o estudo *Percepção das Agências Reguladoras Infranacionais quanto à atualização do Marco Regulatório do Saneamento Básico*, que trouxe dados de uma pesquisa feita com 66 agências reguladoras de saneamento pelo país em 2020. Vale lembrar que mais de duas mil cidades brasileiras ainda não têm os serviços de abastecimento de água e esgotamento sanitário regulados. A pesquisa captou a percepção de dirigentes e técnicos das agências reguladoras sobre os desafios trazidos com as novas atribuições às agências e à ANA. A pesquisa recebeu 143 respostas de 48 agências.

Os dados revelam que, entre as agências reguladoras pesquisadas, existe a expectativa de que, ao estabelecer as novas normas de referência para o setor, a ANA possa reduzir a margem para interferência política nas agências. Há também, entre os entrevistados, a percepção de que a ANA poderá desempenhar papel importante na qualificação dos reguladores infranacionais, para que eles cumpram adequadamente sua missão na universalização dos serviços de saneamento. São vários os desafios a serem vencidos com a nova Lei Federal, nº 14.026/2020, sobretudo em relação à regulação dos serviços, pilar essencial para garantir segurança aos investimentos necessários para a universalização do saneamento básico.

3.2 Qualidade da regulação do saneamento no Brasil e oportunidades de melhoria

Ainda sobre regulação, para fortalecer o alcance da mensagem ao cidadão, o Instituto Trata Brasil, em parceria com a KPMG, publicou o estudo *Qualidade da Regulação do Saneamento no Brasil e Oportunidades de Melhoria*, em 2021, que aborda diversas frentes dos serviços de regulação no Brasil, com avaliação sobre as entidades reguladoras locais, um *benchmarking* internacional e um balanço sobre o benefício ao consumidor. O material realça a importância do equilíbrio entre o poder concedente (Estados e prefeituras), prestadores de serviços (empresas de saneamento – públicas ou privadas) e os usuários a partir do desafio imposto pelo Novo Marco Legal do Saneamento.

Para analisar essa relação, foram selecionadas quatro agências reguladoras no estudo para identificar os ganhos trazidos ao consumidor por meio da promoção do equilíbrio entre as partes interessadas: poder concedente, prestador de serviços e usuários. Foram escolhidas duas agências reguladoras de saneamento notadamente reconhecidas pela atuação voltada aos direitos dos usuários: ARSAE-MG, em Minas Gerais, e ARSESP, em São Paulo. Outras duas agências federais de setores mais maduros e consolidados foram selecionadas para identificar possíveis aspectos de *benchmarking*: ANATEL e ANEEL.

O atendimento ao consumidor se tornou cada vez mais importante para essas agências ao longo do tempo, e elas buscaram aperfeiçoar seus mecanismos de atendimento ao público constantemente. As Ouvidorias de três das agências avaliadas, ANATEL, ANEEL e ARSAE-MG, atuam como terceira instância, ou seja, o usuário deve entrar em contato, primeiramente, com o prestador de serviço a quem deseja registrar sua manifestação para solução da demanda; depois, falar na Ouvidoria do próprio prestador, contando com a Ouvidoria da agência em último caso.

As dúvidas, reclamações, sugestões ou denúncias dos consumidores servem como base para as agências reguladoras agirem e estabelecerem punições aos prestadores de serviços, por conta de demandas não atendidas, como forma de estímulo para resolução de problemas. A divulgação de dados sobre a qualidade dos serviços prestados é um dos mecanismos que contribuem para a melhoria dos serviços por parte dos prestadores. As agências utilizam instrumentos tradicionais de participação social, como consulta pública, audiência pública, atendimento personalizado presencial, plataforma de serviço de informação ao cidadão e Ouvidoria. Além disso, trazem práticas inovadoras como *webinars*, *podcasts*, divulgação de dados sobre a qualidade dos serviços, treinamentos entre outros recursos.

A regulação do saneamento é relativamente nova. Apesar da sua definição em 2007, 11 anos após a criação da primeira agência reguladora no país, é necessário ponderar que o tema passou a ter mais destaque com a instituição do novo marco legal do setor, por meio da Lei nº 14.026/2020. Considerando esse novo olhar para os papéis, arranjos, instrumentos e resultados, o momento é oportuno para a implementação de mudanças para um novo saneamento e, portanto, uma nova regulação.

4 Importância da informação para a população

Manter a população informada e deixar claro o que a nova Lei significa é importante para que as pessoas possam avaliar os efeitos das mudanças em suas vidas. Além disso, tornar mais claros os benefícios obtidos com a expansão dos serviços de saneamento é essencial para que a população entenda o que esperar, visto que somos todos nós quem realmente medimos a qualidade dos serviços e, quando não os temos, sofremos com a falta deles.

4.1 Benefícios econômicos e sociais da expansão do saneamento brasileiro

Nessa linha, o Instituto Trata Brasil lançou uma série de estudos que avaliam os benefícios sociais e econômicos com a expansão dos serviços de saneamento no Brasil e nos estados do Maranhão, Rondônia, Acre, Santa Catarina, Rio de Janeiro e São Paulo.

O estudo *Benefícios Econômicos e Sociais da Expansão do Saneamento Brasileiro*, produzido em 2018, mostrou que a economia com a melhoria das condições de saúde da população brasileira até 2036 deve ser em média de R$297 milhões. Em vinte anos (2016 a 2036), considerando o avanço gradativo do saneamento, o valor presente da economia com saúde, seja pelos afastamentos do trabalho, seja pelas despesas com internação no SUS, pode alcançar R$5,9 bilhões no país.

De acordo com o mesmo estudo, estima-se que os ganhos de renda do turismo no Brasil devidos à universalização do saneamento de R$2,1 bilhões por ano, no período de 2016 a 2036, possam atingir R$42,8 bilhões no país. Isso significa uma renda maior para os trabalhadores do setor, aumento de lucro para as empresas e mais geração de impostos, principalmente para os municípios que recebem impostos sobre os serviços e as atividades de turismo.

A universalização do saneamento básico tem efeitos diretos sobre a produtividade do trabalho: de 2016 a 2036, espera-se um ganho de renda de R$190,3 bilhões, o que equivale a um ganho anual de R$9,5 bilhões. Somente o retorno desses recursos para os governos já representaria uma fonte expressiva para a expansão dos serviços de água e esgotos.

Em termos de renda imobiliária, estima-se que o ganho para os proprietários de imóveis que alugam ou que vivem em moradia própria alcance R$22,3 bilhões por ano no país, o que totaliza um ganho a valor presente de R$447,4 bilhões entre 2016 e 2036. Esse valor foi calculado tomando por referência a evolução anual do estoque de moradias de 2016 a 2036 e a valorização imobiliária esperada devida apenas à melhoria das condições de saneamento nos próximos vinte anos.

Considerando o custo médio nacional para se levar água e esgoto às moradias, o estudo, em 2018, estimou que eram necessários R$443,5 bilhões em 20 anos, para que todos os brasileiros tivessem acesso aos serviços de água e esgoto, ou seja, seria necessário um investimento anual mínimo de R$22,2 bilhões. Esse valor foi atualizado anos posteriores levando em conta o Marco Legal do Saneamento Básico.

Pensando localmente, em Santa Catarina, por exemplo, o estudo do Instituto Trata Brasil concluiu que para se chegar à universalização seriam necessários investimentos de R$6,4 bilhões nos próximos 35 anos, de acordo com o relatório *Benefícios Econômicos e Sociais da Expansão do Saneamento no Estado de Santa Catarina*; recursos capazes de incorporar quase 2,5 milhões de pessoas no sistema de distribuição de água tratada e cerca de 6,3 milhões de pessoas no sistema de coleta de esgoto. Caso Santa Catarina invista esses recursos e chegue à universalização até 2040, o estado teria ganhos líquidos, ou seja, já descontados os investimentos necessários, de R$14,8 bilhões em benefícios. Num período de 35 anos, ou seja, até 2055 os ganhos seriam de R$23,9 bilhões.

Em outro material desenvolvido, com foco no Estado do Maranhão, o relatório *Benefícios Econômicos e Sociais da Expansão do Saneamento no Estado do Maranhão* apontou a necessidade de investimentos de R$6,3 bilhões; recursos capazes de incorporar quase 4 milhões de pessoas no sistema de distribuição de água tratada e cerca de 6 milhões de pessoas no sistema de coleta de esgoto. Com a universalização do saneamento até 2040, o Maranhão teria ganhos líquidos, ou seja, já descontados os investimentos necessários, de 11,3 bilhões em benefícios e, até 2055, um ganho de R$13,4 bilhões.

O relatório de Rondônia mostrou que os investimentos necessários nos próximos 35 anos deverão somar R$1,9 bilhão. É desafiador, mas resultará no acesso de 1,2 milhão de pessoas ao sistema de água tratada e cerca de 1,7 milhão de pessoas ao sistema de coleta de esgoto de todo o estado.

Em um dos estados da região Norte com maior deficiência, o Acre, os investimentos a serem realizados nos próximos 35 anos devem somar R$1,4 bilhão em valores correntes, o que seria suficiente para incorporar quase 590 mil pessoas no sistema de distribuição de água tratada e cerca de 830 mil pessoas no sistema de coleta de esgoto. Até 2055, os benefícios devem alcançar R$5,5 bilhões, indicando um balanço social bastante positivo para o estado.

Os estudos do Instituto Trata Brasil, quando avaliam os benefícios diretos gerados pela expansão do saneamento básico, trazem uma concretude sobre como o acesso a água e esgotamento sanitário podem transformar a economia de um local, seja de um Estado, Município ou de toda a Federação. São dados como esses que fazem com que influenciadores, jornalistas e formadores de opiniões transmitam a real necessidade de se cobrar por mais saneamento básico no país.

4.2 *Ranking* do Saneamento

Outro instrumento utilizado pelo Instituto Trata Brasil para a promoção da informação, com foco em regiões e municípios, e que tem grande relevância nacional, é o *Ranking* do Saneamento. Lançado anualmente, o Instituto Trata Brasil, em parceria com GO Associados, publica o *Ranking* do Saneamento com foco nos 100 maiores municípios brasileiros. O relatório, que já está na 14ª edição, faz uma análise dos indicadores do SNIS. Desde 2009, o Instituto Trata Brasil monitora os indicadores dos 100 maiores municípios brasileiros com base em população com o objetivo de dar luz a um problema histórico vivido no país.

Historicamente, o que se observa nos *Rankings* publicados pelo Instituto Trata Brasil é uma predominância de municípios dos estados do Paraná, São Paulo e Minas Gerais ocupando as primeiras posições. Por outro lado, entre os 20 piores municípios sempre estão municípios da região Norte, alguns do Nordeste e também do Estado do Rio de Janeiro.

Ao analisar as 20 melhores cidades contra as 20 piores cidades, na edição de 2022, observamos que há diferenças nos indicadores de acesso: enquanto 99,32% da população das 20 melhores têm acesso a redes de água potável, 82,52% da população dos 20 piores municípios têm o serviço. A porcentagem da população com rede de coleta de esgoto é ainda mais discrepante: 95,59% da população nos 20 melhores municípios têm os serviços, e somente 31,78% da população nos 20 piores municípios são abastecidos com a coleta do esgoto.

Entre 2016 e 2020 foram investidos cerca de R$23 bilhões em valores absolutos nas capitais, sendo que o município de São Paulo (SP) realizou quase metade desse montante, com aproximadamente R$11 bilhões. Naturalmente, foi a cidade com o maior investimento total no período, seguida por Brasília (DF), com R$1,5 bilhão, e pelo Rio de Janeiro (RJ), com R$1 bilhão. É também elucidativo observar o investimento médio anual por habitante. O patamar nacional médio de investimentos anuais por habitante para a universalização, de acordo com dados do Plansab, é de aproximadamente R$113,30 *per capita*. Nesse sentido, Cuiabá (MT) foi a capital que, em média, mais investiu, com R$213,33 por habitante. A segunda capital que mais investiu em termos *per capita* foi São Paulo (SP), com R$180,97 por habitante, seguida de Natal (RN), com R$141,21 por habitante. Ficaram ainda acima do patamar do Plansab: Boa Vista (RR), com R$130,80 por habitante; Palmas (TO), com R$126,52 por habitante; e Campo Grande (MS), com R$119,95. A média das capitais foi de R$91,03 por habitante, valor quase 20% menor do que o estabelecido pelo Plansab. Os patamares mais baixos foram observados em João Pessoa (PB), com R$26,36 por habitante; em Maceió (AL), com R$21,61 por habitante; e em Macapá (AP), com irrisórios R$11,25 por habitante. Nos 20 melhores municípios do *ranking* a média anual de investimento por habitante foi de R$135,53, enquanto nos 20 piores, foi de R$48,90 por habitante – valor que não chega nem à metade do investimento ideal para universalização do saneamento.

4.3 Saneamento e doenças de veiculação hídrica

A situação do saneamento em cada localidade reflete as condições de saúde de cada região. Além do atraso histórico do país com relação ao saneamento, o maior desafio de saúde pública do Brasil, provocado pela pandemia do novo coronavírus, explicitou as dificuldades ligadas à falta de higiene. Se não bastassem os números ruins, mesmo um ano antes da Covid-19 começar no Brasil, a ausência de saneamento básico já sobrecarregava o sistema de saúde com 273.403 internações por doenças de veiculação hídrica – um aumento de 30 mil hospitalizações comparativamente ao ano anterior.

A incidência foi de 13,01 casos por 10 mil habitantes, gerando gastos ao país de R$108 milhões, segundo o DataSUS. Nesse contexto, o Instituto Trata Brasil realizou um estudo intitulado *Saneamento e Doenças de Veiculação Hídrica – ano base 2019*. A análise foi feita a partir de dados públicos do SNIS e DataSUS, portal do Ministério da Saúde que acompanha os registros de internações, óbitos e outras ocorrências relacionadas à saúde da população do Brasil. Os gastos com internações e horas não trabalhadas por conta de doenças de veiculação hídricas poderiam ser bem menores com a universalização do saneamento.

Essas internações por doenças causadas pela falta de saneamento se distribuem pelo território nacional refletindo as condições sanitárias de cada região. Nota-se que a ausência dessa infraestrutura é mais evidente no Norte, onde somente 12% da população possui coleta de esgotos; na região foram 42,3 mil internações por doenças de veiculação hídrica. Em seguida, veio o Nordeste, onde somente 28% da população possui coleta de esgotos, e onde ocorreu o maior número de hospitalizações – 113,7 mil em 2019.

O Sul foi a terceira pior região, com 46,3% da população tendo acesso à coleta dos esgotos, e 47% do esgoto gerado é tratado. Centro-Oeste tem 57,7% da população com coleta dos esgotos e 56,8% de tratamento do volume esgoto coletado. As duas regiões registram 27,7 mil internações cada. Já o Sudeste tem os melhores indicadores, com 79,2% da população com coleta de esgotos, porém com apenas 55,5% do esgoto gerado sendo tratado e 61,7 mil internações. É importante notar que o Sudeste apresenta números de internação maiores que o Norte, porém possui sete vezes mais habitantes. Quando comparados os casos por 10 mil habitantes, forma mais correta, vêe-se que os estados do Norte e Nordeste concentram os maiores problemas.

5 Conclusão

A transformação de dados em informação e, consequentemente, em conhecimento, tem sido uma poderosa ferramenta para a mobilização da população, formadores de opinião e governantes em prol da causa do saneamento básico.

O velho ditado de que "obra enterrada não dá voto" passa a ser substituído por um entendimento mais amplo a respeito dos benefícios gerados com a implantação deste serviço tão essencial que é o saneamento básico. Benefícios esses que permeiam as mais diferentes áreas da sociedade, como saúde, educação, produtividade no trabalho, turismo, proteção dos recursos hídricos entre outros.

O caminho para a conscientização ainda é bastante longo, mas a aprovação do Marco Legal do Saneamento em julho de 2020 trouxe segurança jurídica, centralização das diretrizes gerais de operação do setor na ANA e, principalmente, tangibilizou as metas para atingimento da universalização dos serviços no Brasil.

Até 2033 precisamos ter 99% da população com acesso a água potável e 90% da população com acesso a coleta e tratamento de esgotos. Para atingimento dessa meta faz-se necessária a comprovação da capacidade econômico-financeira para a realização dos investimentos correlatos à universalização dos serviços. Segundo a ANA, apenas 49% dos municípios possuem essa capacidade financeira.

Para os municípios que possuem a capacidade econômico-financeira, com gestão operacional adequada, metas intermediárias estabelecidas em contrato, fiscalização e aporte de investimentos, essa infraestrutura tão essencial chegará à população. Para os municípios que não possuem a capacidade econômico-financeira, os contratos passam a ser irregulares, e os municípios precisarão buscar solução para o aporte de recursos e avanço dos serviços.

O grande beneficiado com o avanço do saneamento básico é o cidadão. É preciso que a informação esteja a seu alcance, e que ele entenda como esse direito precisa estar à sua disposição, para que ele tenha saúde e exerça seu trabalho com dignidade.

Informação bibliográfica deste texto, conforme a NBR 6023:2018 da Associação Brasileira de Normas Técnicas (ABNT):

PRETTO, Luana Siewert. Importância dos dados de saneamento na construção do convencimento sobre a agenda do setor. *In*: ZULIANI, Geninho; DAL POZZO, Augusto Neves (coords). *Saneamento básico*: uma lei e um marco. Belo Horizonte: Fórum, 2023. p. 185-197. ISBN 978-65-5518-485-3.

O NOVO MARCO LEGAL DO SANEAMENTO. RUMO AO AVANÇO DA SOCIEDADE BRASILEIRA?

JOSÉ EDUARDO BEVILACQUA
NELSON MENEGON JÚNIOR
PATRÍCIA IGLECIAS

1 Introdução

Desde a promulgação da Constituição Federal Brasileira de 1988, há que se considerar que o tema saneamento básico vem ganhando sua devida e correta importância nas discussões técnicas em fóruns nacionais e internacionais. Embora bastante intuitivo, o legislador constitucional percebeu que esse tema está muito além de uma simples rede de distribuição de água potável, mas que é composto por um complexo conjunto de serviços, infraestrutura, abastecimento de água, limpeza urbana, gestão de resíduos sólidos, esgotamento sanitário e drenagem de águas pluviais. Esse conjunto de ações é uma incumbência constitucional da União, conforme estabelece o art. 21 da mencionada Carta Constitucional (BRASIL, 1988; ROCHA, 2022).

A relevância atribuída ao tema tem aumentado pelo fato de crescer, igualmente, o debate sobre o direito humano a água e esgoto, tornando-se ainda mais fulcral, em um país como o Brasil, com enormes desigualdades sociais e com atraso consecutivo na implementação da Política Nacional de Saneamento Básico e do princípio da universalização desses serviços como direitos sociais, o que também se impõe em atendimento aos Objetivos de Desenvolvimento Sustentável, das Nações Unidas, em particular do ODS 6 – Assegurar a disponibilidade e gestão sustentável da água e saneamento para todos (FERREIRA, J.G; GOMES, M. F. B, 2021).

Nesse contexto, a Lei nº 14.026/2020 é inovadora, posto que traz aquilo que vem sendo conceituado como um novo marco no que tange ao saneamento básico, não obstante os aspectos de extrema complexidade que esse tema traz em sua estruturação.

A Lei nº 14.026/2020, sancionada em 15 de julho de 2020, propõe, de forma clara, até o ano de 2033 o acesso da população ao saneamento básico, tendo como justificativa o fato de que 35 milhões de pessoas não têm acesso a água tratada e mais de 100 milhões não contam com serviços de coleta e tratamento dos seus esgotos. No que tange aos aspectos dos marcos regulatórios, significa dizer que, diante da universalização do acesso, as metas visam garantir que até o ano de 2033 99% da população brasileira deverão ter acesso a água tratada, enquanto que 90% deverão dispor dos serviços de coleta e tratamento.

Este artigo traz uma visão de saúde pública e de meio ambiente com relação à futura aplicação no Novo Marco Legal do Saneamento no Estado de São Paulo, abordando os principais pontos positivos e negativos de sua implementação, além dos desafios que deverão ainda ser enfrentados após 2033.

2 Situação do saneamento no Estado de São Paulo

2.1 Abastecimento de água

De acordo com o Sistema Nacional de Informações sobre Saneamento – SNIS, tendo como referência o ano de 2020, a população total atendida por sistemas de abastecimento de água no Brasil é de 175,5 milhões de habitantes, o que representa 84,1%. A amostra do SNIS contemplou 5.350 municípios de um total de 5.570.

A região do país com maior média percentual de atendimento com abastecimento público de água é o Sudeste, que inclui o Estado de São Paulo, atingindo um índice de 91,3%.

No tocante ao abastecimento público de água, ainda existem alguns desafios a serem enfrentados no Estado de São Paulo, principalmente nas Regiões Metropolitanas, tais como o atendimento de comunidades instaladas em regiões irregulares, situadas em áreas de proteção e conservação de mananciais ou população residente em áreas de conservação ambiental. Nesses locais, as empresas de saneamento são impedidas, pelo poder público, de instalar rede de distribuição de água, a fim de evitar um incentivo para o aumento das ocupações irregulares.

Portanto, o Novo Marco Legal estabelece uma meta de data limite para a universalização do tratamento da água, impondo aos municípios e às secretarias de saúde critérios que deverão ser implementados até 2033, com vistas a proteger a saúde da população.

2.2 Esgoto doméstico

O cenário brasileiro dos índices de atendimento urbano com redes de esgotos demonstra a ocorrência de sérias desigualdades no país. Embora os índices de tratamento do volume de esgotos coletados nos municípios sejam de 78,5% (MDR, 2020), se for considerado o índice de tratamento em relação ao total dos esgotos gerados nos municípios abrangidos pelo SNIS 2019, o patamar cai para 49,1%, número obtido a partir da relação entre os volumes tratados e o total de esgoto produzido, com a adoção do volume de água consumida como referência para o cálculo.

Em relação ao tratamento dos esgotos, apenas o Estado do Paraná (74,6%) possui índice acima de 70%, seguido por Roraima (69,9%), São Paulo (68,3%) e Goiás (53,9%) – com índices entre 50% e 70%. Espírito Santo (42,5%), Mato Grosso (44,7%), Mato Grosso do Sul (44,8%), Minas Gerais (42,0%) e Bahia (47,3%) apresentam índices entre 41% e 50%. Dez Estados apresentam índices entre 20% e 40%, e em sete Estados o índice de tratamento é menor que 20%.

A CETESB possui uma base de dados relativa à população atendida pelos serviços de coleta e tratamento de esgotos. É importante notar que o índice de tratamento de esgoto doméstico, no Estado de São Paulo, atingiu 65% em 2020, o maior patamar em relação aos últimos 4 anos, conforme aponta o Gráfico 1.

Gráfico 1 – Evolução do tratamento de esgotos domésticos
no Estado de São Paulo – 2016 a 2020

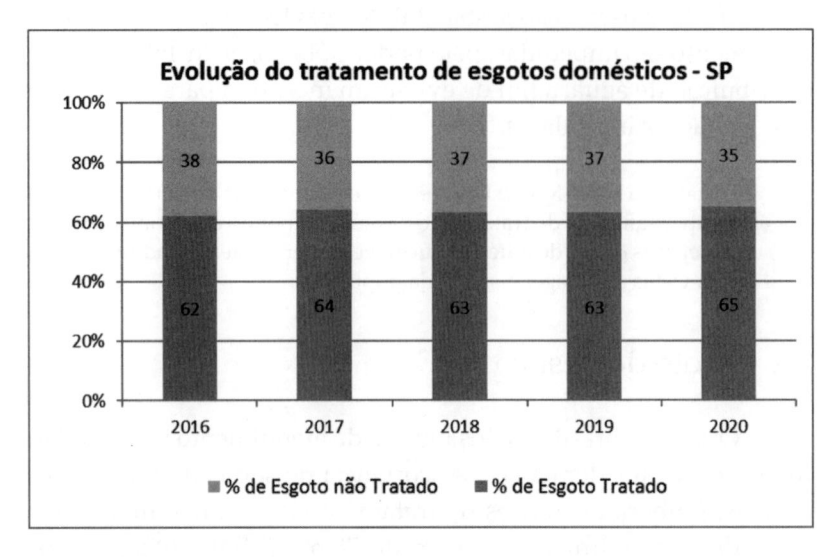

Evolução do tratamento de esgotos domésticos - SP

Ano	% de Esgoto não Tratado	% de Esgoto Tratado
2016	38	62
2017	36	64
2018	37	63
2019	37	63
2020	35	65

Fonte: SABESP.

Assim, mesmo no Estado de São Paulo, com um dos melhores índices de saneamento básico da Federação, há a necessidade de aceleração do ritmo de investimentos, para que seja possível a universalização no prazo preconizado na lei, de forma a obter impactos positivos com relação às questões de saúde pública e de meio ambiente.

São 36 os municípios sem tratamento de esgoto doméstico no Estado de São Paulo, quais sejam: Américo Brasiliense, Araras, Areias, Barrinha, Bom Jesus dos Perdões, Caconde, Caieiras, Cajamar, Cordeirópolis, Cosmópolis, Descalvado, Estiva Gerbi, Francisco Morato, Franco da Rocha, Ipiguá, Iracemópolis, Jardinópolis, Mairinque, Marília, Monte Alegre do Sul, Orlândia, Paraibuna, Pedra Bela, Piquete, Pirajuí, Ribeirão Bonito, Rincão, Rio das Pedras, Santa Cruz das Palmeiras, São Joaquim da Barra, São José do Barreiro, São Simão, Sarapuí, Sarutaiá, Tejupá e Tuiuti. Esses municípios totalizam uma população de, aproximadamente, 1,5 milhão de habitantes, sendo também uma janela de oportunidade para os avanços preconizados no novo marco do saneamento.

O incremento da população atendida pelos serviços de coleta e tratamento de esgotos é fundamental para a melhoria da qualidade das águas e o desenvolvimento sustentável do Estado de São Paulo.

Para tanto, são necessárias ações integradas relacionadas ao uso e ocupação do solo envolvendo municipalidades e Estado, de forma a equacionar problemas decorrentes das ocupações irregulares e do crescimento desordenado das cidades, além de intensificar as ações de educação sanitária e ambiental junto à população para conexão ao sistema público de esgotos e uso correto dos serviços de saneamento disponibilizados. O lançamento dos esgotos domésticos sem tratamento nas águas dos rios, reservatórios, estuários e regiões costeiras reduz sua qualidade, restringindo seus múltiplos usos e contribuindo para o aumento da ocorrência de doenças de veiculação hídrica causadas pelo contato primário ou pela ingestão de água contaminada.

Um dos principais parâmetros que indica o lançamento de esgotos domésticos sem tratamento é o aumento da presença da *Escherichia coli* na água. Outro indicador da presença de lançamento de esgotos é o aumento da concentração da matéria orgânica e a sua decomposição pelos microrganismos, causando uma redução nos níveis de oxigênio dissolvido no meio aquático, que pode chegar a anoxia, dependendo das características do lançamento e do rio. Quando os níveis de oxigênio dissolvido tendem a zero, a decomposição da matéria orgânica ocorre em meio anaeróbio, o que causa a emanação de subprodutos voláteis odoríferos dos corpos de água, causando incômodos à população e danos aos materiais e à flora. Em meio aeróbio, por outro lado, ocorre a decomposição da matéria orgânica carbonácea e da matéria orgânica nitrogenada, esta última convertida em nitrato. Ambos, fósforo e nitrato, são nutrientes essenciais para a atividade biológica, sendo o fósforo considerado como fator limitante. Quando em excesso, esses nutrientes provocam o crescimento excessivo de algas e macrófitas aquáticas, provocando a ocorrência do fenômeno denominado de eutrofização.

Portanto, o Novo Marco Legal estabelece uma meta de data limite para universalização do tratamento dos esgotos domésticos, impondo aos municípios e aos órgãos ambientais licenciadores critérios que deverão ser implementados até 2033, com vistas a proteger a saúde do meio ambiente.

3 Pontos de destaque do Novo Marco Legal do Saneamento

Um dos maiores avanços do Novo Marco Legal do Saneamento foi o de estabelecer um prazo para a universalização do saneamento no Brasil. Destacam-se ainda outros pontos, a nosso ver, que representaram uma mudança importante que o Novo Marco Legal trouxe comparativamente com a legislação antiga.

A análise crítica do texto da lei permitiu apontar seis importantes mudanças, que contemplam aspectos de regulação, gestão e participação do setor privado, nos seguintes termos:

3.1 Agência Nacional de Águas e de Saneamento Básico (ANA) passa a regular o setor

Com a legislação em vigor, a ANA passa a editar normas de referência para a regulação dos serviços públicos de saneamento básico. Cabe ao Ministério da Economia destacar servidores de órgãos e de entidades da administração pública federal para a ANA. Desse modo, a Agência agora é responsável por:
- Avaliar as melhores práticas regulatórias do setor;
- Realizar consultas e audiências públicas;
- Reunir grupos de trabalho com a participação das entidades reguladoras, fiscalizadoras e representantes municipais;
- Estabelecer e fiscalizar o cumprimento de regras do uso da água; e
- Elaborar normas que promovam a prestação adequada dos serviços de abastecimento de água e esgoto.

Além disso, previu-se a criação do Comitê Interministerial de Saneamento Básico, presidido pelo Ministério do Desenvolvimento Regional, com o objetivo de melhorar a articulação entre os órgãos federais atuantes na área. Com as inovações advindas, a Agência Nacional de Águas e Saneamento Básico (ANA) assume o papel de uma agência reguladora dedicada a fazer cumprir os objetivos e diretrizes da Lei das Águas do Brasil, devendo editar normas que versem, por exemplo, sobre padrões de qualidade e eficiência na prestação, manutenção e operação dos sistemas de saneamento básico e metas de universalização dos serviços públicos de saneamento básico para concessões que considerem, entre outras condições, o nível de cobertura de serviço existente, a viabilidade econômico-financeira da expansão da prestação do serviço e o número de municípios atendidos.

3.2 Pequenos municípios podem contratar o serviço de água e esgoto em bloco

Com o objetivo de atender cidades menores e com menos recursos financeiros, os Estados podem compor um bloco com municípios pequenos, denominado de unidades regionais de saneamento básico, que não precisam ser necessariamente vizinhos; permite-se, assim, a contratação do serviço de forma coletiva.

Dessa forma, os blocos deverão implementar planos municipais e regionais de saneamento básico, além de contar com o apoio técnico e financeiro do Governo. Portanto, segundo Paganini e Bocchiglieri (2021), é correto afirmar que o texto da Lei afeta questões relacionadas à titularidade pelos serviços, que poderá ser exercida pelos municípios e o Distrito Federal, no caso de interesse local; pelo Estado, em conjunto com os municípios que compartilham efetivamente instalações operacionais integrantes das regiões metropolitanas, aglomerações urbanas e microrregiões, no caso de interesse comum.

Os blocos possuem a finalidade de evitar um aumento no valor da tarifa, devendo contemplar, com o subsídio cruzado, municípios mais vantajosos e outros menos vantajosos. No entanto, essa proposta possui alguns desafios, tais como montar blocos com sustentabilidade econômico-financeira e obter a concordância da municipalidade.

3.3 Licitação obrigatória

A nova lei torna obrigatória a abertura de licitação para concorrer à prestação de serviços público e privado. Previu-se, ainda, a manutenção dos contratos em vigor, porém, desde que incluíssem metas de universalização até março de 2022.

Em síntese, com base na atual legislação, não será mais possível celebrar os chamados "contratos de programa" para prestação de serviços de abastecimento de água e de esgotamento sanitário. Cuida-se de medida salutar, pois em tais contratos não há concorrência, além de já serem firmados de forma direta entre os titulares de serviço e as concessionárias.

Quanto ao estabelecimento do processo licitatório, espera-se que os contratos celebrados possam almejar a expansão dos serviços, a redução de perdas na distribuição de água tratada, a qualidade na prestação dos serviços, a eficiência e o uso racional da água, da energia e de outros recursos naturais, e o reúso de despejos. Ou seja, as empresas públicas ou privadas deverão demonstrar capacidade técnica e financeira para ofertar os serviços.

3.4 A iniciativa privada pode participar ativamente na prestação do serviço de saneamento

A lei atual permite que empresas privadas entrem no processo de licitação para prestar serviços de saneamento. Cabe esclarecer que isso não impede que as companhias estaduais concorram pela prestação do serviço, no entanto, elas agora disputam de "igual para igual" no processo licitatório com a iniciativa privada.

A ampliação da concorrência é positiva, pois permitirá que um maior número de empresas participe do processo licitatório, possibilitando uma oferta maior de serviços com um melhor custo.

3.5 Estabelecimento de cobrança sobre os serviços de limpeza urbana

A partir da sanção do Marco Legal do Saneamento Básico, as cidades devem assumir o compromisso de iniciar a cobrança das tarifas sobre os serviços de poda de árvores, varrição de ruas, limpeza de bocas-de-lobo, abastecimento de água, esgotamento sanitário e gestão e gerenciamento dos resíduos sólidos.

A lei institui que, na hipótese de prestação dos serviços sob regime de concessão, as tarifas e os preços públicos serão arrecadados pelo prestador diretamente do usuário.

3.6 Pretende-se acabar com os lixões em todo o território nacional

O novo marco também estende o prazo para os municípios extinguirem os lixões a céu aberto. Segundo a Política Nacional de Resíduos Sólidos (PNRS), de 2010, a data limite seria até 2018 para capitais e 2021 para municípios menores. Agora, as capitais terão até 2021, e os municípios com menos de 50 mil habitantes, até 2024 para cumprir o estabelecido em lei. Depreende-se que a provável solução passa pelo investimento em modelos mais sustentáveis, tais como a coleta seletiva, aterros sanitários e a geração de energia a partir de resíduos.

De acordo com levantamento da Associação Brasileira de Empresas de Tratamento de Resíduos e Efluentes (Abetre), a destinação de resíduos por ser solucionada com a construção em média de 500 (quinhentos) aterros sanitários regionais. Em tal realidade, o investimento seria de R$ 2,6 bilhões para as cidades que ainda não possuem aterros sanitários.

A meta de acabar com os lixões clandestinos já presente na PNRS era dificultada, segundo os municípios, pelo subsídio do custo com os aterros. No entanto, com o Marco Legal do Saneamento Básico os municípios brasileiros serão obrigados a implementar uma forma de arrecadação específica para custear os serviços de limpeza urbana, solucionando dessa forma a problemática de custeio.

4 Desafios do Novo Marco do Saneamento

Um dos maiores desafios do Novo Marco do Saneamento é a dificuldade de adesão dos municípios aos blocos estabelecidos pelo Governo do Estado de São Paulo, por meio da Lei nº 17.383/21, que estabeleceu quatro novas divisões de Unidades Regionais de Serviços de Abastecimento de Água Potável e Esgotamento Sanitário

(URAE): Sudeste, que engloba os 370 municípios que têm contrato com a Sabesp; Centro, com 98 municípios; Leste, com 35 municípios; e Norte, com 142 municípios.

A criação das novas regiões visa alterar o atual modelo no qual os subsídios do saneamento são isolados e atendem apenas aos usuários de uma cidade, gerando desequilíbrio nas taxas para os consumidores. Com a regionalização do saneamento, haverá a implantação de subsídios cruzados entre municípios que compõem a mesma região, o que deve garantir tarifas médias de água e esgoto à população.

Seu princípio fundamental "é a promoção da cidadania digna e ao mesmo tempo responsável da pessoa humana, de modo que o saneamento básico e especialmente a água, como bem comum, sejam acessíveis a todos, a um preço socialmente justo".

A regionalização possibilita também o compartilhamento de infraestruturas, viabilizando a universalização dos serviços para municípios menores. A previsão do governo estadual é que o acesso a água potável, a coleta e o tratamento de esgoto sejam universalizados até 2033.

Para essa lei se tornar viável, deverá contar com a adesão dos municípios paulistas. No Estado de São Paulo, a adesão dos municípios foi muito baixa, devido, muito provavelmente, à falta de conhecimento sobre o próprio Marco Legal do Saneamento ou à perda de influência política na municipalidade.

5 Considerações finais sobre o Novo Marco Regulatório do Saneamento

O saneamento básico não se resume em meras obras de infraestrutura. Deve, necessariamente, englobar inclusão social e proteção ambiental, podendo-se afirmar que saneamento é sinônimo de saúde pública e ambiental. Portanto, sua priorização é fundamental. A Organização Mundial da Saúde (OMS) aponta que para cada R$1 investido em saneamento, economiza-se R$4 em saúde.

No que tange às metas de universalização, o Novo Marco estabeleceu, como já comentado, 99% de cobertura de abastecimento de água e 90% de cobertura de saneamento até o ano de 2033 – e, excepcionalmente, 1º de janeiro de 2040, se preenchidos alguns critérios, entre eles, se os estudos para a licitação da prestação regionalizada apontarem para a inviabilidade econômico-financeira da universalização até o ano de 2033. Acrescente-se que os contratos existentes poderiam ter as novas metas incorporadas até o final de 2022 e, com isso, passariam provavelmente por um processo de reequilíbrio econômico-financeiro.

Ferreira, Gomes e Dantas (2021) realizaram uma excelente explanação sobre o que denominaram como desafios e controvérsias do Novo Marco Legal do Saneamento Básico no Brasil. Nesse artigo, a visão dos autores é a de que o tema deve ser abordado sob três eixos principais do assunto, a saber:
- A visão da remunicipalização dos serviços em vários países;
- A evolução histórica do saneamento básico no Brasil;
- Os desafios e controvérsias do Novo Marco Legal do Saneamento Básico no país.

O trabalho conclui que ainda existem diferentes posições a respeito do tema, contrárias e a favor da implantação da proposta. Os que se dizem a favor afirmam que haverá uma significativa atração por investimentos para o serviço, concretização da universalização dos serviços de água e esgoto, e defendem o fato de que o setor privado seria, supostamente, mais eficiente.

Já em sentido oposto, a preocupação é o possível aumento dos preços dos serviços, a possibilidade de que o lucro das companhias privadas fique acima da qualidade dos serviços; o fim do subsídio cruzado, sendo uma importante oportunidade para prestar os serviços de águas e esgoto para os municípios deficitários; desfavorecimento das comunidades mais vulneráveis e afastadas dos centros urbanos; desestruturação das companhias estaduais e, eventualmente, dos serviços municipais.

Segundo apontam os citados autores, o processo tem trazido conflitos e incertezas. Destacam que a tendência que ocorre em todo o mundo é que, ao contrário do que muitos possam imaginar, o processo de remunicipalização é uma realidade. Além disso, destacam que há um risco de aumento das desigualdades no país quanto ao acesso ao serviço, o risco de privatização de aquíferos subterrâneos e aumento das tarifas de serviços. Some-se a isso a possibilidade do fim do subsídio cruzado, onde os municípios deficitários podem sofrer por falta de abastecimento.

O Conselho de Direitos Humanos da Organização das Nações Unidas (ONU), representado pelo seu relator, o Prof. Leo Heller (2020), também alerta que o Novo Marco Legal do Saneamento pode aprofundar a desigualdade no país; ainda ressalta o risco de se colocar as empresas públicas estaduais no mesmo patamar das empresas privadas, posto que estas possam preferir não atuar nos municípios pequenos, mas apenas nas grandes cidades, onde a garantia da lucratividade econômica é substancialmente maior. Quanto à reestatização dos serviços, afirma que, segundo o movimento registrado pelo Instituto Transnacional (TNI), nas últimas duas décadas houve cerca de 310 casos de reestatização do fornecimento de água e esgoto em países tais como França, Alemanha, Argentina, Bolívia e Moçambique.

A literatura destaca que, com relação à universalização do atendimento, deve ser levada em conta a estimativa de gastos para se atingir a meta de saneamento, baseada no planejamento estabelecido pelo Ministério do Desenvolvimento Regional (MDR), que é da ordem de R$598 bilhões (MADEIRO, 2020 *apud* PAGANINI e BOCCHIGLIERI, 2021). São números de proporção significativamente elevada, e fazendo uma rápida estimativa, seria necessário investir mais de R$50 milhões por ano, durante 12 anos ininterruptamente (2021-2033), para se aproximar desse montante. Portanto, denota-se que é uma meta quase inatingível, que inevitavelmente deverá ser revisada.

Não obstante, a maior contribuição que o Novo Marco Legal do Saneamento tem o dever de trazer para a população brasileira é, sem sombra de dúvida, a universalização dos serviços. Surge a possibilidade de distribuir água em qualidade e quantidade para todos e coletar e tratar o esgoto, contribuindo para uma melhor qualidade de vida a um preço justo.

Pode-se considerar que alguns dos grandes desafios do setor, que advêm notadamente do arcabouço jurídico e institucional, são: a falta de padronização e efetividade regulatória, a falta de concorrência e de atratividade para o setor privado e, consequentemente, a falta de investimentos.

Apesar dos avanços das últimas décadas, o setor de saneamento básico é um dos últimos grandes setores de infraestrutura que não foi universalizado no Brasil, ao contrário de outros, como energia e telecomunicações.

Portanto, a sociedade paulista deve se comprometer com a implantação do Novo Marco Legal do Saneamento, focando naqueles pontos que necessitam de ajustes, de modo a não inviabilizar a sua aplicação.

Para a população que tem sede, pouco importa se o abastecimento foi feito pelo poder público ou pela iniciativa privada. Para a população vulnerável, que precisa proteger suas crianças do esgoto a céu aberto, também não importa se a coleta foi realizada por uma companhia estatal ou empresa privada. Investir em saneamento é investir em saúde da população. Saneamento é básico. A situação brasileira é diferenciada de região a região do país, mas frise-se que é inaceitável a nona economia mundial exibir um índice de 57,5% de água tratada em sua região Norte. Devido a isso, as populações ribeirinhas e rurais, em condições extremamente precárias, fazem uso das águas contaminadas dos poços, cacimbas ou mesmo dos rios e córregos contaminados, desenvolvendo doenças que certamente já deveriam estar erradicadas.

Não obstante o Novo Marco Legal do Saneamento, será o desafio de enfrentar, no período pós 2033, sob o ponto de vista ambiental, o nível de tratamento a ser exigido nas Estações de Tratamento de Esgoto, que possuem lançamento de seus efluentes tratados em corpos hídricos sensíveis, uma vez que a eutrofização já consiste num dos principais problemas ambientais que afetam nossos reservatórios.

Referências

ANDERAOS, A. O desenho regulatório do novo Marco Legal do Saneamento Básico no Brasil e a aparente dicotomia entre a regulação contratual e discricionária. *Revista de Direito Setorial e Regulatório*, v.7 nº 2, p. 24-51, outubro de 2021.

BRASIL. Constituição (1988). *Constituição da República Federativa do Brasil*. Brasília, DF: Senado Federal: Centro Gráfico, 1988.

BRASIL. *Lei nº 11.445*, de 05 de janeiro de 2007. Estabelece diretrizes nacionais para o saneamento básico, altera as Leis 6.766, de 19 de dezembro de 1979, 8.036, de 11 de maio de 1990, 8.666, de 21 de junho de 1993, 8.987, de 13 de fevereiro de 1995; revoga a Lei nº 6.528, de 11 de maio de 1979 e dá outras providências.

BRASIL. *Lei nº 14.026*, de 15 de julho de 2020. Atualiza o marco legal do saneamento básico e dá outras providências. Diário Oficial da União 2020; 16 jul.

BRASIL. Novo Marco do Saneamento permitirá a universalização do serviço: projeto foi aprovado no Senado e segue para sanção presidencial. Notícias, Infraestrutura, 2020. Disponível em: https://www.gov.br/pt-br/notícias/transito-e-transporte/2020/06/novo-marco-do-saneamento-permitira-a-universalização-do-serviço.

FERREIRA, J. G.; GOMES, M. F. B.; DANTAS, M. W. de Araujo. Desafios e controvérsias do novo marco legal do saneamento básico no Brasil. *Brazilian Journal of Development*, Curitiba, v. 7, p. 65449-65468, 2021.

PAGANINI, W. da Silva; BOCCHIGLIERI, M. M. O Novo Marco Legal do Saneamento: universalização e saúde pública. *Revista USP*. São Paulo, nº 128, p. 45-60, 2021.

MADEIRO, C. Investimento cai e universalização do saneamento deve atrasar três décadas. 2020. Disponível em: https://noticias.uol.com.br/meio-ambiente/ultimasnoticias/redacao/2020/07/09/com-queda-nos-investimentos-universalizacao-dosaneamento-atrasa.htm?cmpid=copiaecola.

MDR. Ministério do Desenvolvimento Regional. Do SNIS ao Sinisa. Informações para planejar o Esgotamento Sanitário. *Diagnóstico SNIS-AE 2019*. Brasília, 2020b. Disponível em: http://www.snis.gov.br/downloads/cadernos/2019/DO_SNIS_AO_SINISA_ESGOTO_SNIS_2019.pdf.

Informação bibliográfica deste texto, conforme a NBR 6023:2018 da Associação Brasileira de Normas Técnicas (ABNT):

BEVILACQUA, José Eduardo; MENEGON JÚNIOR, Nelson; IGLECIAS, Patrícia. O Novo Marco Legal do Saneamento. Rumo ao avanço da sociedade brasileira? *In*: ZULIANI, Geninho; DAL POZZO, Augusto Neves (coords). *Saneamento básico*: uma lei e um marco. Belo Horizonte: Fórum, 2023. p. 199-212. ISBN 978-65-5518-485-3.

SANEAMENTO NO BRASIL TEM SOLUÇÃO? O CASO SABESP

BENEDITO BRAGA
JOÃO PAULO TAVARES PAPA

1 Introdução

Em pleno século 21, a falta de saneamento básico aprofunda ainda mais a desigualdade social brasileira, cujo resultado é bem conhecido: aumento das filas nos postos de saúde, baixo desempenho educacional, desvalorização imobiliária, baixa atração de investimentos e degradação ambiental, colocando em risco a sustentabilidade dos recursos hídricos, fonte da existência da vida em nosso planeta.

Há quase cinco décadas, o Estado de São Paulo decidiu não pactuar com o atraso e escolheu seguir por um caminho mais virtuoso. Por meio de decisões estratégicas, com a criação e o fortalecimento de sua companhia de saneamento, a Sabesp, o principal braço executor de políticas públicas para o saneamento, foi capaz de enfrentar e vencer os imensos desafios com a oferta de serviços eficientes para sua população.

Neste artigo, abordamos os principais marcos vivenciados pela Sabesp desde sua criação, em 1973, até os dias atuais. Destacamos a forma como a empresa, de reconhecida competência técnica e gerencial, aproveitou as oportunidades e adversidades para se modernizar e incorporar novas e eficientes tecnologias com o objetivo de cumprir sua nobre missão.

Na mesma medida, soube se adaptar às diversas mudanças nos cenários institucional e legal brasileiros, que atualmente vivenciam mais um capítulo com a promulgação e regulamentação do Novo Marco Legal do Saneamento Básico – Lei nº 14.026/2020.

Trata-se de decisões estratégicas sintonizadas com os avanços regulatórios, tecnológicos, de governança e gestão, que permitiram avançar com o acesso ao atendimento, elevar permanentemente a eficiência operacional e o patamar de investimentos, consolidando-se como uma das mais importantes e respeitadas prestadoras de serviços de saneamento básico do país e do mundo.

2 Saneamento e a legislação brasileira

Não é uma tarefa difícil avaliar os benefícios trazidos pela infraestrutura de saneamento básico. A falta desse serviço é facilmente observada nas águas infectadas correndo por sarjetas e calçadas, no aumento das internações hospitalares, sobretudo das crianças com infecções intestinais, além de rios e córregos poluídos e sem vida.

A falta desse atendimento também se reflete na desvalorização imobiliária e impacta diretamente as atividades econômicas que dependem de condições ambientais adequadas para seu exercício, como é o caso do turismo e o dos esportes náuticos.

Regiões com tais características estão condenadas ao atraso e ao mais agudo subdesenvolvimento. Infelizmente, este ainda é um cenário bastante comum em muitas localidades do país onde a falta de estruturas sanitárias mínimas contribui para o desperdício de oportunidades e a perpetuação de bolsões de pobreza. Uma situação que nos remete à Idade Média, escancarando o fosso profundo das desigualdades sociais brasileiras.

Mais que simples negligência por parte dos responsáveis pelo planejamento e execução de políticas públicas, trata-se da negação de um direito humano, conforme reconhecimento da Organização das Nações Unidas (ONU). Dentro de seus 17 Objetivos do Desenvolvimento Sustentável (ODS), o Objetivo 6 – que trata da garantia da disponibilidade e manejo sustentável da água e saneamento para todos – é considerado como uma das salvaguardas para o desenvolvimento civilizatório.

No contexto brasileiro, a Pesquisa Nacional de Saneamento Básico (PNSB) 2017, divulgada em 2020 pelo IBGE, trouxe números impactantes para um país que pretende se situar entre as dez maiores economias mundiais.

Quase a metade dos domicílios brasileiros – cerca de 34 milhões de habitações – ou mais de cem milhões de pessoas ainda não são atendidas por sistemas estruturados de coleta de esgotos, sendo as regiões Norte e Nordeste as mais deficitárias, conforme Figura 1 (IBGE, 2020). E aproximadamente 35 milhões de brasileiros ainda vivem sem acesso a água potável em suas residências. O mais angustiante: cerca de 1,6 milhão de residências não tem sequer um banheiro, com famílias carecendo de acesso a condições sanitárias ainda mais básicas, segundo dados do IBGE.

Figura 1 – Serviço de esgotamento sanitário por rede coletora em funcionamento

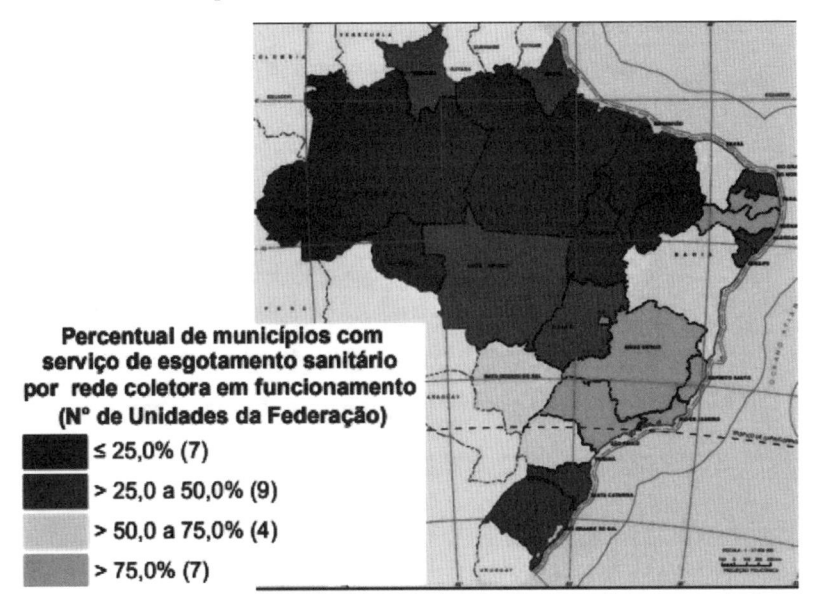

Percentual de municípios com serviço de esgotamento sanitário por rede coletora em funcionamento (Nº de Unidades da Federação)
- ≤ 25,0% (7)
- > 25,0 a 50,0% (9)
- > 50,0 a 75,0% (4)
- > 75,0% (7)

Fonte: IBGE, Diretoria de Pesquisas, Coordenação de População e Indicadores Sociais, Pesquisa Nacional de Saneamento Básico 2017.

Embora os investimentos no setor tenham ganhado gradativo fôlego nas últimas décadas e maior volume após a promulgação da Lei nº 14.026/2020 – o Novo Marco Legal do Saneamento Básico, que demonstra estar fomentando maior competitividade e atração do capital privado –, o saneamento ainda figura dentro dos segmentos de infraestrutura mais necessitados de aportes para sua expansão.

Muito disso pode ser explicado pelo contexto histórico, em que somente na década de 1970 os serviços, sobretudo o de abastecimento com água potável, passaram a ser tratados como fundamentais para o desenvolvimento.

Motivado por uma demanda crescente em função do acelerado crescimento e acentuada urbanização das cidades (Figura 2), o governo brasileiro criou o Plano Nacional de Saneamento (Planasa), que fazia a transferência de recursos federais subsidiados pelo Banco Nacional de Habitação (BNH) aos estados que estruturassem suas companhias de água e esgoto (PENA, 2013).

Figura 2 – Gráfico da população brasileira entre os anos de 1872 e 2015

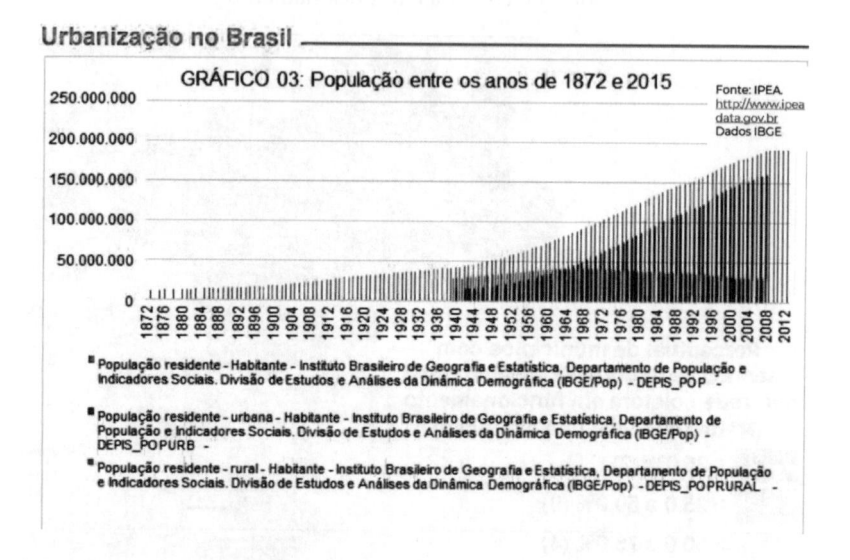

Fonte: IPEA. Dados do IBGE.

Até o final da década de 1960, as populações urbanas e rurais eram equivalentes. A partir dos anos de 1970, o País vivenciou um rápido crescimento da urbanização, atingindo, nos dias atuais, um contingente de 85% da população (cerca de 180 milhões de pessoas) vivendo em cidades, segundo dados da Pesquisa Nacional por Amostra de Domicílios (PNAD).

Para dar sustentabilidade a investimentos em um setor caracterizado pelo aporte de capital intensivo com retorno de longo prazo, o Planasa estimulava o avanço da área operada pelas empresas estaduais ao máximo de municípios. O modelo em escala foi escolhido para viabilizar o equilíbrio financeiro por meio do subsídio cruzado entre municípios de menor e maior rentabilidade.

Ainda que tenham sido registrados avanços menores nos sistemas de coleta e tratamento de esgotos em relação ao abastecimento com água potável, o plano marcou um primeiro grande momento para o saneamento básico, serviço que foi alçado, de fato, à estatura de política pública que até então lhe era negligenciada. Com a extinção do BNH em 1986, e sem fontes de recursos para sua sobrevivência, o Planasa chegou ao fim em 1992, encerrando um capítulo importante para os avanços no atendimento da população brasileira.

O tema ganharia a devida atenção novamente apenas duas décadas mais tarde, com a publicação da Lei nº 11.445, de 2007, que pode ser considerado como o segundo maior momento para o setor. Foram estabelecidos, ainda que de maneira inicial, regramentos, conceitos e diretrizes para as atividades de saneamento, valorizando seu planejamento, a execução e operação dos sistemas.

Outro destaque no contexto dessa lei foi criação das agências reguladoras, trazendo mais segurança contratual para os operadores e maior previsibilidade tarifária, contribuindo para o estabelecimento de metas e priorizações. Mais fortalecido, o olhar integrado dos componentes do saneamento básico – que reúne abastecimento com água tratada, coleta e tratamento de esgotos, coleta e manejo de resíduos sólidos e drenagem urbana – ressaltou sua intrínseca relação com a saúde pública, segurança hídrica e a qualidade de vida nas cidades e fora delas. (BRASIL, 2007)

Também foram instituídas diretrizes mais claras para a universalização do atendimento, que vieram a ser definidas, seis anos mais tarde, no Plano Nacional de Saneamento Básico (Plansab). Aprovado em novembro de 2013, o plano previa investimento de R$508 bilhões para universalização dos serviços no horizonte de 20 anos: de 2014 a 2033. (BRASIL, 2013)

O atual e terceiro mais importante capítulo vivenciado pelo setor passa a ser escrito com a promulgação e regulamentação da Lei nº 14.026/2020, que traz aprimoramentos fundamentais sobre o texto de 2007. Nesse sentido, são bons exemplos a obrigatoriedade do planejamento de longo prazo com o estabelecimento de metas nacionais comuns, os ajustes contratuais necessários para a universalização dos serviços até o final 2033, o fortalecimento regulatório com a definição de diretrizes legadas a um ente nacional e a maior segurança jurídica aos contratos. (BRASIL, 2020)

De maneira virtuosa, o avanço legal também resgata o olhar inclusivo e constitucionalmente previsto de que não podemos deixar ninguém para traz, já que todos temos o direito ao acesso a serviços de saneamento básico, mesmo em moradias estabelecidas em áreas consideradas irregulares.

A cobrança pela disponibilidade de redes de coleta e a obrigação para que o cidadão conecte seu imóvel à rede de coleta é outra medida de incremento da sustentabilidade econômica e ambiental. Isso ocorre à medida em que operadoras passam a receber por uma estrutura antes ociosa, incentivando as conexões às redes e consequentemente reduzindo o despejo do esgoto de forma irregular no ambiente, em maleficio ao bem-estar coletivo.

Por sua vez, o fim do instrumento do Contrato de Programa impôs grandes desafios, sobretudo aos operadores de empresas públicas, que passam a atuar em um ambiente concorrencial de maior competitividade. Essas são transformações necessárias, porém desafiadoras, que devem ser encaradas como grandes oportunidades para o ganho de eficiência, o fortalecimento da governança e a constituição de parcerias para avançar em benefício de toda a sociedade e do meio ambiente.

3 Sabesp: pioneirismo e eficiência na gestão do saneamento em São Paulo

Fundada em 1973 e considerada a maior empresa de saneamento do Brasil, e uma das maiores do mundo, a Sabesp está próxima de completar meio século na operação dos serviços de abastecimento de água, coleta e tratamento de esgoto no Estado de São Paulo.

Sociedade anônima de economia mista e capital aberto, a empresa é controlada pelo Estado de São Paulo, que detém 50,3% do capital social. O restante das ações é negociado na bolsa de valores de São Paulo (B3), no segmento Novo Mercado (37,3%), e de Nova York (NYSE) (12,4%), na posição de dezembro de 2021. (SABESP, 2022)

A companhia está presente em todos as regiões do Estado de São Paulo, totalizando 375 municípios paulistas. Para outros dois, São Caetano do Sul e Mogi das Cruzes, a empresa fornece água tratada por atacado e serviços de tratamento de esgoto, contando com uma base total de 28,4 milhões de clientes, sendo 27,8 milhões de pessoas atendidas diretamente e aproximadamente 600 mil no regime de atacado.

No interior e no litoral, suas operações estão divididas em dez superintendências inseridas nas respectivas bacias hidrográficas paulistas, conforme apontado em cores na Figura 3.

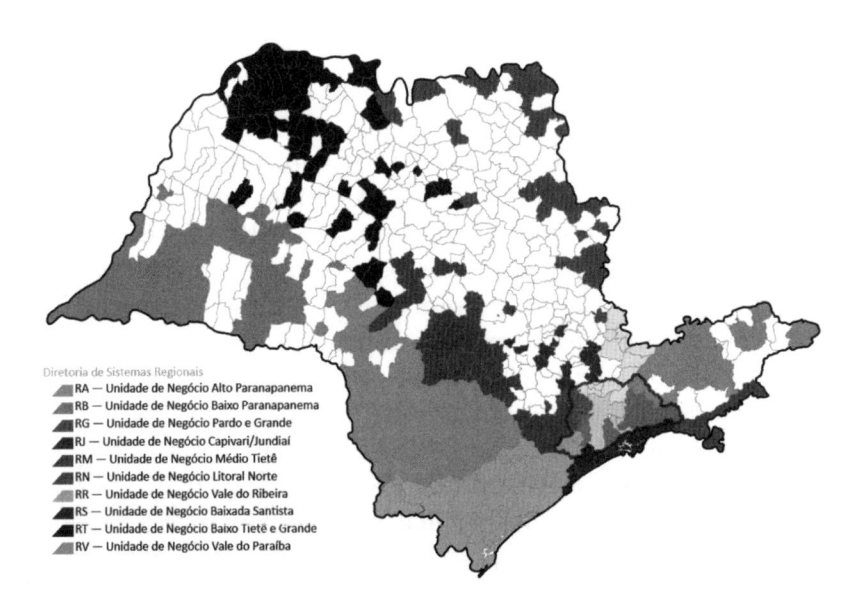

Figura 3 – Operações regionais no Estado de São Paulo

Diretoria de Sistemas Regionais
- RA — Unidade de Negócio Alto Paranapanema
- RB — Unidade de Negócio Baixo Paranapanema
- RG — Unidade de Negócio Pardo e Grande
- RJ — Unidade de Negócio Capivari/Jundiaí
- RM — Unidade de Negócio Médio Tietê
- RN — Unidade de Negócio Litoral Norte
- RR — Unidade de Negócio Vale do Ribeira
- RS — Unidade de Negócio Baixada Santista
- RT — Unidade de Negócio Baixo Tietê e Grande
- RV — Unidade de Negócio Vale do Paraíba

Fonte: SABESP.

Na Região Metropolitana de São Paulo (bacia do Alto Tietê), pela grande quantidade de clientes e complexidade operacional, as operações estão subdivididas em cinco regiões – centro, sul, leste, oeste e norte –, sendo que esta última também incorpora os municípios da região Bragantina (Figura 4).

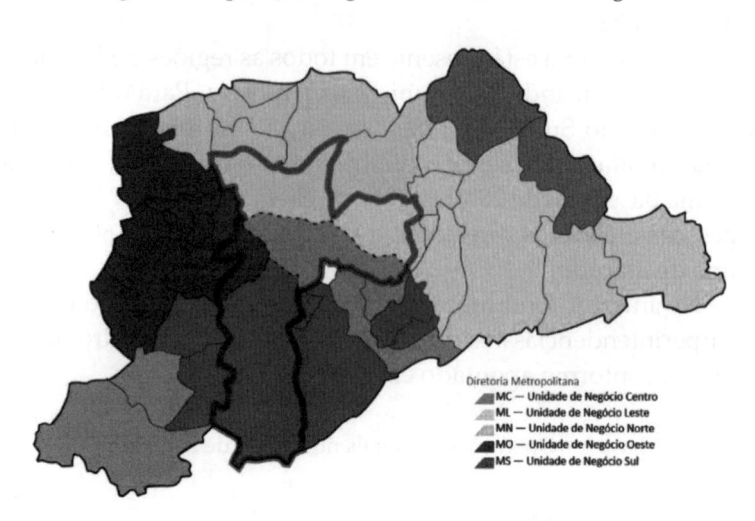

Figura 4 – Operações regionais e Unidades de Negócio

Diretoria Metropolitana
MC — Unidade de Negócio Centro
ML — Unidade de Negócio Leste
MN — Unidade de Negócio Norte
MO — Unidade de Negócio Oeste
MS — Unidade de Negócio Sul

Fonte: SABESP.

Em novembro de 2023, a empresa completa cinco décadas de existência com uma trajetória que se confunde com os principais marcos da evolução histórica do saneamento no País, posicionando São Paulo entre os estados mais bem colocados no *ranking* de atendimento brasileiro. Em números concretos, isso significa fornecer água tratada a 28 milhões de paulistas de 375 municípios, além de disponibilizar coleta de esgoto a 92% da área operada e tratar 79% do volume coletado. (SABESP, 2022)

Sua criação foi resultado da fusão das empresas COMASP, que atuava no abastecimento da Região metropolitana de São Paulo, a SAEC, que atendia a capital paulista com serviços de água e esgoto, e da SANESP, responsável pelo sistema de esgotamento metropolitano. Também foram incorporadas a SBS, da Baixada Santista, parte da Sanevale, que operava no Vale do Ribeira, e a estrutura da autarquia de Fomento Estadual do Saneamento Básico – FESB. (DAE, **1973**)

A estruturação da empresa ocorreu na esteira das oportunidades trazidas pelo Planasa, que, como relatado anteriormente, passou a canalizar recursos subsidiados para o desenvolvimento de companhias estaduais diante do déficit de infraestrutura que começava a recrudescer com intenso movimento de urbanização. Nesse contexto, a grande necessidade dos municípios em estruturar os serviços refletiu em rápida adesão à base operada da Sabesp, que vivenciou um período de forte expansão em todo o território paulista. Entretanto, esse rápido crescimento cobrou seu custo.

O caráter social do modelo Planasa significava assumir municípios com operações financeiramente deficitárias pela carência de estrutura e elevada demanda por investimentos, tornando a atuação em escala e o subsídio cruzado entre operações lucrativas e não lucrativas características fundamentais para equilíbrio e sobrevivência da operadora.

A extinção do BNH seguida do fim do Planasa trouxe forte impacto ao negócio, refletindo na necessidade de rever a forma atuação tanto no aspecto operacional quanto na busca de novas fontes para financiar a expansão da infraestrutura e melhorar a qualidade dos serviços.

Nesse sentido, no âmbito estratégico e operacional, a reestruturação promovida pelo governador Mário Covas em meados dos anos 1990 foi uma decisão determinante para o fortalecimento da companhia. A iniciativa buscou a racionalização do modelo de gestão com a criação de unidades de negócio nas respectivas bacias hidrográficas estaduais.

Essa reestruturação objetivou aproximar as bases de operação dos clientes atendidos, garantindo atuação mais atenta às demandas locais. Possibilitou ainda o estabelecimento de metas e indicadores de *performance* em nível regional, facilitando o acompanhamento estratégico local e mais autonomia de gestão.

Com as bases em estruturação, era necessário buscar novas fontes que permitissem acompanhar sua expansão sem a dependência de recursos públicos. A alternativa escolhida foi pela abertura de capital, em 1994, seguida, em 1997, da entrada na Bovespa (Bolsa de Valores de São Paulo, atual B3). Neste mesmo ano, a companhia emitiu, pela primeira vez, eurobônus no exterior, demonstrando perspectivas para o setor de saneamento e demais setores para a captação de financiamento e inaugurando uma série de debêntures que passaram a ser lançadas regularmente no mercado.

Em linha com as diretrizes do Programa Estadual de Desestatização (PED), que promovia a transferência da prestação de serviços públicos e a execução de obras de infraestrutura à iniciativa privada, outro movimento pioneiro no segmento de empresas públicas aconteceria em 2002, com a entrada no Novo Mercado.

A Sabesp foi primeira estatal brasileira a entrar nesse segmento reservado a empresas com elevado nível de governança corporativa no que tange à eficiência de decisões, ética nas relações, transparência e credibilidade de informações aos seus públicos. Logo em seguida, passou a ser listada na NYSE (*New York Stock Exchange*) – a bolsa de valores mais importante do mundo, com exigências de instrumentos de governança internacionais ainda mais rígidas.

A reestruturação corporativa veio acompanhada de avanços resultantes da capacidade de atuação junto ao capital privado também no aspecto operacional, com destaque para a Lei nº 11.079/2004, que abriu a possibilidade de Parceria Público-Privada (PPP) no âmbito da administração pública.

A Sabesp estreou neste novo arranjo com a formulação, em 2008, da primeira PPP de saneamento do país, que ampliou a capacidade de tratamento de água do Sistema de tratamento Alto Tietê, elevando a segurança hídrica para o abastecimento da Grande São Paulo. O modelo virou uma referência para o desenvolvimento do setor.

Este pioneirismo também está presente em novos modelos de contratação e parcerias institucionais que fomentaram avanços na gestão associada dos serviços em outros segmentos. Destacam-se a Sociedade de Propósito Específico (SPE) para a criação do Aquapolo, maior empreendimento de produção de água de reúso para fins industriais da América do Sul e um dos maiores do mundo, e a Attend Ambiental, constituída para o tratamento de efluentes não domésticos na Região Metropolitana de São Paulo.

Com a criação da Agência Reguladora de Saneamento e Energia – ARSESP em 2007, veio a garantia de mecanismo de independência no estabelecimento de tarifas que garantissem o equilíbrio econômico-financeiro da companhia para avançar na universalização dos serviços de água, coleta e tratamento de esgoto em toda a sua base atendida. Na Figura 5 observa-se o alto nível de investimento a partir de 2008, chegando a quase dobrar.

Figura 5 – Investimentos

Investimentos realizados de 1999 a 2018
Valores em R$ milhões, trazidos pelo IPCA, a preços médios de 2018

(Gráfico de barras: média 1999-2007 = 1.628; média 2008-2018 = 3.737)

A adaptação ao novo marco legal de 2007 e evoluções corporativas permitem dobrar o patamar de investimentos, que são mantidos até hoje. Em 2021, a Sabesp investiu R$5 bilhões em infraestrutura, tecnologia e operação dos sistemas. Atualmente, o aporte de capital realizado soma cerca de 30% de todo o investimento realizado em serviços de água e esgoto no País (média SNIS 2011-2020).

Contratos de *performance* com a remuneração bonificada para maior redução de perdas de água nas tubulações e maior conexão de imóveis às redes de coleta, como feito no programa Novo Rio Pinheiros, são mais alguns exemplos de modelos contratuais bem-sucedidos, sempre buscando o incremento da eficiência e otimização de resultados.

Ao caminhar para meio século de história, a Sabesp é uma demonstração de que a congregação de decisões estratégicas de governança e a gestão associadas ao incremento tecnológico pavimentam uma trajetória inspiradora. Trata-se de uma história em que grandes números significam vidas transformadas com a oferta de serviços que proporcionam mais saúde, qualidade de vida, oportunidades e dignidade.

4 Compromisso com as pessoas e com o meio ambiente

A trajetória da gestão e atuação da Sabesp, que atende ao equivalente a 68% da população urbana do Estado, explica por que o Estado de São Paulo tem hoje os menores índices de mortalidade infantil de sua história (SÃO PAULO, 2021). Isso diz muito sobre os avanços da infraestrutura de saneamento, que, ao lado da educação, garante condições para uma infância com saúde, qualidade e perspectiva de futuro.

Trata-se de conquistas construídas com muita sensibilidade às questões socioambientais que estão presente em programas pioneiros como o Onda Limpa – maior ação de saneamento e recuperação ambiental do litoral brasileiro, que ampliou a cobertura de coleta de esgotos de 53%, em 2007, para os atuais 84%. No interior, a expansão das estruturas reflete na melhoria da qualidade da água de importantes rios e na universalização do atendimento na quase totalidade de municípios operados.

Na Região Metropolitana de São Paulo, a grande expansão da infraestrutura sanitária metropolitana dentro do Projeto Tietê contabiliza números impressionantes: deflagrado após grande mobilização da sociedade, e depois de três décadas em execução, os investimentos realizados já ultrapassam U$3,3 bilhões. Os sistemas de coleta e tratamento de esgoto foram ampliados a uma população de aproximadamente 12 milhões de pessoas, número equivalente ao de habitantes de países como Portugal ou Suécia.

Os resultados da iniciativa podem ser observados na redução de mais de 400 quilômetros da mancha de poluição deste que é o rio mais extenso do Estado, com muitas cidades do interior voltando a contar com o rio plenamente vivo ao longo dos últimos 30 anos.

Em 2007, no município de São Paulo, o Projeto Tietê ganhou o reforço do programa Córrego Limpo, que é executado em parceria com a prefeitura e comunidades locais por meio de intervenções conjuntas, que reúnem expansão ou revitalização da estrutura sanitária, reordenamento espacial urbano e participação ativa da sociedade.

A experiência de mais de 160 córregos despoluídos pelo Córrego Limpo foi a maior fonte de inspiração para a formulação de outro programa: o Novo Rio Pinheiros. Iniciado em 2019, a iniciativa é outro grande exemplo de como a vontade política, a competência técnica e a capacidade de gestão podem transformar rapidamente a qualidade de vida nos grandes centros urbanos.

Após pouco mais de três anos desde seu início, a Sabesp já promoveu o transporte dos esgotos de mais de 560 mil residências para tratamento. A iniciativa é desenvolvida em conjunto com diversas outras ações socioambientais, como a coleta de resíduos e a limpeza da calha do rio, promovidas em parceria com outras empresas sob a coordenação da Secretaria de Infraestrutura e Meio Ambiente (SIMA).

Apesar do pouco tempo, os resultados do programa já são bem perceptíveis. O fim do mal cheiro e a presença de peixes em muitos córregos e até mesmo no rio Pinheiros demonstram que a vida está retornando a um dos principais símbolos da maior cidade do País. Ao mesmo tempo, milhares de famílias que habitam regiões de elevada vulnerabilidade estão ganhando mais qualidade de vida com um ambiente mais limpo e salubre.

Nessa mesma linha de atuação em comunidades carentes estão os programas Água Legal e Se Liga na Rede. O primeiro atua no fornecimento de água potável para comunidades informais, e o segundo, na instalação das ligações para coleta de esgoto que, em muitos casos, exigem inclusive reformas internas nos imóveis construídos precariamente.

O Água Legal já atendeu, com fornecimento de água potável, cerca de 160 mil famílias – ou seja, 560 mil pessoas – desde a sua criação, em 2017. No ano de 2019, o Programa Água legal recebeu o reconhecimento como *"Case* de Sucesso" pela Rede Brasil do Pacto Global, braço da Organização das Nações Unidas (ONU). Foi classificado como uma das melhores iniciativas brasileiras que impactam positivamente no ODS – Objetivo do Desenvolvimento Sustentável 6, relativo a Água e Saneamento.

Pelo Programa Se Liga na Rede, cujo nome formal é "Pró-conexão", já foram beneficiadas quase 30 mil famílias. Além das obras, que são realizadas nos imóveis para possibilitar que eles sejam ligados à rede esgoto, existe um intenso trabalho de aproximação com a comunidade. Moradores contratados no próprio local recebem treinamento e levam informações sobre a importância da conexão às redes. No caso da água, o benefício é bastante claro, mas para a adesão ao serviço de coleta e tratamento do esgoto, muitas vezes o morador não reconhece o benefício imediatamente, tornando-se um desafio ainda maior.

Outro capítulo marcante que demandou grande empenho conjunto da empresa e da sociedade foi durante o enfrentamento da pior seca registrada na história de São Paulo, nos anos de 2014 e 2015. A baixa recarga dos mananciais causou uma situação aflitiva e poderia ter deflagrado o colapso no abastecimento público.

Através da implementação de mecanismos econômicos de incentivo ao uso racional (bônus) e punição aos esbanjadores (ônus), a população reagiu favoravelmente e passou a consumir água de maneira mais racional. Enquanto isso, a Sabesp empreendeu grandes esforços em tempo recorde para implementação de infraestrutura e ganho de resiliência hídrica na metrópole. As intervenções ampliaram integração e flexibilidade no abastecimento, para que muitas regiões fossem abastecidas por mais de um sistema, permitindo a utilização de mananciais em condições mais favoráveis.

A capacidade de tratamento e armazenamento foram ampliadas, e a gestão de demanda noturna (GDN) nas tubulações, troca de redes e ramais contribuíram para a acentuada redução nas perdas de água. Foram construídos grandes sistemas para captação de novas fontes de água a longas distâncias, notadamente o Sistema Produtor São Lourenço e a interligação da Bacia do Paraíba do Sul ao Sistema Cantareira. Em 2020, foram iniciadas as obras de reversão das águas do rio Itapanhaú da vertente atlântica para a RMSP, que irá trazer ainda mais robustez à infraestrutura.

Não fosse a união de ações estratégicas aliadas a conscientização da população, a tarefa de levar água potável às torneiras de mais de 21 milhões de pessoas residentes na RMSP estaria sob risco permanente. Hoje temos uma situação muito mais segura para enfrentamento de adversidades climáticas, que se tornam cada vez mais recorrentes.

5 Advento do Novo Marco Regulatório do saneamento brasileiro

Como abordado anteriormente, no ano de 2007 uma nova moldura organizacional para o setor de saneamento foi estabelecida com a edição da Lei nº 11.445/2007, denominada Lei Nacional do Saneamento Básico (LNSB), que possibilitou a criação de políticas públicas mais consistentes e novos arranjos institucionais.

Além das mudanças já descritas, a referida Lei também definiu, entre outras competências, que o planejamento dos serviços é de responsabilidade dos titulares, que a contratualização seja realizada por contratos de programa ou de concessão e que a fiscalização e regulação dos serviços seja executada por entidade designada para esse acompanhamento.

Passados mais de dez anos da edição da LNSB, em 2018 o Governo Federal começou a promover alterações no marco legal do setor para a ampliação dos serviços de abastecimento de água e de esgotamento sanitário, notadamente para as populações mais carentes.

Inicialmente, foram propostas as Medidas Provisórias nº 844 e nº 868, que evoluíram para os Projetos de Lei nº 3.261/2019 e nº 4.162/2019. O PL nº 4.162/2019 foi aprovado pela Câmara dos Deputados em 17/12/2019 e pelo Senado Federal em 24/06/2020, e no dia 15 de julho de 2020, o projeto de lei aprovado foi sancionado com vetos pelo Presidente da República.

O novo marco regulatório do setor de saneamento, representado agora pela Lei Federal nº 14.026/2020, alterou regras de prestação de serviços do setor com impactos significativos em temas como a contratualização de novas concessões, a regionalização da prestação dos serviços, as alterações institucionais regulatórias, novas metas entre outros pontos.

A principal alteração institucional regulatória vem da nova competência atribuída à Agência Nacional de Águas (ANA), de modo a denominar a agência, responsável pela implementação da Política Nacional de Recursos Hídricos, agora como Agência Nacional de Águas e Saneamento Básico (ANA), com competência para editar normas de referência para a regulação dos serviços públicos de saneamento básico. Com isso, a ANA passa a ser responsável pela uniformização das regras regulatórias de saneamento no âmbito nacional.

A Lei nº 11.445/2007, que estabelece as diretrizes nacionais para o saneamento básico no país, foi o dispositivo com mais alterações a partir desse novo marco, dentre as quais destaca-se a prestação regionalizada dos serviços, com vistas à geração de ganhos de escala em busca da universalização.

Assim, os serviços podem ser estruturados por regiões metropolitanas, por unidades regionais de saneamento básico instituídas pelos Estados e constituídas por municípios não necessariamente limítrofes, ou por blocos de referência criados pela União com adesão dos municípios de forma voluntária para gestão associada dos serviços. O incentivo à regionalização, por sua vez, será por meio do condicionamento do acesso aos recursos federais à prestação regionalizada.

A nova lei dispõe ainda que os contratos relativos à prestação dos serviços públicos de saneamento básico deverão conter, entre outros, as metas de expansão e de qualidade na prestação dos serviços, as possíveis fontes de receitas alternativas e a repartição de riscos entre as partes, prestadores e titulares.

Os contratos em vigor poderão ser mantidos até o seu prazo final, desde que as empresas comprovem sua capacidade econômico-financeira e se adequem às metas e aos objetivos de universalização do novo marco.

6 Novo Marco Legal e regionalização

A Lei nº 14.026/2020 estabeleceu um novo marco legal para o setor de saneamento no País, cujo principal objetivo é a universalização dos serviços públicos de água e esgotos. Para tanto, a nova Lei estabelece que até 31/12/2033 99% da população brasileira tenha acesso a água potável e 90% da população seja atendida com coleta e tratamento de esgotos sanitários.

Dentre as mudanças trazidas no sentido de garantir a universalização dos serviços, destaca-se o incentivo à prestação regionalizada visando à geração de ganhos de escala e viabilidade técnica e econômico-financeira dos serviços.

No que diz respeito à regionalização, a nova legislação:
- Delega aos Estados a possibilidade de definir os arranjos da regionalização até 15/julho/2021;
- Impede a existência de subsídios cruzados entre localidades ou municípios que não pertençam a uma mesma unidade

regional, o que obriga a necessidade de ser garantido o equilíbrio econômico de cada unidade;
- Define a obrigatoriedade de instituição de unidades de governança interfederativa para exercício da titularidade nas unidades regionais;
- Direciona que os planos de saneamento sejam elaborados em nível regional, sobrepondo os planos municipais, sendo permitido o apoio técnico dos prestadores de serviços.

A regionalização da prestação dos serviços é recomendada por possibilitar a geração de ganhos de escala e escopo, além de permitir viabilizar, economicamente, a universalização dos serviços de saneamento em municípios menores e com população de menor capacidade de pagamento, ao reunir, em uma mesma região, municípios com maior ou menor capacidade econômico-financeira. Ademais, a regionalização proporciona o compartilhamento das infraestruturas dos sistemas existentes, facilitando o planejamento e a operação, contribuindo para a segurança hídrica.

O Novo Marco Regulatório do Saneamento estabeleceu que caberia aos Estados definir, por lei ordinária, as unidades regionais até 15/07/2021. Não havendo essa definição até a data mencionada, caberia à União, subsidiariamente aos Estados, estabelecer a regionalização por meio de blocos de referência.

A estruturação da regionalização prevista na Lei nº 14.026/2020 admite três arranjos:
- Por meio de regiões metropolitanas, aglomerações urbanas e microrregiões, instituídas pelos Estados mediante lei complementar e composta do agrupamento de municípios limítrofes, cuja adesão ocorre de forma compulsória;
- Por meio de unidades regionais de saneamento básico, instituídas pelos Estados mediante lei ordinária e constituída de municípios não necessariamente limítrofes, cuja adesão ocorre de forma voluntária; e
- Por blocos de referência, a serem estabelecidos pela União caso os Estados não estruturem a regionalização até 15/07/2021, constituídos de municípios não necessariamente limítrofes, cuja adesão ocorre de forma voluntária.

O quadro, a seguir, resume as formas de estruturação da regionalização e suas características.

Quadro 1 – Caracterização das Unidades Regionais e Blocos de Referência

Interesse	UNIDADE REGIONAL	BLOCO DE REFERÊNCIA
Ente federativo responsável pela criação	Instituída pelos Estados	Estabelecido pela União, de forma subsidiária aos Estados
Mecanismo de criação	Criado por Lei Ordinária Estadual	Criada por ato do Governo Federal
Prazo de criação	Estados terão até 15/07/2021 para criarem as unidades regionais	Só será exercida caso as unidades regionais não sejam estabelecidas pelos Estados até 15/07/2021
Formalização	Gestão associada voluntária via Convênio de Cooperação ou Consórcios Públicos	Gestão associada voluntária via Convênio de Cooperação ou Consórcios Públicos

Fonte: Elaborado pelo autor.

A definição da titularidade dos serviços de saneamento básico no novo marco regulatório utilizou, como critério, a dimensão do interesse envolvido. Isto é, os municípios ou o Distrito Federal são os responsáveis quando se tratar de serviço de interesse local.

Quando se tratar de serviço de saneamento básico de interesse comum, a titularidade será exercida pelo Estado em conjunto com os Municípios. O quadro a seguir apresenta os conceitos referendados pela nova Lei.

Quadro 2 – Conceitos de Interesse Local e Interesse Comum (Titularidade)

Interesse	INTERESSE LOCAL	INTERESSE COMUM
Municípios	Serviços de saneamento básico prestados exclusivamente a um único município	Serviços de saneamento básico prestados em regiões metropolitanas, aglomerações urbanas e microrregiões
Titularidade	Municípios e Distrito Federal	Estado em conjunto com os Municípios

Fonte: Elaborado pelo autor.

Quanto ao exercício da titularidade, nos arranjos regionais existe a necessidade de ser instituída uma unidade de governança onde os titulares articulem e regulamentem o exercício da mesma. Essa unidade de governança deve seguir as diretrizes do Estatuto das Metrópoles. Esse arranjo consolidado no novo marco legal do saneamento leva em conta as disposições do Estatuto da Metrópole e as decisões do Supremo Tribunal Federal (STF) sobre o tema.

Incumbe, portanto, aos Estados a regionalização dos serviços de saneamento básico em seus respectivos territórios, mediante a escolha da melhor alternativa.

Como forma de incentivo ao novo regime, a Lei nº 14.026/2020 veda o acesso a recursos federais destinados ao saneamento, ou mesmo a contratação de financiamentos com recursos da União ou com recursos geridos ou operados por órgãos ou entidades da administração pública federal, àqueles municípios que não aderirem à prestação regionalizada.

Cabe salientar que o município que não aderir à prestação regionalizada estabelecida pela Lei Estadual precisará garantir, de forma isolada e independente, o atendimento às metas de universalização previstas no marco legal e o equilíbrio econômico da prestação dos serviços, com tarifas locais e sem acesso a recursos da União ou com recursos geridos ou operados por órgãos ou entidades da administração pública federal.

Pelo Novo Marco Legal, os contratos vigentes, sejam de programa ou de concessão, permanecem em vigor até o advento do seu termo contratual. A Lei estabelece a possibilidade de que, em uma unidade regional, possa ocorrer uma sincronização das datas de vencimentos dos contratos, visando ao atendimento das metas de universalização. Assim, nas hipóteses de prorrogação de prazos, estes contratos deverão passar por uma revisão extraordinária, de modo a assegurar suas condições de equilíbrio.

Na hipótese de redução de prazos, interrompendo-se o contrato, ou de transferência dos serviços, o atual prestador deverá ser indenizado quanto aos ativos não amortizados e demais condições aplicáveis em cada caso, conforme regras contratuais e regulatórias.

Os titulares continuam sendo os responsáveis pela elaboração do planejamento dos serviços de saneamento no âmbito local. Os planos regionais prevalecerão sobre os planos municipais e serão os novos instrumentos de planejamento dos serviços de saneamento para o conjunto de municípios que aderirem a cada unidade regional.

Os planos regionais deverão ser elaborados e aprovados no âmbito da estrutura de governança interfederativa da respectiva unidade regional, devendo considerar as metas de universalização e demais disposições previstas na nova Lei, e poderão ser elaborados com base em estudos fornecidos pelos prestadores de serviços.

7 Unidades Regionais no Estado de São Paulo

O Estado de São Paulo encaminhou à Assembleia Legislativa, no dia 21 de abril de 2021, o projeto de Lei Estadual nº 251/2021, propondo a criação de Unidades Regionais de Serviços de Água Potável e Esgotamento Sanitário (URAE), em alinhamento às diretrizes estabelecidas pelo Novo Marco Legal.

A opção pela instituição das Unidades Regionais em detrimento das demais alternativas de regionalização valorizou a via mais democrática, que permitiu aos titulares decidirem pela adesão ou não ao arranjo proposto, de forma voluntária e não compulsória.

A seleção dos municípios para compor as Unidades Regionais considerou primordialmente os requisitos impostos pelo Novo Marco Legal. Assim, as URAEs foram estabelecidas garantindo a sustentabilidade econômico-financeira do agrupamento de municípios, com vistas a atingir a universalização dos serviços, conforme as metas legais, até o ano de 2033.

Para proposição das unidades regionais de água e esgoto, os municípios foram inicialmente agrupados por proximidade geográfica, respeitando as bacias hidrográficas como unidade de planejamento de saneamento básico, visando alcançar a sustentabilidade econômico-financeira da prestação regionalizada.

Na proposta elaborada pelo Estado de São Paulo, foram respeitados os contratos vigentes e os atuais arranjos de prestação regionalizada dos serviços que já atendem às disposições da nova Lei, com garantia da universalização até 2033, cuja atual composição ocorreu de forma voluntária pelos titulares. Essa condição conferiu segurança jurídica, mantendo a uniformidade regulatória e preservando a sustentabilidade econômico-financeira já concebida em uma tarifa única regional nesses municípios.

A viabilidade econômica das URAEs foi determinada com base no desempenho individual de cada município referente ao Indicador de Desempenho Financeiro (IN012) do Sistema Nacional de Informações de Saneamento (SNIS). O IN012 já representa a relação entre as receitas totais obtidas pela prestação dos serviços e as respectivas despesas totais. A base de dados utilizada neste estudo foi a mais recente disponibilizada pelo SNIS, referente ao ano de 2019.

Com base nas premissas estabelecidas, e baseado neste indicador que considera as tarifas atualmente praticadas, os municípios foram agrupados de modo a gerar resultados positivos em todas as unidades regionais, visando garantir a sustentabilidade dos serviços e a pretendida universalização até o ano de 2033.

Os investimentos necessários para universalizar os serviços de saneamento em cada uma das URAEs foram estimados com base na parcela da população total dos municípios que atualmente não têm acesso aos serviços de distribuição de água tratada por rede pública e/ou serviços de coleta e tratamento de esgotos por rede pública.

A partir desses dados, foram utilizadas as informações da ANA constantes do Atlas de Abastecimento de Água, para obtenção dos valores, em moeda corrente, relativos à adequação dos sistemas de produção existentes e à adoção de novos mananciais até o ano de 2025, no contexto ambiental da disponibilidade hídrica para os usuários dos serviços de saneamento básico nas bacias.

Da mesma forma, com relação ao esgotamento sanitário, foram tomados como referência os dados do Atlas Esgoto da ANA, ambos atualizados pelo IPCA, chegando-se aos valores de investimentos necessários para universalização dos serviços de água e esgoto até 2033. Essa projeção de investimentos constituiu uma referência inicial, a qual deverá ser aprofundada pela respectiva URAE após a sua criação, no desenvolvimento do plano regional da referida unidade.

Em decorrência das premissas adotadas, os estudos de regionalização em São Paulo resultaram inicialmente em 04 (quatro) Unidades Regionais de Serviços de Água Potável e Esgotamento Sanitário. A URAE Sudeste, composta por 370 municípios, corresponde à área atendida pela Sabesp no formato de prestação regionalizada dos serviços, naqueles municípios com contratos vigentes.

Os demais municípios, que não integram nenhuma estrutura de prestação regionalizada atualmente, tiveram os contratos vigentes respeitados e foram distribuídos em três unidades regionais, a saber: URAE Centro (com 98 municípios), URAE Leste (com 35 municípios) e URAE Norte (com 142 municípios). Para cada unidade regional foi proposta a alocação de municípios conforme o porte e desempenho financeiro, garantindo indicadores econômico-financeiros positivos no respectivo agrupamento.

Figura 6 – Unidades Regionais de Serviços de Água Potável e Esgotamento Sanitário

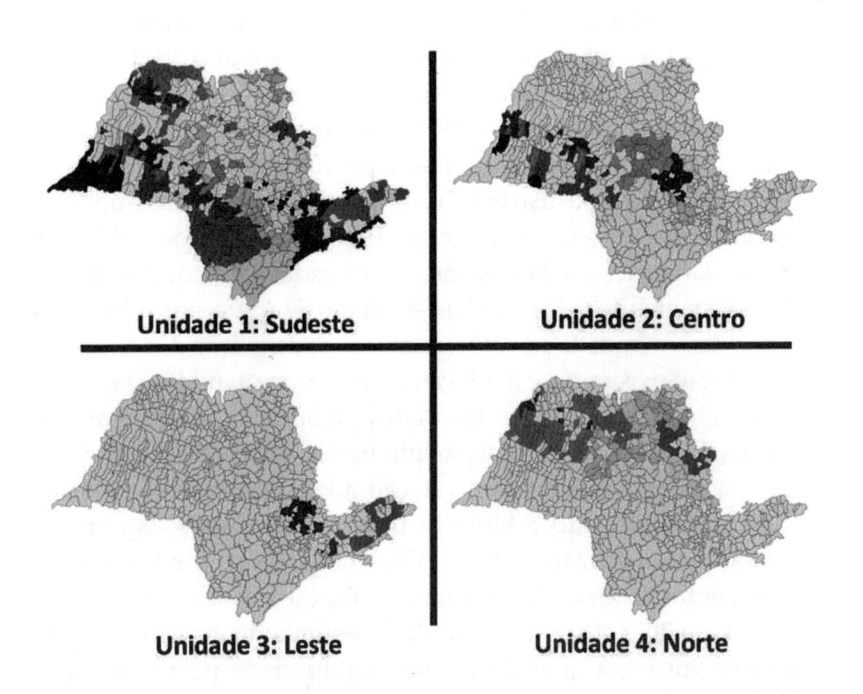

Unidade 1: Sudeste

Unidade 2: Centro

Unidade 3: Leste

Unidade 4: Norte

O projeto de Lei nº 251/2021 foi encaminhado pelo Executivo à Assembleia Legislativa do Estado de São Paulo e tramitou em regime de urgência. No processo legislativo em curso, o PL recebeu diversas contribuições da sociedade civil, inclusive por meio de emendas dos deputados estaduais.

Após consolidação e aprovação do texto final pela Assembleia Legislativa, foi sancionada a Lei Estadual nº 17.383, de 05 de julho de 2021, que dispõe sobre a criação de unidades regionais de saneamento básico, com fundamento nos artigos 2º, inciso XIV, e 3º, inciso VI, alínea "b", da Lei Federal nº 11.445, de 5 de janeiro de 2007.

8 Capacidade econômico-financeira e adaptação dos contratos

O Novo Marco Legal preconiza a universalização dos serviços de água e esgotamento sanitário, sendo que os contratos de programa e concessão devem definir metas que garantam o atendimento de 99% da população com água potável e 90% da população com acesso à coleta e ao tratamento de esgotos até 31 de dezembro de 2033. O Art. 11-B prevê também o cumprimento de metas de não intermitência do abastecimento, de redução de perdas e de melhorias nos processos de tratamento.

Com o objetivo de viabilizar a universalização dos serviços até dezembro de 2033, o Novo Marco Legal do setor: (i) determinou também o aditamento dos contratos de concessão e de programa em vigor, a fim de considerar as metas estabelecidas no citado Art. 11-B, §1º, da Lei nº 14.026/2020; e (ii) condicionou os contratos vigentes à comprovação da capacidade econômico-financeira do prestador para promover a universalização e o cumprimento das metas, conforme Art. 10-B, da mesma Lei, responsabilizando o Poder Executivo pela definição da metodologia para comprovação da capacidade econômico-financeira dos prestadores em até 90 dias após sua homologação:

> Art. 10-B. Os contratos em vigor, incluídos aditivos e renovações, autorizados nos termos desta Lei, bem como aqueles provenientes de licitação para prestação ou concessão dos serviços públicos de saneamento básico, estarão condicionados à comprovação da capacidade econômico-financeira da contratada, por recursos próprios ou por contratação de dívida, com vistas a viabilizar a universalização dos serviços na área licitada até 31 de dezembro de 2033, nos termos do §2º do art. 11-B desta Lei. (Redação pela Lei nº 14.026, de 2020)
> Parágrafo único. A metodologia para comprovação da capacidade econômico-financeira da contratada será regulamentada por decreto do Poder Executivo no prazo de 90 (noventa) dias. (Incluído pela Lei nº 14.026, de 2020)

No entanto, apenas em 31 de maio de 2021 publicou-se o Decreto Federal nº 10.710/2021, que regulamentou o Art. 10-B da Lei nº 11.445/2007, com redação dada pela Lei nº 14.026/2020, ao estabelecer as diretrizes e a metodologia para comprovação da capacidade dos prestadores em atender à universalização até final de 2033.

O Decreto condicionou o aditamento dos contratos vigentes para incorporação das metas definidas no Novo Marco Legal do setor à prévia comprovação dessa capacidade econômico-financeira, com vistas a assegurar que o prestador tenha recursos suficientes para promover a universalização em sua área de atuação. Por meio do Art. 19, o Decreto estabelece que a comprovação da capacidade econômico-financeira é "requisito indispensável" para a celebração dos termos aditivos aos contratos vigentes que incorporem as metas de universalização.

Ainda conforme o Decreto nº 10.710/2021, os prestadores tinham até 31 de dezembro de 2021 para apresentar à sua respectiva Agência Reguladora o requerimento de comprovação da capacidade econômico-financeira.

O Decreto determinou também que as Agências Reguladoras avaliem essa capacidade econômico-financeira dos prestadores em duas etapas: (i) na primeira, serão analisados indicadores econômico-financeiros históricos; e (ii) na segunda, será avaliada a adequação dos estudos de viabilidade, os quais devem resultar em um fluxo de caixa global com valor presente líquido igual ou superior a zero descontada a Taxa de Longo Prazo (TLP) do Banco Central do Brasil e do plano de captação, o qual deve ser compatível com os estudos de viabilidade.

A necessidade de adequação ou incorporação das metas de universalização dos serviços até 2033 nos contratos de prestação de serviços públicos de saneamento básico está explícita na nova legislação. Para aqueles contratos vigentes que não possuíam as metas definidas pela Lei, os titulares e prestadores de serviços tinham até 31 de março de 2022 para viabilizar a inclusão. De acordo com a Lei nº 14.026/2020:

> Art. 11-B Os contratos de prestação dos serviços públicos de saneamento básico deverão definir metas de universalização que garantam o

atendimento de 99% (noventa e nove por cento) da população com água potável e de 90% (noventa por cento) da população com coleta e tratamento de esgotos até 31 de dezembro de 2033, assim como metas quantitativas de não intermitência do abastecimento, de redução de perdas e de melhoria dos processos de tratamento.
§1º Os contratos em vigor que não possuírem as metas de que trata o caput deste artigo terão até 31 de março de 2022 para viabilizar essa inclusão. (Redação dada pela Lei nº 14.026/2020)

Para além de condicionar o aditamento dos contratos vigentes para incorporação das metas definidas no Novo Marco Legal à comprovação dessa capacidade econômico-financeira, conforme mencionado previamente, o Decreto nº 10.710/2021 determina que as minutas dos termos aditivos de que trata o §1º do Art. 11-B da Lei nº 14.026/2020, e o termo de anuência dos titulares do serviço, sejam apresentados junto ao requerimento da comprovação econômico-financeira dos prestadores:

Art. 11 O prestador apresentar o requerimento de comprovação da capacidade econômico-financeira acompanhado dos seguintes documentos:
II – minuta de termo aditivo que pretenda celebrar para incorporar ao contrato as metas de universalização, acompanhada de declaração de anuência do titular do serviço. (Redação dada pelo Decreto 10.710/2021)

Em atendimento ao determinado no referido Decreto, a Sabesp encaminhou requerimento à Arsesp, em 30/12/2022, para comprovação de sua capacidade econômico-financeira, considerando o conjunto dos 370 municípios integrantes da URAE1-Sudeste, que foi o formato de prestação regionalizada estabelecido pela Lei Estadual nº 17.383/2021. Foram apresentados à Arsesp um conjunto com os documentos contendo os estudos de viabilidade e o plano de captação de recursos, bem como as minutas dos termos aditivos aos contratos que necessitam de alteração em virtude das metas de universalização definidas pelo Novo Marco Legal do setor de saneamento.

Em atendimento aos dispositivos legais, houve emissão de parecer técnico por um auditor independente atestando a adequação do demonstrativo de cálculo dos indicadores econômico-financeiros aos parâmetros e aos índices referenciais mínimos estabelecidos no Decreto nº 10.710/2021. Da mesma forma, um certificador independente atestou a adequação dos estudos de viabilidade e do plano de captação de recursos às exigências previstas no Decreto supracitado.

Considerando a totalidade dos municípios integrantes da URAE1-Sudeste, estabelecida pela Lei Estadual nº 17.383/2021, os quais foram objeto do requerimento de comprovação da capacidade econômico-financeira apresentado à ARSESP em 30/12/2021, do total de 370 municípios que fazem parte da respectiva unidade regional, 246 contratos necessitavam da formalização de termos aditivos para incorporação ou adequação das metas de universalização para atendimentos das disposições do Novo Marco Legal do Saneamento.

Após a declaração da capacidade econômico-financeira da Companhia pela ARSESP em 28/03/2022, foram formalizados 242 termos aditivos com os municípios. Por opção dos titulares, os municípios de Agudos, Campo Limpo Paulista, Laranjal Paulista e Quintana não celebraram os respectivos aditivos até o final de março de 2022.

O grande destaque foi a comprovação da capacidade econômica da Sabesp para atingimento das metas de universalização dos serviços públicos de abastecimento de água e esgotamento sanitário até 2033, atestada pela ARSESP.

Tal exigência do Novo Marco Legal demandou a assinatura dos aditivos aos contratos com os municípios atendidos pela companhia para a adaptação ou incorporação dessas metas de universalização nos referidos contratos, com vistas à manutenção da sua regularidade perante a legislação vigente.

9 Prontos para o futuro

A comprovação regulatória de capacidade econômico-financeira reafirmou a posição de liderança da Sabesp no mercado nacional, inaugurando mais um capítulo em sua trajetória marcada pelos tempestivos movimentos de adaptação ao ambiente institucional. Trata-se de uma postura de atuação empenhada pela qualificação permanente de seu corpo técnico e orientada por uma governança comprometida com a integridade e a eficiência.

Tais aspectos ora se refletem na garantia de liquidez e de condições de honrar os compromissos de universalização do conjunto de municípios atendidos indicadores até 2033. Para isso, a Sabesp fará investimentos vultosos na implementação de infraestrutura de reforço da segurança hídrica diante dos cenários de adversidade climática e expansão da coleta e do tratamento de esgotos.

A busca pela sustentabilidade do negócio no novo ambiente deve considerar experiências bem-sucedidas registradas ao longo dessas quase cinco décadas. São bons exemplos, como a gestão associada com o setor privado para expansão de mercado e a diversificação de negócios dentro do conceito da economia circular, que promovem o reaproveitamento de insumos dos processos de tratamento para geração de receitas e mitigação de impactos ambientais. Nessa mesma linha, a gestão conjunta para operação de resíduos sólidos para transformação em energia deve ser outro segmento com boas perspectivas.

Ao aproveitar as novas oportunidades colocadas para o setor, a Sabesp estará ainda fortalecida para avançar em sua missão transformadora de atuar pela qualidade de vida das pessoas e pelo respeito ao meio ambiente.

Referências

BRASIL. *Lei nº 14.026*, de 15 de julho de 2020. Disponível em: http://www.planalto.gov.br/ccivil_03/_ato2019-2022/2020/lei/l14026.htm. Acesso em: 02 maio 2022.

DAE, 1973. em: http://revistadae.com.br/artigos/artigo_edicao_93_n_1623.pdf.

IBGE – Instituto Brasileiro de Geografia e Estatística. *Saneamento Básico Pesquisa Nacional de 2017*. Rio de Janeiro, 2020, p. 58.

PENA, Dilma. *Perspectiva técnica e gerencial*: demandas sociais, ação de longo prazo e gestão eficiente em São Paulo. Igualdade e inclusão social na América Latina: acesso universal a água e o saneamento, 2013. p. 143-171. (Série Reflexões sobre políticas sociais e ambientais, 2).

PLANSAB. Disponível em: https://www.ov.br/mdr/pt-br/noticias/plansab-ponto-a-ponto. Acesso em: 29 abr. 2022.

SABESP. *Relatório de sustentabilidade* – 2022. Disponível em: https://ri.sabesp.com.br/a-companhia/relatorio-de-sustentabilidade/.

SEADE. *Mortalidade infantil*. Disponível em: https://www.seade.gov.br/sp-registra-a-menor-taxa-de-mortalidade-infantil-de-sua-historia/.

SNIS. *Panorama do saneamento básico no Brasil: 2021*. Disponível em: http://www.snis.gov.br/downloads/panorama/PANORAMA_DO_SANEAMENTO_BASICO_NO_BRASIL_SNIS_2021.pdf.

Informação bibliográfica deste texto, conforme a NBR 6023:2018 da Associação Brasileira de Normas Técnicas (ABNT):

BRAGA, Benedito; PAPA, João Paulo Tavares. Saneamento no Brasil tem solução? O caso Sabesp. *In*: ZULIANI, Geninho; DAL POZZO, Augusto Neves (coords). *Saneamento básico*: uma lei e um marco. Belo Horizonte: Fórum, 2023. p. 213-240. ISBN 978-65-5518-485-3.

MAIOR PROGRAMA AMBIENTAL DO MUNDO: O NOVO MARCO LEGAL DO SANEAMENTO BÁSICO, SEUS DESAFIOS E BENEFÍCIOS ESPERADOS

PEDRO MARANHÃO

1 Introdução

A Resolução A/RES/64/292, da Assembleia Geral das Nações Unidas, de 28 de julho de 2010, que trata dos direitos à água e ao esgotamento sanitário, dispõe que o acesso adequado à água limpa e segura e ao esgotamento sanitário é um direito humano, essencial para o pleno gozo da vida e de outros direitos humanos (ONU, 2010). Esse posicionamento foi apoiado por 122 nações, com 41 abstenções e nenhum voto contrário, e coaduna com a estratégia da universalização do acesso à água em quantidade e qualidade adequadas e ao esgotamento sanitário de forma segura, sem qualquer tipo de discriminação.

No Brasil, a parcela da população com acesso a serviços de abastecimento de água passou de 147,3 milhões de pessoas em 2007 para 178,2 milhões em 2019. Significa dizer que após a publicação da Lei nº 11.445, de 05 de janeiro de 2007, 30,9 milhões de pessoas passaram a ter acesso a esse serviço tão fundamental para a subsistência humana.

A despeito dos significativos avanços no setor saneamento básico, ainda é grande o número da parcela de brasileiros sem acesso a esses serviços, o que torna a universalização um grande desafio a ser atingido.

Nesse sentido, o presente artigo tem por objetivo avaliar as condições de acesso aos serviços de saneamento, em especial aos serviços de abastecimento de água e esgotamento sanitário, e a alocação de investimentos no período anterior e posterior à atualização do Marco Legal do Saneamento, bem como as principais diretrizes e os principais benefícios econômicos, ambientais e na saúde pública esperados a partir da atualização do marco legal.

2 Evolução do saneamento entre 2014 e 2020

O Brasil é formado por um conjunto de 5.570 municípios, que ocupam uma área de 8.516.000 km² e conta com uma população estimada de 211.755.692 habitantes em 2020.

Segundo SNIS (2020), 84,13% da população é atendida com serviços de abastecimento de água, e 54,95% é atendida com coleta de esgotamento sanitário, o que representa 178 milhões e 116 milhões de pessoas respectivamente.

Tais percentuais não se reproduzem igualitariamente em todos os Estados da Federação. As diferenças são ainda maiores quando são analisados os percentuais de atendimento das áreas urbanas em comparação às áreas rurais do país.

Por meio dos Gráficos 1 a 6, é possível avaliar a evolução dos índices de cobertura para os principais indicadores de abastecimento de água e esgotamento sanitário previstos no Plano Nacional de Saneamento Básico (PLANSAB) no período de 2014 a 2019, por região geográfica:

Gráfico 1 – % de domicílios urbanos e rurais abastecidos com água por rede de distribuição ou por poço ou nascente

Gráfico 2 – % de domicílios urbanos abastecidos com água por rede de distribuição ou por poço ou nascente

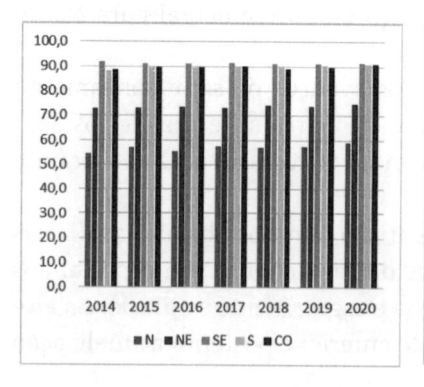

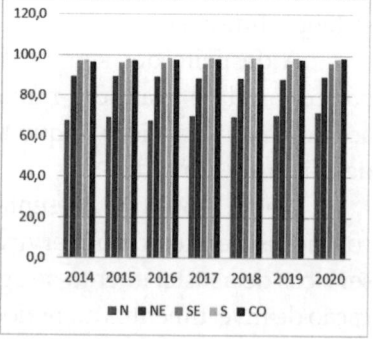

Gráfico 3 – % de domicílios urbanos e rurais servidos por rede coletora ou fossa séptica para os excretas ou esgotos sanitários

Gráfico 4 – % de domicílios urbanos servidos por rede coletora ou fossa séptica para os excretas ou esgotos sanitários

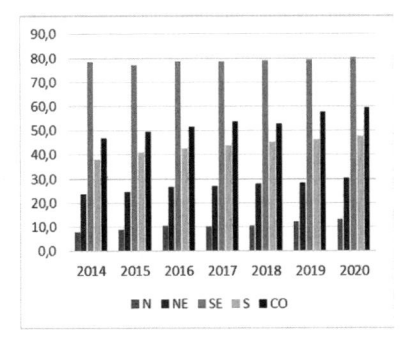

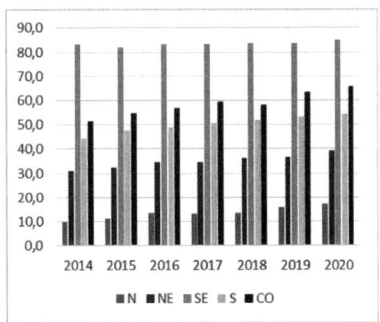

A partir dos indicadores do SNIS, verifica-se que no período de 2014 a 2019 cerca de 9,0 milhões de pessoas passaram a ter acesso a serviços de abastecimento de água, sendo a maioria residente em áreas urbanas. Com relação ao esgotamento sanitário, cerca de 15 milhões de pessoas passaram a ter seus esgotos coletados.

Apesar dos avanços no período de 2014 a 2019, em 2020 o cenário de acesso aos serviços de saneamento ainda requer muitas melhorias, visto que cerca de 33 milhões de pessoas não têm acesso à água tratada, e cerca de 100 milhões de pessoas não conta com coleta de esgoto. Do total de esgoto coletado, 79,84% são tratados (SNIS; 2020).

Esse déficit de atendimento pode ser verificado por meio da Tabela 1, abaixo, a qual demonstra a parcela da população sem acesso aos serviços de distribuição de água e coleta de esgotos, em 2020, por unidade da federação:

Tabela 1 – População com acesso e déficit de saneamento em 2020. Por Unidade da Federação e Brasil

UF	População	População urbana	População com acesso a		Déficit de saneamento		Déficit relativo de saneamento	
			Água tratada	Coleta de esgoto	Água tratada	Coleta de esgoto	Água tratada	Coleta de esgoto
Brasil	211.755.692	179.436.864	178.150.064	116.359.753	33.605.628	95.395.939	15,87%	45,05%
AC	894.470	647.646	422.369	101.970	472.101	792.500	52,78%	88,60%
AL	3.351.543	2.484.323	2.556.892	768.844	794.651	2.582.699	23,71%	77,06%
AM	4.207.714	3.336.629	3.463.369	578.561	744.345	3.629.153	17,69%	86,25%
AP	861.773	770.521	290.331	59.549	571.442	802.224	66,31%	93,09%
BA	14.930.634	10.869.582	12.105.758	6.261.908	2.824.876	8.668.726	18,92%	58,06%
CE	9.187.103	6.929.081	5.518.693	2.702.846	3.668.410	6.484.257	39,93%	70,58%
DF	3.055.149	2.950.603	3.024.598	2.777.130	30.551	278.019	1,00%	9,10%
ES	4.064.052	3.417.104	3.301.636	2.312.446	762.416	1.751.606	18,76%	43,10%
GO	7.113.540	6.457.935	6.464.785	4.160.710	648.755	2.952.830	9,12%	41,51%
MA	7.114.598	4.497.124	4.019.748	983.949	3.094.850	6.130.649	43,50%	86,17%
MG	21.292.666	18.262.405	17.602.647	15.743.797	3.690.019	5.548.869	17,33%	26,06%
MS	2.809.394	2.406.557	2.412.427	1.565.956	396.967	1.243.438	14,13%	44,26%
MT	3.526.220	2.888.239	3.088.969	1.264.855	437.251	2.261.365	12,40%	64,13%
PA	8.690.745	5.926.843	5.339.594	1.185.418	3.351.151	7.505.327	38,56%	86,36%
PB	4.039.277	3.064.342	3.351.792	1.543.408	687.485	2.495.869	17,02%	61,79%
PE	9.616.621	7.718.524	7.854.856	2.961.919	1.761.765	6.654.702	18,32%	69,20%

UF	População	População urbana	População com acesso a		Déficit de saneamento		Déficit relativo de saneamento	
			Água tratada	Coleta de esgoto	Água tratada	Coleta de esgoto	Água tratada	Coleta de esgoto
Brasil	211.755.692	179.436.864	178.150.064	116.359.753	33.605.628	95.395.939	15,87%	45,05%
PI	3.281.480	2.163.679	2.609.761	581.478	671.719	2.700.002	20,47%	82,28%
PR	11.516.840	9.897.025	11.516.840	9.306.758	-	2.210.082	0,00%	19,19%
RJ	17.366.189	16.783.589	15.723.348	11.612.771	1.642.841	5.753.418	9,46%	33,13%
RN	3.534.165	2.766.335	3.023.125	923.831	511.040	2.610.334	14,46%	73,86%
RO	1.796.460	1.347.494	852.061	119.644	944.399	1.676.816	52,57%	93,34%
RR	631.181	495.130	516.622	399.285	114.559	231.896	18,15%	36,74%
RS	11.422.973	9.780.866	9.902.575	3.827.838	1.520.398	7.595.135	13,31%	66,49%
SC	7.252.502	6.167.094	7.252.502	7.252.502	-	-	0,00%	0,00%
SE	2.318.822	1.720.294	1.887.521	564.633	431.301	1.754.189	18,60%	75,65%
SP	46.289.333	44.420.786	44.673.835	41.942.765	1.615.498	4.346.568	3,49%	9,39%
TO	1.590.248	1.267.114	1.494.674	508.402	95.574	1.081.846	6,01%	68,03%

Fonte: Sistema Nacional de Informações sobre Saneamento. SNIS

Em termos relativos, nota-se que ao final do ano de 2020 cerca de 16% da população não tinham acesso às redes de distribuição de água e que cerca de 45% não tinham seus esgotos coletados por rede pública.

Verifica-se, ainda, que os maiores déficits no abastecimento de água estão localizados na Região Norte, nos Estados do Acre, Amapá, Pará e Rondônia. Na Região Nordeste, os Estados do Ceará e Maranhão apresentam déficits de abastecimento de água próximos a 40%.

Com relação à coleta de esgoto, os maiores déficits de atendimento estão localizados nas Regiões Norte e Nordeste do país, cujos Estados concentram déficits superiores a 70%, com exceção dos Estados de Roraima, que apresenta um atendimento da ordem de 63%, da Bahia, com 42%, e da Paraíba, com cerca de 38%.

3 Atualização do Marco Legal do Saneamento Básico

Ao se analisar historicamente o setor, percebe-se que os investimentos ficaram aquém do necessário para a universalização e, ainda, que tanto os investimentos quanto a prestação dos serviços eram majoritariamente públicos. Assim, a partir de um cenário de restrição fiscal, o atingimento das metas de universalização até 2033 tornaram-se um desafio ainda maior a ser superado.

Além disso, outros entraves não favoreciam os avanços no setor, a exemplo de:

a) Prestação dos serviços em nível municipal: apesar de garantir a autonomia dos entes federados na definição do modelo da prestação dos serviços a ser adotada, muitas vezes esses apresentavam capacidade técnica e institucional reduzida;

b) Regulação: pouca estabilidade regulatória devido à pulverizada da regulação;

c) Baixa concorrência e participação da iniciativa privada: devido à maior contratualização diretamente com entidades públicas, por meio de convênios de cooperação e contratos de programa.

Nesse sentido, para promover o avanço necessário no setor e criar um ambiente favorável à atração de investimentos, à regulação, à segurança jurídica dos contratos e à universalização dos serviços, bem como sua prestação com maior eficiência e qualidade, foi proposta e discutida a necessidade de atualização do marco legal, que culminou com a publicação da Lei nº 14.026, de 15 de julho de 2020.

As principais alterações promovidas pelo Novo Marco Legal referem-se ao incentivo à prestação regionalizada dos serviços; regularização dos contratos para prestação dos serviços com vistas à universalização; uniformização da regulação; sustentabilidade econômico-financeira, em especial para os serviços de manejo de resíduos sólidos; e alteração do prazo para encerramento de lixões.

4 Prestação regionalizada dos serviços de saneamento

A prestação regionalizada dos serviços de saneamento básico é um dos princípios estabelecidos pelo Novo Marco Legal do Saneamento, o qual teve por objetivo promover a associação entre Estados e municípios de forma a obter ganhos de escala, promover a viabilidade econômico-financeira dos prestadores de serviços e assim garantir a universalização dos serviços de abastecimento de água e esgotamento sanitário até 2033, nos percentuais de 99% e 90% respectivamente.

Por meio da Lei nº 14.026/2020 foram estabelecidos os seguintes modelos exemplificativos para prestação regionalizada:

a) região metropolitana, aglomeração urbana ou microrregião: unidade instituída pelos Estados mediante lei complementar, de acordo com o §3º do art. 25 da Constituição Federal, composta de agrupamento de municípios limítrofes e instituída nos termos da Lei nº 13.089, de 12 de janeiro de 2015 (Estatuto da Metrópole);

b) unidade regional de saneamento básico: unidade instituída pelos Estados mediante lei ordinária, constituída pelo agrupamento de municípios não necessariamente limítrofes, para atender adequadamente às exigências de higiene e saúde pública, ou para dar viabilidade econômica e técnica aos municípios menos favorecidos; e

c) bloco de referência: agrupamento de municípios não necessariamente limítrofes, estabelecido pela União nos termos do

§3º do art. 52 desta Lei e formalmente criado por meio de gestão associada voluntária dos titulares.

Além desses, são aceitos como forma de prestação regionalizada os convênios de cooperação e consórcios públicos, desde que atendidos simultaneamente os seguintes requisitos:

I – o Estado não tenha aprovado nenhuma lei complementar ou ordinária para formação de regiões metropolitanas, aglomerações urbanas, microrregiões ou unidades regionais de saneamento;

II – convênio de cooperação ou consórcio público cujo instrumento de gestão associada esteja vigente; e

III – contratação de estudo de modelagem para concessão regionalizada do arranjo intermunicipal junto a instituição financeira federal, organismo multilateral do qual a República Federativa do Brasil faça parte ou empresa que comprove ter sido pré-qualificada por instituição financeira federal, nos últimos cinco anos, para a realização de estudos de concessão para saneamento básico.

O prazo inicialmente estabelecido para organização de blocos ou unidades de saneamento, pelos Estados e municípios, encerrou-se em 15 de julho de 2021, conforme prazo estabelecido pelo Decreto nº 10.588/2020, e a partir disso verifica-se a seguinte situação:

Quadro 1 – Situação da Regionalização por Unidade da Federação, (2022)

Estado	Situação	Data de aprovação	Lei ou dispositivo de regulamentação	Modelo de regionalização	Número de UR ou Blocos
AC			Estudos realizados pelo BNDES. Sem lei de regionalização.		
AL	Lei publicada	03/12/2020	LC nº 18/1998, LC nº 38/2013 e LC nº 40/2014 LO nº 8.358/2020	Região Metropolitana de Maceió e Unidade Regional	3
AM	Lei publicada	13/07/2021	LC nº 214/2021	Microrregião	1
AP			Concessão dos serviços de água e esgoto realizados a partir de estudos do BNDES.		
BA	Lei publicada	10/06/2019	LC nº 48/2019 LC nº 41/2014	Região Metropolitana de Salvador e Unidade Regional	21
CE	Lei publicada	18/06/2021	LC nº 247/2021	Microrregião	3
DF	Não se aplica		Não se aplica		-
ES	Lei publicada	13/07/2021	LC nº 968/2021	Microrregião	1
GO	PL elaborado		PLC nº 6.306/2021 em discussão	Microrregião	2
MA	Lei publicada	30/12/2021	LC nº 239/2021	Microrregião	4
MG	PL elaborado		PL 2.884/2021 em discussão	Unidade Regional	22
MS			Consultoria contratada pelo MDR		
MT	PL elaborado		PL nº 614/2021 em discussão	Unidade Regional	5
PA	PL elaborado		PL em Audiência Pública	Microrregião	-
PB	Lei publicada	22/06/2021	LC nº 168/2021	Microrregião	4
PE	Lei publicada	13/07/2021	LC nº 455/2021	Microrregião	2
PI	Lei publicada	16/06/2021	LC nº 256/2019 e LC nº 257/2021	Microrregião	11
PR	Lei publicada	14/07/2021	LC nº 237/2021	Microrregião	3
RJ			Concessão dos serviços de água e esgoto realizados a partir de estudos do BNDES. Alguns municípios ficaram de fora.		
RN	Lei publicada	14/07/2021	LC nº 682/2021	Microrregião	2
RO	Lei publicada	19/01/2021	LO nº 4.955/2021	Unidade Regional	1

Estado	Situação	Data de aprovação	Lei ou dispositivo de regulamentação	Modelo de regionalização	Número de UR ou Blocos
RR	Lei publicada	14/07/2021	LC nº 300/2021	Microrregião	1
RS	Lei publicada	21/12/2021	LO nº 15.795/2022	Unidade Regional	2
SC	Lei publicada	10/07/2021	LC nº 495/2010 LC nº 636/2014 Decreto nº 1.372/2021 PLC 001.8/2022 em discussão	Região Metropolitana	11
SE	Lei publicada	11/11/2020	LC nº 176/2009 Decreto nº 40.715/2020	Microrregião	13
SP	Lei publicada	05/07/2021	LO nº 17.383/2021	Unidade Regional	4
TO			Consultoria contratada pelo MDR		

Fonte: BRASIL. Ministério do Desenvolvimento Regional (2022)

Figura 1 – Dispositivos legais de regionalização vigentes no Brasil

Ressalta-se que para os Estados de Goiás, Mato Grosso, Minas Gerais e Pará os mapas levaram em consideração as propostas e/ou os projetos de lei que se encontram em tramitação nas respectivas assembleias legislativas.

Para os Estados do Amapá e Rio de Janeiro, embora já tenham sido realizados os leilões para concessão dos serviços de saneamento, não foram adotadas iniciativas para aprovação de lei complementar ou ordinária para formação das unidades regionais de saneamento.

Já os Estados do Mato Grosso do Sul e Tocantins, estes estão em fase de elaboração dos estudos de modelagem e viabilidade econômico-financeira para subsidiar a definição do modelo de prestação regionalizada a ser adotado.

5 Regularização dos contratos

O Novo Marco Legal do Saneamento determina que todos os contratos (novos e atualmente vigentes) prevejam metas de atendimento de 99% da população com serviços de abastecimento de água e de 90% da população com serviços de esgotamento sanitário (coleta e tratamento) a serem atingidas até 31 de dezembro de 2033.

Dessa forma, os contratos vigentes deveriam comprovar a capacidade econômico-financeira para o cumprimento das metas. Caso não houvesse previsão contratual para tanto, seria necessária a incorporação das metas de expansão por meio de aditivos.

Tal regra aplicou-se aos prestadores de serviço cujas concessões foram realizadas por meio de contratos de programa, independentemente de já haver previsão de atendimento das metas de universalização estabelecidas pelo novo marco, e também aos prestadores com contrato de concessão regido pela Lei nº 8.987/1995 ou Lei nº 11.079/2004 cujos contratos não tinham a previsão para cumprimento das metas de 99% de cobertura em abastecimento de água e 90% de coleta e tratamento de esgotos sanitários.

Em abril de 2022, a ANA divulgou o resultado da análise da comprovação da capacidade econômico-financeira dos prestadores de serviço, o qual pode ser verificado por meio do Gráfico 7 a seguir:

Gráfico 7 – Quantidade de municípios cujos prestadores dos serviços de saneamento comprovaram capacidade econômico-financeira, por Unidade da Federação (2022)

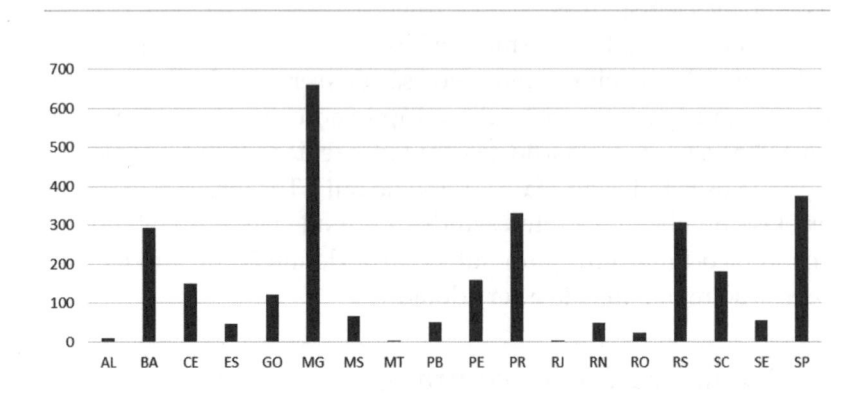

Fonte: ANA. Agência Nacional de Águas e Saneamento Básico (2022).

Acerca dos prestadores de serviços configurados como Companhias Estaduais de saneamento, 16 (dezesseis) entregaram toda a documentação, a saber: SABESP (SP); EMBASA (BA); CAGECE (CE); CESAN (ES); SANEAGO (GO); COPASA E COPANOR (MG); SANESUL (MS); CAGEPA (PB); COMPESA (PE); SANEPAR (PR); CAERN (RN); CAERD (RO); CORSAN (RS); CASAN (SC); e DESO (SE). Outras 6 (seis) empresas não apresentaram documentação, sendo: SANACRE (AC); COSAMA (AM); CAEMA (MA); COSANPA (PA); AGESPISA (PI) e CAER (RR) (AS, 2022b).

Ainda, com relação à regularidade dos contratos, é importante destacar que nos casos dos contratos irregulares, o Decreto nº 11.030/2022 condiciona o apoio técnico e financeiro da União à finalização do processo de transição dos contratos irregulares para contratos regulares, pelos titulares dos serviços de saneamento, conforme condicionantes e prazos abaixo especificados:

I – até 30 de novembro de 2022: aderir a mecanismo de prestação regionalizada e comprovar a contratação de estudo de modelagem para concessão regionalizada junto a instituição financeira federal, organismo multilateral do qual a República Federativa do Brasil faça parte ou empresa que comprove ter sido pré-qualificada por instituição financeira federal, nos últimos cinco anos, para a realização de estudos de concessão para saneamento básico;

II – até 31 de março de 2024, publicar o edital de licitação para concessão dos serviços que substituirá o contrato irregular; e

III – até 31 de março de 2025, substituir os contratos de programa vigentes por contratos de concessão.

6 Regulação

A alteração promovida por meio do Novo Marco Legal do Saneamento teve por objetivo uniformizar a regulação do setor saneamento, promover a transparência das ações e a divulgação das melhores práticas.

Para tanto, a atribuição da edição de normas de referência foi atribuída à Agência Nacional de Águas e Saneamento Básico (ANA), que incorporou uma série de competências, entre as quais estão a coordenação regulatória do setor, a capacitação para regulação e a elaboração de estudos técnicos e divulgação das melhores práticas.

Com relação à coordenação regulatória do setor, a ANA terá a função de editar normas de referência sobre: padrões de qualidade e eficiência na prestação, na manutenção e na operação dos sistemas de saneamento básico; regulação tarifária dos serviços públicos de saneamento básico; padronização dos instrumentos negociais de prestação de serviços públicos de saneamento básico firmados entre o titular do serviço público e o delegatário; metas de universalização dos serviços públicos de saneamento básico; critérios para a contabilidade regulatória; redução progressiva e controle da perda de água; metodologia de cálculo de indenizações devidas em razão dos investimentos realizados e ainda não amortizados ou depreciados; governança das entidades reguladoras; reúso dos efluentes sanitários tratados, em conformidade com as normas ambientais e de saúde pública; parâmetros para determinação de caducidade na prestação dos serviços públicos de saneamento básico; normas e metas de substituição do sistema unitário pelo sistema separador absoluto de tratamento de efluentes; sistema de avaliação do cumprimento de metas de ampliação e universalização da cobertura dos serviços públicos de saneamento básico; conteúdo mínimo para a prestação universalizada e para a sustentabilidade econômico-financeira dos serviços públicos de saneamento básico.

Dentre as normas de referência previstas, foram publicadas a NR nº 1/ANA/2021, por meio da Resolução ANA nº 79, de 14 de junho de 2021, que dispõe sobre o regime, a estrutura e os parâmetros da remuneração pela prestação do Serviço Público de Manejo de Resíduos Sólidos Urbanos (SMRSU), bem como os procedimentos e prazos de fixação, reajuste e revisões tarifárias; e a NR nº 2/ANA/2021, por meio da Resolução ANA nº 106, de 4 de novembro de 2021, que dispõe sobre a padronização dos aditivos aos Contratos de Programa e de Concessão, para prestação de serviços de abastecimento de água potável e esgotamento sanitário, para incorporação das metas de universalização.

Com relação à capacitação para regulação e à elaboração de estudos técnicos e divulgação das melhores práticas, a ANA deverá desenvolver conteúdos e organizar cursos, bem como elaborar estudos técnicos para fortalecimento do setor saneamento e orientar as reuniões do Comitê Interministerial de Saneamento Básico (CISB) (NUNES; 2021).

7 Sustentabilidade econômico-financeira

A questão da sustentabilidade econômico-financeira é outro desafio a ser enfrentado a partir do Novo Marco Legal do Saneamento, em especial para os serviços de manejo de resíduos sólidos.

Essa preocupação foi destacada por meio de dispositivo da Lei nº 14.026/2020, que trata da obrigatoriedade do estabelecimento de mecanismos de cobrança pelos serviços prestados de forma a garantir a sustentabilidade econômico-financeiro.

Conforme o SNIS (2020), verifica-se que apenas 1.851 municípios contam com mecanismos de cobrança instituídos.

A partir da Resolução ANA nº 79, de 14 de junho de 2021, que aprovou a Norma de Referência NR nº 1/ANA/2021, foi estabelecido o prazo de 31/12/2021 para que os municípios comprovassem a instituição do mecanismo de cobrança ou seu cronograma de implementação. Como resultado, verificou-se que 1.684 municípios atenderam ao dispositivo da NR nº 1/ANA/2021, conforme Gráfico 8 a seguir:

Gráfico 8 – Quantidade de municípios que atenderam a NR nº 1/ANA/2021, por Unidade da Federação

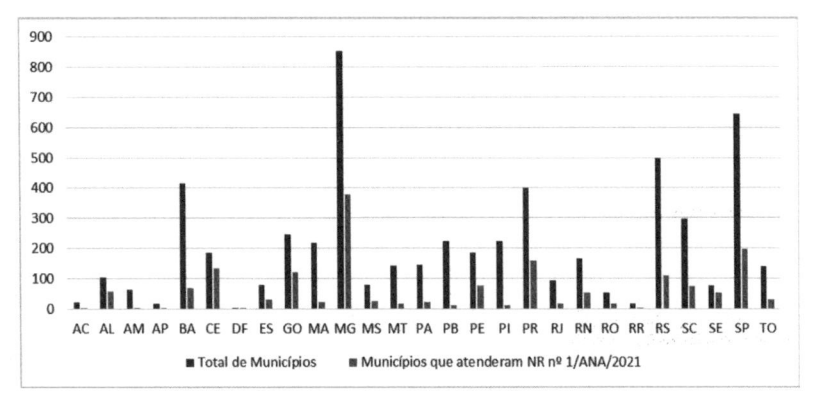

Fonte: ANA. Agência Nacional de Águas e Saneamento Básico (2022).

Ao se analisar os dados por unidade da federação, nota-se que os Estados de Alagoas, Ceará, Goiás e Sergipe foram os que apresentaram, em termos relativos, maior quantidade de municípios com comprovação da instituição de mecanismos de cobrança ou seu cronograma de implementação. Já os Estados do Acre, Amazonas, Paraíba, Piauí e Roraima apresentaram as menores quantidades de municípios que atenderam a referida norma de referência.

8 Prazo para encerramento de lixões

Outro ponto previsto no Marco Legal é a gestão e o manejo de resíduos sólidos urbanos. A legislação determina que os municípios elaborem as próprias ações voltadas ao tema. Além disso, para os municípios que contam com plano intermunicipal de resíduos sólidos ou plano municipal de gestão integrada de

resíduos sólidos elaborado, e que disponham de mecanismos de cobrança, o novo marco estabelece prazo limite até 2024 para o fechamento dos lixões espalhados pelo Brasil, de forma escalonada, sendo:
- até 02/08/2021: para capitais de Estados e municípios integrantes de Região Metropolitana (RM) ou de Região Integrada de Desenvolvimento (RIDE) de capitais;
- até 02/08/2022: para municípios com população superior a 100.000 (cem mil) habitantes no Censo 2010, bem como para municípios cuja mancha urbana da sede municipal esteja situada a menos de 20 (vinte) quilômetros da fronteira com países limítrofes;
- até 02/08/2023: para municípios com população entre 50.000 (cinquenta mil) e 100.000 (cem mil) habitantes no Censo 2010; e
- até 02/08/2024: para municípios com população inferior a 50.000 (cinquenta mil) habitantes no Censo 2010.

9 Benefícios econômicos da universalização do saneamento

Estima-se a necessidade de investimentos da ordem de R$700 bilhões para universalização do saneamento básico, em seus quatro componentes, para o desenvolvimento de ações estruturais e estruturantes até 2033.

Para os serviços de abastecimento de água e esgotamento sanitário, previu-se a necessidade de R$357,15 bilhões para universalização dos serviços até 2033, dos quais R$235,3 a serem aplicados por agentes federais e R$362,6 a serem aplicados por outros agentes públicos, em nível estadual ou municipal ou, ainda, por agentes privados.

Pelo histórico de investimentos no setor, verifica-se, por meio do Gráfico 10, que no período de 2014 a 2020 foram investidos R$46,11 bilhões, sendo R$23,14 bilhões em abastecimento de água e R$22,97 bilhões em esgotamento sanitário.

Gráfico 10 – Investimentos em serviços de abastecimento de água e esgotamento sanitário no período de 2014 a 2020

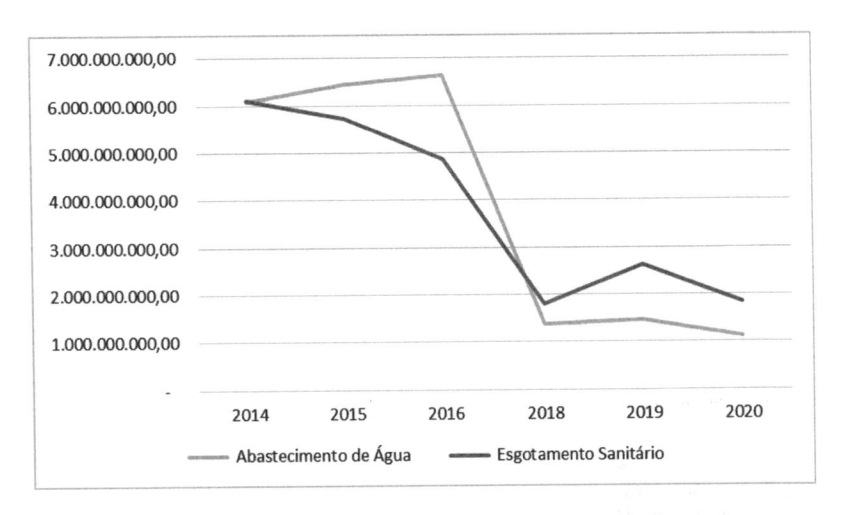

Fonte: Relatório de Avaliação do PLANSAB (2014 a 2020).

Ainda, por meio do Gráfico 10, verifica-se que os investimentos sofreram redução significativa a partir de 2018. Tal fato deve-se ao cenário de restrição fiscal associado à baixa capacidade de investimentos pelas empresas atuantes no setor.

Ressalta-se que, ao se considerar a necessidade de investimentos para universalização dos serviços até 2033, seriam necessários aplicar anualmente cerca de R$10,93 bilhões em abastecimento de água e R$16,54 bilhões em esgotamento sanitário. Ou seja, seria necessário ampliar a média de investimentos do último período em cerca de 283% e 432% respectivamente.

Com a atualização do marco legal do saneamento, a partir dos princípios da prestação regionalizada e do estabelecimento de regras claras para contratualização dos serviços, foi possível uma maior participação da iniciativa privada no setor. Desde 2020, após publicação da Lei nº 14.026, foram realizados 11 leilões para concessão dos serviços de saneamento, os quais atraíram cerca de R$76,2 bilhões em investimentos, conforme Quadro 2 a seguir:

Quadro 2 – Projetos de concessão concluídos

Município ou UF	Valor de Investimento	Valor de Outorga	Valor de operação e manutenção	Serviços	Data Leilão	Empresa vencedora	Municípios envolvidos	População total abrangida
Alagoas (Bloco A)	2.568,50	2.009,00	11,89	Água e esgoto	09/20	BRK AMBIENTAL PART. S.A.	Maceió + 13	1.400.000
Alagoas (Bloco B)	1.897,46	1.215,00	5,94	Água e esgoto	12/21	CONSÓRCIO ALAGOAS	34	759.900
Alagoas (Bloco C)	987,99	430,00	3,85	Água e esgoto	12/21	CONSÓRCIO MUNDAU	27	426.700
Amapá	2.977,65	930,01	0,14	Água e esgoto	09/21	CONSÓRCIO MARCO ZERO	16	742.000
Espírito Santo (Cariacica + bairros de Viana)	579,90	-		Esgoto	10/20	CONSÓRCIO AEGEA	2	423.000
Mato Grosso do Sul	1.010,45	-	2,80	Esgoto	10/20	AEGEA	68	1.700.000
Rio de Janeiro (Bloco 1)	8.303,33	8.200,00	15,21	Água e esgoto	04/21	CONSÓRCIO AEGEA	19	11.042.000
Rio de Janeiro (Bloco 2)	2.690,88	7.286,00	8,14	Água e esgoto	04/21	IGUÁ PROJETOS	2	
Rio de Janeiro (Bloco 4)	16.087,85	7.203,00	38,65	Água e esgoto	04/21	CONSÓRCIO AEGEA	8	
Rio de Janeiro (Bloco 3)	4.725,28	2.201,52	7,55	Água e esgoto	12/21	SAAB PARTICIPAÇÕES II (Águas do Brasil)	20	2.585.600
Crato/CE	248,05		308,00	Esgoto	02/22	AEGEA	1	132.123
São Simão/GO	49,33		299,00	Água, Esgoto e Resíduos	02/22	CONSÓRCIO SÃO SIMÃO	1	20.645
Consórcio CONVALE	163,00		933,00	Resíduos	04/22	CONSÓRCIO S	8	428.253
Total	42.289,67	29.474,53	4.431,35	-			220	19.660.221

Fonte: BRASIL. Ministério do Desenvolvimento Regional (2022).

Ressalta-se que, para as ações de abastecimento de água e esgotamento sanitário, 10 (dez) leilões foram concluídos, os quais atenderão cerca de 212 municípios e uma população de 19,2 milhões de pessoas. Além disso, há outros projetos de concessão em andamento, para os quais estima-se, até o momento, que sejam investidos cerca de 24,6 bilhões, conforme Quadro 3 a seguir:

Quadro 3 – Projetos de Concessão em andamento (Em R$ bilhões)

Município ou UF	Valor de Investimento	Valor de Outorga	Valor de operação e manutenção	Serviços	Municípios envolvidos	População total abrangida
Ceará	6.411,00	-	-	Esgoto	23	4.173.000
Paraíba	-	-	-	Água e esgoto	93	2.200.000
Porto Alegre/RS	2.174,00	6.724,00	-	Água e esgoto	1	1.501.000
Rio Grande do Sul	4.000,00	-	-	Água e esgoto	41	2.416.000
Sergipe	-	-	-	Água e esgoto	75	2.300.000
Consórcio COMARES	152,00	-	967,00	Resíduos	10	342.737
Consórcio CIAS Centro Oeste	-	-	-	Resíduos	20	600.000
Teresina	220,00	-	1.270,00	Resíduos	1	864.845
Teresina	-	-	-	Drenagem	1	864.845
Consórcio CODEPAMPA	-	-	-	Resíduos	12	582.000
Porto Alegre	-	-	-	Drenagem	1	1.130.000
Bauru	140,00	-	324,00	Resíduos	1	376.818
Volta Redonda	320,00	-	1.300,00	Esgoto	1	273.012
São Gonçalo do Amarante	120,00	-	500,00	Esgoto	1	102.400
Consórcio MOGIANA	-	-	-	Resíduos	20	1.379.000
Consórcio OESTE PAULISTA	-	-	-	Resíduos	10	385.838
Total	13.537,00	6.724,00	4.361,00	-	311	19.491.495

Fonte: BRASIL. Ministério do Desenvolvimento Regional (2022).

Com relação a emprego e produtividade, verifica-se por meio do SNIS que houve crescimento do número de empregos gerados pelo setor saneamento, que passou de 864.655 em 2014 para 889.131 em 2020, ou seja, houve um aumento de cerca de 3% de empregos gerados a partir dos investimentos no período.

Assim, adotando como referência o Modelo de Geração de Emprego e Renda padronizado pelo Ministério do Desenvolvimento Regional, que propõe o valor de referência de 48 empregos para cada R$1 milhão investido, estima-se que o setor saneamento brasileiro, a partir das concessões realizadas, ao investir cerca de R$76,2 bilhões, poderá gerar aproximadamente 3,7 milhões de empregos diretos, indiretos e de efeito renda no período de 2021 a 2033.

10 Benefícios ambientais da universalização do saneamento

Conforme os critérios básicos estabelecidos pelo Conselho Nacional do Meio Ambiente (CONAMA), por meio da Resolução nº 1, de 23 de janeiro de 1986, considera-se impacto ambiental qualquer alteração das propriedades físicas, químicas e biológicas do meio ambiente, causada por qualquer forma de matéria ou energia resultante de atividades humanas que, direta ou indiretamente, afetem: a saúde, segurança e o bem-estar da população; as atividades sociais e econômicas; a biota; as condições estéticas e sanitárias e o meio ambiente e a qualidade dos recursos ambientais. A Resolução nº 1/1986 estabelece, ainda, a necessidade de elaboração de estudo e relatório de impacto ambiental para os procedimentos de licenciamento ambiental para as obras de saneamento básico, entre outras.

É de amplo conhecimento que as obras de saneamento básico geram impactos ambientais positivos. A exemplo disso, por meio da implantação de sistemas de esgotamento sanitário, temos como impactos ambientais positivos a eliminação de fontes poluidoras. Assim, caso não seja dado o tratamento adequado aos efluentes, o seu lançamento nos corpos hídricos irá acarretar poluição das águas, em deterioração da vida aquática e inviabilização ou ampliação dos custos de tratamento para consumo humano.

Considerando que, no Brasil, 45,05% da população não conta com coleta de esgoto sanitário e, ainda, que apenas 79,84% do esgoto coletado é tratado, sabe-se o grande impacto ambiental decorrente do lançamento de esgotos *in natura* nos solos ou nos corpos hídricos.

A partir dos dados do SNIS, em 2020 foram identificados 362,4 quilômetros de redes públicas de esgotamento sanitário nos 4.744 municípios da amostra, que representou uma expansão de 8,1 mil quilômetros em relação a 2019. Essa expansão representa uma ampliação da cobertura para 4,3 milhões de habitantes. Em termos relativos, representa um crescimento de 4,0% em relação a 2019.

Com relação a coleta e tratamento, em 2020 o volume de esgoto coletado foi de 6 bilhões de m³, e o volume de esgoto tratado foi de 4,8 bilhões de m³. Significa dizer que 60,27% dos esgotos gerados são recolhidos, e que apenas 79,84% desse volume coletado é tratado. Do total de esgoto gerado, apenas 50,75% foram tratados.

Embora tenha sido verificada uma ampliação da cobertura de atendimento, ainda é grande a parcela de esgoto gerado sem coleta e de esgotos coletados sem tratamento adequado. Ou seja, mais da metade dos esgotos gerados são lançados diretamente nos solos ou nos corpos hídricos, isso sem considerar o grande volume de esgotos domésticos e industriais não computados nos dados oficiais e lançados *in natura*, tornando a situação de contaminação ambiental ainda mais grave.

Sabe-se, ainda, que nas grandes metrópoles os aglomerados subnormais e outras zonas instaladas nas periferias, ao não disporem de soluções adequadas para coleta e tratamento dos esgotos gerados, agravam a situação nas redes hidrográficas urbanas. Da mesma forma, na Região Norte do país, onde há também a ocorrência de áreas alagadas e o uso de palafitas, a falta de coleta de esgotos contribui para o agravamento da poluição dos corpos hídricos. Assim, ao se implementar sistemas de coleta e tratamento na totalidade dos territórios, são gerados ganhos significativos na qualidade das águas dos rios.

A exemplo disso, verifica-se, por meio dos projetos de concessões já realizados após o novo marco legal, como a concessão no Estado do Rio de Janeiro, a partir da qual a implantação de sistema de esgotamento sanitário irá contribuir significativamente para despoluição das Baías de Guanabara e de Sepetiba. Por meio desse projeto serão eliminados os despejos de esgotos sem tratamento nos 143 rios e córregos, além das galerias pluviais, que deságuam diretamente nas baías. Estima-se, ainda, a aplicação de R$10,6 para despoluição do ecossistema até 2033.

Com relação aos demais Estados e municípios que já realizaram concessões após a publicação do novo marco legal, verificamos por meio da Tabela 3, os indicadores dos serviços de esgotamento sanitário prestados em 2020:

Tabela 3 – Indicadores dos serviços de esgotamento sanitário prestados nos Estados e municípios com concessão dos serviços realizadas sob a égide do Novo Marco Legal do Saneamento

UF/Município	Atendimento total	Esgoto coletado	Esgoto tratado em relação ao esgoto coletado	Esgoto tratado em relação ao esgoto gerado
Alagoas	22,94%	19,08%	85,61%	17,20%
Amapá	6,91%	19,47%	95,38%	18,57%
Mato Grosso do Sul	55,74%	45,00%	99,78%	44,90%
Espírito Santo	56,90%	57,86%	73,21%	45,16%
Cariacica/ES	34,69%	33,71%	75,98%	25,61%
Viana/ES	35,36%	39,10%	88,97%	34,78%
Crato/CE	26,98%	57,01%	2,95%	1,68%
São Simão/GO	Sem dados no SNIS			

Fonte: Sistema Nacional de Informações sobre Saneamento – SNIS (2020).

Conforme dados apresentados, percebe-se o longo caminho a percorrer para se alcançar a universalização da coleta e do tratamento dos esgotos no percentual de 90% até 2033. Em Alagoas, há necessidade de ampliação dos serviços de coleta de esgotos em 70,92%. Em situação semelhante encontra-se o Estado do Amapá, com a necessidade de ampliação da coleta para 70,53% dos esgotos gerados. Já o Espírito Santo deve ampliar os serviços de coleta em 32,14% e ampliar o tratamento sobre o esgoto, que já é atualmente coletado, em 26,79%. Ao se verificar a situação de Cariacica/ES e Viana/ES tem-se que a coleta de esgotos deve ser ampliada em 56,29% e 50,90% respectivamente. O Estado do Mato Grosso do Sul apresenta percentual de tratamento em relação ao esgoto coletado de 99,78%, no entanto, sua coleta é de apenas 45%, devendo ampliar em mais 45% até 2033. O município de Crato apresenta necessidade de ampliar o tratamento dos esgotos coletados em 97,05% e ampliar os serviços de coleta em 32,99%. O município de São Simão/GO não encaminhou as informações referente ao exercício de 2000 ao SNIS.

Ao se investir em saneamento, em especial nas situações em que é grande a necessidade de coleta e tratamento, investe-se em preservação de rios, lagos, mares e, ainda, reduz-se a necessidade de investir recursos e esforços em despoluição e recuperação ambiental.

Mas não é só a implantação de sistemas de esgotamento sanitário que tem contribuição com a preservação do meio ambiente. A Política Nacional de Saneamento Básico preconiza que os serviços abastecimento de água, esgotamento sanitário, limpeza urbana e manejo dos resíduos sólidos e os serviços de drenagem e manejo de águas pluviais sejam realizados de forma adequada à saúde pública, à conservação dos recursos naturais e à proteção do meio ambiente.

Nesse sentido, existem os impactos e benefícios gerados a partir dos demais componentes do saneamento básico. Com a implantação de sistemas de abastecimento de água, os impactos ambientais são provenientes da implantação de sistemas que alteram o regime hidrológico dos mananciais; que interfiram no compartilhamento com os demais usuários de recursos hídricos; ou, ainda, da localização geográfica dos componentes dos sistemas que podem, de alguma forma, agravar uma situação de fragilidade ambiental ou unidades de conservação ou preservação.

Assim, adotar ações para redução de perdas de águas nos sistemas de abastecimento de água e para o reúso das águas, além de reduzir a demanda sobre os mananciais, contribui para o uso mais racional e eficiente da água e para a minimização da produção de efluentes.

Conforme o SNIS, a redução de perdas é um fator de sustentabilidade ambiental e está diretamente associada à otimização de um recurso natural finito e de acesso restrito. Estima-se que apenas 2,5% da água do planeta é doce, e seu maior volume encontra-se localizado em áreas de difícil acesso. Seu uso é feito tanto para o consumo humano quanto para irrigação, produção industrial, dessedentação de animais entre outros.

Ainda, segundo o SNIS, um dos instrumentos de grande importância para o gerenciamento de perdas de água é a medição contínua do seu uso, devendo abranger, para tanto, todas as etapas da operação do sistema, desde a captação de água bruta até a distribuição e consumo.

No Brasil, em 2020, o índice de perdas na distribuição de água foi de 40,1%. Em termos quantitativos, significa dizer que a cada 100 litros de água, apenas 59,9 foram utilizados pelos consumidores finais. Essa situação ocorre tanto pela ocorrência de perdas aparentes – aquelas relacionadas ao consumo não contabilizado, seja por falhas de cadastro, falta de medição, ligações clandestinas ou desvios irregulares – quanto pela ocorrência de perdas reais, que são aquelas relacionadas a vazamentos de água nas infraestruturas dos sistemas.

Com relação aos projetos de concessão para prestação dos serviços de abastecimento de água já realizados a partir no Novo Marco Legal, verifica-se os índices de perda dos Estados e municípios, conforme o SNIS, a partir da Tabela 4 a seguir:

Tabela 4 – Índices de perda dos sistemas de abastecimento de água dos Estados e municípios com concessão dos serviços realizadas sob a égide do Novo Marco Legal do Saneamento

UF/Município	Perdas na distribuição %	Perdas lineares m³/dia/Km	Perdas por ligação l/lig/dia
Alagoas	33,98%	26,20	318,88
Amapá	74,56%	126,64	2.030,24
Espírito Santo	38,41%	25,00	396,38
Cariacica/ES	25,72%	50,74	768,54
Viana/ES	48,27%	32,79	599,54
Rio de Janeiro	46,71%	62,84	738,72
Crato/CE	52,33%	56,45	492,39
São Simão/GO	Sem dados no SNIS		
Brasil	40,14%	25,67	343,37

Fonte: Sistema Nacional de Informações sobre Saneamento – SNIS (2020).

Verifica-se que somente os Estados de Alagoas e Espírito Santo apresentam índices de perda menor que a média nacional de 40,14%. Todos os demais apresentam índices superiores à média nacional, com destaque para o Estado do Amapá, que apresenta índice de perda superior a 70% e perdas por ligação superior a 2.000 litros por dia.

Além do controle das perdas, a reutilização da água é outra maneira de evitar desperdícios e minimizar o consumo. O reúso pode ser definido como a utilização de águas residuárias ou água de qualidade inferior, tratada ou não, tendo sido regulamentado no Brasil por meio da Resolução nº 54, de 28 de novembro de 2005, do Conselho Nacional de Recursos Hídricos (CNRH), que definiu também as modalidades de reúso como sendo: reúso para fins urbanos, reúso para fins agrícolas e florestais, reúso para fins ambientais, reúso para fins industriais e reúso na aquicultura.

O reúso torna-se uma estratégia ainda mais importante para o uso racional e eficiente da água nas regiões com elevada escassez hídrica. Segundo o Relatório "Conjuntura dos Recursos Hídricos no Brasil (2021)", cerca de 50,5 bilhões de litros de efluentes tratados foram reutilizados em 2015, o que correspondeu a apenas 12% do potencial estimado.

Alguns Estados, como Ceará, Rio de Janeiro, São Paulo e Minas Gerais, já fazem a regulação de diferentes modalidades de reúso de água. A partir do Novo Marco Legal do Saneamento, a Agência Nacional de Águas e Saneamento Básico tem, entre suas atribuições, a de estabelecer normas de referência para reúso dos efluentes sanitários tratados, em conformidade com as normas ambientais e de saúde pública (ANA, 2021).

Com relação aos resíduos sólidos, sabe-se que a produção crescente de lixo, a não redução de sua geração, a não reutilização ou reciclagem de resíduos associados à disposição final inadequada tem sido um dos mais graves problemas de poluição nos dias atuais.

Entre os principais impactos ambientais decorrentes da má gestão dos resíduos estão a poluição hídrica, a poluição visual, a contaminação dos solos, a ocorrência de alagamentos e inundações devido ao descarte inadequado e entupimento de galerias de águas pluviais, e a diminuição da vida útil dos aterros considerando a disposição de resíduos que poderiam ser reciclados ou reutilizados.

Segundo o SNIS (2020), em 2020 foram produzidos 66,6 milhões de toneladas de lixo e sua destinação final foi feita em 652 aterros sanitários e 1.545 lixões. O impacto ambiental torna-se ainda mais complexo com o descarte de produtos como plástico, alumínio, vidro e outros que contêm substâncias tóxicas.

Destaca-se, ainda, que o Novo Marco Legal do Saneamento alterou a Lei nº 12.305/2010 e estabeleceu novos prazos para o encerramento dos lixões, cujo prazo máximo é de 02/08/2024. Nesse sentido, e também a partir da prestação regionalizada dos serviços para manejo dos resíduos sólidos, espera-se a melhoria da gestão, a eliminação dos lixões e redução dos impactos negativos ao meio ambiente.

Considerando que o setor de resíduos sólidos é responsável por 5% das emissões de gases de efeito estufa (GEE), e que desse total, 48% estão relacionados aos efluentes domésticos e industriais, 51% relacionados à disposição final de resíduos sólidos urbanos e 1% relacionado a incineração de resíduos, nota-se a importância do manejo adequado e do encerramento dos lixões para minimizar os problemas relacionados à GEE e mudança climática (OC, 2021).

Considerando, ainda, havendo aderência das empresas às metas progressivas propostas pelo novo marco, a exemplo das melhores práticas de valorização de resíduos, aproveitamento energético de biogás e tratamento sustentável de esgotos, estima-se o potencial de redução nas emissões de gases de efeito estufa da ordem de 50% até 2033. Assim, estima-se também um potencial aumento de investimentos, especialmente internacionais, respaldado por um estoque potencial de aproximadamente 380 milhões de toneladas de CO_2 para comercialização no futuro mercado de carbono.

Além disso, considerando as metas legais e a progressiva aderência das empresas brasileiras às melhores práticas de valorização de resíduos, aproveitamento energético de biogás e tratamento sustentável de esgotos, o potencial setorial de redução nas emissões de gases de efeito estufa é da ordem de 50% até 2033. Isso poderá implicar um aumento exponencial de investimentos, especialmente internacionais, respaldado por um estoque potencial de aproximadamente 380 milhões de toneladas de CO_2 para comercialização no futuro mercado de carbono.

Da mesma forma, um dos maiores desafios para o manejo de águas pluviais decorre da ampliação populacional nas áreas urbanas sem o devido crescimento e desenvolvimento de infraestrutura de drenagem adequada. O desmatamento, a substituição da cobertura vegetal natural, a impermeabilização das superfícies, a ocupação de áreas de inundação, a redução dos tempos de concentração e o aumento dos deflúvios superficiais refletem diretamente no processo hidrológico urbano, em todas as fases (interceptação, transpiração, infiltração, percolação etc.).

A diminuição da capacidade de infiltração devido principalmente ao uso da impermeabilização, tem grande influência no aumento das inundações nos meios urbanos. Assim, as cheias urbanas são um dos maiores desafios a serem enfrentados pelas cidades. Os seus prejuízos afetam diversas áreas além do saneamento, a exemplo dos setores de habitação, transporte, saúde pública.

As estatísticas recentes mostram que as enchentes são o fenômeno que mais causam danos e prejuízos no mundo. Em 2021, os eventos relacionados a alagamentos, inundações e chuvas intensas deixaram 268 mortos, 7.709 feridos, 62.127 enfermos, 87.384 desabrigados, 376.852 desalojados, 1.330 desaparecidos e 3.935.197 pessoas afetadas de alguma outra forma. Com relação às moradias, foram 192.787 moradias danificadas e 6.825 moradias destruídas, as quais causaram um prejuízo da ordem de R$1,28 bilhão. Além disso, foi estimado o prejuízo às instalações públicas de saúde, de ensino e de outros serviços públicos, bem como das obras de infraestrutura danificadas por esses eventos em mais de R$1,56 bilhão (S2iD, 2021).

Nesse sentido, é de fundamental importância que a implantação das obras de drenagem urbana sejam orientadas a minimizar os efeitos da urbanização, restabelecer as condições hidrológicas e, assim, conferir maior qualidade de vida e garantir a preservação ambiental.

Dessa forma, ao se investir em saneamento tem-se ganhos reais em despoluição dos rios, lagos e oceanos, bem como na preservação e conservação do meio ambiente como um todo – e, ainda, ganhos em qualidade de vida e cidadania.

Portanto, destaca-se que a universalização do saneamento, além de ser o maior programa ambiental do planeta, está acompanhada de metas claras para melhoria do tratamento e valorização de resíduos e esgotos e de geração de energia, que representam importantes avanços climáticos para o setor.

11 Benefícios na saúde pública a partir da universalização do saneamento

A Política Pública de Saneamento tem impactos muito relevantes na vida da população. As intervenções refletem de maneira forte e positiva sobre as condições de saúde da população, especialmente para aquelas pessoas de renda mais baixa que não possuem condições de recorrer, por meios próprios, a melhores condições de saneamento.

A falta de acesso a água tratada e a falta de coleta e tratamento de esgoto associadas a condições precárias de higiene influenciam diretamente as condições para proliferação de infecções gastrointestinais e têm impacto direto na saúde, visto que propiciam o aumento de doenças relacionadas ao saneamento ambiental inadequado (DRSAI) bem como das internações pelo Sistema Único de Saúde (SUS).

Em nível mundial, segundo a ONU (2021), cerca de 3,6 bilhões de pessoas não têm acesso a saneamento seguro, o que ameaça a saúde e o meio ambiente e compromete o desenvolvimento econômico local. Ainda conforme dados divulgados pela ONU (2021), todos os dias morrem mais de 700 crianças com menos de cinco anos de idade devido a doenças relacionadas ao acesso inadequado à água e aos serviços de saneamento.

No Brasil, a falta de saneamento nos levou a conviver com a morte prematura de milhares de brasileiros todos os anos. Em 2020, o número de mortes ocasionadas por doenças relacionados ao saneamento ambiental inadequado foi da ordem de 10 mil (MS, 2022).

Por meio dos indicadores de mortalidade na infância, mortalidade infantil e de internações por doenças diarreicas agudas (DDA) é possível avaliar sua associação com as condições de saneamento básico no país. Nesse sentido, apresenta-se a seguir as Tabelas 5, 6 e 7 contendo os dados dos indicadores mencionados, para o período 2014 a 2019:

Tabela 5 – Taxa de mortalidade na infância por mil
nascidos vivos Brasil por macrorregião (2010 a 2019)

Macrorregião	2014	2015	2016	2017	2018	2019
Norte	18,7	17,8	18,7	18,3	18,1	18,1
Nordeste	16,7	16	16,8	16,3	15,57	15,8
Sudeste	13,5	12,9	13,6	13,1	13,0	13,4
Sul	12,4	11,9	11,7	11,7	11,6	11,8
Centro-Oeste	15,3	14,4	15,1	13,8	13,9	13,9
Brasil	14,9	14,3	14,9	14,4	14,2	14,4

Fonte: Sistema de Informação sobre Mortalidade e Sistema de Informações sobre Nascidos Vivos/Ministério da Saúde.

Tabela 6 – Taxa de mortalidade infantil por mil
nascidos vivos. Brasil por macrorregião (2010 a 2019)

Macrorregião	2014	2015	2016	2017	2018	2019
Norte	15,7	15,2	15,5	15,4	15,3	15,1
Nordeste	14,5	14	14,5	14,1	13,5	13,7
Sudeste	11,7	11,3	11,7	11,3	11,2	11,5
Sul	10,8	10,4	10	10,1	9,9	10,2
Centro-Oeste	13	12,2	12,7	11,7	11,8	11,8
Brasil	12,9	12,4	12,7	12,4	12,2	12,4

Fonte: Sistema de Informação sobre Mortalidade e Sistema de Informações sobre Nascidos Vivos/Ministério da Saúde.

Tabela 7 – Taxa de internação por doenças diarreicas agudas
e outras gastroenterites entre menores de cinco anos por
mil habitantes. Brasil por macrorregião (2010 a 2019)

Macrorregião	2014	2015	2016	2017	2018	2019
Norte	15,2	11,7	14,4	10,6	10,3	10,7
Nordeste	11,5	8,7	10,8	8,9	8,5	7,9
Sudeste	3,8	2,7	3,1	2,5	2,6	2,7
Sul	4,8	3,8	4,3	3,5	3,7	3,7
Centro-Oeste	7,4	5	6,5	4,6	4,8	5,5
Brasil	7,9	5,9	7,1	5,6	5,6	5,6

Fonte: Sistema de Informação Hospitalares/Ministério da Saúde e IBGE. *DDA – CID 10 entre A00 a A09 (excluindo-se A021 a A029; A 51; A064 a A069).

Em 2019, no Brasil, ocorreram 77.871 internações de menores de cinco anos por DDA no SUS. A taxa, assim como nos dois anos anteriores, foi de 5,6 internações a cada 1.000 habitantes. Quanto às regiões, a Norte, a Sudeste e a Centro-Oeste apresentaram ligeiro aumento com relação a 2018. As maiores taxas, porém, continuaram a ser observadas nas regiões Norte e Nordeste, 10,7 e 7,9 internações por 1.000 hab., respectivamente.

Com relação às taxas de mortalidade na infância e mortalidade infantil, verifica-se em 2019 uma pequena ampliação em relação a 2018 nas regiões Nordeste, Sudeste e Sul. Ao se comparar aos indicadores de saneamento apresentados nos Gráficos 1 a 6, verifica-se que o acesso à água foi ampliado em 2019, em relação a 2018, em todas as regiões, com exceção de Norte, Sul e Centro-Oeste.

Nesse sentido, ressalta-se que a recorrência dessas doenças causa danos irreparáveis, tanto pelos óbitos ocorridos quanto pelos custos irrecuperáveis com o aumento das despesas públicas com o tratamento das pessoas e das despesas relacionadas ao afastamento delas do mercado de trabalho.

12 Conclusões

O setor do saneamento é o setor com maior déficit de atendimento e com os maiores desafios de expansão dentre os setores voltados à melhoria da infraestrutura. Os serviços de saneamento estão relacionados com a saúde, o meio ambiente, a gestão dos recursos hídricos e o desenvolvimento sustentável. Assim, a prestação desses serviços deve ser planejada e implementada pelas instâncias de governança competentes, com o compromisso de universalizar os serviços à população, em busca da melhoria da qualidade de vida, da proteção aos recursos naturais e da melhoria da produtividade econômica.

O Novo Marco Legal do Saneamento apresenta excelente potencial para promover o alcance das metas estabelecidas de universalização dos serviços em diversas regiões brasileiras, em especial, em regiões mais desenvolvidas, com infraestrutura consolidada e cobrança implementada, normalmente associadas aos serviços de água. No entanto, a estruturação do arcabouço legal necessário, de modelos de negócio viáveis e das instâncias de governança regionalizadas permanecem como desafios, principalmente em regiões menos desenvolvidas e distantes de capitais ou centros urbanos de médio e grande porte.

Outro desafio diz respeito aos diferentes estágios de desenvolvimento dos componentes do saneamento básico, no âmbito municipal e estadual, com especial destaque para os serviços de manejo e destinação de resíduos sólidos urbanos e de drenagem e manejo de águas pluviais urbanas, que se encontram menos desenvolvidos no Brasil.

Quanto ao manejo e destinação de Resíduos Sólidos Urbanos – RSU, constata-se a existência de problemas crônicos com a destinação final dos resíduos e com manejo inadequado. Para alteração desse quadro situacional existem dificuldades que são associadas à resistência política na implementação dos mecanismos de cobrança , entre outras. Entretanto, apesar de tais dificuldades, o mercado de aproveitamento de resíduos sólidos urbanos apresenta excelente potencial de crescimento e está em franco desenvolvimento, atraindo cada vez mais investimentos privados para o setor.

No caso dos serviços de drenagem urbana e de manejo de águas pluviais, observa-se frequentemente a ausência de cobrança, a deficiência no cadastramento da infraestrutura existente, baixos índices de cobertura, baixo nível de institucionalização dos serviços, a necessidade de elevados investimentos iniciais em infraestrutura, a existência de problemas sistêmicos de ocupação e de uso do solo e a ausência de incentivos econômicos. Tal cenário resulta em um ambiente com baixa previsibilidade e atratividade para a realização de investimentos privados no setor.

Com relação aos investimentos necessários à universalização, ante os resultados apresentados e o exaurimento da capacidade do setor público em investir os valores previstos, os investimentos privados demonstram ser essenciais para o alcance de tal objetivo. Nesse contexto, o setor público possui fundamental importância na promoção de ambiente favorável aos investimentos privados, a partir da atuação na modernização do arcabouço jurídico, institucional e regulatório.

Entretanto, apesar das dificuldades observadas para a universalização dos serviços de saneamento básico, os avanços jurídicos, regulatórios e institucionais introduzidos pelo Novo

Marco Legal do Saneamento resultaram em um ambiente favorável à ampliação dos investimentos privados estruturantes no setor, tendo apresentado resultados importantes até o momento, os quais geram importantes impactos na saúde pública e no meio ambiente, os quais devem ser comemorados.

O setor de saneamento tem um papel fundamental para o desenvolvimento do país, para a geração de negócios e empregos, geração de energia renovável; ainda preserva a saúde pública e os recursos naturais, protege o meio ambiente, aumenta as capacidades institucionais e públicas, promove empregos qualificados, estimula a cooperação internacional entre outros.

Referências

AGÊNCIA EUROPEIA DO AMBIENTE. *Grande plano:* a água na cidade. Disponível em: https://www.eea.europa.eu/pt/sinais-da-aea/sinais-2018/artigos/grande-plano-2014-a-agua#:~:text=A%20gest%C3%A3o%20da%20%C3%A1gua%20numa,um%20desafio%20cada%20vez%20maior. Acesso em: 18 maio 2022.

ANA – Agência Nacional de Águas e Saneamento Básico. 2022. *ANA divulga a relação dos 1.684 municípios que atenderam a Norma de Referência sobre a instituição de taxas e tarifas para o Serviço Público de Manejo de Resíduos Sólidos Urbanos.* Disponível em: https://www.gov.br/ana/pt-br/assuntos/noticias-e-eventos/noticias/ana-divulga-a-relacao-dos-1-684-municipios-que-atenderem-a-norma-de-referencia-sobre-a-instituicao-de-taxas-e-tarifas-para-o-servico-publico-de-manejo-de-residuos-solidos-urbanos. Acesso em: 19 maio 2022.

ANA – Agência Nacional de Águas e Saneamento Básico. 2021. *Conjuntura dos Recursos Hídricos no Brasil.* Disponível em: https://relatorio-conjuntura-ana-2021.webflow.io/capitulos/usos-da-agua. Acesso em: 23 maio 2022.

BNDES – Banco Nacional de Desenvolvimento Econômico e Social. 2022. *Hub de Projetos.* Disponível em: https://hubdeprojetos.bndes.gov.br/pt/projetos/nossos-projetos. Acesso em: 18 maio 2022.

BRASIL. Lei nº 11.445, de 05 de janeiro de 2007, que estabelece as diretrizes nacionais para o saneamento básico. *Diário Oficial da União* – Seção 1 – 09/1/1997. Disponível em: https://www.planalto.gov.br/ccivil_03/_ato2007-2010/2007/lei/L11445compilado.htm. Acesso em: 18 maio 2022.

BRASIL. Lei nº 14.026, de 15 de julho de 2020, que atualiza o marco legal do saneamento básico e altera a Lei nº 9.984, de 17 de julho de 2000, para atribuir à Agência Nacional de Águas e Saneamento Básico (ANA) competência para editar normas de referência sobre o serviço de saneamento. *Diário Oficial da União* – Seção 1 – 16/7/2020. Disponível em: https://www.planalto.gov.br/ccivil_03/_ato2019-2022/2020/lei/l14026.htm. Acesso em: 18 maio 2021.

BRASIL. Decreto nº 10.588, de 24 de dezembro de 2020, que dispõe sobre o apoio técnico e financeiro de que trata o art. 13 da Lei nº 14.026, de 15 de julho de 2020, sobre a alocação de recursos públicos federais e os financiamentos com recursos da União ou geridos ou operados por órgãos ou entidades da União de que trata o art. 50 da Lei nº 11.445, de 5 de janeiro de 2007. *Diário Oficial da União* – Seção 1 – 24/12/2020. Disponível em: http://www.planalto.gov.br/ccivil_03/_ato2019-2022/2020/decreto/D10588.htm. Acesso em: 18 maio 2022.

BRASIL. *Decreto nº 11.030, de 01 de abril de 2022, que altera o Decreto nº 10.588/2020*. Diário Oficial da União – Seção Extra – 1/4/2022. Disponível em: http://www.planalto.gov.br/ccivil_03/_ato2019-2022/2022/decreto/D11030.htm. Acesso em: 18 maio 2022.

BRASIL. Ministério da Saúde. 2022. *Informações de Saúde TABNET DATASUS*. Disponível em: https://datasus.saude.gov.br/informacoes-de-saude-tabnet/. Acesso em: 18 maio 2022.

BRASIL. Ministério da Economia. 2022. *Programa de Parcerias de Investimentos. Apoio Federal às Concessões e Parcerias Público-privadas dos Estados, do Distrito Federal e dos Municípios*. Disponível em: https://portal.ppi.gov.br/apoio-federal-as-concessoes-e-parcerias-publico-privadas-de-estados-e-municipios. Acesso em: 17 maio 2022.

BRASIL. Ministério das Cidades. 2014. *Plano Nacional de Saneamento Básico*. Brasília, 2014. Disponível em: https://antigo.mdr.gov.br/images/stories/ArquivosSNSA/PLANSAB/PLANSAB_texto_editado_para_download.pdf. Acesso em: 17 maio 2022.

BRASIL. Ministério do Desenvolvimento Regional. MDR. 2014. *Relatório de Avaliação Anual do PLANSAB*. 2014. Disponível em: https://www.gov.br/mdr/pt-br/assuntos/saneamento/plansab. Acesso em: 17 maio 2022.

BRASIL. Ministério do Desenvolvimento Regional. MDR. 2015. *Relatório de Avaliação Anual do PLANSAB*. 2015. Disponível em: https://www.gov.br/mdr/pt-br/assuntos/saneamento/plansab. Acesso em: 17 maio 2022.

BRASIL. Ministério do Desenvolvimento Regional. MDR. 2016. *Relatório de Avaliação Anual do PLANSAB*. 2016. Disponível em: https://www.gov.br/mdr/pt-br/assuntos/saneamento/plansab. Acesso em: 17 maio 2022.

BRASIL. Ministério do Desenvolvimento Regional. MDR. 2018. *Relatório de Avaliação Anual do PLANSAB*. 2018. Disponível em: https://antigo.mdr.gov.br/images/nota_tecnicarelatorio_plansab_2018.pdf. Acesso em: 17 maio 2022.

BRASIL. Ministério do Desenvolvimento Regional. MDR. 2019. *Plano Nacional de Saneamento Básico*. Documento em revisão submetido à apreciação dos Conselhos Nacionais de Saúde, Recursos Hídricos e Meio Ambiente. Brasília, 2019. Disponível em: https://antigo.mdr.gov.br/images/stories/ArquivosSDRU/ArquivosPDF/Versao_Conselhos_Resolu%C3%A7%C3%A3o_Alta_-_Capa_Atualizada.pdf. Acesso em: 17 maio 2022.

BRASIL. Ministério do Desenvolvimento Regional. MDR. 2019. *Relatório de Avaliação Anual do PLANSAB*. 2019. Disponível em: https://www.gov.br/mdr/pt-br/assuntos/saneamento/plansab/Nota_tecnica___Relatorio_de_Avaliacao_Anual_do_Plansab___2019.pdf. Acesso em: 17 maio 2022.

BRASIL. Ministério do Desenvolvimento Regional. MDR. 2021. Sistema Nacional de Informações Sobre Saneamento. SNIS. *Painel de Indicadores*. Disponível em: http://www.snis.gov.br/. Acesso em: 17 maio 2022.

BRASIL. Ministério do Desenvolvimento Regional. MDR. 2021. *Sistema Integrado de Informações sobre Desastres*. Disponível em: https://s2id.mi.gov.br/paginas/relatorios/index.xhtml. Acesso em: 23 maio 2022.

B3. 2022. Leilões – Licitações e Alienações. Disponível em: https://www.b3.com.br/pt_br/produtos-e-servicos/negociacao/leiloes/licitacoes-e-alienacoes/. Acesso em: 18 maio 2022.

CONAMA – Conselho Nacional de Meio Ambiente. 1986. *Resolução nº 1*, de 23 de janeiro de 1986, que estabelece as definições, as responsabilidades, os critérios básicos e as diretrizes gerais para uso e implementação da Avaliação de Impacto Ambiental como um dos instrumentos da Política Nacional do Meio Ambiente. Disponível em: http://www.siam.mg.gov.br/sla/download.pdf?idNorma=8902 . Acesso em: 23 maio 2022.

CNRH – Conselho Nacional de Recursos Hídricos. 2005. *Resolução nº 54*, de 28 de novembro de 2005, que estabelece modalidades, diretrizes e critérios gerais para a prática de reúso direto não potável de água. Disponível em: https://www.ceivap.org.br/ligislacao/Resolucoes-CNRH/Resolucao-CNRH%2054.pdf. Acesso em: 23 maio 2022.

CNN Brasil. *Concessionária de saneamento do Rio quer despoluir Baía de Guanabara até 2033*. Disponível em: https://www.cnnbrasil.com.br/nacional/concessionaria-de-saneamento-do-rio-quer-despoluir-baia-de-guanabara-ate-2033/. Acesso em: 23 maio 2022.

FUNASA – Fundação Nacional de Saúde. 2010. *Impactos na Saúde e no Sistema Único de Saúde Decorrentes de Agravos Relacionados a um Saneamento Ambiental Inadequado Relatório Final*. Disponível em: http://www.funasa.gov.br/site/wp-content/files_mf/estudosPesquisas_ImpactosSaude.pdf. Acesso em: 18 maio 2022.

IBGE – Instituto Brasileiro de Geografia e Estatística. 2021. *Estimativas da população*. Disponível em: https://www.ibge.gov.br/estatisticas/sociais/populacao/9103-estimativas-de-populacao.html?=&t=downloads. Acesso em: 17 maio 2022.

INSTITUTO TRATA BRASIL. *Benefícios econômicos e sociais da expansão do saneamento no Brasil*. 2018. Disponível em: https://www.cimentoitambe.com.br/wp-content/themes/blade/_assets/pdf/trata_brasil.pdf. Acesso em: 18 maio 2022.

NUNES, C. M. *O papel da ANA diante do novo marco legal do saneamento estabelecido pela Lei nº 14.026/2020*. A Regulação de infraestruturas no Brasil. KPMG. São Paulo, 2021.

OC – Observatório do Clima. 2021. *Análise das emissões brasileiras de gases de efeito estufa e suas implicações para as metas do Brasil*. Disponível em: file:///D:/Users/patricia.areal/Downloads/OC_03_relatorio_2021_FINAL.pdf. Acesso em: 25 maio 2022.

OLIVEIRA, O. C; MORAES, S. C. *Desafios para a sustentabilidade na gestão dos serviços de abastecimento de água na Amazônia*: aspectos socioambientais e econômicos do sistema de abastecimento de água na cidade de Macapá-AP. Disponível em: https://www.revistaespacios.com/a17v38n22/17382227.html. Acesso em: 23 maio 2022.

ONU – Organização das Nações Unidas. *The human right to water and sanitation: Resolution adopted by the General Assembly 64/292*. New York, 2010.

ONU – Organização das Nações Unidas. 2021. *3,6 bilhões de pessoas vivem sem saneamento seguro*. Disponível em: https://brasil.un.org/pt-br/159303-36-bilhoes-de-pessoas-vivem-sem-saneamento-seguro. Acesso em: 18 maio 2022.

SANTOS, A. R. *Saneamento deve ser o objetivo, a despoluição de rios apenas uma boa decorrência, artigo de Álvaro Rodrigues dos Santos*. Disponível em: https://www.ecodebate.com.br/2019/08/22/saneamento-deve-ser-o-objetivo-a-despoluicao-de-rios-apenas-uma-boa-decorrencia-artigo-de-alvaro-rodrigues-dos-santos/. Acesso em: 23 maio 2022.

Informação bibliográfica deste texto, conforme a NBR 6023:2018 da Associação Brasileira de Normas Técnicas (ABNT):

MARANHÃO, Pedro. Maior programa ambiental do mundo: o Novo Marco Legal do Saneamento Básico, seus desafios e benefícios esperados. *In*: ZULIANI, Geninho; DAL POZZO, Augusto Neves (coords). *Saneamento básico*: uma lei e um marco. Belo Horizonte: Fórum, 2023. p. 241-274. ISBN 978-65-5518-485-3.

BREVE ANÁLISE ACERCA DA ESTRUTURA TARIFÁRIA DE ÁGUA, ESGOTO E TARIFA SOCIAL

LEANDRO MELLO FROTA
RODRIGO SANTOS HOSKEN

Com a recente promulgação do novo Marco Legal do Saneamento Básico (Lei nº 14.026/2020), de relatoria do Deputado Federal Geninho Zuliani, a questão tarifária passou a exercer um papel de centralidade nas concessões dos serviços de abastecimento de água e esgotamento sanitário.

A tentativa do novo marco legal, através de uma maior participação da iniciativa privada, é de possibilitar a injeção de recursos privados para suprir todos os investimentos necessários para atingir a tão sonhada universalização dos serviços de saneamento básico até 31 de dezembro de 2033.

Os dados do Sistema Nacional de Informações sobre Saneamento (SNIS) indicam que apenas 83,7% da população são servidos dos serviços de abastecimento e 54,1% possuem coleta e tratamento de esgoto, serviço esse fundamental para a manutenção da qualidade da água distribuída à população.

Para que esses objetivos sejam alcançados, serão necessários vultosos investimentos em curto espaço de tempo, e a solução trazida pelo legislador foi promover a abertura do setor à participação privada. Entretanto, a atuação de qualquer prestador, especialmente oriundo do setor privado, depende de um contexto favorável à segurança no retorno dos altos investimentos que necessariamente deverão ser destinados à prestação do serviço.

Neste sentido, a recuperação dos custos envolvidos na prestação do serviço e o lucro desejado por qualquer prestador serão oriundos, prioritariamente, da cobrança aos usuários pelos serviços prestados ao longo do tempo de contrato. Essa cobrança será realizada por meio de taxas, preços públicos ou tarifas (art. 29, §1º, Lei nº 11.445/2007).

Para fins deste estudo, interessa a análise da tarifa e das regras previstas para a elaboração da estrutura tarifária sustentável que define o valor a ser cobrado dos usuários. É fundamental que a remuneração do prestador venha desta fonte,[1] o que é, inclusive, reconhecido pelo legislador no art. 2º da Lei nº 11.445/2007.

Nesse contexto, definida, pelos poderes competentes, a forma de cálculo da tarifa e o seu respectivo valor, é necessário que sua aplicação seja realizada sem quaisquer percalços, de modo a possibilitar que seus efeitos sejam observados, com a recuperação, por parte do prestador, de todos os custos envolvidos na prestação do serviço.

A falta de segurança jurídica em casos desses tipos pode levar principalmente ao afastamento de novos investidores, que, não habituados ao mercado de saneamento, podem sofrer com a pulverização dos centros decisórios, já que a competência, em regra, dos serviços é municipal, embora atualmente a Agência Nacional de Águas e Saneamento Básico (ANA) edite normas de referências para os demais entes.

Assim, considerando o contexto atual, em que se espera que haja maiores investimentos no setor de saneamento em vistas da expansão dos serviços, mostra-se de extrema importância uma análise acerca da estrutura tarifária de água, esgoto e social para que haja a devida segurança jurídica, de modo a atrair os investimentos necessários.

1 Dos possíveis modelos tarifários

A cobrança pelos serviços de água e esgoto possui alguns objetivos, conforme preconiza a Lei nº 11.445/2007. Essa cobrança é realizada de acordo com a estrutura tarifária, que pode ser definida como um conjunto de regras e procedimentos que irá determinar como efetuar a cobrança de diferentes categorias de usuários.[2]

---

[1] MARQUES, Rui Cunha; MIRANDA, João. Sustainable tariffs for water and wastewater services. *Utilities Policy*, Volume 64, 2020. Disponível em: https://www.sciencedirect.com/science/article/abs/pii/S0957178720300497. Acesso em: 15/01/2021.

[2] *Idem.*

É importante destacar que, independentemente do modelo tarifário adotado, a estrutura tarifária deverá ser suficiente para cobrir os custos do serviço e possibilitar o investimento em melhorias visando à expansão do sistema de abastecimento de água e coleta de esgoto. A sustentabilidade do prestador é importante para o setor de saneamento, em função do alto valor dos investimentos necessários, devendo a tarifa possibilitar o atingimento do equilíbrio econômico-financeiro.[3]

Para que esses objetivos sejam alcançados, são, em regra, utilizadas duas espécies de modelos tarifários. O modelo de tarifa em parte única (*single-part tariff*) e o modelo de tarifa em duas partes (*two-part tariff*).[4]

O primeiro modelo mencionado pode ser aplicado com a cobrança tão somente de uma tarifa fixa, normalmente quando não há medição, ou com a cobrança baseada apenas no volume registrado no medidor. De cada uma dessas possibilidades extraem-se algumas variações.

A cobrança da tarifa fixa independe do consumo e pode ser praticada com base na estrutura do imóvel (número de quartos, quantidade de pontos de água, se possui alto padrão construtivo ou não, etc.) ou com base na estrutura do sistema de abastecimento disponível (diâmetro do ramal, geralmente).

Já a tarifa baseada no modelo exclusivamente volumétrico (volume registrado no hidrômetro) pode se apresentar de três principais formas distintas: a tarifa uniforme, a tarifa em blocos e a tarifa linear.

A tarifa uniforme possui como característica a aplicação de um valor uniforme para cada metro cúbico consumido. Já a tarifa em blocos subdivide-se em blocos crescentes e blocos decrescentes. Em ambos os casos, a estrutura tarifária é organizada em blocos

---

[3] ONU. *Water: a shared responsibility*. The United Nations World Water Development Report 2. United Nations Educational, Scientific and Cultural Organization (UNESCO) and Berghan Books. 2006. Disponível em: http://www.unesco.org/new/en/natural-sciences/environment/water/wwap/wwdr/wwdr2-2006/. Acesso em: 09 maio 2020. p. 413.

[4] BOLAND, John; FOSTER, Vivien; WHITTINGTON, Dale. *Water Tariffs and Subsidies in South Asia* Paper 1: Understanding the Basics. Water and Sanitation Program. 2002. Disponível em: https://www.wsp.org/index.php/library/water-tariffs-and-subsidies-south-asia-paper-1-understanding-basics. Acesso em: 02 maio 2020. p. 04.

com valores específicos caso o consumo registrado alcance o bloco seguinte. No caso dos blocos crescentes, o valor do metro cúbico inicia-se em um patamar baixo e aumenta na medida em que o consumo registrado alcança os blocos seguintes. Já no tocante aos blocos decrescentes, o valor do metro cúbico inicia-se em patamar elevado e reduz na medida em que o consumo alcança os blocos seguintes.

Por fim, a tarifa linear caracteriza-se pela modificação no valor cobrado sempre que houver qualquer variação no consumo, de modo que cada metro cúbico consumido terá um valor diferente do anterior.

O modelo tarifário em duas partes, por sua vez, utiliza-se da combinação de uma parte fixa e de uma parte variável, que dependerá do consumo registrado no medidor. Ou seja, é a junção do modelo de tarifa fixa com o modelo volumétrico.

A primeira parte da estrutura tarifária é fixa e pode corresponder a uma espécie de franquia permitida para o consumo, comumente denominado de consumo mínimo. Pode, também, não disponibilizar qualquer franquia, baseando-se tão somente na estrutura do imóvel, modelo que vem sendo denominado de tarifa fixa. Essa cobrança, como já explicitado, independe do volume de água consumido e se mostra fundamental para propiciar a recuperação dos custos.[5]

Já a segunda parte da estrutura tarifária pode ser baseada em qualquer dos modelos volumétricos apresentados, a depender dos objetivos a serem buscados com a precificação dos serviços prestados.

Importante destacar que a tarifação em duas partes é o modelo majoritariamente utilizado no país e representa importante meio para conciliar os objetivos econômicos da definição do preço com a recuperação total dos custos necessária para a expansão dos serviços e a necessária universalização.[6]

---

[5] KAYAGA, Sam; SMOUT, Ian (2014). Tariff structures and incentives for water demand management. Proceedings of the ICE – *Water Management*, V. 167, 2014. p. 448-456. Disponível em: https://www.researchgate.net/publication/271340628_Tariff_structures_and_incentives_for_water_demand_management. Acesso em: 22 abr. 2021. p. 451.

[6] *Idem*. p. 451.

Ainda é importante salientar que para o cálculo do valor das tarifas fosse considerado, entre outros fatores, a adoção do mecanismo denominado "subsídio cruzado" cujo propósito era possibilitar a universalização do serviço para aqueles indivíduos que, em tese, não teriam condições de arcar com os custos necessários para usufruir dos serviços de abastecimento de água e de coleta de esgoto.

Na prática, o referido critério buscava a equivalência na composição do valor da tarifa pelo custo médio da totalidade dos serviços, o que encobre trechos cujo mercado não conseguiria suportar seus custos reais.

2 Da estrutura tarifária de água

A Lei Federal nº 11.445/2007 dispõe acerca da importância da sustentabilidade tarifária e do equilíbrio econômico-financeiro da prestação dos serviços, além das preocupações sociais decorrentes da estruturação tarifária.

Mesmo com a profunda alteração promovida pela Lei Federal nº 14.026/2020, o cerne dos regramentos tarifários se mantém, podendo-se observar uma continuidade nas preocupações decorrentes do modelo tarifário a ser adotado no setor de água e esgoto do país.

Já no art. 2º, VII, há a previsão da eficiência e da sustentabilidade econômica como princípios fundamentais para o setor. Mais à frente, destaca-se o art. 22, que dispõe que a regulação setorial terá, como um de seus objetivos, a definição de tarifas que assegurem o equilíbrio econômico-financeiro e a modicidade tarifária. Importante mencionar, também, que as tarifas poderão ser revistas de maneira extraordinária, caso identificados fatos não previstos nos contratos, fora do controle dos prestadores dos serviços, que alterem o equilíbrio econômico-financeiro.

As regras gerais para a elaboração de estruturas tarifárias que assegurem a sustentabilidade econômico-financeira dos serviços de água e esgoto encontram-se previstas nos arts. 29 a 31 do Marco Regulatório.

De início, o parágrafo 1º do art. 29 traz as diretrizes para a instituição das taxas, tarifas e preços públicos que irão remunerar os serviços de água e esgoto, destacando-se a instituição dos denominados subsídios cruzados (art. 29, §1º, II e §2º), o que é melhor explicitado no art. 31, e a autossustentabilidade (art. 29, §1º, III, V e VI), reforçando toda a lógica trazida no corpo da Lei.

Já no art. 30 há as regras específicas para elaboração da estrutura tarifária setorial; observa-se que o atual Marco Regulatório do Saneamento Básico institui diretrizes para a elaboração das estruturas tarifárias que se coadunam com o histórico do setor no país e possibilitam a manutenção das regras de cobrança já existentes desde a época do PLANASA.

As diretrizes tarifárias estabelecidas na legislação federal desde então refletem-se nas legislações estaduais, que passaram a detalhar como deve ser realizada a cobrança pelos serviços de água e esgoto.

Adotou-se, majoritariamente, o modelo de tarifação em duas partes, com uma parte fixa com franquia mínima de consumo somada a uma parte volumétrica crescente em blocos. Para a definição da parte fixa, adotou-se o critério de economias[7] ou unidades[8] em contraposição ao critério da ligação, o que prestigia a realidade dos usuários, a isonomia e a modicidade tarifária.

Como já explicitado, a cobrança pelos serviços de água e esgoto deve ser suficiente para recuperar os custos do prestador, repartindo-os entre todos usuários e respeitando a modicidade

---

[7] Economia pode ser definido como critério de caracterização das unidades prediais a ser considerado na definição da parte fixa da tarifa. Pode ser um imóvel domiciliar, tal como uma casa ou um apartamento, ou um conjunto de lojas ou salas comerciais, por exemplo.

[8] No Rio de Janeiro, o Decreto Estadual 553/1976 assim dispõe: Art. 98 – A tarifa mínima é o produto do consumo mínimo mensal, *por economia*, pela tarifa unitária. Parágrafo único – A CEDAE fixará o consumo mínimo mensal de que trata este artigo. No Distrito Federal, a Lei Distrital 442/1993 prevê o seguinte: Art. 2º – As tarifas serão diferenciadas segundo as categorias de usuários e faixas de consumo, assegurando-se o subsídio dos grandes consumidores para os pequenos consumidores, de forma a compatibilizar os aspectos econômicos com os objetivos sociais. §1º – A conta mínima de água resultará do produto da tarifa mínima pelo consumo mínimo, que será de 10 m3 mensais *por economia*, para todas as categorias de consumo. Em São Paulo, o Decreto 41.446/1996 traz a seguinte redação: Artigo 4º – O consumo mínimo de água a ser cobrado *por ligação ou economia residencial*, nunca será inferior a 10m³ (dez metros cúbicos) por mês, podendo ser diferenciado por categoria de uso, capacidade de hidrômetro e características de demanda e consumo, conforme os critérios estabelecidos no artigo 3.º, na forma explicitada em norma interna da SABESP. Parágrafo único – Para prédios dotados de ligações de esgotos, o consumo considerado nunca será inferior a 10m³ *por economia* e categoria de uso. Entre outros.

tarifária, bem como possibilitar atingir as metas de universalização previstas nos planos municipais ou regionais de saneamento e ainda nas metas dos contratos de concessão ou de programa.

Nesse sentido, a adoção do critério de economias mostra-se a mais adequada, já que implica a divisão dos custos pelo maior denominador possível, se comparado ao critério de ligações, o que implica a cobrança do menor valor possível dos usuários capaz de propiciar a recuperação dos custos. E isso fica claro ao se imaginar o exemplo abaixo.

Em um dado local existem uma casa e um condomínio vertical com 09 (nove) unidades que custeiam o prestador de serviço de água e esgoto. O custo do serviço é X. A casa representa 01 (uma) ligação e 01 (uma) economia, e o condomínio representa também 01 (uma) ligação, mas 09 (nove) economias. Ao dividir o custo X pelo número de ligações, tanto a casa como o condomínio ficarão responsáveis por 50% (cinquenta por cento) dos custos. Já ao utilizar-se o critério de economias, o custo X será repartido pelas 10 (dez) economias, fazendo com que cada unidade seja responsável por apenas 10% (dez por cento) do custo total.

Percebe-se, então, que o critério de fixação da parte fixa da estrutura tarifária através do critério de economias representa o menor valor a ser cobrado de cada unidade de consumo, além de possibilitar tratamento isonômico entre os usuários finais dos serviços.

Respeitando-se a necessidade de uniformidade da estrutura tarifária, o critério de cobrança acima descrito é aplicável a todos os usuários, independentemente da localidade, do poder aquisitivo, se usuário individual ou em condomínio. Todas as situações devem ser tratadas por ela.

3 Da estrutura da tarifa de esgoto

A remuneração do serviço de abastecimento de água, segundo dispõe o art. 8º do Decreto Federal nº 7.217/2010 (que regulamenta a Lei nº 11.445/07), "pode ser fixada com base no volume consumido de água", cuja medição é realizada por meio de hidrômetros. Os hidrômetros são instalados na frente de cada imóvel e têm a função de medir o volume de água consumido pelo usuário do serviço. De acordo com o SNIS, 92,5% dos usuários brasileiros estão hidrometrados.[9]

No que tange ao esgotamento sanitário, apesar de existirem dispositivos que possam medir a vazão de esgoto, não existe um medidor de efluente apropriado que possa ser utilizado em larga escala para todos os usuários.[10] Ademais, o Instituto Nacional de Metrologia, Qualidade e Tecnologia – INMETRO não possui regulamentação metrológica para medidores de efluentes. Importante ressaltar que em 2012 o INMETRO promoveu um Painel Setorial de Medição de Efluentes, em que se discutiu a dificuldade da regulamentação da medição dos efluentes com os diversos atores do setor do saneamento básico, incluindo fabricantes e partes interessadas. O painel considerou que em função do alto custo, da necessidade de maiores estudos, da urgência da universalização do acesso, bem como da necessidade de medição da qualidade dos efluentes, o INMETRO aguardará a maturidade do tema, conforme a ata transcrita abaixo:

> Agenda de entendimentos
>
> Ao final do painel setorial, ficou claro para o Inmetro que a medição de efluentes tem grande importância e relevância para o país. Contudo, também ficou evidente que o assunto é bastante complexo, tendo implicações econômicas, sociais e ambientais de grandes dimensões que, pela ausência de estudos específicos, ainda não estão corretamente mapeadas. além disso, foram apresentadas diversas dificuldades para a regulamentação da medição de efluentes. dentre elas, destacam-se:
>
> - Alto custo para a implantação de alguns dos sistemas de medição para as companhias de saneamento e para os consumidores;
>
> - Necessidade de maiores estudos sobre o sistema de medição volumétrico de efluentes, tendo em vista aspectos como sua aplicabilidade, desempenho e viabilidade;

---

[9] SISTEMA NACIONAL DE INFORMAÇÕES SOBRE SANEAMENTO. *Diagnóstico 2018*. Disponível em: http://www.snis.gov.br/downloads/diagnosticos/ae/2018/Diagnostico_AE2018.pdf. Acesso em: 04 nov. 2021.

[10] De acordo com estudos apresentados no INMETRO, existem dez tipos de medidores de efluentes: i) Volumétrico; ii) Flutuador; iii) Verterdor Triangular; iv) Verterdor Retangular; v) Calha Parshall; vi) Molinete; vii) Traçadores; viii) Ultra Sônico; ix) Eletromagnético; x) Calha Palmer-Bow. KOKOL, Marcos Antonio. *Medidores de Efluentes – as tecnologias disponíveis no mercado*. Disponível: http://www.inmetro.gov.br/painelsetorial/palestras/medidores_de_efluentes_as_tecnologias_disponiveis_no_mercado_marcos_antonio_kokol.pdf. Acesso em: 06 nov. 2021.

- Necessidade de universalizar o acesso ao saneamento básico no país, que ainda apresenta graves diferenças regionais;
- Necessidade de se medir não só a quantidade, mas também a qualidade do efluente, uma vez que, pequenas quantidades de um tipo de efluente podem ser mais danosas ao meio ambiente que uma grande quantidade de outro.
- PRECARIEDADE DE NORMAS ABNT SOBRE O ASSUNTO.

O diretor Luiz Carlos Gomes solicitou que o segmento se articule no sentido de apresentar soluções para os desafios apresentados no painel. Ele enfatizou ainda a importância da normalização da medição de efluentes, convocando os presentes a colaborarem com a ABNT. Finalizando, explicou que O INMETRO aguardará uma maior maturidade acadêmica, normalizadora e tecnológica da medição de efluentes, antes de iniciar um projeto de regulamentação.[11]

Em razão da inexistência de um aparelho de medição para ser utilizado por todos os usuários, o Decreto Federal nº 7.217/2010 dispõe, no artigo 10, que a respectiva tarifa poderá ser fixada com base no volume de água cobrado pelo serviço de abastecimento de água. Assim sendo, o referido Decreto autoriza que a cobrança do serviço de esgotamento sanitário seja fixada de acordo com o volume de consumo de água, como se pode observar:

> Art. 10. A remuneração pela prestação de serviços públicos de esgotamento sanitário poderá ser fixada com base no volume de água cobrado pelo serviço de abastecimento de água.

É necessário ressaltar que não existe um consenso na literatura técnica sobre qual é o percentual preciso de coeficiente de retorno, qual seja, o volume de esgoto gerado em média em razão do volume de água consumido por um usuário.

De todo modo, as Concessionárias dos serviços de abastecimento e esgotamento sanitário, mediante a aprovação dos Entes Reguladores, em regra, cobram a tarifa de esgoto com base num percentual da tarifa de água.

Tal entendimento demonstra ser o mais correto, inclusive com a consonância de alguns Tribunais locais, conforme se afere do

---

[11] INMETRO. *Painel setorial sobre medição de efluentes*. Disponível em: http://www.inmetro.gov.br/painelsetorial/palestras/relato_tecnico_efluentes.pdf. Acesso em: 05 nov. 2021.

julgamento proferido pelo Tribunal de Justiça do Estado de São Paulo – TJSP em caso envolvendo a Companhia de Saneamento Básico do Estado de São Paulo – SABESP, onde se entendeu que ao não ser possível encontrar uma fórmula ideal que remunere adequadamente os serviços disponibilizados na unidade consumidora, deve-se aplicar a tarifa devidamente aprovada.[12]

De outro giro, compete destacar que o Ministério Público de Santa Catarina propôs ação civil pública (Processo nº 0913389-90.2015.8.24.0023) em face da Companhia de Águas e Saneamento (CASAN), pleiteando a condenação da empresa para que fosse utilizado como parâmetro de cobrança de esgoto o percentual de 80% da tarifa de água.

Em primeira instância, o pedido foi julgado improcedente, pois ficou expresso na perícia técnica inexistir "no mercado nacional de aparelho confiável de medição do despejo de esgoto domiciliar". Assim, diante de tal impossibilidade técnica/fática, o juízo da 1ª Vara da Fazenda Pública prestigiou a regulamentação do Estado de Santa Catarina que permite a fixação da tarifa de esgoto em valor idêntico ao cobrado a título de abastecimento de água.

Assim, o aludido juízo destacou que, segundo a mesma prova pericial, "o custo da prestação do serviço público de esgotamento sanitário é, em média, superior em 1,5 ao custo do sistema de tratamento de água", razão pela qual a cobrança de tarifa de esgoto em valor igual ao cobrado pelo abastecimento de água "não se mostra desproporcional e desarrazoada, mas, ao contrário, atende ao imperativo de modicidade que deve guiar a fixação dos preços públicos".

Dessa forma, é possível perceber a complexidade da definição da tarifa de esgoto, que deve observar não apenas os parâmetros

---

[12] AÇÃO DE REPETIÇÃO DE INDÉBITO PARCIAL PROCEDÊNCIA RECONHECIMENTO DO DIREITO DA AUTORA AO PAGAMENTO DE TARIFA REDUZIDA DE ESGOTO - PRETENSÃO DE REFORMA CABIMENTO A cobrança de tarifa de água e esgoto na proporção de 1:1 tem base e fundamento legal, em virtude do Decreto 41.446/96. Inviabilidade de se aferir o nível volumétrico efetivo de água que evapora nas tubulações, não sendo possível encontrar uma fórmula ideal que remunere adequadamente os serviços disponibilizados na unidade consumidora, a não ser a proposta em legislação pertinente, a fim de viabilizar a prestação dos serviços de água e esgoto para toda a coletividade. Precedente jurisprudencial Sentença reformada - Recurso da ré provido, ficando prejudicado o recurso da autora. (Processo nº 0202718-70.2006.8.26.0100, Classe: Apelação, Relator(a): Walter Fonseca, Comarca: São Paulo, Órgão julgador: 11ª Câmara de Direito Privado, Data do julgamento: 17/12/2015, Data de publicação: 18/12/2015, Data de registro: 18/12/2015).

de modicidade, equilíbrio econômico-financeiro, promoção do uso eficiente do serviço, mas também considerar a impossibilidade de medição dos efluentes sanitários.

4 Da tarifa social

A leitura do Novo Marco Legal de Saneamento deve ser realizada sempre a partir dos princípios da universalização e da integralidade de acesso aos serviços de saneamento, pois são decorrentes diretos do princípio da dignidade da pessoa humana, demonstrando assim a imperiosa necessidade de acesso aos serviços de saneamento básico para os mais vulneráveis economicamente.

Nesse aspecto, a novel legislação trouxe uma série de conceitos, obrigações e direitos para que a população de baixa renda tenha efetivo acesso aos serviços de saneamento básico, sejam em núcleos urbanos informais consolidados[13] ou não.

Destaca-se que o Plano Nacional de Saneamento Básico deverá contemplar ações de saneamento básico em núcleos urbanos informais ocupados por populações de baixa renda, quando esses forem consolidados e não se encontrarem em situação de risco.

Nesse sentido uma das possibilidades constantes no Marco está prevista no parágrafo único do art. 3º, o qual assenta que nas "Zonas Especiais de Interesse Social (Zeis) ou outras áreas do perímetro urbano ocupadas predominantemente por população de baixa renda, o serviço público de esgotamento sanitário, realizado diretamente pelo titular ou por concessionário, inclui conjuntos sanitários para as residências e solução para a destinação de

---

[13] X – núcleo urbano: assentamento humano, com uso e características urbanas, constituído por unidades imobiliárias com área inferior à fração mínima de parcelamento prevista no art. 8º da Lei nº 5.868, de 12 de dezembro de 1972, independentemente da propriedade do solo, ainda que situado em área qualificada ou inscrita como rural;
XI – núcleo urbano informal: aquele clandestino, irregular ou no qual não tenha sido possível realizar a titulação de seus ocupantes, ainda que atendida a legislação vigente à época de sua implantação ou regularização;
XII – núcleo urbano informal consolidado: aquele de difícil reversão, considerados o tempo da ocupação, a natureza das edificações, a localização das vias de circulação e a presença de equipamentos públicos, entre outras circunstâncias a serem avaliadas pelo Município ou pelo Distrito Federal;

efluentes, quando inexistentes, assegurada compatibilidade com as diretrizes da política municipal de regularização fundiária".

Além disso, estabeleceu-se a possibilidade de instituição de subsídios e subvenções, quando necessários, como instrumentos para assegurar a sustentabilidade econômico-financeira da prestação dos serviços e também para garantir o acesso aos usuários que não tenham condições de arcar com o pagamento integral dos serviços, mantendo-se o princípio do subsídio cruzado (tarifários e/ou internos).

No que tange à prestação dos serviços, foi permitida a utilização de métodos alternativos e descentralizados para os serviços de abastecimento de água e de coleta e tratamento de esgoto em áreas rurais, remotas ou em núcleos urbanos informais consolidados, desde que autorizados pelo órgão regulador.

Ainda destaca-se que fora garantida gratuidade às famílias de baixa renda para que seus edifícios sejam ligados à rede pública de esgotamento sanitário, desde que observadas as prescrições do órgão regulador e as peculiaridades locais e regionais.

Verifica-se que o legislador com espeque no princípio da solidariedade determinou que os cidadãos que ocupem áreas informais consolidadas possam, mediante o pagamento de tarifa social, receber com a mesma qualidade os serviços de abastecimento de água e esgotamento sanitário.

Cabe assentar que o menor valor da tarifa advirá da possibilidade de determinados usuários e serviços arcarem com custos adicionais, de modo a viabilizar essa tarifa mais acessível para as pessoas de baixa renda.

A grande questão está em definir quem seria o beneficiário de tal benesse, já que somente a localização da residência poderia trazer uma lógica *propter rem* à concessão da tarifa social ao invés de caráter *intuito personae*.

Nesse diapasão, entendemos que há necessidade de enfrentar algumas questões, tais como: 1) a tarifa social seria apenas para usuários da categoria residencial, ou comércios nessas localidades também poderiam usufruir? 2) Somente pessoas que estivessem em programas de benefícios sociais, tais como o Auxílio-Brasil ou outros programas de transferência de renda, ou apenas morar em localidades informais já seria o suficiente para tais benefícios?

Quanto à primeira pergunta, a legislação não adentrou quais categorias de usuários estariam aptas a receber o benefício da tarifa social, contudo, s.m.j, entendemos que comerciantes em localidades informais deveriam ter uma tarifa social na categoria comercial, para que pudessem regularizar os serviços de abastecimento de água e esgotamento sanitário dentro da realidade econômica do seu público-alvo.

Se o comércio se situa em localidade de vulnerabilidade social, seria um contrassenso cobrar a mesma tarifa de áreas mais abastadas, de modo que isso seria um impulso ao empreendedorismo e, principalmente, à regularização da prestação dos serviços e sua melhoria de qualidade.

Quanto ao segundo questionamento levantado, torna-se importante destacar que nem todos os moradores desses núcleos urbanos são pessoas sem nenhuma condição financeira; muitas delas conseguem ascender financeiramente e, por questões pessoais, preferem continuar morando no mesmo local de sempre.

Embora à primeira vista fosse possível entender que esse consumidor não incluído nos programas de transferência de renda não fizesse jus ao benefício de tarifa social, entendo que o critério, nesse tipo de caso, deve ser um pouco mais abrangente, por dois motivos. Primeiramente, seria muito difícil para a Concessionária praticar, em uma mesma área, tarifas diversas em virtude da maior capacidade de um cliente em detrimento de outro. Em segundo lugar, do ponto de vista do consumidor seria muito difícil justificar que ele deve pagar por metro cúbico um valor mais alto que seu vizinho.

Desse modo, entendemos que poderia, sim, haver uma tarifa social para usuários na categoria comercial localizados em núcleos urbanos informais consolidados, pois seria medida que aumentaria a solidariedade social e impulsionaria o empreendedorismo nessas áreas tão carentes.

No que tange à concessão de tarifa social, entendemos que o melhor critério para a concessão seria tanto para os usuários inseridos nos mencionados núcleos urbanos como para aqueles que recebem seu sustento por meio de programas de transferência de renda, sejam eles federal, estaduais ou municipais.

Contudo, nesse caso deveriam as Concessionárias receber informação, de maneira formal e periódica, do órgão concessor do referido benefício, se aquele usuário permanece percebendo o benefício ou encontra-se com algum óbice para tanto.

5 Conclusão

O presente artigo dispôs, de forma didática e histórica, acerca da importância da estruturação tarifária para a finalidade de promover os necessários e vultosos investimentos em curto espaço de tempo, de modo a universalizar os serviços de saneamento básico. Desde o PLANASA a estruturação tarifária tem o condão de autossustentar sua prestação e possibilitar o atingimento das metas constantes nos planos municipais de saneamento, bem como nos contratos de concessão.

A forma atual de estruturação tarifária leva em consideração duas partes, uma fixa e outra variável (inclusive com progressividade tarifária), sendo que a primeira corresponde a uma espécie de franquia permitida para o consumo, e a segunda parte da estrutura tarifária pode ser baseada em modelos volumétricos, a depender dos objetivos a serem buscados com a precificação dos serviços prestados.

Diante desse novo quadro legislativo, diversas estruturas tarifárias deverão ser refeitas para se adequarem ao Novo Marco Legal do Saneamento, e nesse momento deverá haver uma deferência, por parte dos diversos atores envolvidos no setor, às decisões técnicas objetivando alcançar o equilíbrio econômico-financeiro em prol da universalização dos serviços de água e esgotamento sanitário.

É sempre importante destacar que a jurisprudência do Supremo Tribunal Federal já legitima as decisões das Agências Reguladoras no que tange às definições técnicas, tendo em vista o grau de *expertise* nesses casos e multidisciplinaridade que envolve a definição dos valores das tarifas dos serviços de abastecimento de água e esgotamento sanitário.

Cada ente, por meio de sua Agência Reguladora, tem a possibilidade de atribuir o percentual de proporção entre a tarifa de água e esgoto da forma que entender mais assertiva para manter o equilíbrio econômico-financeiro da concessão, bem como para atingir a universalização dos serviços de saneamento básico.

Referências

ARAÚJO, Flávia Camargo de; BERTUSSI, Geovana Lorena. *Saneamento básico no Brasil*: estrutura tarifária e regulação. Planejamento e políticas públicas/Instituto de Pesquisa Econômica Aplicada, n. 51 (jul - dez 2018). Brasília: Ipea, 2018.

BOLAND, John; FOSTER, Vivien; WHITTINGTON, Dale. *Water Tariffs and Subsidies in South Asia Paper 1*: Understanding the Basics. Water and Sanitation Program. 2002. Disponível em: https://www.wsp.org/index.php/library/water-tariffs-and-subsidies-south-asia-paper-1-understanding-basics. Acesso em: 02 maio 2020.

BRASIL. *Plano decenal de desenvolvimento econômico e social* – Tomo VI, V. 3 e 4. Versão Preliminar. Rio de Janeiro: Ministério do Planejamento e Coordenação Econômica. 1967. Disponível em: http://www2.senado.leg.br/bdsf/handle/id/562935. Acesso em: 16 abr. 2020

COSTA, Álvaro José Menezes da Costa. Companhias Estaduais na prestação de serviços de saneamento básico. *In*: PHILIPPI JR., Arlindo (coord.). *Gestão do saneamento básico*: abastecimento de água e esgotamento sanitário. São Paulo: Manole. 2012.

COSTA, Aroldo João. *Metodologia para análise de tarifas de sistemas de abastecimento de água* – SAA com base nos custos de implantação e operação do sistema (2003). Dissertação em Mestrado em Engenharia Ambiental. Universidade Federal de Santa Catarina, 2003.

FUENTE, David. The design and evaluation of water tariffs: a systematic review. *Utilities Policy*, Volume 61, 2019. Disponível em: https://www.sciencedirect.com/science/article/pii/S0957178719303285. Acesso em: 22 abr. 2021.

JORDÃO, Eduardo Ferreira; CABRAL JUNIOR, Renato Toledo. A teoria da deferência e a prática judicial: um estudo empírico sobre o controle do TJ RJ à AGENERSA. *REI – Revista Estudos Institucionais*, v. 4. 537-573. 2018.

JORDÃO, Eduardo Ferreira; CABRAL JUNIOR, Renato Toledo; REIS, Vinícius Cardoso. O controle das agências reguladoras federais no STF como instância recursal: um estudo empírico. *Revista de Direito Econômico e Socioambiental*, Curitiba, v. 11, n. 1, p. 122-155, jan./abr. 2020.

KAYAGA, Sam; SMOUT, Ian (2014). Tariff structures and incentives for water demand management. Proceedings of the ICE – *Water Management*, v. 167, 2014, p. 448-456. Disponível em: https://www.researchgate.net/publication/271340628_Tariff_structures_and_incentives_for_water_demand_management. Acesso em: 22 abr. 2021.

MARQUES, Rui Cunha; MIRANDA, João. Sustainable tariffs for water and wastewater services. *Utilities Policy*, v. 64, 2020. Disponível em: https://www.sciencedirect.com/science/article/abs/pii/S0957178720300497. Acesso em: 15 jan. 2021.

OLIVEIRA, Matheus Valle de Carvalho e. *Judicialização da regulação dos serviços de água e de esgoto*: aspectos jurídicos do modelo da tarifa com partes fixa e variável. Disponível em: https://tratamentodeagua.com.br/artigo/judicializacao-da-regulacao-servicos-agua-esgoto/. Acesso em: 18 abr. 2020.

ONU. *Water: a shared responsibility*. The United Nations World Water Development Report 2. United Nations Educational, Scientific and Cultural Organization (UNESCO) and Berghan Books. 2006. Disponível em: http://www.unesco.org/new/en/natural-sciences/environment/water/wwap/wwdr/wwdr2-2006/. Acesso em: 09 maio 2020.

SCHWIND, Rafael Wallbach. *Remuneração do particular nas concessões e parcerias público-privadas* (2010). Dissertação em Mestrado em Direito. Faculdade de Direito da Universidade de São Paulo (USP). 2010.

SILVA, Leonardo Oliveira da. *Autonomia regulatória*. Rio de Janeiro: Lumen Juris, 2019.

WOLKART, Erik Navarro. *Análise econômica do processo civil*: como a economia, o direito e a psicologia podem vencer a tragédia da justiça. Revista dos Tribunais. 2019.

Informação bibliográfica deste texto, conforme a NBR 6023:2018 da Associação Brasileira de Normas Técnicas (ABNT):

FROTA, Leandro Mello; HOSKEN, Rodrigo Santos. Breve análise acerca da estrutura tarifária de água, esgoto e tarifa social. *In*: ZULIANI, Geninho; DAL POZZO, Augusto Neves (coords). *Saneamento básico*: uma lei e um marco. Belo Horizonte: Fórum, 2023. p. 275-290. ISBN 978-65-5518-485-3.

DIREITO AMBIENTAL, SUSTENTABILIDADE, DESENVOLVIMENTO HUMANO E O NOVO MARCO LEGAL DO SANEAMENTO BÁSICO

MINISTRO HUMBERTO MARTINS

1 Introdução

A proteção do meio ambiente e a proteção dos direitos humanos são elementos que constituem parte estruturante da sociedade e meta de trabalho do Poder Judiciário brasileiro, sobretudo por meio de ações concretas relacionadas a políticas de sustentabilidade, alinhadas aos indicadores dos Objetivos do Desenvolvimento Sustentável (ODS) da Agenda 2030 da Organização das Nações Unidas (ONU).[1]

Nesse passo, a importância da água e do saneamento, materializada no 6º item dos Objetivos do Desenvolvimento Sustentável, o qual pretende assegurar o acesso à água e ao saneamento de forma igualitária para todos, independentemente de condição social, econômica e cultural, não se mostrará viável sem que o ambiente em que estamos inseridos seja preservado.[2]

A sustentabilidade e o próprio desenvolvimento humano digno são indissociáveis de todas as questões ambientais. Essas, por sua vez, clamam por proteção e intervenção da sociedade e do Estado, até porque os recursos naturais são finitos e degradáveis, e, assim, não há como ignorar que a sustentabilidade é uma necessidade para a sobrevivência da própria espécie humana.

---

[1] http://www.agenda2030.com.br/ods/6/.
[2] Metas do objetivo 6: 6.1 Até 2030, alcançar o acesso universal e equitativo a água potável e segura para todos. 6.2 Até 2030, alcançar o acesso a saneamento e higiene adequados e equitativos para todos, e acabar com a defecação a céu aberto, com especial atenção para as necessidades das mulheres e meninas e daqueles em situação de vulnerabilidade.

Em nenhum outro momento histórico vimo-nos tão diante da premência da Natureza e do meio ambiente, elementos centrais e inegociáveis que possibilitarão a permanência da vida humana sobre a Terra.[3]

Essa preocupação ambiental há muito passou a incorporar, no Direito Constitucional, as previsões protetivas em prol do meio ambiente. Como destacado pelo Ministro Herman Benjamin, em texto sobre o tema, a degradação ambiental começa a ser percebida como um problema efetivo e tangível; logo, as provisões protetivas precisam ser incorporadas ao direito:

> O que causou essa intrigante, não obstante obscura, mudança de estrutura constitucional? Errará quem apostar em uma inovação de moda, por isso efêmera, destituída de bases objetivas e alheia a necessidades humanas latentes e prementes, que usualmente antecedem o desenho da norma. Dificilmente, na experiência comparada, encontram-se instâncias em que transformações constitucionais de fundo sucedem por simples acidente de percurso ou capricho do destino. Aqui, sucede o mesmo, pois é a crise ambiental, acirrada após a Segunda Guerra, que libertará forças irresistíveis, verdadeiras correntes que levarão à ecologização da Constituição, nos anos 70 e seguintes. Crise ambiental essa que ninguém mais disputa sua atualidade e gravidade. Crise que é multifacetária e global, com riscos ambientais de toda ordem e natureza: contaminação da água que bebemos, do ar que respiramos e dos alimentos que ingerimos, bem como perda crescente da biodiversidade planetária. Já não são ameaças que possam ser enfrentadas exclusivamente pelas autoridades públicas (a fórmula do nós-contra-o-Estado), ou mesmo por iniciativas individuais isoladas, pois vítimas são e serão todos os membros da comunidade, afetados indistintamente, os de hoje e os de amanhã, isto é, as gerações futuras. São riscos que à insegurança política, jurídica e social acrescentam a insegurança ambiental, patologia daquilo que o legislador brasileiro, com certa dose de imprecisão, chama de meio ambiente ecologicamente equilibrado e, por vezes, de qualidade ambiental.[4]

---

[3] CHINI, Alexandre. CAETANO, Marcelo. *Marco Regulatório do Saneamento Básico*: estudos em homenagem ao Ministro Luiz Fux. Editora da OAB, Brasília, 2021. p. 1/14.

[4] BENJAMIN, Antonio Herman. Direito constitucional ambiental brasileiro. In: CANOTILHO, José Joaquim Gomes (org.); LEITE, José Rubens Morato (org.). *Direto constitucional ambiental brasileiro*. São Paulo: Saraiva, 2007, p. 57-130.

Dentro dessa narrativa, afinal, quem possui interesse na proteção ambiental? Em princípio, todas as pessoas potencialmente fruirão benefícios de um meio ambiente saudável. Dessa forma, a titularidade desse bem é mais ampla do que um coletivo de pessoas, pois pode incluir até as gerações futuras.

Assim, a proteção ao meio ambiente interessa a todas as pessoas e não pode ser restringida a um grupo apenas, como bem anota Geisa de Assis Rodrigues:

> Esse direito fundamental, social e difuso pertence a todos, na bela expressão compreensiva da Constituição Federal, inclusive às futuras gerações e aos demais seres vivos. Assim, todas as pessoas, independentemente de sua nacionalidade, gozam do direito ao meio ambiente ecologicamente equilibrado em nosso país. O direito ao meio ambiente já nasceu rompendo com o paradigma de que direitos são atribuíveis a quem já nasceu ou tem potencial para tanto. (...) Reconhecer que devemos promover a equidade intergeracional é um enorme desafio, pois pressupõe a prevalência da lógica de longo prazo sobre a satisfação dos nossos interesses mais imediatistas, ou seja, a prevalência da absoluta fidelidade e solidariedade à humanidade.[5]

Meio ambiente, acesso universal a água potável e saneamento básico são pilares essenciais, premissas de uma vida saudável e digna, razão pela qual se faz evidente sua proteção.

Sobre o tema, recentemente, o Supremo Tribunal Federal,[6] por maioria de votos, nos autos das Ações Diretas de Inconstitucionalidade nº 6.492, 6.536, 6.583, 6.882, que questionavam a Lei nº 14.026, de 15 de julho de 2020, não vislumbrou a inconstitucionalidade do Novo Marco Legal do Saneamento Básico.

Dentro desse contexto, o Ministro Luiz Fux, em decisão proferida nos autos da Medida Cautelar na Ação Direta de Inconstitucionalidade nº 6.492/DF, destacou que o saneamento é fundamental para a dignidade humana, configurando premissa básica de saúde pública, que agrega benefícios ao meio ambiente,

---

[5] RODRIGUES, Geise de Assim. Comentário ao artigo 225. *In*: BONAVIDES, Paulo (org.); MIRANDA, Jorge (org.); AGRA, Walber de Moura (org.). *Comentários à Constituição Federal de 1988*. Rio de Janeiro: Forense, 2009, p. 2.348.
[6] Portal.STF.jus.br/processo/detalhe.ASP?incidente=5965908

ao mercado de trabalho e à produtividade de uma economia. Desse modo, não há como se desvencilharem das questões ambientais os temas afetos à universalização do saneamento básico, até porque, como destacou o ministro na referida decisão:

> Nada obstante, os números ostentados pelo Brasil são vergonhosos: mais de 35 milhões de brasileiros não têm acesso à água tratada, mais de 100 milhões não dispõem da cobertura da coleta de esgoto (46,85%) e somente 46% do volume gerado de esgoto no país é tratado, como apontam os dados oficiais recentes trazidos aos autos. A realidade alarmante de precariedade sanitária no Brasil exige uma atuação imediata, concertada e eficiente do poder público. A realidade alarmante de precariedade sanitária no Brasil exige uma atuação imediata, concertada e eficiente do poder público.

Com efeito, consoante disposto no art. 225 da Constituição Federal da República Federativa do Brasil, todos têm direito ao meio ambiente ecologicamente equilibrado, bem de uso comum do povo e essencial à sadia qualidade de vida, impondo-se ao poder público e à coletividade o dever de defendê-lo e preservá-lo para as presentes e futuras gerações.

O Superior Tribunal de Justiça está alinhado ao imenso desafio que esta pauta nos traz, que é o de promover o desenvolvimento econômico sustentável; a erradicação da fome e da pobreza; e o acesso à água e ao saneamento básico. Enfim, a vida digna para todos, como se disse, não foge à necessária regulamentação legislativa.

Embora o saneamento seja tradicionalmente reconhecido como serviço público de interesse local, por vezes o interesse comum determina a formação de microrregiões e regiões metropolitanas para a transferência de competências para Estados (art. 25, §3º, CRFB) ou o estabelecimento pela União de critérios técnicos de cooperação.

Nesse cenário, o Novo Marco Regulatório do Saneamento Básico, introduzido pela Lei nº 14.026, de 17 de julho de 2020, como já tive a oportunidade de destacar,[7] promoveu significativas mudanças

---

[7] MARTINS, Humberto. *Marco regulatório do saneamento básico* (obra coletiva). Editora da OAB. Brasília, 2020. p. 201.

na Lei nº 9.984, de 17 de julho de 2000, para atribuir à Agência Nacional de Águas e Saneamento Básico (ANA) competência para instituir normas de referência para a regulação dos serviços públicos de saneamento básico, assim como na Lei nº 10.768, de 19 de novembro de 2003, para alterar o nome e as atribuições do cargo de especialista em recursos hídricos.

A atualização legislativa não parou por aí, pois também alterou a Lei nº 11.107, de 6 de abril de 2005, para vedar a prestação por contrato de programa dos serviços públicos de que trata o art. 175 da Constituição Federal; a Lei nº 11.445, de 5 de janeiro de 2007, para aprimorar as condições estruturais do saneamento básico no País; a Lei nº 12.305, de 2 de agosto de 2010, para tratar de prazos para a disposição final ambientalmente adequada dos rejeitos; a Lei nº 13.089, de 12 de janeiro de 2015 (Estatuto da Metrópole), para estender seu âmbito de aplicação a unidades regionais; e a Lei nº 13.529, de 4 de dezembro de 2017, para autorizar a União a participar de fundo com a finalidade exclusiva de financiar serviços técnicos especializados.

Do mesmo modo, o Novo Marco Regulatório também gerou impactos em outros textos normativos, como o Decreto nº 8.141, de 20 de novembro de 2013;[8] a Portaria Interministerial nº 571, de 5 de dezembro de 2013;[9] e o Decreto nº 7.217, de 21 de junho de 2010.[10]

A meta central do presente artigo é a análise da Lei nº 14.026/2020 sob o prisma do Direto Ambiental, da sustentabilidade e do desenvolvimento humano. Para demonstrar essa construção, é realizada uma análise dos principais tópicos trazidos pela lei, sobretudo no que se refere à universalização da água potável, à coleta e ao tratamento do esgoto; à Agência Nacional de Águas e Saneamento Básico; à maior efetividade das políticas públicas e do novo modelo de saneamento básico; às unidades regionais ou os blocos de referência; e, por fim, ao novo modelo contratual e à nova tarifa de serviço.

---

[8] Dispõe sobre o Plano Nacional do Saneamento Básico – PNSB, institui o Grupo de Trabalho Interinstitucional de Acompanhamento da Implementação do PNSB e dá outras providências.

[9] Aprova o Plano Nacional de Saneamento Básico (PNSB).

[10] Regulamenta a Lei nº 11.445, de 5 de janeiro de 2007, que estabelece diretrizes nacionais para o saneamento básico, e dá outras providências.

2 O Novo Marco Regulatório

O principal contexto do Novo Marco Legal do Saneamento Básico (Lei nº 14.026/2020) é o objetivo de viabilizar a universalização dos serviços de fornecimento de água e de coleta e tratamento dos resíduos até o dia 31 de março de 2022, assegurando o atendimento de 99% da população com água potável e de 90% da população com coleta e tratamento de esgoto (artigos 10-B e 11-B da Lei nº 11.445/2007).

A respeito do primeiro ponto, faz-se ver facilmente que a meta de universalização de água potável, coleta e tratamento de esgoto, além de outras metas quantitativas referentes à não intermitência do abastecimento, de redução de perdas e de melhoria dos processos de tratamento,[11] está inserida entre os 17 Objetivos de Desenvolvimento Sustentável da Agenda 2030 da ONU, mais especificamente o Objetivo nº 6, "água potável e saneamento", que trata da gestão sustentável da água e do saneamento para todos.

Em relação aos contratos em vigor que não possuem metas de universalização de água potável, a nova lei deu tratamento específico, uma vez que esses contratos deveriam ser aditados para incluir, na forma do §1º do art. 11-B, referências a prazos de abastecimento e coleta de resíduos de modo universalizado. A exceção à adequação dos contratos em vigor à nova política pública (§2º do mesmo texto legal) fica por conta dos contratos firmados por meio de procedimentos licitatórios que possuam metas diversas daquelas previstas na nova lei, mas que, de todo modo, estão sujeitos a medidas alternativas para viabilizar o alcance dos objetivos.[12]

Dentro desse contexto, a universalização do abastecimento de água e coleta de resíduos liga-se ao próprio princípio da dignidade da pessoa humana (art. 1º, inciso III, da CF), ao acesso a um meio

---

[11] Confira arts. 10-B e 11-B, Lei nº 11.445/2007, com a redação alterada pela Lei nº 14.026/2020.

[12] De acordo com um estudo recente da *KPMG Brasil*, elaborado em conjunto com a *ABCON SINDCON*, o investimento total necessário para atingir a meta de universalização dos serviços de saneamento até 2033 é estimado em R$753 bilhões. Isso significa mais de R$50 bilhões de investimentos anuais – mais de quatro vezes o investimento médio anual de R$12 bilhões no setor nos últimos cinco anos. Disponível em: https://www.linkedin.com/posts/sindcon_brasil-busca-futuro-com-%C3%A1gua-limpa-activity-6797517139050840065-n6iK. Acesso em: 10 maio 2021.

ambiente ecologicamente equilibrado (art. 225 da CF), à saúde (art. 200, inciso IV, da CF), entre outras condições adequadas à qualidade de vida, na qual os serviços públicos ou privados de saneamento básico, como abastecimento de água potável, esgotamento sanitário, limpeza urbana e manejo de resíduos sólidos, e drenagem e manejo de águas pluviais urbanas se revelam imprescindíveis.

Por certo, o saneamento básico e o desenvolvimento urbano são como gêmeos siameses, um conectado ao outro. Desse modo, o art. 21, inciso XX, da CF, quando emprega o advérbio "inclusive" para se referir ao saneamento básico, o faz como parte integrante das diretrizes para o desenvolvimento urbano.

Até aqui, porém, podemos concluir que o saneamento básico, enquanto serviço essencial, deve ser prestado de forma adequada, eficiente, segura e contínua, nos termos do art. 22 da Lei nº 8.078/1990, consoante jurisprudência do Superior Tribunal de Justiça, valendo destacar:

> Aplicação do Código de Defesa do Consumidor às relações entre usuários e concessionárias de serviço público. (...) II – Aplica-se o Código de Defesa do Consumidor às relações mantidas entre usuário e concessionária de serviços públicos, nos termos do art. 7º da Lei 8.987/95. Agravo regimental improvido. (AgRg no Ag n. 1.022.587/RS, relator Ministro Sidnei Beneti, julgamento em 21/8/2008)[13]

Enfim, além dessas ligações com o Direito do Consumidor, o serviço de fornecimento de água e coleta de resíduos também está afeto ao Direito Ambiental, ao Direito Sanitário, como por vezes reconhecido pelo Superior Tribunal de Justiça.[14]

3 Da agência reguladora

Agora é tempo de tratar da alteração ocorrida no artigo 1º da Lei nº 9.984/2000, que estabeleceu a criação da Agência Nacional de Águas e Saneamento Básico (ANA), entidade federal

---

[13] MARQUES, Claudia Lima et al. *Comentários ao Código de Defesa do Consumidor*. 3. ed. Editora Revista dos Tribunais, p. 543.

[14] REsp nº 1.833.349-RJ (2019/0248836-1).

de implementação da Política Nacional de Recursos Hídricos, integrante do Sistema Nacional de Gerenciamento de Recursos Hídricos (Singreh) e responsável pela instituição de normas de referência para a regulação dos serviços públicos de saneamento básico, através da edição de normas de referência para a regulação dos serviços públicos de saneamento básico.

Desde então, a Agência Nacional de Águas e Saneamento Básico (ANA) ganhou nova formatação e se tornou responsável pela instituição de normas de referência que regularão os serviços públicos de saneamento básico, observando os princípios da regularidade, continuidade, eficiência, segurança, atualidade, generalidade, modicidade tarifária, utilização racional dos recursos hídricos e universalização dos serviços (artigo 4º-A, §3º, I, da Lei nº 9.984/2000).

Em segundo lugar, também ficou claro no texto legal que a regulação está subordinada aos princípios de transparência, tecnicidade, celeridade e objetividade das decisões, de forma a estabelecer padrões de atuação para assegurar o cumprimento das metas e condições previstas nos contratos, planos municipais ou de prestação regionalizada; prevenir e reprimir o abuso do poder econômico; e definir tarifas visando ao equilíbrio contratual e à modicidade tarifária (artigos 21 e 22 da Lei nº 11.445/2007).

Logo, a fim de estabelecer uma ordem, o Novo Marco Legal procedeu a profundas transformações no sistema de formulação de políticas públicas de saneamento, instituindo um órgão colegiado responsável pela concretização das iniciativas.

O Comitê Interministerial de Saneamento Básico (artigo 53-A da Lei nº 11.445/2007) é um órgão colegiado que, sob a presidência do Ministério do Desenvolvimento Regional, tem a finalidade de assegurar a implementação da política federal de saneamento básico e de articular a atuação dos órgãos e das entidades federais na alocação de recursos financeiros em ações de saneamento, ou seja, com responsabilidade de coordenar, em escala federal, o Plano Nacional de Saneamento Básico, além de elaborar estudos técnicos que subsidiem as decisões quanto à alocação de recursos federais e promover a observância das normas de referência editadas pela ANA (artigo 53-B da Lei nº 11.445/2007 e artigos 2º e 3º do Decreto nº 10.430/2020), sempre com o olhar voltado às peculiaridades regionais.

4 Das distintas modificações da lei

As alterações decorrentes da Lei Federal nº 14.026/2020 ao Marco Legal do Saneamento Básico Brasileiro pretendem, além de superar os déficits na implementação de serviços públicos e suprir questões regulatórias, atrair capital, na busca de maior efetividade da política pública de saneamento.

No que se refere às modificações da Lei nº 11.445/2007 decorrentes da Lei nº 14.026/2020, o rol de princípios regentes da política de saneamento básico foi expandido com a inclusão da prestação regionalizada[15] para garantia de ganhos de escala, universalização e viabilidade econômico-financeira, incentivo à competitividade dos serviços e prestação conjunta dos serviços de água e esgotamento sanitário. Esses elementos são fundadores do novo modelo do saneamento brasileiro.

Para compreender o direito ao saneamento básico, é preciso conceituar o próprio saneamento. Trabalhos em engenharia civil[16] trazem o conceito da Organização Mundial da Saúde (OMS), segundo o qual "saneamento é o controle de todos os fatores do meio físico do homem, que exercem ou podem exercer efeitos nocivos sobre seu bem-estar físico, mental e social".[17] Em outra obra sobre "Abastecimento de água para consumo humano", Heller e Pádua conceituam também o saneamento ambiental como algo mais abrangente que saneamento básico, utilizando conceito elaborado pela FUNASA, que o define como:

> (...) o conjunto de ações socioeconômicas que têm por objetivo alcançar níveis de salubridade ambiental, por meio de abastecimento de água potável, coleta e disposição sanitária de resíduos sólidos, líquidos e gasosos, promoção da disciplina sanitária do uso do solo, drenagem urbana, controle

---

[15] Embora a prestação regionalizada não seja uma novidade, ela era realizada sem uma institucionalização legislativa.
[16] BARROS, Raphael Tobias de Vasconcelos; CHERNICHARO, Carlos Augusto de Lemos; HELLER, Léo; SPERLING, Marcos Von. *Manual de saneamento e proteção ambiental para os municípios*, volume II. 1. ed. Belo Horizonte: Escola de Engenharia da UFMG, 1995. p. 13.
[17] ORGANIZAÇÃO MUNDIAL DE SAÚDE – OMS. [World Health Organization – WHO]. *Guidelines On Sanitation and Health*. Geneva: World Health Organization; 2018. Disponível em: https://portal.fiocruz.br/noticia/oms-lanca-diretrizes-sobre-saneamento-e-saude. Acesso em: 12 maio 2021.

de doenças transmissíveis e demais serviços e obras especializadas, com finalidade de proteger e melhorar as condições de vida urbana e rural.[18]

Legalmente, o saneamento básico foi definido no art. 3º da Lei nº 11.445/2007, conhecida como Marco do Saneamento. O conceito legal de saneamento básico também se tornou mais específico e técnico ao serem elencadas e diferenciadas as atividades de cada um dos elementos do serviço de saneamento básico (abastecimento de água, esgotamento sanitário, limpeza urbana e manejo de resíduos sólidos, manejo de águas pluviais urbanas) no art. 3º da Lei nº 14.026/2020. No entanto, ressalta-se do referido dispositivo legal a inclusão do termo "prestação regionalizada", anteriormente compreendida como o atendimento de um prestador a dois ou mais titulares do serviço, passando a ser encarada como:

> (...) modalidade de prestação integrada de um ou mais componentes dos serviços públicos de saneamento básico em determinada região cujo território abranja mais de um Município, podendo ser estruturada em região metropolitana, aglomeração urbana ou microrregião, unidade regional de saneamento básico ou bloco de referência, conceito este a ser definido pela reguladora.[19]

Nesse sentido, o Estatuto da Metrópole repercute na política de saneamento com a adoção da ideia de região metropolitana, uma vez que a *mens legis* desejou incentivar a prestação em unidades regionais, unindo aglomerações urbanas e microrregiões, as quais costumam estar em uma mesma bacia hidrográfica, de modo que um município afete o outro, especialmente se estiverem conurbados. O objetivo do Novo Marco do Saneamento é criar unidades regionais ou blocos de referência. Tal prática já tem sido incorporada em leilões recentes de concessão, como o da CEDAE.

Ocorre neste ponto que, em caso de adoção da regionalização, a lei prevê a alteração da titularidade do serviço, que deixa de ser

---

[18] HELLER, Léo; PÁDUA, Valter Lúcio de (orgs.). *Abastecimento de água para consumo humano.* 2. ed. rev. e atual. Belo Horizonte: Editora UFMG, 2010. Vol. 1. Cap.1. p. 33.

[19] GOMES, Camila Nicolai. *Os modelos público e híbrido de prestação dos serviços de saneamento básico:* uma análise comparativa de eficiência do saneamento nos estados de Goiás e Tocantins. 2020. 288 p. Mestrado – Universidade Federal de Goiás, Faculdade de Direito (FD), Programa de Pós-Graduação em Direito e Políticas Públicas, Goiânia, 2020. p. 45.

municipal e passa a ser estadual,[20] conforme a nova redação do art. 8º da Lei nº 11.445/2007, uma vez que o serviço deixará de ser de interesse eminentemente local, passando a ser regional.

O modelo contratual das concessões em saneamento também foi alterado, sendo por um lado vedada a realização de contratos de programa, convênio, termo de parceria ou qualquer instrumento de natureza precária, e, por outro, permitida a realização de subdelegação de parte do serviço. Assim, na vigência do Novo Marco, todos os serviços de prestação de saneamento básico por entidades que não integrem a administração do titular estarão condicionados à realização de concorrência para que haja concessão, havendo, entretanto, possibilidade de que o próprio ente preste o serviço como única opção sem a celebração de contrato de concessão.

A inovação veio acompanhada da previsão de um rol de cláusulas contratuais essenciais no art. 10-A do Novo Marco, sob pena de nulidade contratual, prevendo inclusive o estabelecimento de metas de atendimento e a previsão financeira de possíveis fontes de receitas alternativas, complementares ou acessórias, metodologia de cálculo de eventual indenização relativa aos bens reversíveis não amortizados por ocasião da extinção do contrato e repartição de riscos entre as partes, o que gera um ambiente de segurança jurídica.

Por fim, aquela mudança que mais interessa ao consumidor é a forma de tarifação do serviço. O Novo Marco pretende substituir o modelo de tarifa cruzada, no qual o lucro proveniente da atividade em cidades rentáveis compensa o prejuízo das cidades deficitárias, gerando uma tarifa única nos Estados onde imperam as concessões com empresas estaduais. A regionalização bem estruturada e a previsão da criação de um fundo compensatório financiado pelo Poder Público Federal, acompanhadas da priorização de regiões com menor índice de desenvolvimento, pretendem garantir a expansão da universalização do saneamento.

A formatação do novo modelo tarifário disposta nos arts. 29 e 30 da Lei nº 11.445/2007 prevê a cobrança de tarifa em conformidade com

---

[20] A alteração da titularidade do serviço de saneamento já está sendo debatida no Supremo Tribunal Federal quanto à possível inconstitucionalidade por violar a regra de competência. Tramitam no STF a Ação Direta de Inconstitucionalidade nº 6.492, apresentada ao STF pelo PDT (STF, 27/7/2020), e a ADI nº 6.536, proposta pelos partidos PC do B, PSOL, PSB e PT (STF, 1º/10/2020).

o princípio da sustentabilidade econômico-financeira, sendo mantido o subsídio[21] no §2º do art. 29 e no art. 31, também chamado de tarifa social, para garantir o acesso ao serviço pelos hipossuficientes econômicos.

A Lei Federal nº 14.026/2020 apresenta diversas vantagens com a alteração do marco regulatório do saneamento básico, mas caberá à sociedade civil a cobrança do acesso ao serviço enquanto direito fundamental à vida digna, especialmente no contexto da pandemia de Covid-19, em que o acesso ao serviço básico de saneamento contribui para evitar a proliferação da doença, permitindo a higienização adequada para garantia da saúde.

5 Considerações finais

Como já afirmamos em outra oportunidade, é fundamental ao crescimento do Brasil a busca institucional de soluções para temas tão complexos como o meio ambiente, o saneamento básico e a universalização do acesso a água potável dentro de um contexto ecologicamente equilibrado. O Novo Marco Legal do Saneamento Básico trouxe consideráveis mudanças em todo o sistema de gestão, controle e regulação das políticas federais de saneamento básico.

A água está no centro do desenvolvimento sustentável e humano. Os recursos hídricos e os serviços a eles associados sustentam os esforços desprendidos no imenso desafio de promover o desenvolvimento econômico, a erradicação da fome e da pobreza e também vida digna para todos. O acesso à água e ao saneamento importa para todos os aspectos da dignidade humana: da segurança alimentar e energética à saúde humana e ambiental.[22]

O Poder Judiciário brasileiro tem avançado muito na busca da efetividade dos direitos. Essa afirmação é amparada pela qualidade das decisões que, cada vez mais, têm emergido dos debates judiciários e que possuem um foco dirigido à concretização de direitos sociais. O direito ambiental tem tido uma especial deferência pelos tribunais pátrios.

---

[21] Lei nº 11.445/2007. Art. 3º – "VII – subsídios: instrumentos econômicos de política social que contribuem para a universalização do acesso ao saneamento básico por parte de populações de baixa renda".

[22] Disponível em: http://www.agenda2030.com.br/ods/6/. Acesso em: 10 maio 2021.

Por fim, parafraseando o Ministro Luiz Fux, o saneamento como "premissa básica de saúde pública" e "gozo pleno da vida" está diretamente relacionado à dignidade da pessoa humana, à saúde e à cidadania, ou seja, está diretamente ligado à materialização de ações que reflitam de forma significativa na qualidade de vida do cidadão.

Referências

AFONSO DA SILVA, José. *Direito ambiental constitucional*. 8. ed. São Paulo: Malheiros, 2010.

BARROS, Raphael Tobias de Vasconcelos; CHERNICHARO, Carlos Augusto de Lemos; HELLER, Léo; SPERLING, Marcos Von. *Manual de saneamento e proteção ambiental para os municípios*. Volume II. 1. ed. Belo Horizonte: Escola de Engenharia da UFMG, 1995. p. 13.

BRASIL. Lei nº 11.445, de 5 de janeiro de 2007. Estabelece diretrizes nacionais para o saneamento básico; altera as Leis nº 6.766, de 19 de dezembro de 1979, 8.036, de 11 de maio de 1990, 8.666, de 21 de junho de 1993, 8.987, de 13 de fevereiro de 1995; revoga a Lei nº 6.528, de 11 de maio de 1978; e dá outras providências. *Diário Oficial da União*, Brasília, 2007. Seção 1, p. 3.

BRASIL. Lei nº 13.089, de 12 de janeiro de 2015. Institui o Estatuto da Metrópole, altera a Lei nº 10.257, de 10 de julho de 2001, e dá outras providências. *Diário [da] República Federativa do Brasil*, Brasília, 12 jan. 2015. p. 2.

BRASIL. Supremo Tribunal Federal. ADI n. 6.492 – MC/DF. Relator Ministro Luiz Fux. *Diário de Justiça Eletrônico – DJE* n. 194. Brasília, 4 ago. 2020. Disponível em: http://portal.stf.jus.br/processos/detalhe.asp?incidente=5965908. Acesso em: 20 nov. 2020.

BRASIL. Supremo Tribunal Federal. *ADI nº 6.536 – MC/DF*. Relator Ministro Luiz Fux. Disponível em: http://portal.stf.jus.br/processos/detalhe.asp?incidente=5965908. Acesso em: 20 nov. 2020.

BENJAMIN, Antonio Herman. Direito constitucional ambiental brasileiro. *In*: CANOTILHO, José Joaquim Gomes (org.); LEITE, José Rubens Morato (org.). *Direito constitucional ambiental brasileiro*. São Paulo: Saraiva, 2007.

BENJAMIN, Antonio Herman. O princípio poluidor-pagador e a reparação do dano ambiental. *In*: *Dano ambiental*: prevenção, reparação e repressão. São Paulo: Revista dos Tribunais, 1993.

CHINI, Alexandre. CAETANO, Marcelo Moraes. *Argumentação jurídica indo além das palavras*. Editora OAB Nacional. 2020.

GANEM, Roseli Senna. De Estocolmo À RIO+20: avanço ou retrocesso? *Cadernos ASLEGIS*, n. 45, p. 31-62, jan./abr., 2012.

GOMES. Camila Nicolai. *Os modelos público e híbrido de prestação dos serviços de saneamento básico*: uma análise comparativa de eficiência do saneamento nos Estados de Goiás e Tocantins. 2020. 288 p. Mestrado – Universidade Federal de Goiás, Faculdade de Direito (FD), Programa de Pós-Graduação em Direito e Políticas Públicas, Goiânia, 2020.

HELLER, Léo; PÁDUA, Valter Lúcio de (Orgs.). *Abastecimento de água para consumo humano.* 2. ed. rev. e atual. Belo Horizonte: Editora UFMG, 2010. Vol. 1. Cap.1. p. 33.

ORGANIZAÇÃO MUNDIAL DE SAÚDE – OMS. [World Health Organization – WHO]. *Guidelines On Sanitation and Health.* Geneva: World Health Organization; 2018. Disponível em: https://portal.fiocruz.br/noticia/oms-lanca-diretrizes-sobre-saneamento-e-saude. Acesso em: 12 maio 2021.

Informação bibliográfica deste texto, conforme a NBR 6023:2018 da Associação Brasileira de Normas Técnicas (ABNT):

MARTINS, Humberto. Direito ambiental, sustentabilidade, desenvolvimento humano e o Novo Marco Legal do Saneamento Básico. *In*: ZULIANI, Geninho; DAL POZZO, Augusto Neves (coords). *Saneamento básico*: uma lei e um marco. Belo Horizonte: Fórum, 2023. p. 290-304. ISBN 978-65-5518-485-3.

NOVO MARCO DO SANEAMENTO: UMA JANELA DE OPORTUNIDADE PARA ELIMINAR O ATRASO NO SANEAMENTO

GESNER OLIVEIRA
CECI CAPRIO
VICENTE SANTOS
LUCCAS SAQUETO

1 Introdução

O objetivo deste capítulo é discutir as características do novo marco do Saneamento[1] e sua importância para um salto de investimentos no setor de forma a lograr a universalização dos serviços de água e esgoto na próxima década.

O texto está organizado em nove seções, além desta introdução. A Seção 2 descreve os três principais componentes do novo arcabouço regulatório: a supervisão por parte da Agência Nacional de Águas e Saneamento Básico (ANA), a concorrência pelo mercado mediante extinção dos contratos de programa e o redesenho dos contratos para inclusão de metas e incentivos à eficiência.

A Seção 3 aprofunda o novo papel de supervisão regulatória da ANA. A Seção 4 discute a competição pelos mercados com a extinção dos contratos de programa. Uma subseção aborda o espaço para a privatização. A Seção 5 aborda as mudanças contratuais e a desafiadora construção institucional necessária para implementação do novo marco.

De fato, um novo marco regulatório requer não apenas regras gerais, mas uma regulamentação que o torne operacional. Daí a importância do tema abordado na Seção 6, dos decretos regulamentadores que viabilizem a almejada regionalização (Decreto nº 10.588, de 24 de dezembro de 2020 e Decreto nº 11.030, de 1º de

---

[1] Lei º 14.026/20.

abril de 2022) e a capacidade econômico-financeira (Decreto nº 10.710, de 31 de maio de 2021), comentados, respectivamente, nas Subseções 6.1 e 6.2.

Por sua vez, o sucesso do novo marco depende de um salto no investimento. A Seção 7 mostra o hiato atual e a urgência de acelerar a formação de capital no setor.

A Seção 8 mostra que o aumento de investimento não pode se restringir ao aspecto quantitativo, mas deve representar salto qualitativo com a introdução de inovação, especialmente associada à economia circular e ao ESG (sigla em inglês para *Environmental, Social Responsability and Governance*). Uma seção final sumaria os principais pontos do capítulo.

2 Os três principais componentes do novo marco Regulatório do Saneamento

O objetivo desta seção é apresentar os principais componentes do novo arcabouço regulatório: supervisão por parte da Agência Nacional de Água e Saneamento Básico (ANA), concorrência pelo mercado mediante extinção dos contratos de programa e redesenho dos contratos para inclusão de metas e incentivos à eficiência.

O novo marco do saneamento tem por objetivo superar os problemas não resolvidos na Lei nº 11.445/07 ("Lei do Saneamento") em três aspectos fundamentais: competição, normas regulatórias claras, maior incentivo à eficiência operacional e segurança jurídica, conforme ilustrado no triângulo do Quadro 1. Seus vértices funcionam como mecanismos interdependentes para obtenção da universalização do serviço. Na medida em que operem em harmonia, representam ingredientes de segurança jurídica necessária para estimular o investimento privado.

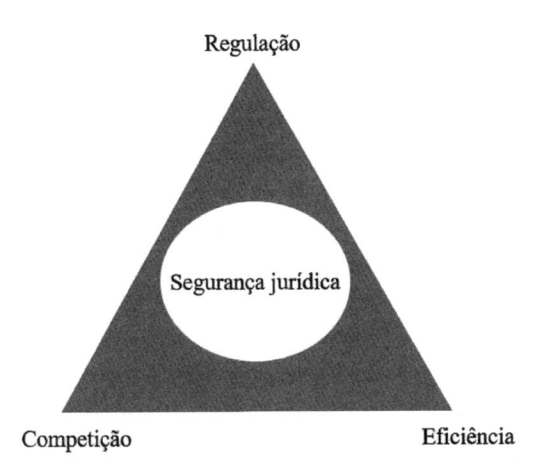

Quadro 1: Tripé do novo marco legal do saneamento

```
           Regulação

          ╱        ╲
         ╱          ╲
        ╱  Segurança ╲
       ╱   jurídica   ╲
      ╱                ╲
   Competição        Eficiência
```

Elaborado por: GO Associados

As principais mudanças do novo marco do saneamento podem ser sintetizadas em cinco principais pontos. Os três primeiros guardam relação direta com os vértices do Quadro 1:

i. Criação de um papel de destaque para a ANA (Agência Nacional de Águas e Saneamento Básico) na supervisão da regulação dos serviços;
ii. Aumento da concorrência pelo mercado com vedação a novos contratos de programa;
iii. Redesenho dos contratos com definição de metas e incentivos para eficiência;

Além deles, dois aspectos adicionais chamam atenção para o estímulo às inversões no contexto brasileiro:

i. Maior segurança jurídica para a privatização de companhias estatais; e
ii. Estímulo à prestação regionalizada dos serviços.

O Quadro 2 apresenta a linha do tempo com os principais desdobramentos do novo marco do saneamento até abril de 2022.

Quadro 2: Linha do tempo dos principais eventos relacionados ao novo marco do saneamento

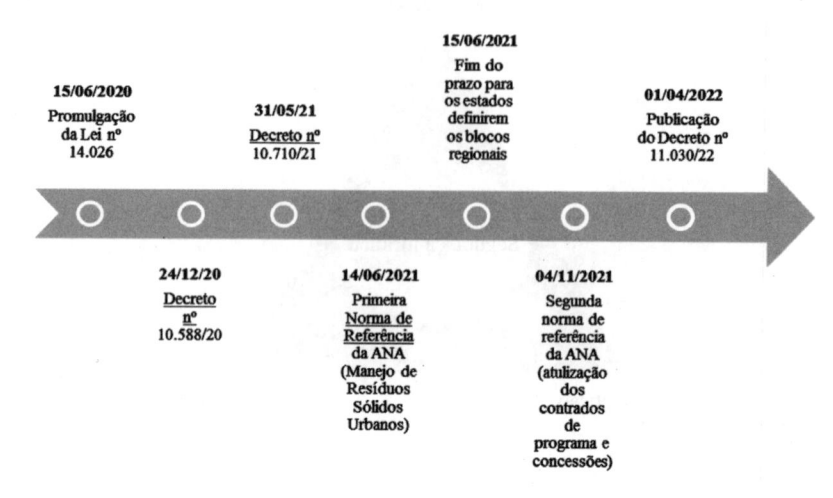

- **15/06/2020** — Promulgação da Lei nº 14.026
- **24/12/20** — Decreto nº 10.588/20
- **31/05/21** — Decreto nº 10.710/21
- **14/06/2021** — Primeira Norma de Referência da ANA (Manejo de Resíduos Sólidos Urbanos)
- **15/06/2021** — Fim do prazo para os estados definirem os blocos regionais
- **04/11/2021** — Segunda norma de referência da ANA (atulização dos contrados de programa e concessões)
- **01/04/2022** — Publicação do Decreto nº 11.030/22

Elaborado por: GO Associados.

Com a promulgação da Lei nº 11.445/07 ("Lei do Saneamento"), foi ratificado o conceito de "saneamento básico" como o conjunto de serviços, infraestruturas e instalações de abastecimento de água, esgotamento sanitário, limpeza urbana e manejo de resíduos sólidos e drenagem de águas pluviais urbanas.

A referida legislação surgiu, dentre outros objetivos, com o intuito de consagrar diretrizes presentes na Constituição Federal de 1988 e criar condições de planejamento, fiscalização e prestação para que o nível de atendimento do setor aumentasse em todo o território nacional.

Conforme previsão da Lei nº 11.445/07, em 2013, apenas depois de sete anos, foi publicado o Plano Nacional de Saneamento Básico (Plansab) com o objetivo de aumentar os investimentos do setor e garantir a universalização dos serviços.

Uma das principais alterações da Lei nº 11.445/07 foi a introdução da obrigatoriedade da regulação independente, algo essencial para atrair investimento privado. Esse ponto foi fundamental, pois substituiu a autorregulação das empresas preponderantemente estatais, estabelecendo uma entidade externa que pudesse regular as relações entre Poder Concedente e concessionária. O novo papel dos municípios como entes federados autônomos no espírito no novo pacto federativo da Constituição de 1988 requereu uma nova relação entre concessionários e os poderes concedentes, na grande maioria municipais.

Ainda que tenha promovido avanços ao estabelecer os princípios para uma regulação externa e independente, persistiram pontos essenciais para o desenvolvimento do setor e aumento do investimento. Em particular, a competição ainda era restrita devido aos contratos de programa através dos quais as empresas estaduais mantinham reservas de mercado com concessões em seus respectivos Estados sem necessidade de licitação. Além disso, não havia diretrizes uniformes e metas claras de desempenho e qualidade para reger a maioria dos contratos, tão pouco para os titulares, que não concediam os serviços.

Assim, a Lei nº 11.445/07 constitui um passo em direção à maior participação do setor privado, mas ainda haveria um longo caminho a ser percorrido.

3 O novo papel de supervisão regulatória da ANA

O objetivo desta seção é apresentar os aspectos mais relevantes da nova função da ANA, de supervisionar a regulação no setor. Atualmente, existem mais de oitenta agências reguladoras infranacionais, incluindo agências estaduais, regionais, distritais, municipais e intermunicipais.[2]

Além de tamanha pulverização, tampouco existe um padrão de normas da regulação em saneamento no Brasil, gerando enorme insegurança jurídica. Uma concessionária está muitas vezes sujeita a normas diferentes e, mais grave, frequentemente contraditórias entre si.

Daí a importância da função de supervisão regulatória atribuída à ANA No novo marco do saneamento. Antes da edição da Lei nº 14026/20, a Agência possuía papel restrito de regular a utilização dos recursos hídricos. Com a nova lei, a ANA passou a ser responsável por instituir normas de referência para a regulação

---

[2] https://www.gov.br/ana/pt-br/assuntos/saneamento-basico/agencias-infranacionais

setorial, padronização de contratos e reajustes, revisão da estrutura tarifária, alocação de riscos, reequilíbrio econômico-financeiro e plano estratégico de transição regulatória.

No tocante aos novos contratos, a ANA deve desenvolver mecanismos que possibilitem a análise de pleitos de reequilíbrio e definição de metodologia, fiscalização do contrato, aplicação de penalidades, alocação de riscos, restrições para discricionariedade, definições sobre revisão ordinária e extraordinária, investimentos em bens não reversíveis e extinção antecipada de contrato.

Os novos contratos que não estiverem em consonância com as normas de referência publicadas não poderão ter os benefícios descritos no Decreto nº 10.588/20, que traz detalhes sobre o apoio técnico-financeiro por parte da União, tampouco os municípios que não se organizarem, conforme será discutido adiante, na Seção 6.

Segundo o art. 2º do novo marco do saneamento, ementa da Lei nº 9.984, de 17 de julho de 2000, passa a vigorar com a seguinte redação estabelecendo que a ANA instituirá normas de referência para a regulação dos serviços públicos de saneamento, cabendo a esta agência (Art. 4º, §1º a §12º):

  i *Regulação técnica*: padrões de qualidade e eficiência, metas de universalização, sistema para avaliação para cumprimento de metas para universalização, redução e controle de perdas, medidas de segurança e contingência, emergência e racionamento, entre outros pontos;

  ii *Regulação econômica*: regulação tarifária, contabilidade regulatória e metodologia para indenização de ativos;

  iii *Regulação contratual*: padronização de modelos de contrato, parâmetros para determinar caducidade, conteúdo mínimo para prestação do serviço e universalização e procedimentos de fiscalização e sanções contratuais; e

  iv *Demais aspectos regulados*: governança das Agências Reguladoras infranacionais, reúso de água e instituição do sistema separador absoluto em substituição do sistema unitário.[3]

---

[3] Sistema unitário: projetado e construído para coleta e condução de águas pluviais, esgoto doméstico e despejos industriais. Sistema separador: projetado para possuir tubulações diferentes para águas pluviais e esgoto.

A definição das diretrizes para a regulação tarifária dos serviços públicos de saneamento básico implica que a ANA estabeleça regras de governança para as agências reguladoras locais, regionais e estaduais, e no desenvolvimento de metodologia de cálculo para tarifas, garantindo tanto o equilíbrio econômico-financeiro quanto a modicidade tarifária.

Ressalte-se que a ANA poderá, ao estabelecer suas normas de referência, criar mecanismos de subsídios para as populações de baixa renda, com vistas à universalização do serviço. Assim, conforme art. 29º da Lei nº 11.445/07, reformulado pelo art. 7º da Lei nº 14.026/20:

> (...) art. 29. Os serviços públicos de saneamento básico terão a sustentabilidade econômico-financeira assegurada por meio de remuneração pela cobrança dos serviços, e, quando necessário, por outras formas adicionais, como subsídios ou subvenções, vedada a cobrança em duplicidade de custos administrativos ou gerenciais a serem pagos pelo usuário, nos seguintes serviços:
> (...)
> §2º Poderão ser adotados subsídios tarifários e não tarifários para os usuários que não tenham capacidade de pagamento suficiente para cobrir o custo integral dos serviços. (...)

As normas de referência de regulação tarifária devem estabelecer os mecanismos de subsídios para as populações de baixa renda, a fim de possibilitar a universalização dos serviços. Além disso, a ANA será a responsável por determinar os critérios para a contabilidade regulatória.

Conforme inclusão do art. 4º-B na Lei nº 9.984/00, pelo marco do saneamento, a ANA fará a avaliação das agências que adotam as normas de referência nacionais para a regulação e manterá uma relação dessas entidades em seu site. Para os municípios, será condição necessária para acessar recursos públicos federais ou contratar financiamentos com recursos da União, que a agência reguladora esteja nesta relação. Assim, os recursos federais são utilizados como incentivo à adoção das diretrizes do supervisor regulatório.

Destaque-se ainda que o art. 50 da Lei nº 11.445, no parágrafo 1 do item IX, reformulada pelo art. 7º da Lei nº 14.026, prevê que na aplicação de recursos não onerosos da União, será dada prioridade aos serviços executados por meio de prestação regionalizada, reforçado pelo Decreto nº 11.030, de 1º de abril de 2022, ou que visem ao atendimento dos Municípios com maiores déficits de atendimento e cuja população não tenha capacidade de pagamentos organizados em agrupamentos ou região.

Em 2021 a ANA publicou duas normas de referências. A primeira (Resolução ANA nº 079[4]/2021, de 14 de junho de 2021) diz respeito à cobrança sobre o manejo de resíduos sólidos urbanos, às possíveis modalidades de cobrança e como devem ser realizadas as revisões e os reajustes tarifários. O principal objetivo dessa norma é criar mecanismos para o financiamento do manejo dos resíduos sólidos urbanos, algo essencial para avançar no manejo de resíduos sólidos urbanos.

A segunda norma de referência da agência (Resolução ANA nº 106/2021, de 4 de novembro de 2021)[5] dispõe sobre a padronização dos aditivos aos Contratos de Programa e de Concessão, para prestação de serviços de abastecimento de água potável e esgotamento sanitário para incorporação das metas previstas no art. 11-B da Lei nº 11.445/2007, modificada pela nova lei. O principal objetivo dessa norma é promover a incorporação das novas metas em contratos de programa e concessões em vigor.

Embora o novo marco do Saneamento represente um avanço legal para o desenvolvimento do setor, ainda é preciso aperfeiçoar seus dispositivos e outras leis complementares. Para mapear esses tópicos principais, a ANA elaborou uma agenda indicando quais serão as principais normas a serem emitidas nos próximos anos, incentivando a adesão dos agentes do mercado. O Quadro 3 mostra a agenda regulatória da ANA para o biênio 2022/23.

---

[4] Disponível em: https://participacao-social.ana.gov.br/api/files/Resolucao_ANA_79-2021_-_Aprova_Norma_de_Refereencia_N_1__-_cobranca_RSU-1623872066281.pdf. Acesso em: 28 dez. 2021.

[5] Disponível em: https://cisab.mg.gov.br/dash/dist/img/tresmenu/a911173b6b6dffd38cb8f311076ca83a.pdf. Acesso em: 28 dez. 2021.

Quadro 3: Principais temas de regulação da ANA (2022/23)

2022 | Primeiro semestre
- Procedimento transitório de monitoramento das normas.
- Padrões e indicadores de qualidade e eficiência e avaliação da eficiência e eficácia para água e esgoto.
- Diretrizes para definição do modelo de regulação para água e esgoto.
- Indenização de ativos para água e esgoto.

2022 | Segundo semestre
- Diretrizes para metas progressivas de cobertura para água e esgoto e sistemas de avaliação.
- Modelo organizacional das agências reguladoras infranacionais, transparência e *accountability*.
- Matriz de riscos de contratos para água e esgoto.
- Procedimentos para mediação e arbitragem.
- Condições gerais de prestação dos serviços de resíduos sólidos urbanos.

2023 | Primeiro semestre
- Critérios para a contabilidade regulatória privada para os serviços de água e esgoto.
- Estrutura tarifária para água e esgoto.

2023 | Segundo semestre
- Padronização dos contratos de concessão para água e esgoto.
- Diretrizes para definição de modelo de regulação de drenagem e manejo de águas pluviais urbanas.
- Padrões e indicadores de qualidade e eficiência e avaliação da eficiência e eficácia para resíduos sólidos urbanos.
- Procedimentos para comprovação da adoção das normas de referência.
- Reajuste tarifário para água e esgoto.
- Condições gerais para prestação dos serviços, atendimento ao público e medição, faturamento e cobrança dos serviços de água e esgoto.

Fonte: Resolução ANA nº 105, de 18 de outubro de 2021. Elaborado por: GO Associados.

4 Competição pelo mercado e o fim dos contratos de programa

O objetivo desta seção é discutir a competição pelos mercados com a extinção dos contratos de programa promovida pelo novo marco do saneamento. A Subseção 4.1 discute a motivação de decisão recente do Supremo Tribunal Federal (STF) sobre ações direta de inconstitucionalidade[6] que foram impetradas contra o novo marco do saneamento. O relator Luiz Fux votou contra as Ações Diretas de Inconstitucionalidade (ADIs), e outros seis votaram com o relator.

O setor de saneamento é caracterizado como monopólio natural, onde não há concorrência no mercado. Entretanto, é possível induzir e estimular o mercado e torná-lo competitivo via concorrência pelo mercado. Essa competição se concretiza por meio do processo de licitação, em que os potenciais operadores disputam na apresentação da melhor proposta pelo direito de executar o serviço. Sob determinadas hipóteses, associadas a efetiva concorrência e transparência no leilão, a licitação gera um resultado ótimo do ponto de vista de Pareto.[7]

Assim, o novo marco do saneamento estabelece a obrigatoriedade da realização de processos licitatórios para todas as empresas, *inclusive para as companhias estaduais, com a vedação de novos contratos de programa*. Destacam-se os seguintes artigos da Lei nº 11.445/07, conforme alterados pelo art. 7º da Lei nº 14.026/20:

art. 8º veda a formalização de novos contratos de programa;

O art. 10º, §3º, indica que os contratos existentes na data de publicação da Lei permanecerão vigentes até o fim do prazo contratual;

O art. 11-B, §1º, estabelece que os contratos em vigor que não possuírem metas estabelecidas na Lei tiveram até 31 de março de 2022 para viabilizar a inclusão, possibilitando em tese uma transição dos antigos contratos para o novo modelo. Os contratos que não estiverem adequados serão considerados irregulares.

Segundo o art. 11-B, os contratos de saneamento deverão estabelecer uma meta de atendimento de 99% em água e 90% em coleta e tratamento de esgoto até 2033.[8] Os contratos em vigor que não possuírem essas metas teriam até 31 de março de 2022

---

[6] ADI 6.49, ADI 6.536, ADI 6.882 e ADI 6.583 (https://www.conjur.com.br/2021-dez-02/plenario-stf-nega-acoes-marco-saneamento-basico)

[7] Vickrey, W. 1961. Counterspeculation, auctions, and competitive sealed tenders. *Journal of finance1*, 6:8-37.
Vickrey, W. 1962. Auctions and bidding games. In: *Conference Proceedings, Recent Advances in Game Theory. Princeton University*,15-27.

[8] Segundo o art. 11-B, §9º, em alguns casos a meta poderá ser postergada até 2040 e há anuência prévia da agência reguladora, que, em sua análise, deverá observar o princípio da modicidade tarifária.

para viabilizar essa inclusão. Além das metas de atendimento em água e esgoto, há também previsão de metas quantitativas de não intermitência do abastecimento, de redução de perdas e de melhoria dos processos de tratamento.

Vale destacar que os contratos provisórios não formalizados e os vigentes prorrogados em desconformidade com as metas de universalização serão considerados irregulares e precários.

Com as alterações destacadas, cria-se um incentivo para Estados e municípios buscarem alternativas para o aumento da cobertura dos serviços, incluindo a formação de blocos para concessão da prestação regionalizada, soluções por meio de concessões, Parceria Público-Privada, ou a privatização das empresas prestadoras dos serviços.

Destaque-se igualmente a atenção às áreas remotas do saneamento rural e às áreas ilegais características das grandes cidades daquilo que se convencionou chamar de cidade informal. O art. 49 da Lei nº 11.445/07, alterado pelo art. 7º da Lei nº 14.026/20 é ilustrativo:

> Art. 49. São os objetivos da Política Federal de Saneamento Básico.
> (...) II – Priorizar planos, programas e projetos que visem à implantação e à ampliação dos serviços e das ações de saneamento básico nas áreas ocupadas por populações de baixa renda, incluídos os núcleos urbanos informais consolidados, quando não se encontrarem em situação de risco;
> IV – Proporcionar condições adequadas de salubridade ambiental às populações rurais e às pequenas comunidades; (...)

4.1 Espaço para privatização

As regras estabelecidas antes do novo marco geravam insegurança jurídica em relação a eventuais processos de alienação de companhias estaduais. As companhias estaduais firmavam contratos de programa com os municípios, os quais não passaram por um processo de licitação. Foi importante normatizar a forma de uma eventual futura alienação de controle acionário de companhia estatal.

O art. 14º da Lei nº 14.026/20 define que, em caso de alienação de controle acionário de companhia estatal ou da sociedade de economia mista, os contratos de programa/concessão em execução poderão ser substituídos por novos contratos de concessão. Caso o controlador da empresa pública ou da sociedade de economia mista não manifeste a necessidade de alteração de prazo, de objeto ou de demais cláusulas do contrato no momento da alienação, não será necessária anuência prévia dos titulares dos serviços. O §5º do mesmo artigo afirma que caso os entes públicos não se manifestem em até 180 dias, a partir do recebimento da comunicação da proposta sobre o prazo e objeto da alienação, será configurado como anuência à proposta.

O Supremo Tribunal Federal (STF) julgou, no dia 02/12/2021, quatro Ações Diretas de Inconstitucionalidade (ADIs) sobre a Lei nº 14.026/20, e, por sete votos a três, a corte julgou-as improcedentes ratificando a constitucionalidade do novo marco do Saneamento neste aspecto crucial.

O voto do ministro Luiz Fux, relator das ações, prevaleceu com o entendimento que a nova legislação visa atingir a universalização dos serviços de saneamento básico no Brasil. Para o ministro Fux, não prosperam os argumentos de que as questões de saneamento básico são apenas de interesse local e de competência dos municípios. Segundo o relator, a lei manteve a autonomia municipal e a harmonização dos arranjos federativos. Para o ministro, a lei incrementou a eficiência na prestação dos serviços, diante de novo regime de contratação pública e estabeleceu metas ambiciosas quanto à população atendida pela distribuição de água e esgoto: "Penso que o investimento privado em saneamento básico deve ser uma mudança de paradigma. Investimento privado com concorrência, porque precisamos enfrentar a cultura de falso capitalismo em que existe reserva de mercado e financiamento público para tudo".

A impugnação dessas ADIs reafirma três aspectos fundamentais do novo marco. O primeiro aspecto endossa a atividade da ANA (Agência Nacional de Águas e Saneamento Básico) em criar normas de referência para padronização da regulação em nível nacional. Esse aspecto é fundamental para aprimorar a regulação no setor e traz mais segurança jurídica. Com a decisão do STF, espera-se que a ANA continue com a agenda regulatória para 2022/23.

O segundo aspecto diz respeito à proibição de assinatura de novos contratos de programa, que não poderão mais ser realizados. O STF compreendeu que o fim desses contratos é constitucional, uma vez que atende ao previsto no art. 175 da Constituição Federal

(CF) de 1988, o qual determina a prestação dos serviços públicos através do regime de concessão ou permissão, sempre precedido de licitação.

Um último aspecto relevante trata da legalidade da prestação regionalizada. Pela interpretação dos juízes, a criação de blocos regionais não retira a autonomia do ente municipal, mas compartilha a responsabilidade com outros. Vale lembrar que a criação de blocos regionalizados é importante por garantir o ganho de escopo e escala das operações.

A decisão do STF está em linha com a noção de elevadas externalidades na atividade de saneamento, exigindo uma atuação cooperativa entre os municípios.

5 Redesenho dos contratos e incentivos à eficiência

O objetivo desta seção é apresentar as mudanças contratuais e padronizações necessárias para implementação do novo marco.

Os novos contratos devem possuir um modelo padronizado com metas para redução de perdas, cronograma para universalização dos serviços até 2033, parâmetros para determinar caducidade, conteúdo mínimo para prestação do serviço e universalização e procedimentos de fiscalização, sanções contratuais, alocação de riscos, restrições para discricionariedade, definições sobre revisão ordinária e extraordinária, investimentos em bens não reversíveis entre outros elementos.

O novo marco aprimorou as condições para a prática da tarifa social. As normas de regulação deverão prever a adoção de tarifas sociais, ou seja, uma tarifa diferenciada, para as famílias de baixa renda. Segundo levantamento feito pela Associação Brasileira de Agências de Regulação (ABAR) em 2018, apenas 20% das residências de baixa renda no Brasil possuem acesso à tarifa social. A referida associação afirmou que apenas 25% das cidades com prestação municipal dos serviços de saneamento adotam tarifa social.

O novo marco de Saneamento estabeleceu, em seu art. 7º da Lei nº 14.026/20, a priorização de planos de metas que visem à ampliação dos serviços e ações de saneamento básico às pessoas de baixa renda entre as diretrizes do Plano Nacional de Saneamento Básico, conforme o art. 7º da Lei nº 14.026/20:

> Art.7º, VI – Articulação com as políticas de desenvolvimento urbano e regional, de habitação, de combate à pobreza e de sua erradicação, de proteção ambiental, de promoção da saúde, de recursos hídricos e outras de interesse social relevante, destinadas à melhoria da qualidade de vida, para as quais o saneamento básico seja fator determinante.

Atualmente, os contratos existentes entre o poder concedente e as concessionárias possuem uma grande heterogeneidade, o que na maioria das vezes gera lacunas e torna a regulação excessivamente discricionária. Desse modo, onera tanto a agência reguladora quanto as concessionárias que precisam empenhar tempo e recursos para revisões contratuais. A ANA tem realizado estudos para mitigar a discricionaridade dos novos contratos, desenvolvendo um padrão mínimo e respeitando as diferenças locais.

Desde logo há uma diferença de fundo entre os contratos de programa em vigor regidos por uma regulação discricionária.[9] Em contraste, os novos contratos, fruto de licitações recentes, requerem uma regulação contratual. Tais famílias de contratos deverão coexistir durante um período razoável, requerendo uma sensibilidade da ANA para as peculiaridades envolvidas.

6 O diabo mora nos detalhes: operacionalização do novo marco

O objetivo desta seção é mostrar a complexidade e importância da regulamentação do novo marco do Saneamento. Serão analisados os decretos regulamentadores que viabilizem a almejada regionalização (Decreto nº 10.588, de 24 de dezembro de 2020, e Decreto nº 11.030, de 1º de abril de 2022) e a capacidade econômico-financeira (Decreto nº 10.710, de 31 de maio de 2021).

---

[9] PRADO, Lucas Navarro. Condições prévias para a licitação de uma PPP. *In*: MARQUES NETO, Floriano de Azevedo; SCHIRATO, Vitor Rhein (org.). *Estudos sobre a Lei das Parcerias Público-Privadas*. São Paulo: Fórum, 2011.
MOREIRA, Egon Bockmann. Riscos, incertezas e concessão de serviços públicos. *Revista de Direito Público da Economia – RDPE*. Belo Horizonte, ano 5, nº 20, out/dez, 2007.

As Subseções 6.1 e 6.2 apresentam os principais aspectos dos decretos publicados após a promulgação do novo marco. Os normativos criam mecanismos de incentivo financeiro para que os municípios adotem a regionalização e exigem que as concessionárias comprovem capacidade econômico-financeira de investimentos para universalização. Os decretos funcionam de modo articulado a fim de modelar a participação das companhias no setor e definir quais tipos de contratos poderiam ser considerados irregulares.

6.1 Decreto nº 10.588/2020 e Decreto nº 11.030/22

Para aumentar os investimentos, o novo marco estimula a prestação regionalizada dos serviços, especialmente em regiões metropolitanas e agrupamentos de municípios. Nesses blocos, poderá ser feito um único contrato para a prestação dos serviços em todos os municípios, aumentando a escala e a possibilidade de ganhos de eficiência.

A prestação regionalizada é caracterizada pelo exercício integrado da titularidade em região, cujo território abranja mais de um município, podendo ser estruturada das seguintes formas, segundo o art. 2º do Decreto nº 10.588, de 2020, alterado pelo art. 2º do Decreto nº 11.030, de 2022, art. 3º da Lei nº 14.026:

- Região Metropolitana: unidade regional instituída pelos Estados, mediante lei complementar, sendo compulsória a adesão de municípios cuja prestação se configure como de interesse comum;
- Unidade regional de saneamento básico: unidade regional instituída pelos Estados, mediante lei complementar, sendo facultativa a adesão dos titulares; e
- Bloco de referência: agrupamento de municípios, não necessariamente limítrofes, estabelecido pela União, formado por meio de gestão associada voluntária dos titulares.

O prazo para apresentar as propostas de regionalização pelos Estados, conforme previa o Decreto nº 10.588/2020, encerrou-se em julho de 2021. O Quadro 4 mostra a situação da regionalização. Fica claro que a implementação foi parcial. Os Estados do Acre, Pará e Tocantins, indicados pelo cinza mais escuro, não apresentaram proposta para regionalização. Os Estados de Minas Gerais, Goiás e Mato Grosso ainda estão em processo de tramitação.

Quadro 4: Divisão da regionalização por bloco[FGC1]

- Comtemplado por modelagem anterior ao Decreto 10.588/2020
- Em trâmite na Assembleia Legislativa
- Lei aprovada
- Não se aplica
- Pendente

Da plataforma Bing
© Microsoft, OpenStreetMap

Fonte: ANA e Abicon/Sindicon. Elaborado por: GO Associados.

Para aqueles entes públicos que não formalizaram a criação das regiões para prestação de serviços de saneamento, a União poderá, observada a disponibilidade orçamentária e financeira, destinar recursos para a contratação de estudos e consultorias cujo escopo seja apoiar a formação de blocos de referência e unidades regionais.

A quantidade de regiões de saneamento e de municípios que compõem cada uma dessas regiões varia consideravelmente, estando em consonância com a variedade socioeconômica e geopolítica dos Estados brasileiros.

A prestação regionalizada foi a modalidade escolhida em estudos recentes conduzidos pelo Banco Nacional de Desenvolvimento Econômico e Social (BNDES) para os Estados de Alagoas, Rio de Janeiro e Amapá, que agregam diversos municípios em um mesmo contrato.

Vale destacar que o art. 8º da Lei nº 11.445, alterado pelo art. 7º da Lei nº 14.026, afirma que no caso de interesse local, os municípios e o Distrito Federal exercem a titularidade dos serviços, e nos casos de prestação regionalizada, a estrutura de governança interfederativa instituída pode ser, por exemplo, o órgão colegiado da Região Metropolitana. O artigo prevê que o exercício da titularidade poderá ser realizado por gestão associada, mediante consórcios públicos ou convênios de cooperação.

A regionalização é um processo complexo do ponto de vista político ao envolver atores com múltiplas agendas. A possibilidade de sucesso depende de fatores que se assemelham ao conjunto de elementos destacados por Elinor Ostrom (1990)[10] em relação aos arranjos locais.

O Decreto nº 10.588, de 24 de dezembro de 2020, que dispõe sobre o apoio técnico e financeiro que regulamenta o art. 13 da Lei nº 14.026/2020, descreve como devem ser realizados os incentivos financeiros por parte da União às cidades que decidirem participar da prestação regionalizada dos serviços. O decreto estabelece quais são os objetivos da prestação regionalizada, como a União prestará o apoio técnico e quais são as condições para tal suporte.

O decreto funciona como um mecanismo para incentivar os municípios a aderirem a prestação regionalizada e seguirem as normas de referência da ANA. Resta saber se tal incentivo será suficiente para viabilizar a regionalização.

É importante ressaltar que os recursos previstos em lei não serão retirados ou bloqueados para os municípios que não aderirem à prestação regionalizada, mas os municípios que participarem da prestação regionalizada terão preferência no recebimento de recursos adicionais.

A prestação regionalizada de serviços prevista pelo novo marco do saneamento foi alvo de disputa judicial, sendo resolvida recentemente no Supremo Tribunal Federal (STF). As contestações à Lei nº 14.026/20 defendem o ponto de vista de que essas frentes do planejamento não devem ser dissociadas, cabendo aos municípios planejar e executar seus planos de ação para universalizar o saneamento na região. Entretanto, o que é proposto pelo novo marco é que os municípios possam ter autonomia para estabelecer sua

---

[10] https://www.nobelprize.org/uploads/2018/06/ostrom_lecture.pdf

política, desde que esteja harmonizada com os arranjos federativos (regulados pela ANA).

Em outras palavras, seria possível dissociar a ação de saneamento entre um planejamento da União e sua execução pelo município. O STF avaliou a situação e entendeu que o que é proposto pelo novo marco do saneamento é constitucional, segundo o relator Luiz Fux. Assim, construindo mais segurança jurídica para o setor.

Por sua vez, o Decreto nº 11.030/22 altera a exigência para caracterizar que um município seja considerado como participante da regionalização, uma vez que o ente federal não tenha apresentado as unidades regionais conforme estabelecido pelo Decreto nº 10.588/20. Além disso, reforça a necessidade de viabilidade econômico-financeira dos blocos regionais.

O Decreto nº 11.030/22 também possibilita a equalização de tempo dos contratos entre municípios para unificar o tempo de contrato. O Decreto adiciona mais três possibilidades para as cidades receberem recursos públicos federais, facilitando a criação de blocos regionais:

- Contratação de estudos, até 31 de março de 2024;
- Publicação de edital de licitação para concessão dos serviços que substituirá o contrato irregular e até 31 de março de 2025; e
- Substituição dos contratos de programa vigentes por contratos de concessão.

Outro ponto relevante do decreto é a determinação da irregularidade da operação a partir da irregularidade do contrato. As concessionárias reprovadas no Decreto nº 10.710/21, de capacidade econômico-financeira, terão os contratos considerados irregulares, e o titular do serviço ficará incumbido de adotar medidas para regularização do contrato, conforme detalhado na próxima subseção.

6.2 Decreto nº 10.710/21

O marco do saneamento, Lei nº 14.026, em seu artigo 7º, que inclui o artigo 10-B, na Lei nº 11.445, condiciona os contratos de prestação de serviço à capacidade econômico-financeira para o atingimento das metas de universalização. O Decreto 10.710/21 regulamenta esse artigo estabelecendo a metodologia para comprovação da capacidade econômico-financeira dos prestadores de serviços públicos de abastecimento de água potável ou de esgotamento sanitário, considerados os contratos regulares em vigor, com vistas a viabilizar o cumprimento das metas de universalização.

O Quadro 5 mostra os passos necessários para demonstração da capacidade econômico-financeira.

Quadro 5: Etapas do Decreto nº 10.710/21

Primeira etapa	Segunda etapa
Análise do cumprimento de quatro índices referenciais mínimos dos indicadores econômico-financeiros, com base nas demonstrações contábeis consolidadas do grupo econômico a que pertence o prestador.	Avaliação da adequação dos estudos de viabilidade e do plano de captação de recursos. Deve mostrar os investimentos necessários ao atingimento das metas.

Fonte: Governo Federal. Elaborado por: GO Associados.

Os 4 índices apresentados na primeira etapa foram assim calculados:

I) (Índice de margem líquida sem depreciação e amortização) -
$$\frac{Lucro\ líquido\ s/\ depreciação}{Receita\ Operacional} > 0$$

II) (Índice de grau de endividamento) - $\frac{Exigível\ LP + Passivo\ Circulante}{Ativo\ Total} < 1$

III) (Índice de retorno sobre patrimônio líquido) -
$$\frac{Lucro\ líquido\ s/depreciação}{Receita\ OPL - Lucro\ líquido\ s/depreciação\ operacional} > 0$$

IV) (Índice de suficiência de caixa) - $\frac{Arrecadação\ Total}{Despesas\ Totais} > 1$

Todos os prestadores de serviço que explorem com base em contrato de programa celebrado conforme Lei nº 11.107/2005 e contratos precedidos de licitação celebrados com o titular, seja regido pela Lei nº 8.987/95 ou pela Lei nº 11.079/2004, com a inclusão das metas de universalização, devem ser avaliados.

A avaliação da adequação dos estudos de viabilidade e do plano de captação de recursos feita pela entidade reguladora deve mostrar os investimentos necessários ao atingimento das metas em duas etapas.

Na primeira, será analisado o cumprimento de índices referenciais mínimos dos indicadores econômico-financeiros; na segunda etapa, será analisada a adequação dos estudos de viabilidade e do plano de captação.

Os requisitos para a primeira etapa, analisados pelas agências infranacionais, contêm o índice de margem líquida sem depreciação e amortização superior a zero, índice de grau de endividamento inferior ou igual a um, índice de retorno sobre patrimônio líquido superior a zero e índice de suficiência de caixa superior a um, seguem parâmetros não rígidos, que não prejudicam a concorrência.

A segunda etapa, onde deve ser comprovada a viabilidade em fluxo de caixa global com valor presente líquido igual ou superior a zero e cujo plano de captação esteja compatível com os estudos de viabilidade, os quais são detalhados no art. 7º do Decreto, levam a verificação da real possibilidade da universalização até 2033 pelos prestadores atuais. Esta fase teve sua primeira deliberação em 31 de março de 2022 e deverá ser acompanhada em datas intermediárias e subsequentes até 31 de dezembro de 2033, para sua efetiva comprovação.

Terminadas a primeira etapa e a primeira fase da segunda etapa, dezessete estatais apresentaram a documentação solicitada; dezesseis companhias tiveram a capacidade econômico-financeira atestada; uma, não atestada. Nove empresas estatais não apresentaram a documentação, sendo que duas já estão em processo de desestatização.

As perspectivas levantadas com o resultado da avaliação até 31 de março de 2022 são a busca de alternativas pelos municípios atendidos por essas sete estatais que não atenderam ao Decreto, bem como o redesenho dos contratos para inclusão das metas e dos incentivos à eficiência, o avanço na governança das estatais para continuarem atendendo as próximas fases, a concorrência pelo mercado visando as metas a atingir, a conscientização da população do valor do saneamento, a revisão do conceito de tarifa módica, sendo adequada às várias realidades brasileiras, o papel do governo federal nos municípios com pouca estrutura.

Excetuam-se dessa comprovação a prestação direta dos serviços públicos pelo município ou pelo Distrito Federal titular do serviço, seja por autarquia, empresa pública ou sociedade de economia mista.

A exemplo daquilo que ocorreu com a regionalização, a implementação do marco tem sido parcial.

7 Salto do investimento

O objetivo desta seção é apresentar o hiato atual e a urgência de acelerar a formação de capital no setor. Cerca de metade do esgoto gerado é dispensado no meio ambiente sem qualquer tratamento mínimo.

O Quadro 6 apresenta que cerca de 36 milhões de pessoas não possuem acesso a atendimento com rede de água, quase metade da população não possui atendendo com rede de esgoto, metade do esgoto captado é tratado e as perdas atingem 40,14% na distribuição.

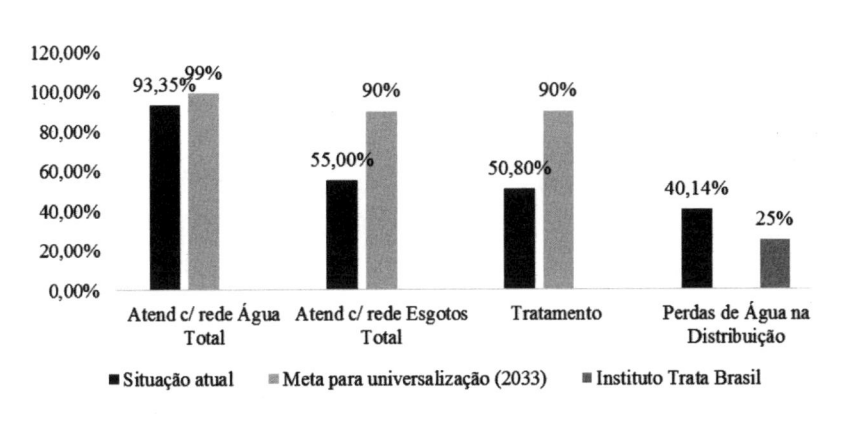

Quadro 6: Principais índices no saneamento

	Atend c/ rede Água Total	Atend c/ rede Esgotos Total	Tratamento	Perdas de Água na Distribuição
Situação atual	93,35%	55,00%	50,80%	40,14%
Meta para universalização (2033)	99%	90%	90%	—
Instituto Trata Brasil	—	—	—	25%

Fonte: SNIS, 2020. Elaborado por: GO Associados.

Segundo o SNIS, a média de investimento em saneamento básico por ano entre 2010 e 2021 foi de R$ 19 bilhões. O Quadro 7 apresenta a média de investimentos nos últimos 10 anos e a estimativa do Instituto Trata Brasil em parceria com GO Associados sobre o montante necessário para universalizar os serviços de água e esgoto. O investimento anual necessário está na ordem de R$ 44,8 bilhões por ano até 2033.

Quadro 7: Hiato de investimento

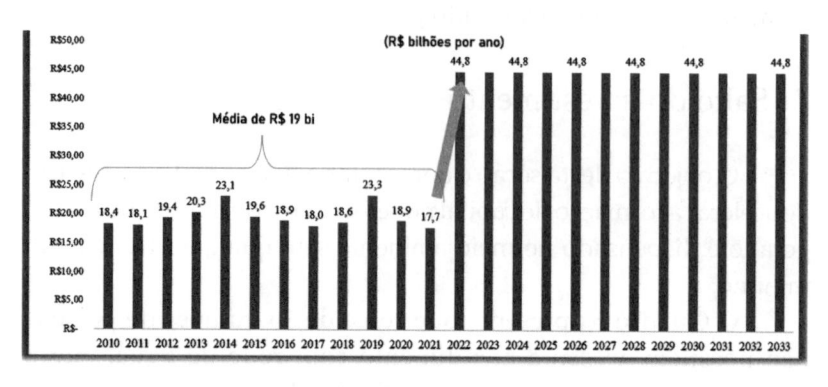

(R$ bilhões por ano)

Valores por ano: 2010: 18,4; 2011: 18,1; 2012: 19,4; 2013: 20,3; 2014: 23,1; 2015: 19,6; 2016: 18,9; 2017: 18,0; 2018: 18,6; 2019: 23,3; 2020: 18,9; 2021: 17,7; 2022-2033: 44,8 (Média de R$ 19 bi)

Fonte: SNIS e Abicon/Sindicon. Elaborado por: GO Associados.

Os investimentos realizados pelo poder público são insuficientes para atingir a universalização. O ente municipal apresenta a menor parcela de investimentos realizados comparado, conforme o Quadro 8.

Quadro 8: Total e média anual dos investimentos desembolsados, por origem e período (R$ bi)

Origem de aplicação dos recursos	Total investido (2005 a 2019)	Média dos investimentos anuais, por período		
		15 anos	10 anos	5 anos
		2005-2019	2010-2019	2015-2019
Prestador	R$ 182,52	R$ 12,17	R$ 13,21	R$ 12,94
Estado	R$ 8,66	R$ 0,58	R$ 0,76	R$ 0,67
Município	R$ 4,47	R$ 0,30	R$ 0,42	R$ 0,31
Total	R$ 195,66	R$ 13,14	R$ 14,53	R$ 14,15

Fonte: SNIS, 2020. Elaborado por: GO Associados.

Dada a escassez de investimentos públicos, o novo marco cria um ambiente seguro para maior participação do setor privado. Os últimos leilões realizados apresentaram apetite do setor privado para realizar novos investimentos. Segundo estudo da Abcon/Sindcon, é esperado que até 2033 o setor privado deva atender cerca de 40% da população; em 2021 atende cerca de 15%.[11]

8 Saneamento, economia circular e ESG

O objetivo desta seção é mostrar que o aumento de investimento não pode se restringir ao aspecto quantitativo, mas deve representar salto igualmente qualitativo com a introdução de inovação especialmente associada à economia circular e ao ESG.

Os tópicos "ambiente, social e governança" (frequentemente citado como ESG, sigla em inglês para *Environment, Social and Governance*) tornaram-se pauta dos investidores e consumidores nos últimos anos e deveriam influenciar o saneamento que está vocacionado para implementar políticas robustas de ESG.

O novo marco do saneamento abre uma oportunidade para o ESG na medida em que introduz mais competição e procura redesenhar os contratos de forma a incentivar a eficiência. A concorrência é a mola propulsora da inovação, que, por sua vez, é necessária para transformar a cadeia produtiva do saneamento em prol da economia circular.

É preciso, nesse sentido, romper com a noção cômoda de que as empresas de saneamento já são saneadoras do meio ambiente, porque, afinal de contas, têm em seu objeto social a tarefa de tratar de recurso tão vital quanto a água. No entanto, é preciso verificar em que medida esta missão está sendo cumprida com a máxima eficiência do ponto de vista socioambiental.

O Quadro 9 ilustra oportunidades ao longo do ciclo da água para apresentar atividades da economia circular.

---

[11] https://www.abconsindcon.com.br/wp-content/uploads/2021/07/PAN21-BAIXA-final.pdf

Quadro 9: Ciclo da água

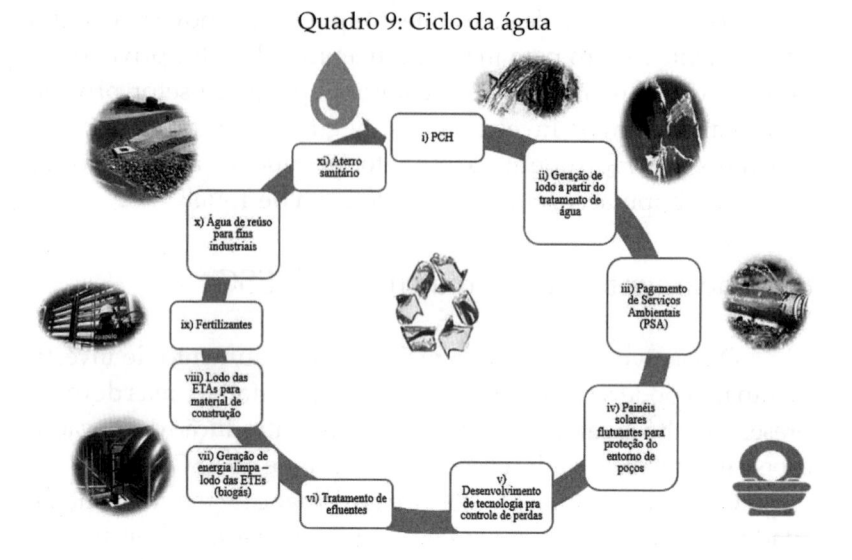

Diagrama circular mostrando: i) PCH; ii) Geração de lodo a partir do tratamento de água; iii) Pagamento de Serviços Ambientais (PSA); iv) Painéis solares flutuantes para proteção do entorno de poços; v) Desenvolvimento de tecnologia pra controle de perdas; vi) Tratamento de efluentes; vii) Geração de energia limpa – lodo das ETEs (biogás); viii) Lodo das ETAs para material de construção; ix) Fertilizantes; x) Água de reúso para fins industriais; xi) Aterro sanitário.

Elaborado por: GO Associados.

Há inúmeras oportunidades de economia circular no saneamento. Os parágrafos seguintes mencionam algumas delas, indicadas no Quadro 9:

i. Captação da água de modo sustentável, gerando energia limpa através de pequenas centrais hidrelétricas (PCHs) passando pelo tratamento adequado da água;

ii. Utilização do lodo deste tratamento de água como material de construção;

iii. Atuação através da preservação de áreas de proteção permanente com Pagamento de Serviços Ambientais (PSA);

iv. No caso de captação subterrânea, onde é exigida uma área de proteção para os poços, é possível a instalação de painéis solares que ajudam a proteção do entorno do poço e ainda o tornam autossustentável em energia;

v. Assim como toda a inovação tecnológica, no acompanhamento e controle das perdas, geram economia de água;

vi. Seguindo o caminho das águas, no seu retorno, após o uso, temos a coleta de esgotos, que, sendo incentivada pela implantação das redes, é o maior avanço na saúde e condições sanitárias para a população, que deixa de utilizar fossas precárias, tão prejudiciais ao solo, ao lençol freático e à saúde pública;

vii. Esse efluente coletado é tratado, podendo gerar, nesse processo, energia pelos gases gerados e queima do lodo;

viii. As cinzas do lodo ainda podem ser utilizadas como material para construção civil;

ix. O lodo tratado como fertilizante;

x. O efluente tratado como água para reúso para diversos fins, como água enriquecida, para uso como fertilizante, ou água não potável para fins industriais; em casos mais críticos, até como reposição do aquífero; e

xi. Aterros sanitários

A regulação no setor pode estimular o desenvolvimento das atividades relacionadas ao ciclo da água servindo como receita acessória das concessionárias. É mais do que possível que todo o ciclo do saneamento, ou ciclo da água, seja entendido como orgânico e integral, incorporando os conceitos da economia circular. O novo marco do saneamento traz na legislação, a inovação para essa compreensão. (Quadro 9)

A questão chave para a implementação de políticas robustas de ESG é a inovação. O ingrediente de competição introduzido pelo novo marco auxilia nesse sentido. Conforme acentuado por Schumpeter,[12] progresso técnico e competição andam juntos. Será necessário, contudo, ter uma regulação pro-inovação. Um exemplo nesse sentido é a possibilidade de compartilhamento, entre concessionária e consumidores, de receitas acessórias oriundas dos produtos e serviços inovadores.

9 Conclusões

O objetivo desta seção é sumariar as principais conclusões deste capítulo. O novo marco do saneamento promoveu mudanças

---

[12] *Teoria do desenvolvimento econômico* (Die Theorie der Wirschaftlichen Entwicklung). 1911.

nos aspectos concorrência, na regulação e na criação de metas e incentivos à eficiência.

Do ponto de vista geral, o novo marco do saneamento é fundamental para o salto de investimento indispensável para a eliminar os números vexatórios do país em água e esgoto. Em relação ao manejo de resíduos sólidos e drenagem, os desafios são ainda maiores.

O novo marco constituiu um passo fundamental, mas ainda é uma construção institucional incompleta. Seu sucesso dependerá do esforço conjunto dos entes federados e da sociedade civil para assegurar as condições de segurança jurídica para o investimento.

Referências

ABCON SINDCON. *Quanto custa universalizar o saneamento no Brasil?* 2020.

AGÊNCIA NACIONAL DE ÁGUAS. *Atlas esgotos* – Despoluição de Bacias Hidrográficas. 2017.

AGÊNCIA NACIONAL DE ÁGUAS. *Atlas águas* – Segurança Hídrica para o Abastecimento Urbano. 2021.

BRASIL. Ministério das Cidades. Sonaly Cristina Rezende (coord.), João Baptista Peixoto, Denise Helena França Marques, Priscilla Macedo Moura. *Investimentos em saneamento básico*: análise histórica e estimativa de necessidades. Brasília: Secretaria Nacional de Saneamento Ambiental, 2014. 264 p.

BRASIL. Ministério do Desenvolvimento Regional. *Plano Nacional de Saneamento Básico*. Brasília, Secretaria Nacional de Saneamento, 2019, 240p.

BRASIL, 2020. *Lei Federal nº 14.026*, de 15 de julho de 2020. Atualiza o marco legal do saneamento básico e altera a Lei nº 9.984, de 17 de julho de 2000, para atribuir à Agência Nacional de Águas e Saneamento Básico (ANA) competência para editar normas de referência sobre o serviço de saneamento, a Lei nº 10.768, de 19 de novembro de 2003, para alterar o nome e as atribuições do cargo de Especialista em Recursos Hídricos, a Lei nº 11.107, de 6 de abril de 2005, para vedar a prestação por contrato de programa dos serviços públicos de que trata o art. 175 da Constituição Federal, a Lei nº 11.445, de 5 de janeiro de 2007, para aprimorar as condições estruturais do saneamento básico no País, a Lei nº 12.305, de 2 de agosto de 2010, para tratar dos prazos para a disposição final ambientalmente adequada dos rejeitos, a Lei nº 13.089, de 12 de janeiro de 2015 (Estatuto da Metrópole), para estender seu âmbito de aplicação às microrregiões, e a Lei nº 13.529, de 4 de dezembro de 2017, para autorizar a União a participar de fundo com a finalidade exclusiva de financiar serviços técnicos especializados.

SCHUMPETER, J. A. *Teoria do desenvolvimento econômico* (Die Theorie der Wirschaftlichen Entwicklung). 1911.

Informação bibliográfica deste texto, conforme a NBR 6023:2018 da Associação Brasileira de Normas Técnicas (ABNT):

OLIVEIRA, Gesner; CAPRIO, Ceci; SANTOS, Vicente; SAQUETO, Luccas. Novo marco do saneamento: uma janela de oportunidade para eliminar o atraso no saneamento. In: ZULIANI, Geninho; DAL POZZO, Augusto Neves (coords). *Saneamento básico*: uma lei e um marco. Belo Horizonte: Fórum, 2023. p. 305-331. ISBN 978-65-5518-485-3.

OS 5CS DOS RESÍDUOS SÓLIDOS URBANOS NO MARCO DO SANEAMENTO

FABIO HIDEKI ONO
ALZEMERI BRITTO
ANDRÉ LUIZ FELISBERTO FRANÇA

O crescimento acelerado das cidades no Brasil, poucas vezes precedido de planejamento e desenvolvimento de infraestrutura adequada de serviços públicos, foi acompanhado da degradação da qualidade ambiental, com efeitos diretos na qualidade de vida das pessoas. Entre os principais desafios ambientais urbanos podem ser citados a falta de saneamento, em suas quatro dimensões de prestação de serviços de água, esgoto, drenagem e resíduos sólidos.

Segundo o Panorama dos Resíduos Sólidos no Brasil 2018/2019, que apresenta informações sobre geração, coleta convencional, coleta seletiva e destinação final de resíduos sólidos urbanos (RSU), publicado pela Associação Brasileira de Empresas de Limpeza Pública e Resíduos Especiais (ABRELPE), em 2018, foram geradas no Brasil 79 milhões de toneladas de RSU. Desse total, 6,3 milhões de toneladas não foram sequer recolhidas do local de geração, e 29,5 milhões de toneladas de RSU tiveram como destino lixões ou aterros controlados (ABRELPE, 2019), que, ao contrário do que o nome sugere, não contam com sistemas e controles de poluição adequados. Assim, 35,8 milhões de toneladas de resíduos foram despejados no meio ambiente, por mais de 3.000 municípios, trazendo impactos ambientais, como a poluição do solo, do ar e das águas superficiais e subterrâneas, e para a saúde das pessoas.

O encerramento dos lixões ativos no país depende, por sua vez, da substituição da disposição inadequada pela destinação final ambientalmente adequada, definida pela Política Nacional de Resíduos Sólidos (PNRS).[1] A destinação de resíduos inclui a reutilização, a reciclagem, a compostagem, a recuperação e o aproveitamento energético ou outras destinações admitidas pelos órgãos competentes do Sistema Nacional de Vigilância Sanitária (SNVS) e do Sistema Unificado de Atenção à Sanidade Agropecuária (SUASA). Tais medidas requerem investimentos e recursos para o custeio dos serviços de coleta, tratamento e destinação de resíduos.

Porém, muitos municípios não dispõem nem de escala e nem de recursos (humanos, materiais, financeiros) para realizar a adequada gestão dos resíduos. Por um lado, cerca de 70% dos 5.570 municípios brasileiros possuem menos de 20.000 habitantes, e 87,8% possuem menos de 50.000 habitantes. Além disso, conforme revelado pelo Índice Firjan de Gestão Fiscal (IFGF), 1.704 cidades brasileiras não se sustentam, isto é, a receita gerada em âmbito local não é suficiente para custear nem a Câmara de Vereadores e a estrutura administrativa da Prefeitura (FIRJAN, 2021).

O Novo Marco do Saneamento Básico (NMSB), definido pela Lei nº 14.026/2020, institui um conjunto de princípios e determinações com vistas a reverter o baixo desenvolvimento do setor e suas implicações para o meio ambiente, saúde e qualidade de vida das pessoas. Notadamente, o novo marco viabiliza desestatizações e fortalece modelos de prestação privada de serviços de saneamento – incluindo água, esgoto e resíduos sólidos. Ele estabelece o conceito de prestação regionalizada, para garantir escala na prestação de serviços, e para que nenhum cidadão seja deixado para trás, e ainda condiciona o repasse de recursos federais à prestação regionalizada e ao atendimento de normas de referência da ANA (Agência Nacional de Águas e Saneamento Básico).

Neste capítulo, argumentaremos como o NMSB, em conjunto com outros dispositivos legais e infralegais, tais quais a PNRS, regulamentada pelo Decreto nº 10.936/22 e o PLANARES (Plano Nacional de Resíduos Sólidos)[2], constituem o arcabouço que

---

[1] Instituída por meio da Lei nº 12.305, de 2 de agosto de 2010 (BRASIL, 2010), regulamentada pelo Decreto nº 10.936, de 12 de janeiro de 2022, que representa um moderno Marco Regulatório para os resíduos sólidos

[2] Aprovado pelo Decreto nº 11.043 de 13 de abril de 2022.

fomenta 5 princípios estruturantes para o desenvolvimento do setor de resíduos sólidos no Brasil, ou os 5Cs do RSU, a saber: Custeio, Concessão, Consórcios, Cooperação e Circularidade. Ao final, apresentamos uma proposta de ações, agrupadas pelos 5Cs, que os municípios poderiam adotar com vistas à melhoria da gestão dos resíduos sólidos.

1 Um breve panorama dos resíduos sólidos urbanos no Brasil

Segundo o Panorama da ABRELPE 2018/2019, a geração foi de 217 mil toneladas/dia de RSU no país, ou 79 milhões de toneladas/ano, com aumento de quase 1% em relação ao ano anterior. Neste mesmo período, a população brasileira apresentou um crescimento de 0,40%, enquanto a geração *per capita* de RSU aumentou 0,39%, tendo alcançado 1,039 kg/hab/dia. Ou seja, a produção *per capita* de RSU segue em trajetória de crescimento.

Com respeito às características físicas médias do RSU produzido no Brasil, isto é, a chamada gravimetria, de acordo com os dados apresentados no PLANARES, a fração orgânica constituída de sobras e perdas de alimentos, resíduos verdes e madeiras é o principal componente dos RSU, correspondendo a 45,3% do total. Os resíduos recicláveis secos representam 33,6%, sendo compostos principalmente por plásticos (16,8%), papel e papelão (10,4%), vidros (2,7%), metais (2,3%), e embalagens multicamadas (1,4%). Outros resíduos somam 21,1%, dentre os quais resíduos têxteis, couros e borrachas, que representam 5,6%, e rejeitos, sendo estes últimos compostos principalmente por resíduos sanitários, que somam 15,5%.

A PNRS definiu destinação final ambientalmente adequada[3] como aquela que compreende, segundo uma hierarquia, a reutilização, a reciclagem, a compostagem, a recuperação e o aproveitamento energético ou outras destinações admitidas pelos órgãos competentes e, finalmente, a disposição final em

---

[3] Lei nº 12.305, de 2010, art. 3º, VII.

aterros sanitários. Em todos os casos, devem-se observar as normas operacionais específicas de modo a evitar danos ou riscos à saúde pública e à segurança e a minimizar impactos ambientais adversos.

Vale ressaltar que a opção de disposição final ambientalmente adequada, nos termos da PNRS, cabe apenas aos rejeitos, isto é, para os resíduos sólidos que, depois de esgotadas todas as possibilidades de tratamento e recuperação, não apresentem outra possibilidade que não a disposição em aterro sanitário. Sendo, portanto, a disposição final ambientalmente adequada a última opção na escala de destinação de resíduos. Portanto, é imperativo viabilizar avanços nas demais formas consideradas pela lei.

Neste contexto, a economia circular ganha cada vez mais atenção, uma vez que representa a substituição do modelo econômico linear – baseado na dinâmica extrair, produzir e descartar – por um modelo baseado na redução, reutilização e reciclagem, reinserindo os materiais no ciclo produtivo, reduzindo a pressão sobre os recursos naturais e, ao mesmo tempo, o consumo de energia, as emissões de gases de efeito estufa, os desperdícios, a geração de rejeitos e a poluição. Tudo isso associado à geração de empregos verdes.

A reutilização está prevista na PNRS[4] e é uma das ações iniciais na hierarquia de gestão e gerenciamento de resíduos, sendo caracterizada como o aproveitamento do resíduo sem que ocorra uma transformação biológica, física ou físico-química. Em seguida, na hierarquia, temos a reciclagem. A massa de resíduos secos recuperados para reciclagem alcançou 923.286 toneladas, em 2018, equivalente a um índice de recuperação de apenas 2,2% em relação à massa total coletada. A Tabela 1 ilustra a proporção entre a massa de material reciclado e o total, o que sinaliza oportunidades de negócios, geração de emprego e renda e uso eficiente dos recursos.

---

[4] Lei nº 12.305, de 2010, art. 3º, XVIII.

Tabela 1: Índice de reciclagem de resíduos secos provenientes de embalagens

Resíduos Recicláveis de Embalagens	Índice de Reciclagem	Ano-base	Referência
Latas de aço	47,10%	2019	Abeaço
Latas de Alumínio	98,7%	2021	Abralatas/Abal/ Recicla Latas
Papel/Papelão	66,90%	2019	Ibá
Embalagens longa vida	42,70%	2020	Cempre/ TetraPak
Plástico	22,10%	2018	Abiplast
Vidro	25,80%	2018	Abividro

Fonte: ABEAÇO (2019), ABAL (2018), IBÁ (2018), CEMPRE (2020), ABIPLAST (2018) e ABIVIDRO (2018).

Um exemplo de sucesso na reciclagem é a lata de alumínio para bebidas. Segundo dados divulgados pela Associação Brasileira dos Fabricantes de Latas de Alumínio (ABRALATAS), em 2021 o Brasil alcançou a marca de reciclagem de 33 bilhões de latas de alumínio (409,2 mil toneladas), o que representa 98,7% das latinhas que entraram no mercado. O alto valor de mercado da sucata de alumínio somado ao curto ciclo de vida das latas, cerca de 60 dias entre a comercialização do produto e o retorno pela reciclagem, e a grande capilaridade da coleta, em grande parte devido aos catadores de materiais recicláveis, explicam o alto resultado alcançado (ABRALATAS, 2022). Com efeito, depreende-se uma substancial economia de energia e de recursos naturais, visto que a reciclagem de alumínio reduz em 70% o consumo de energia e as emissões de gases de efeito estufa.

A fração orgânica correspondeu a cerca de 37 milhões de toneladas (SNIS-RS, 2019), considerando a coleta de RSU no Brasil e a composição gravimétrica previamente apresentada em 2018. Desse total, apenas 127.498 toneladas foram valorizadas em unidades de compostagem, segundo os dados declarados no SNIS-RS 2018. O restante da matéria orgânica gerada nas cidades brasileiras foi encaminhado para disposição em aterros sanitários ou, de maneira inadequada, para aterros controlados e lixões (BRASIL, 2019). Esses dados indicam que ainda há grande espaço para reciclagem e valorização de resíduos orgânicos, sendo as principais alternativas de aproveitamento a compostagem e a digestão anaeróbia para a produção de biogás.

A recuperação energética de RSU também foi prevista na PNRS como uma das possibilidades para a destinação final ambientalmente adequada (art. 9º, §1º), sendo uma alternativa para melhor aproveitamento dos materiais que não apresentam viabilidade técnica ou econômica para reutilização e reciclagem, e que atualmente são considerados rejeitos e seguem para unidades de disposição final.

Entre as formas de recuperação energética consagradas tecnicamente podem ser citadas: o aproveitamento de biogás em aterros sanitários, a biodigestão anaeróbia para geração de biometano, o coprocessamento em fornos de clínquer e a incineração.

1.1 A gestão municipal e associada de serviços de RSU

De acordo com o SNIS-RS 2018, municípios de pequeno porte, considerados no SNIS como aqueles que possuem até 30.000 habitantes, são aqueles que apresentam os menores índices de cobertura, conforme se pode verificar na Tabela 2. Outrossim, entre os municípios de pequeno porte, poucos possuem regulamentação para os grandes geradores, o que contribui para onerar o serviço público municipal de manejo de RSU.

Tabela 2: Taxa de cobertura do serviço de coleta de RDO
dos municípios participantes em relação à população total,
segundo a faixa populacional – SNIS-RS 2018 (indicador IN015)

Faixa populacional	Quantidade de municípios da amostra	Taxa de cobertura de coleta de RDO em relação à população total (IN015) (%)
Até 30.000 habitantes	2.647	74,5
De 30.001 a 100.000 habitantes	534	86,6
De 101.000 a 250.000 habitantes	176	95,3
De 250.001 a 1.000.000 habitantes	94	98,1
De 1.000.001 a 4.000.000 habitantes	15	97,7
Acima de 4.000.001 habitantes	2	99,4
Total-2018	**3.468**	**92,1**

Fonte: SNIS-RS, 2019 (ano-base 2018) (BRASIL, 2019).

Diante dos desafios para a melhoria da gestão de resíduos sólidos, que se prolongam por décadas no país, e considerando-se: a) a exigência de universalização dos serviços e b) o fato que soluções individuais não se mostram técnica ou economicamente viáveis sobretudo em municípios de pequeno porte, torna-se imprescindível a cooperação e o auxílio mútuo entre os entes federativos para o planejamento e execução de ações integradas, por meio da gestão associada dos serviços de manejo de resíduos sólidos, a fim de potencializar a capacidade institucional e executar soluções efetivas.

A formação de consórcios públicos entre os entes federados representa uma alternativa relevante e inteligente para melhorar a prestação de serviços públicos por meio de políticas e ações conjuntas. Também permite que municípios de pequeno porte, em conjunto, melhorem sua capacidade técnica, administrativa e financeira, uma vez que os recursos humanos e materiais que dificilmente seriam viabilizados para cada município individualmente passam a se viabilizar para atender a um conjunto de municípios.

O Consórcio Público é definido legalmente como pessoa jurídica formada exclusivamente por entes da Federação, na forma da Lei nº 11.107/2005 e pelo seu regulamento, o Decreto nº 6.017/2007, para estabelecer relações de cooperação federativa, inclusive a realização de objetivos de interesse comum, constituída como associação pública, com personalidade jurídica de direito público e natureza autárquica, ou como pessoa jurídica de direito privado sem fins econômicos. A gestão associada de serviços públicos ainda figura no art. 241 da Constituição Federal.

> Art. 241. A União, os Estados, o Distrito Federal e os Municípios disciplinarão por meio de lei os *consórcios públicos e os convênios de cooperação entre os entes federados*, autorizando a *gestão associada de serviços públicos*, bem como a *transferência total ou parcial de encargos, serviços, pessoal e bens essenciais à continuidade dos serviços* transferidos. (Grifo nossos)

Os consórcios públicos possibilitam ganhos de escala e compartilhamento de recursos que podem encontrar sinergias com o planejamento intermunicipal de resíduos sólidos e a concessão dos serviços, encurtando o caminho para a destinação final ambientalmente adequada de resíduos sólidos em uma determinada região. O incentivo à adoção de consórcios ou de outras formas de cooperação entre os entes federados, com vistas à elevação das escalas de aproveitamento e à redução dos custos envolvidos, é um dos instrumentos da PNRS (BRASIL, 2010).

Com respeito ao planejamento da prestação de serviços, é importante ter em mente que sem um plano não há planejamento oficialmente estabelecido, e sem sustentabilidade econômico-financeira não há execução adequada e continuada dos serviços. A PNRS prevê, como principais instrumentos de planejamento[5] em âmbito local/regional, duas ferramentas de planejamento: Plano Municipal de Gestão Integrada de Resíduos Sólidos (PMGIRS) e Plano Intermunicipal de Resíduos Sólidos (PIMRS). Este último traz o benefício da escala e da visão regionalizada dos serviços de coleta, tratamento e destinação de RSU.

---

[5] Em seu art. 14, a PNRS define: "Art. 14. São planos de resíduos sólidos: I – o Plano Nacional de Resíduos Sólidos; II – os planos estaduais de resíduos sólidos; III – os planos microrregionais de resíduos sólidos e os planos de resíduos sólidos de regiões metropolitanas ou aglomerações urbanas; IV – os planos intermunicipais de resíduos sólidos; V – os planos municipais de gestão integrada de resíduos sólidos; VI – os planos de gerenciamento de resíduos sólidos".

De acordo com o Perfil dos Municípios Brasileiros (MUNIC), realizado pelo IBGE e publicado em 2014 e 2018 (anos-base 2013 e 2017), o número de municípios que possuem Planos (municipal ou intermunicipal) de Gestão de Resíduos elaborados cresceu no período: de cerca de 33%, em 2013, para 55%, em 2017. No entanto, tendo em vista que se trata de um instrumento essencial para a prestação de importante serviço público, ainda é alta a quantidade de municípios que não dispõem desse instrumento de planejamento.

2 Os 5Cs dos resíduos sólidos urbanos

Diante desse quadro, e tendo em vista o NMSB, é imprescindível a adoção de ações que permitam aos municípios alcançar a conformidade legal no menor prazo possível e encontrar os melhores caminhos para melhorar a gestão dos resíduos sólidos no Brasil. Propomos um caminho baseado em cinco dimensões, ou os 5Cs do RSU:
- CUSTEIO: assegurar a sustentabilidade econômico-financeira dos serviços públicos de limpeza urbana e manejo de resíduos sólidos por meio de remuneração pela cobrança dos serviços ao usuário;
- CONSÓRCIO: implementar a prestação regionalizada dos serviços por meio da constituição de Consórcio Público, ou outro arranjo regional aplicável, com vistas à geração de ganhos de escala e à garantia da universalização e da viabilidade técnica e econômico-financeira dos serviços;
- CONCESSÃO: realizar a concessão dos serviços de manejo de resíduos sólidos por meio da delegação de sua prestação, mediante licitação, à pessoa jurídica ou consórcio de empresas que demonstre capacidade para seu desempenho, por sua conta e risco e por prazo determinado;
- COOPERAÇÃO: praticar a cooperação e o auxílio mútuo entre os entes federativos para o planejamento e execução de ações integradas, de forma a compartilhar conhecimentos, habilidades e experiências e acelerar os resultados;
- CIRCULARIDADE/COMUNICAÇÃO: comunicar e executar a substituição da economia linear, baseada em "extrair-produzir-descartar", pela economia circular, baseada em "reduzir, reutilizar e reciclar".

A seguir apresentaremos, em mais detalhes, cada uma dessas dimensões e, na sequência, uma proposta de plano de ação.

2.1 Custeio

A sustentabilidade econômico-financeira é imprescindível para a oferta dos serviços públicos, e não é diferente quando se trata de resíduos sólidos urbanos. A cobrança se faz necessária, pois o gerenciamento dos resíduos sólidos, que é o conjunto de ações exercidas, direta ou indiretamente, nas etapas de coleta, transporte, transbordo, tratamento e destinação final ambientalmente adequada dos resíduos sólidos e disposição final ambientalmente adequada dos rejeitos (BRASIL, 2010), requer investimentos para a instalação e operação das atividades. Historicamente, tais investimentos não foram realizados na maior parte do país, uma vez que muitos gestores públicos optavam pela disposição ilegal em lixões, que acreditavam ser "sem custos". Ledo engano, pois o descarte no meio ambiente acarretou, ao longo das décadas, contaminação do solo e das águas e comprometeu a saúde das pessoas. Estudo intitulado "Saúde Desperdiçada – O Caso dos Lixões" (ABRELPE e ISWA, 2015) permite estimar o impacto dos lixões para a saúde dos brasileiros em US$1 bilhão por ano. Essa estimativa não considera os custos ambientais, como os de recuperação das áreas contaminadas e os demais custos causados pela poluição.

A implantação de um sistema de recuperação de custos dedicado à gestão de resíduos e aliado à concessão dos serviços possibilita investimentos de médio a longo prazo pelas concessionárias, o que aumenta as chances de efetiva implementação de soluções eficazes para o aprimoramento da gestão de resíduos. Ao contrário, inúmeras limitações ocorrem quando se opera apenas com contratos de curto prazo, que aliados à falta de previsibilidade e segurança jurídica, acabam por retardar ou impedir maiores investimentos, inclusive pelo setor privado. Isso, por sua vez, prejudica a viabilidade de soluções para melhor aproveitamento dos resíduos. Assim, a cobrança de tarifa ou taxa é essencial para a sustentabilidade financeira dos serviços prestados, sendo um forte indicador da capacidade institucional para o cumprimento dos contratos firmados.

No caso de taxa, mas sobretudo de tarifas, há uma individualização da cobrança que facilita o controle e reduz o índice de inadimplência dos contribuintes. A cobrança em instrumento específico permite ampliar e aprimorar as bases de cálculo e incidência da cobrança. Em contrapartida, a recuperação dos custos de serviços de RSU quando inseridos no IPTU contempla diversas isenções e geralmente apresenta elevada inadimplência.

O NMSB estabeleceu prazo para os municípios instituírem a cobrança pelos serviços de saneamento, dentre os quais a gestão de resíduos sólidos urbanos, para que haja a sustentabilidade econômico-financeira necessária para a prestação continuada dos serviços. A não proposição de instrumento de cobrança pelo titular do serviço no prazo definido em lei, que expirou em 15/07/2021, configura renúncia de receita e exigirá a comprovação de atendimento, pelo titular do serviço, do disposto no art. 14 da Lei Complementar nº 101, de 04/05/2000, observadas as penalidades constantes na referida legislação no caso de eventual descumprimento.

A instituição da cobrança pela gestão dos resíduos, vista ao longo do tempo como impopular pelos prefeitos, tornou-se agora um requisito legal com implicações graves para quem descumprir. A partir da aprovação do NMSB, a existência de mecanismos de cobrança que assegurem a sustentabilidade econômico-financeira da gestão de resíduos,[6] em conjunto com a elaboração de plano intermunicipal de resíduos sólidos ou plano municipal de gestão integrada de resíduos sólidos, é condição para que os municípios disponham de novo prazo para assegurar a disposição final ambientalmente adequada dos rejeitos. O prazo final foi 31 de dezembro de 2020 para os municípios que não atenderam a tais requisitos.

2.2 Concessão

Conforme o modelo federativo vigente no Brasil, os municípios e o Distrito Federal exercem a titularidade dos serviços públicos

---

[6] Nos termos da Lei nº 11.445, de 5 de janeiro de 2007 (art. 29).

de saneamento básico, incluindo a limpeza pública e o manejo de resíduos sólidos, constituídos pela operação e manutenção de infraestruturas e instalações operacionais de coleta, varrição manual e mecanizada, asseio e conservação urbana, transporte, transbordo, tratamento e destinação final ambientalmente adequada dos resíduos sólidos domiciliares e dos resíduos de limpeza urbana (BRASIL, 2020).

Todavia, segundo os dados apresentados pela FIRJAN (2021), mais de 30% dos municípios do país (1.704) não arrecadam sequer o suficiente para manter suas estruturas administrativas. Tal situação fiscal preocupante afeta diretamente a gestão de resíduos sólidos, pois, se não há recursos para custear sequer a estrutura básica do Poder Público municipal, como realizar uma gestão adequada dos resíduos sólidos sem fonte de recursos específica para o custeio desse importante serviço público?

A concessão dos serviços mediante licitação poderia assegurar a um conjunto de municípios de pequeno porte a mobilização de investimentos no curto prazo para solucionar a questão, cabendo aos municípios oferecer a segurança jurídica e a previsibilidade, essenciais para contratos de longo prazo. Em uma realidade em que muitos municípios não arrecadam o suficiente para manter estruturas essenciais, não há como solucionar a gestão de resíduos sólidos com a abordagem comumente utilizada: ser o prestador direto do serviço e não ter o custeio para amparar as despesas da gestão, o que invariavelmente se traduz em falta ou má qualidade na oferta dos serviços, e por vezes o cometimento de crime ambiental, como a disposição de lixo diretamente no meio ambiente, como se o lixão não representasse um custo para a sociedade em termos de saúde comprometida e poluição ambiental causada.

Novamente o NMSB é muito assertivo sobre a prevalência do modelo de concessão ao estabelecer, em seu art. 10, que "(a) prestação dos serviços públicos por entidade que não integre a administração do titular depende da celebração de contrato de concessão, mediante prévia licitação, nos termos do art. 175 da Constituição Federal, vedada a sua disciplina mediante contrato de programa, convênio, termo de parceria ou outros instrumentos de natureza precária".

2.3 Consórcios

O NMSB fixou prazo máximo até 02/08/2024 para municípios com população inferior a 50.000 realizarem a disposição final ambientalmente adequada dos rejeitos. Isso apenas para aqueles municípios que até 31/12/2020 tenham elaborado plano intermunicipal de resíduos sólidos ou plano municipal de gestão integrada de resíduos sólidos e que disponham de mecanismos de cobrança que garantam sua sustentabilidade econômico-financeira. Para os demais municípios que não atenderam a esses dois requisitos, o prazo se esgotou em 31/12/2020,[7] e os municípios se encontram em situação de desconformidade ambiental, o que tem colocado o tema no foco das preocupações dos gestores municipais. Além disso, o NMSB estabelece que, na aplicação de recursos não onerosos da União serão priorizados os investimentos de capital que viabilizem a prestação de serviços regionalizada.

Os consórcios públicos, conforme definidos pela Lei nº 11.107/2005, enquanto associação entre municípios com vistas à realização de objetivos de interesse comum, são compreendidos como um meio legal para a prestação de serviços de forma regionalizada, notadamente serviços de RSU.

Segundo a PNRS, o município que optar por soluções consorciadas intermunicipais para a gestão dos resíduos sólidos pode ser dispensado da elaboração de plano municipal de gestão integrada de resíduos sólidos. Assim, uma mesma equipe técnica pode atender a um conjunto de municípios, reduzindo custos e tempo necessários para a elaboração do plano. Essa medida representa um incentivo para a implementação de arranjos regionais. Além disso, a PNRS prioriza o acesso a recursos da União para os municípios que optarem por soluções consorciadas intermunicipais para a gestão dos resíduos sólidos, o que incentiva os arranjos regionais (BRASIL, 2010). Os consórcios públicos também são

---

[7] Conforme o NMSB em seu art. 54. "A disposição final ambientalmente adequada dos rejeitos deverá ser implantada até 31 de dezembro de 2020, exceto para os Municípios que até essa data tenham elaborado plano intermunicipal de resíduos sólidos ou plano municipal de gestão integrada de resíduos sólidos e que disponham de mecanismos de cobrança que garantam sua sustentabilidade econômico-financeira, nos termos do art. 29 da Lei nº 11.445, de 5 de janeiro de 2007".

priorizados na obtenção de incentivos instituídos pelo Governo Federal para viabilizar a descentralização e a prestação de serviços públicos que envolvam resíduos sólidos.

2.4 Cooperação

O problema dos resíduos sólidos no Brasil é um problema complexo, que envolve múltiplas causas, múltiplos atores e com consequências diversas, e isso torna praticamente impossível a existência de uma bala de prata ou de um ator capaz de solucionar todos os problemas de forma individual. Como já argumentamos, muitos municípios, especialmente os pequenos, não dispõem nem de escala e nem de recursos para realizar a adequada gestão dos resíduos. Por outro lado, há muitos atores dispostos a cooperar, auxiliar e promover parcerias para a melhoria da gestão de RSU.

Primeiramente, os municípios podem contar com o apoio da União. No caso de apoio financeiro, estes são condicionados à existência de um plano municipal ou intermunicipal de resíduos sólidos e de mecanismos de cobrança que garantam sua sustentabilidade econômico-financeira. No Sistema Nacional de Informações sobre a Gestão dos Resíduos Sólidos (SINIR)[8] é possível mapear recursos reembolsáveis ou não reembolsáveis para a gestão de resíduos sólidos, incluindo cooperação nacional e internacional. Para capacitar e treinar as equipes de gestores municipais, as prefeituras podem contar com a Escola Virtual.Gov (EV.G), que é o ambiente de cursos à distância da Enap, ou ainda com a plataforma Educa+, do Ministério do Meio Ambiente.

Para além de cooperação com organismos internacionais, bancos de desenvolvimento e agências de fomento, há ainda oportunidades de parcerias e cooperação com o setor privado. A Lei Complementar nº 182/2021, que instituiu o "Marco Legal das *Startups*", criou um formato de contratação, o "Contrato Público para Solução Inovadora", que tem dois objetivos: (i) direcionar o poder de compra do governo para promover a inovação no setor produtivo; e (ii) o desenvolvimento e teste de soluções inovadoras

---

[8] https://www.sinir.gov.br/

para demandas práticas da administração, seguido da possibilidade de contratação para fornecimento, caso seja verificado o êxito. Trata-se de um modelo que fomenta a contratação de soluções inovadoras para os serviços de RSU.

Uma outra possibilidade interessante de diálogo com o setor privado é por meio do Procedimento de Manifestação de Interesse (PMI), cuja utilização tem especial efetividade para alavancar concessões e parcerias público-privadas (PPP). Regido pelo Decreto nº 8.428/2015, ele possibilita a um ente privado, por sua conta e risco, apresentar estudos de viabilidade de um projeto, com a finalidade de subsidiar a administração pública com informações para estruturação de concessões e PPPs. Nesse modelo não há custos para o Consórcio/Município, e o interessado, por sua conta e risco, poderá ser ressarcido pelo vencedor da licitação se as modelagens e estudos forem efetivamente utilizados no certame.

2.5 Circularidade e comunicação

A PNRS estabeleceu uma ordem de prioridade na gestão e gerenciamento de resíduos sólidos, a saber: 1) não geração de RSU; 2) redução; 3) reutilização, 4) reciclagem; 5) tratamento e 6) disposição final ambientalmente adequada dos rejeitos. Para minimizar a quantidade de rejeitos e desviar os resíduos produzidos para fluxos sustentáveis, e que fomentem a circularidade dos materiais, é fundamental a promoção de incentivos, parcerias com associação de catadores, entre outros, fomento à indústria da reciclagem e a instituição de práticas como a coleta seletiva e a logística reversa.

A PNRS dispõe de diversos mecanismos de estímulo à circularidade; por exemplo, em seu artigo 36 determina que "cabe ao titular dos serviços públicos de manejo de resíduos estabelecer sistema de coleta seletiva". No caso da logística reversa, a PNRS prevê acordos setoriais, termos de compromisso ou regulamentos aplicáveis a fabricantes, importadores, distribuidores ou comerciantes de forma que resíduos anteriormente descartados de forma inadequada sejam reaproveitados pelo próprio fabricante ou em outros ciclos produtivos. Para isso, um dos fatores de sucesso é a melhor comunicação aos cidadãos sobre os pontos de entrega voluntária (PEV) para o descarte adequado de resíduos, assegurando a rastreabilidade por meio de integração ao SINIR. O poder público local tem um importante papel no fomento à economia circular, seja promovendo a coleta seletiva como também, por exemplo, estabelecendo obrigações da logística reversa nos alvarás e licenças ambientais emitidos pelo município.

3 Plano de ação

A seguir, apresentamos um conjunto de ações relevantes para a melhoria da gestão dos resíduos sólidos pelos municípios, agrupados segundo cinco dimensões – ou os 5Cs do RSU. Partiu-se da premissa da prestação regionalizada por meio de Consórcio Público, uma vez que esse modelo encontra amparo legal no NMSB e no Decreto nº 10.588/20, que dispôs sobre o apoio técnico e financeiro da União.

Objetivos estratégicos	Ação	O quê? (descrição)	Por quê? (justificativa)	Como? (forma)	Quem? (responsável)	Onde? (local)	Quando? (cronograma)	Quanto? (orçamento)	Resultado esperado/indicador
CUSTEIO Assegurar a sustentabilidade econômico-financeira dos serviços públicos de limpeza urbana e manejo de resíduos sólidos por meio de remuneração pela cobrança dos serviços ao usuário	1	Desenvolver Sistema de cálculo dos custos Ref.: http://www.planalto.gov.br/ccivil_03/_ato2007-2010/2007/lei/l11445.htm	O cálculo de custos é essencial para a sustentabilidade econômico-financeiro da prestação de serviços de manejo de resíduos sólidos, em regime de eficiência, além de constituir um requisito estabelecido pelo Novo Marco Legal do Saneamento (Lei nº 11.445/2007, alterada pela Lei nº 14.026/2020, art. 11, §2º, IV, "a").	Calcular o valor da tarifa: 1) definir as metas a serem alcançadas e os seus prazos; 2) estabelecer os serviços a serem prestados e cobrados; 3) identificar os equipamentos, estruturas e recursos disponíveis (capacidade instalada, tecnologia, modelos etc.); 4) levantar custos ambientais (licenciamento, supressão de vegetação, compensação, remediação de passivos etc.); 5) mapear demanda atual e projeção de demanda (ex. 20 anos); 6) detalhar infraestrutura necessária, terreno, equipamentos e tecnologias, áreas de instalação, mobiliários, e estimar custos (inclusive tributos), considerando sua implantação progressiva e reinvestimento; 7) identificar possíveis receitas acessórias, como: venda de recicláveis, biogás, CDR, energia, créditos de reciclagem etc.; 8) estruturar os custos operacionais, considerando: I – Despesas diretas de: a) pessoal próprio e terceirizados; b) serviços de terceiros; c) aluguel de imóveis ou áreas; d) energia elétrica; e) materiais de consumo; f) despesas gerais; g) despesas extraordinárias ou eventuais; h) manutenção (preventiva e corretiva); i) seguros. II – Rateio das despesas indiretas da adm. central e unidades de apoio;	Equipe técnica do Consórcio ou equipe contratada	Municípios integrantes do Consórcio	Sistema de cálculo dos custos: 90 dias	R$ 0,00 (se desenvolvido pela equipe técnica que já atende ao Consórcio Público)	Sistema de cálculo dos custos desenvolvido

Objetivos estratégicos	Ação	O quê? (descrição)	Por quê? (justificativa)	Como? (forma)	Quem? (responsável)	Onde? (local)	Quando? (cronograma)	Quanto? (orçamento)	Resultado esperado/indicador
				III – Despesas de depreciação, amortização ou exaustão dos respectivos ativos imobilizados e dos bens de uso geral, estes mediante rateio. IV – Remuneração dos investimentos em operação (ativos financeiros); V – Remuneração de investimentos futuros; VI – Despesas fiscais (PIS/Pasep para prestadores públicos + Cofins, para sociedade de economia mista); (Fonte: ABETRE, 2021) VII – Acréscimos e deduções regulatórias, conforme definido pela regulação econômica dos serviços, custeio de outorga.					
	2	Desenvolver Sistema de cobrança Ref.: http://www.planalto.gov.br/ccivil_03/_ato2007-2010/2007/lei/l11445.htm	O sistema de cobrança é essencial para a sustentabilidade e o equilíbrio econômico-financeiro da prestação de serviços, além de constituir um requisito estabelecido pelo Novo Marco Legal do Saneamento (Lei nº 11.445/2007, alterada pela Lei nº 14.026/2020, art. 11, §2º, IV, "a")	1) definir a base de cálculo, critérios tarifários e criar sistema de cadastro de imóveis; 2) estabelecer o meio de cobrança (boleto próprio ou fatura de consumo de outros serviços públicos, como conta de água, luz etc.) e seu sistema de controle e gestão. (Fonte: ABETRE, 2021)	Equipe técnica do Consórcio ou equipe contratada	Municípios integrantes do Consórcio	Sistema de cobrança: 60 dias	R$ 0,00 (se desenvolvido pela equipe técnica que já atende ao Consórcio Público)	Sistema de cobrança desenvolvido

Objetivos estratégicos	Ação	O quê? (descrição)	Por quê? (justificativa)	Como? (forma)	Quem? (responsável)	Onde? (local)	Quando? (cronograma)	Quanto? (orçamento)	Resultado esperado/ indicador
	3	Desenvolver Sistema de reajuste e de revisão do valor cobrado	Essencial para a sustentabilidade e o equilíbrio econômico-financeiro, sendo um requisito legal (Lei nº 11.445/2007, alterada pela Lei nº 14.026/2020, art. 11, §2º, IV, "b")	Estabelecer meio de revisão periódica dos critérios tarifários. (Fonte: ABETRE, 2021)	Equipe técnica do Consórcio ou equipe contratada	Municípios integrantes do Consórcio	Sistema de reajuste e revisão: 30 dias	R$ 0,00 (se desenvolvido pela equipe técnica que já atende ao Consórcio Público)	Sistema de reajuste e de revisão do valor cobrado desenvolvido
	4	Aprovar Sistema de recuperação de custos	Representa o equilíbrio entre os interesses do setor público, privado, sociedade e meio ambiente, considerando o ganho de escala e geração de receitas acessórias, que reduzam o custo para o cidadão.	Enviar Projeto de Lei para a Câmara dos Vereadores, e, em seguida, regulamentar a Lei aprovada por meio de Decretos do Poder Executivo Municipal.	Prefeito Municipal / Câmara Municipal	Municípios integrantes do Consórcio	Leis e decretos do Sistema de recuperação de custos: 60 dias	R$ 0,00	Sistema de recuperação de custos aprovado (Leis e Decretos publicados)
	5	Executar a cobrança pelos serviços prestados	A gestão adequada de RSU é questão de saúde pública e preservação do meio ambiente, por isso demanda segurança, qualidade, regularidade e continuidade.	Por meio do Sistema de recuperação de custos desenvolvido nas Ações 1, 2 e 3, e aprovado no âmbito da Ação 4.	Concessionária dos serviços de manejo de resíduos sólidos	Municípios integrantes do Consórcio	Contínuo a partir da conclusão da Ação 4	R$ 0,00	Cobrança pelos serviços prestados efetuada

Objetivos estratégicos	Ação	O quê? (descrição)	Por quê? (justificativa)	Como? (forma)	Quem? (responsável)	Onde? (local)	Quando? (cronograma)	Quanto? (orçamento)	Resultado esperado/ indicador
CONSÓRCIO Implementar a prestação regionalizada dos serviços, por meio da constituição de Consórcio Público ou outro arranjo regional aplicável, com vistas à geração de ganhos de escala e à garantia da universalização e da viabilidade técnica e econômico-financeira dos serviços	6	Assinar Protocolo de Intenções	O Protocolo de Intenções é um documento essencial para a constituição do Consórcio Público. Na hipótese de entrada de novo município no Consórcio ou de retirada ou exclusão de consorciado, deverá ser avaliado o impacto decorrente em convênios, contratos, acordos ou outros instrumentos firmados pelo Consórcio, incluindo a necessidade de readequação do equilíbrio econômico-financeiro de contrato de concessão firmado.	A elaboração e assinatura de Protocolo de Intenções pode ser resumida nas seguintes etapas: 1) Definir os objetivos, incluindo o estabelecimento de concessão e cobrança pelo serviço, bem como adequação ao novo marco do saneamento; 2) Elaborar proposta de Protocolo de Intenções; 3) Realizar Audiências Públicas; 4) Consolidar as contribuições; 5) Elaborar versão final do Protocolo de Intenções; 6) Assinar Protocolo de Intenções.	Prefeitos dos Municípios proponentes	Municípios proponentes	Proposta: 30 dias Audiências Públicas: 60 a 90 dias	R$ 0,00	Protocolo de Intenções assinado pelos Municípios proponentes
	7	Ratificar Protocolo de Intenções	Ação imprescindível para a constituição do Consórcio Público e consequente prestação regionalizada, que é um requisito estabelecido pelo Novo Marco Legal do Saneamento (Lei nº 11.445/2007, alterada pela Lei nº 14.026/2020, art. 2º, XIV)	Por meio de Projeto de Lei Municipal que ratifica Protocolo de Intenções.	Câmaras Municipais	Municípios proponentes	Ratificação: 45 dias	R$ 0,00	Leis Municipais que ratificam Protocolo de Intenções

Objetivos estratégicos	Ação	O quê? (descrição)	Por quê? (justificativa)	Como? (forma)	Quem? (responsável)	Onde? (local)	Quando? (cronograma)	Quanto? (orçamento)	Resultado esperado/ indicador
CONSÓRCIO Implementar a prestação regionalizada dos serviços, por meio da constituição de Consórcio Público ou outro arranjo regional aplicável, com vistas à geração de ganhos de escala e à garantia da universalização e da viabilidade técnica e econômico-financeira dos serviços	8	Constituir Consórcio	Possibilitar a prestação regionalizada e o atendimento ao Novo Marco Legal do Saneamento (Lei nº 11.445/2007, alterada pela Lei nº 14.026/2020, art. 2º, XIV)	A constituição efetiva do Consórcio Público ocorre por meio das seguintes etapas: 1) Elaborar minuta de Estatuto; 2) Convocar assembleia; 3) Realizar assembleia geral de fundação; 4) Aprovar Estatuto; 5) Estabelecer Contrato de Rateio e formalizar a cada exercício financeiro; 6) Realizar eleição da Presidência e posse da diretoria executiva; 7) Designar o Secretário-Executivo, cargo este criado pelo Estatuto; 8) Publicar em Diário Oficial o Protocolo de Intenções e o Estatuto.	Assembleia de Fundação do Consórcio	Municípios proponentes	Constituição: 15 dias	R$ 0,00	Ata de aprovação do Protocolo de Intenções Contrato de Consórcio (Protocolo de Intenções aprovado) Estatuto Termos de posse
	9	Registrar Consórcio	Ação necessária para que se produzam os efeitos legais.	Por meio do registro dos atos constitutivos.	Prefeitos dos Municípios proponentes	Municípios proponentes	Registro: 30 dias	R$ 10.000,00 (estimativa – varia em função dos custos cartoriais)	Registro da Ata da Assembleia e anexos (Estatuto, Contrato, Termo de Posse e Lista de Presença)

Objetivos estratégicos	Ação	O quê? (descrição)	Por quê? (justificativa)	Como? (forma)	Quem? (responsável)	Onde? (local)	Quando? (cronograma)	Quanto? (orçamento)	Resultado esperado/ indicador
	10	Implementar Plano Intermunicipal de Resíduos Sólidos (ou alternativamente Plano de Saneamento Básico que contemple as informações sobre resíduos sólidos urbanos)	O conhecimento sobre os resíduos gerados nos municípios integrantes do Consórcio Público é essencial para o gerenciamento, além do plano ser um requisito para a concessão. Além disso, o plano intermunicipal pode dispensar a exigência de plano municipal de gestão integrada de resíduos sólidos.	O plano deve atender ao conteúdo mínimo apontado no art. 19 da PNRS (Lei nº 12.305, de 2010) e conter: diagnóstico; identificação de áreas para disposição final adequada; identificação das soluções consorciadas; identificação de geradores – PGRS e logística reversa; procedimentos operacionais e especificações mínimas; indicadores de desempenho operacional e ambiental; regras para o transporte/etapas do gerenciamento; responsabilidades; programas e ações de capacitação técnica; programas e ações de educação ambiental; programas e ações para cooperativas de catadores; emprego e renda; sistema de cálculo dos custos e forma de cobrança; metas entre outras informações previstas pela PNRS.	Consórcio Público	Área de abrangência do Consórcio Público	Elaboração, aprovação e publicação: 180 a 360 dias	R$ 0,00 (se desenvolvido pela equipe técnica que já atende ao Consórcio Público)	Plano Intermunicipal de Resíduos Sólidos publicado
CONCESSÃO Realizar a concessão dos serviços de manejo de resíduos sólidos por meio da delegação de sua prestação, mediante licitação à pessoa jurídica ou consórcio de empresas que demonstre capacidade para seu desempenho, por sua conta e risco, e por prazo determinado	11	Definir objeto da concessão	É necessário para orientar as próximas etapas de estruturação da concessão e influencia diretamente a modelagem que será realizada.	Identificar equipamentos e investimentos necessários para gestão sustentável de resíduos sólidos durante o período da concessão, bem como identificar áreas disponíveis para implantação das instalações de valorização de resíduos e aterro sanitário, se necessário.	Presidente do Consórcio	Município sede do Consórcio	Definição do objeto: 30 dias	R$ 0,00	Objeto da concessão definido

Objetivos estratégicos	Ação	O quê? (descrição)	Por quê? (justificativa)	Como? (forma)	Quem? (responsável)	Onde? (local)	Quando? (cronograma)	Quanto? (orçamento)	Resultado esperado/indicador
CONCESSÃO Realizar a concessão dos serviços de manejo de resíduos sólidos por meio da delegação de sua prestação, mediante licitação à pessoa jurídica ou consórcio de empresas que demonstre capacidade para seu desempenho, por sua conta e risco, e por prazo determinado	12	Realizar Procedimento de Manifestação de Interesse Ref.: http://www.planalto.gov.br/ccivil_03_ato2015-2018/2015/decreto/d8428.htm	Consiste em procedimento facultativo para a Administração Pública que possibilita a estruturação da concessão para Consórcios Públicos/ Municípios que não dispõem de recursos (financeiros, técnicos e materiais) para sua realização. Assim, não há custos para o Consórcio/ Município, e o interessado, por sua conta e risco, poderá ser ressarcido pelo vencedor da licitação se as modelagens e os estudos forem efetivamente utilizados no certame.	O Procedimento de Manifestação de Interesse é regulamentado pelo Decreto nº 8.428/2015, alterado pelo Decreto nº 10.104/2019, e pode ser resumido nas seguintes etapas principais: 1) Elaboração de Edital de Chamamento Público para Procedimento de Manifestação de Interesse para apresentação de estudos de viabilidade técnica, econômico-financeira, ambiental e jurídica para concessão dos serviços; 2) Publicação do Edital de Chamamento Público no Diário Oficial do Município (também conhecida como fase de abertura); 3) Recebimento e análise de documentação de interessados; 4) Autorização para realização de modelagens e do Estudo de Viabilidade Técnica, Econômico-financeira, Ambiental e Jurídica (EVTEA) (também conhecida como fase de autorização); 5) Elaboração de modelagens e do EVTEA, por conta e risco dos interessados autorizados; 6) Análise e julgamento das modelagens e EVTEA e dos valores para eventual ressarcimento (também conhecida como fase de avaliação, seleção e aprovação); 7) Consolidação da modelagem final e aprovação do EVTEA; 8) Definição do prazo da concessão, bem como das metas e seu impacto no período da concessão; 9) Definição de critérios mínimos para elaboração e aprovação do PMI.	Presidente do Consórcio, com apoio da equipe técnica e jurídica e aprovação dos Municípios, com suporte das secretarias (meio ambiente, finanças, administração e serviços públicos) e Procuradoria Geral do Município (PGM)	Município sede do Consórcio	Elaboração e publicação do Edital de Chamamento Público: 30 dias Manifestação de interesse: 15 dias Autorização: 5 dias Elaboração de modelagens e do EVTEA: 60 dias	R$ 0,00 O valor nominal máximo fica limitado a 2,5% do valor total estimado previamente pela administração pública para os investimentos necessários à implementação do empreendimento ou para os gastos necessários à operação e à manutenção do empreendimento durante o período de vigência do contrato, o que for maior.	Modelagens e Estudo de Viabilidade Técnica, Econômico-financeira, Ambiental e Jurídica (EVTEA) aprovados

Objetivos estratégicos	Ação	O quê? (descrição)	Por quê? (justificativa)	Como? (forma)	Quem? (responsável)	Onde? (local)	Quando? (cronograma)	Quanto? (orçamento)	Resultado esperado/ indicador
CONCESSÃO Realizar a concessão dos serviços de manejo de resíduos sólidos por meio da delegação de sua prestação, mediante licitação, à pessoa jurídica ou consórcio de empresas que demonstre capacidade para seu desempenho, por sua conta e risco, e por prazo determinado	13	Realizar modelagem (opção alternativa à ação 12 – PMI)	A modelagem técnica, ambiental, econômico-financeira e jurídica é essencial para a estruturação dos serviços.	Por meio da análise da longevidade x amortização de investimentos; das regras de negócio, da viabilidade técnica e econômico-ambiental; adaptações legislativas e mensuração de cobrança. Alternativamente, a modelagem e os estudos podem ser obtidos por meio de PMI.	Equipe técnica do Consórcio ou equipe contratada	Municípios integrantes do Consórcio	Elaboração modelagens e EVTEA: 60 dias	Varia em função da elaboração por equipe própria ou contratada.	Modelagens e EVTEA aprovados
	14	Aprovar regulamentação	Requisito legal	Regulamentar a concessão dos serviços de gestão e manejo de resíduos sólidos e a tarifação, caso a Lei Orgânica assim exija; Publicar decreto anualmente com valor unitário de referência (VUR) para o cálculo da tarifa; Designar regulamentadora e fiscalizadora dos serviços, entre outras regulamentações aplicáveis.	Presidente do Consórcio / Prefeito / Câmara de Vereadores	Municípios integrantes do Consórcio	Elaborar e aprovar regulamentação: 60 dias	R$ 0,00	Leis e regulamentos aprovados e publicados no Diário Oficial
	15	Elaborar Edital de Concessão Ref.: http://www.planalto.gov.br/ccivil_03/_ato2007-2010/2007/lei/l11445.htm	A prestação dos serviços públicos por entidade que não integre a administração do titular depende da celebração de contrato de concessão, mediante prévia licitação, nos termos do art. 175 da Constituição Federal, vedada a sua disciplina mediante contrato de programa, convênio, termo de parceria ou outros instrumentos de natureza precária (Lei nº 11.445/2007, alterada pela Lei nº 14.026/2020, art. 10).	Por meio do atendimento à Lei de Concessões, PNRS, Novo Marco Legal do Saneamento, leis estaduais e municipais. De acordo com o art. 18 da Lei de Concessões, o edital deve conter: objeto, metas e prazo da concessão; condições necessárias à prestação adequada do serviço; prazos para recebimento das propostas, julgamento e assinatura do contrato; prazo, local e horário em que serão fornecidos os dados, estudos e projetos para elaboração dos orçamentos/propostas; documentos exigidos; possíveis fontes de receitas acessórias; direitos e obrigações; critérios de reajuste e revisão da tarifa; critérios, indicadores, fórmulas e parâmetros a serem utilizados no julgamento técnico e econômico-financeiro da proposta, entre outros. http://www.planalto.gov.br/ccivil_03/leis/l8987compilada.htm	Presidente do Consórcio, com apoio da equipe técnica e jurídica e aprovação dos Municípios	Município sede do Consórcio	Elaborar Edital de Concessão: 90 dias	R$ 0,00	Edital de Concessão elaborado

Objetivos estratégicos	Ação	O quê? (descrição)	Por quê? (justificativa)	Como? (forma)	Quem? (responsável)	Onde? (local)	Quando? (cronograma)	Quanto? (orçamento)	Resultado esperado/ indicador
CONCESSÃO Realizar a concessão dos serviços de manejo de resíduos sólidos por meio da delegação de sua prestação, mediante licitação à pessoa jurídica ou consórcio de empresas que demonstre capacidade para seu desempenho, por sua conta e risco, e por prazo determinado	16	Realizar audiência e consulta pública do edital de licitação e minuta do contrato	Constitui condição de validade dos contratos que tenham por objeto a prestação de serviços públicos de saneamento básico (Lei nº 11.445/2007, alterada pela Lei nº 14.026/2020, art. 11, IV).	Disponibilizando o edital e minuta de contrato por meio do sítio eletrônico do Consórcio Público / Prefeitura, idealmente por meio de plataforma específica para consulta pública, com consolidação automática dos resultados e das contribuições recebidas, e por meio da realização de audiência pública, de forma a possibilitar a participação da sociedade e o aprimoramento dos documentos.	Presidente do Consórcio / Prefeito	Município sede do Consórcio	Consulta Pública: 30 dias Audiência Pública: 1 dia	R$ 0,00 (se não houver custos com locação de auditório e equipamentos)	Consulta e Audiência Públicas realizadas
	17	Homologar contrato/ Licitar/ assinar contrato	Para que produza efeitos legais.	Por meio da homologação, licitação e assinatura do Contrato de Concessão e da sua publicação em Diário Oficial (ver regras em http://www.planalto.gov.br/ccivil_03/leis/l8987compilada.htm).	Presidente do Consórcio/ Prefeito	Município sede do Consórcio	Licitar/assinar contrato: 30 dias	R$ 0,00	Contrato de Concessão assinado
COOPERAÇÃO Praticar a cooperação e o auxílio mútuo entre os entes federativos para o planejamento e execução de ações integradas, de forma a compartilhar conhecimentos, habilidades e experiências e acelerar os resultados	18	Capacitar e treinar equipe	A capacitação das equipes que trabalham com gestão de resíduos é essencial para o cumprimento dos objetivos estratégicos traçados neste Plano de Ação. O custo da educação é alto, mas o custo da ignorância é ainda maior.	Por meio de cursos e treinamentos em formato presencial ou EaD, por meio da plataforma Educa+ do Ministério do Meio Ambiente.	Governo Federal	Virtual e presencial, conforme disponibilidade e demanda	Calendário anual de capacitações e treinamentos presenciais e cursos EaD	R$ 0,00	Capacitações realizadas / quantidade de pessoas capacitadas

Objetivos estratégicos	Ação	O quê? (descrição)	Por quê? (justificativa)	Como? (forma)	Quem? (responsável)	Onde? (local)	Quando? (cronograma)	Quanto? (orçamento)	Resultado esperado/ indicador
COOPERAÇÃO Praticar a cooperação e o auxílio mútuo entre os entes federativos para o planejamento e execução de ações integradas, de forma a compartilhar conhecimentos, habilidades e experiências e acelerar os resultados	19	Mapear e acessar recursos de cooperação	Identificar e mapear recursos reembolsáveis ou não reembolsáveis para a gestão de resíduos sólidos, incluindo cooperação nacional e internacional.	Por meio do Painel de Financiamento do SINIR (www.sinir.gov.br) e de outras fontes de informação.	Equipe do Consórcio / Prefeitura	Página eletrônica do SINIR	Mensalmente	R$ 0,00 (alguns instrumentos de cooperação podem fixar contrapartidas (ex. LDO)	Recursos captados (R$)
	20	Manter SINIR atualizado Ref.: www.sinir.gov.br	A disponibilização de informações atualizadas no SINIR é condição para que os Estados e os municípios tenham acesso a recursos da União destinados a empreendimentos, equipamentos e serviços relacionados à gestão de resíduos sólidos (Decreto nº 10.936/2022, art.84).	Por meio da alimentação do SINIR (www.sinir.gov.br). Outro benefício de manter o SINIR atualizado é reduzir os efeitos da descontinuidade administrativa entre os ciclos de gestão (evitar "voltar à estaca zero" a cada início de gestão), pois as informações sobre o que foi realizado durante uma determinada gestão e os resultados alcançados frente às metas estabelecidas ficam preservados, sendo possível visualizar a série histórica em gráficos e tabelas para diversos indicadores.	Equipe do Consórcio / Prefeitura	Página eletrônica do SINIR	Anualmente	R$ 0,00	SINIR atualizado / relatório de conformidade do Município / Municípios que integram o Consórcio

Objetivos estratégicos	Ação	O quê? (descrição)	Por quê? (justificativa)	Como? (forma)	Quem? (responsável)	Onde? (local)	Quando? (cronograma)	Quanto? (orçamento)	Resultado esperado/ indicador
COOPERAÇÃO Praticar a cooperação e o auxílio mútuo entre os entes federativos para o planejamento e execução de ações integradas, de forma a compartilhar conhecimentos, habilidades e experiências e acelerar os resultados	21	Implantar coleta seletiva	Segundo a PNRS (art. 36), cabe ao titular dos serviços públicos de manejo de resíduos estabelecer sistema de coleta seletiva.	A coleta seletiva deve ser realizada em conformidade com as determinações dos titulares do serviço público de limpeza urbana e de manejo de resíduos sólidos, por meio da segregação prévia dos referidos resíduos, de acordo com sua constituição ou sua composição. O sistema de coleta seletiva, de acordo com as metas estabelecidas nos planos de resíduos sólidos: será implantado pelo titular do serviço público; estabelecerá, no mínimo, a separação de resíduos secos e orgânicos, de forma segregada dos rejeitos; e será progressivamente estendido à separação dos resíduos secos em suas parcelas específicas. Os geradores de resíduos sólidos deverão segregá-los e disponibilizá-los adequadamente, na forma estabelecida pelo titular do serviço público.	Equipe do Consórcio / Prefeitura	Municípios integrantes do Consórcio	Conforme definido no Plano de Resíduos	Custos variam de acordo com condições específicas	Percentual do Município/ Consórcio atendido por sistema de coleta seletiva
CIRCULARIDADE / COMUNICAÇÃO Comunicar e executar a substituição da economia linear, baseada em "extrair-produzir-descartar", pela economia circular, baseada em "reduzir, reutilizar e reciclar"	22	Fomentar Logística Reversa	A responsabilidade compartilhada pelo ciclo de vida dos produtos alcança os fabricantes, importadores, distribuidores e comerciantes, além dos consumidores e titulares do serviço de manejo de resíduos, e pode representar desoneração importante para o Consórcio.	Por meio da identificação de sistemas de logística reversa implementados pelo Governo Federal que abranja a área do Consórcio Público e da divulgação de localização de PEVs e de campanhas móveis e conscientização das pessoas sobre a importância do descarte adequado dos resíduos. Outra forma eficaz é estabelecer condições de validade relacionadas ao cumprimento das obrigações da logística reversa nos alvarás e licenças ambientais emitidos pelo município.	Equipe do Consórcio / Prefeitura	Municípios integrantes do Consórcio	Mensalmente	R$ 0,00 (por vezes é necessário apenas o Consórcio dispor de área coberta que possa servir como ponto de consolidação)	Massa (em toneladas) de recicláveis recuperada por sistemas de logística reversa

Objetivos estratégicos	Ação	O quê? (descrição)	Por quê? (justificativa)	Como? (forma)	Quem? (responsável)	Onde? (local)	Quando? (cronograma)	Quanto? (orçamento)	Resultado esperado/ indicador
CIRCULARIDADE / COMUNICAÇÃO Comunicar e executar a substituição da economia linear, baseada em "extrair-produzir-descartar", pela economia circular, baseada em "reduzir, reutilizar e reciclar"	23	Instituir Lei do Grande Gerador	Medida desonera o Município / Consórcio e ajuda a alcançar o equilíbrio econômico-financeiro, uma vez que o grande gerador passa a ficar responsável pela destinação.	Por meio de Projeto de Lei enviado à Câmara Municipal para estabelecer critérios para o grande gerador e a sua responsabilidade pela destinação final ambientalmente adequada, de forma independente do serviço público prestado pelo titular/concessionária.	Câmaras Municipais	Municípios integrantes do Consórcio	Aprovação de Lei do Grande Gerador: 90 dias	R$ 0,00	Lei aprovada e publicada no Diário Oficial
	24	Formalizar contratação de cooperativas / associação de catadores de materiais recicláveis	A formalização da contratação de cooperativas encontra respaldo na legislação e consiste em medida essencial para a melhoria das condições de trabalho, emprego e renda desse importante segmento.	Formalizar a contratação dos serviços prestados no âmbito da coleta seletiva, triagem e valorização de materiais, com vistas à inclusão social e emancipação econômica de catadores de materiais reutilizáveis e recicláveis.	Equipe do Consórcio / Prefeitura	Municípios integrantes do Consórcio	Formalizar a contratação de cooperativas: 30 dias	Variável de acordo com o escopo dos serviços prestados e as condições estabelecidas em contrato.	Contrato entre prefeitura e cooperativa/ associação de catadores assinado
	25	Gerar receita acessória com recicláveis / créditos de reciclagem	Medida auxilia no alcance do equilíbrio econômico-financeiro, além de reduzir os custos com disposição final.	Os materiais recicláveis recuperados da coleta seletiva convencional com triagem manual ou mecanizada podem gerar receita acessória, assim como os créditos de reciclagem, em razão das empresas que precisam cumprir metas de logística reversa.	Equipe do Consórcio / Prefeitura	Municípios integrantes do Consórcio	Mensalmente	R$ 0,00 Representa receita acessória	Receita acessória gerada por mês (R$/mês)

4 Considerações finais

A boa gestão de resíduos sólidos é um dos maiores desafios do gestor público municipal. Ao mesmo tempo, também são representativos os benefícios colhidos como resultado de tal esforço para a saúde pública, meio ambiente e economia do município, além da conformidade junto aos órgãos de controle.

Neste capítulo, buscamos demonstrar como o Novo Marco do Saneamento Básico e o novo Marco Regulatório dos Resíduos Sólidos, instituído pelo Decreto nº 10.936, de 2022, têm contribuído para apontar caminhos possíveis para a melhoria da gestão de resíduos sólidos no Brasil. Argumentamos que os municípios devem atuar para impulsionar investimentos, acelerando o desenvolvimento das estruturas necessárias para a melhoria da gestão de resíduos, preferencialmente com menos foco em serem os operadores diretos do sistema, e atuarem mais como reguladores e fiscalizadores, podendo, assim, dedicar mais foco, energia e recursos em temas que não se pode delegar.

Sugerimos um conjunto de ações, amparados no NMSB e em outros normativos legais e infralegais, apresentados na forma de 5Cs: custeio (sustentabilidade econômico-financeira); consórcio (prestação regionalizada); concessão (permitindo mobilizar investimentos necessários no curto prazo, mais agilidade e qualidade na prestação do serviço, bem como mais foco ao município para atuar em outras áreas essenciais não delegáveis); cooperação (para o desenvolvimento de conhecimentos, habilidades e atitudes necessárias para a melhoria da gestão) e circularidade/comunicação (para que os benefícios das mudanças necessárias sejam compreendidos, e que, mais do que conscientização, alcance-se um novo patamar de cidadania ambiental, em que os cidadãos contribuam ativamente para o sucesso da gestão de resíduos, desde o descarte de resíduos sólidos nos locais adequados até a coleta seletiva e logística reversa, restituindo produtos e embalagens após o uso, para que se transformem em energia ou novos produtos com mais sustentabilidade ambiental, social e econômica).

Referências

ABETRE. *Atlas da destinação final de resíduos – Brasil 2020*. 2021. Disponível em: https://abetre.org.br/atlas-da-destinacao-final-de-residuos-brasil-2020/

ABRALATAS. *Recorde Mundial:* Brasil recicla quase 99% do total de latinhas consumidas em 2021. 2022. Disponível em: https://www.abralatas.org.br/recorde-mundial-brasil-recicla-quase-99-do-total-de-latinhas-consumidas-em-2021/

ABRELPE. *Panorama dos Resíduos Sólidos no Brasil 2019*. 2019. Disponível em: https://abrelpe.org.br/download-panorama-2018-2019/

BRASIL. Lei nº 12.305, de 02 de agosto de 2010. Política Nacional de Resíduos Sólidos (PNRS). 2010. Disponível em: http://www.planalto.gov.br/ccivil_03/_ato2007-2010/2010/lei/l12305.htm

BRASIL. Ministério do Desenvolvimento Regional. *Sistema Nacional de Informações sobre Saneamento:* diagnóstico do manejo de resíduos sólidos urbanos – 2018. 2019. Disponível em: http://www.snis.gov.br/. 2019

BRASIL. *Decreto nº 10.936*, de 12 de janeiro de 2022 (regulamentador da PNRS). Disponível em: http://www.planalto.gov.br/ccivil_03/_Ato2019-2022/2022/Decreto/D10936.htm

BRASIL. *Plano Nacional de Resíduos Sólidos (PLANARES)*. 2022. Disponível em: http://www.in.gov.br/web/dou/-/decreto-n-11.043-de-13-de-abril-de-2022-393566799

FIRJAN. *Índice Firjan de Gestão Fiscal (IFGF)*. 2021. Disponível em: https://www.firjan.com.br/ifgf/

IBGE. *Perfil dos municípios brasileiros*. 2019. Disponível em: https://biblioteca.ibge.gov.br/visualizacao/livros/liv101770.pdf

ISWA, A. E. *Saúde desperdiçada* – o caso dos lixões. Coordenação: Antonis Mavropoulos, Presidente do Comitê Técnico Científico da ISWA. 2015.

Informação bibliográfica deste texto, conforme a NBR 6023:2018 da Associação Brasileira de Normas Técnicas (ABNT):

ONO, Fabio Hideki; BRITTO, Alzemeri; FRANÇA, André Luiz Felisberto. Os 5Cs dos resíduos sólidos urbanos no Marco do Saneamento. *In*: ZULIANI, Geninho; DAL POZZO, Augusto Neves (coords). *Saneamento básico*: uma lei e um marco. Belo Horizonte: Fórum, 2023. p. 333-362. ISBN 978-65-5518-485-3.

NMSB: UMA HISTÓRIA QUE AINDA NÃO ACABOU

DIOGO MAC CORD

1 Introdução

Até o ano de 2018, a discussão referente ao saneamento básico era restrita aos fóruns especializados, em geral liderados pelas empresas estaduais (por meio da associação que as representa, AESBE) ou pelas agências reguladoras regionais (por meio da associação que as representa, ABAR). Em geral, as discussões envolviam apenas aspectos técnicos e, quando avançavam para uma discussão regulatória, resumiam-se a tentar copiar o modelo das distribuidoras de energia elétrica (discricionário) para as empresas de saneamento básico. E isso estava trazendo problemas enormes.

Lembro muito bem de quando, em 2015, apresentei no congresso anual da ABAR o artigo "O Desafio da Regulação Econômica: as empresas estaduais devem ser reguladas da mesma forma que as novas concessões privadas de saneamento?". Essa discussão, à época, era absolutamente inexistente. Meu objetivo era explicar a diferença entre a regulação discricionária e a contratual – e a essência que deveria balizar a escolha por uma ou por outra (a existência, ou não, de um processo licitatório competitivo).

Não à toa, trabalhamos muito para que, no Novo Marco do Saneamento Básico – NMSB houvesse um direcionamento muito claro quanto à importância de haver um processo licitatório competitivo e baseado em regras objetivas – algo que, mesmo nos contratos de concessão junto a agentes privados, ainda era raro.

Isso porque os contratos não contavam, em sua imensa maioria, com uma informação básica: *metas* (de universalização, de melhoria da qualidade e de redução de perdas). Mas aqueles firmados junto às empresas estatais – chamados de "Contratos de Programa" – eram, sem dúvida, os piores. Ao arrepio da lei, traziam muitos direitos e poucos deveres para os prestadores desse serviço tão essencial.

Digo, com muita confiança, que era ao arrepio da lei, pois desde 1995 a Lei nº 8.987 (que "dispõe sobre o regime de concessão e permissão da prestação de serviços públicos previsto no art. 175 da Constituição Federal") já comandava que:

> Art. 18. O edital de licitação será elaborado pelo poder concedente, observados, no que couber, os critérios e as normas gerais da legislação própria sobre licitações e contratos *e conterá, especialmente:*
> I – o objeto, *metas* e prazo da concessão;
> (. . .)
> Art. 38. *A inexecução total ou parcial do contrato acarretará*, a critério do poder concedente, a declaração *de caducidade* da concessão ou a aplicação das sanções contratuais, respeitadas as disposições deste artigo, do art. 27, e as normas convencionadas entre as partes.
> §1º *A caducidade da concessão poderá ser declarada pelo poder concedente quando:*
> I – o serviço estiver sendo prestado de forma inadequada ou deficiente, tendo por base as normas, critérios, *indicadores e parâmetros definidores da qualidade do serviço;*
> II – a concessionária *descumprir cláusulas contratuais* ou disposições legais ou regulamentares concernentes à concessão;
> (...)
> IV – a concessionária *perder as condições econômicas, técnicas ou operacionais para manter a adequada prestação do serviço* concedido;

As empresas estatais, no entanto, alegavam que poderiam assinar seus contratos de programa não baseadas no art. 175 da Constituição, e sim, no art. 241.[1]

Mesmo que fosse verdade, o que sempre entendi que não é – e já há muitos trânsitos em julgado que invalidaram o uso de contratos de programa –, a lei que regulamentou o art. 241 é a nº 11.107, que, em 2005, trouxe:

> Art. 13. Deverão ser constituídas e reguladas por contrato de programa, como condição de sua validade, as obrigações que um ente da Federação

---

[1] Art. 175. Incumbe ao Poder Público, na forma da lei, diretamente ou sob regime de concessão ou permissão, sempre através de licitação, a prestação de serviços públicos.
Art. 241. A União, os Estados, o Distrito Federal e os Municípios disciplinarão por meio de lei os consórcios públicos e os convênios de cooperação entre os entes federados, autorizando a gestão associada de serviços públicos, bem como a transferência total ou parcial de encargos, serviços, pessoal e bens essenciais à continuidade dos serviços transferidos.

constituir para com outro ente da Federação ou para com consórcio público no âmbito de gestão associada *em que haja a prestação de serviços públicos* ou a transferência total ou parcial de encargos, serviços, pessoal ou de bens necessários à continuidade dos serviços transferidos.
§1º *O contrato de programa deverá:*
I – *atender à legislação de concessões e permissões de serviços públicos* e, especialmente no que se refere ao cálculo de tarifas e de outros preços públicos, à de regulação dos serviços a serem prestados;

Ou seja, a lei que regulamenta o art. 241, quando trata da prestação de "serviços públicos", remete à mesma Lei (8.987/1995) que regulamenta o art. 175 da Constituição.

Restasse alguma dúvida, o marco legal de saneamento básico de 2007 (Lei nº 11.445) já afirmava, em seu artigo 11, que "são condições de validade dos contratos que tenham por objeto a prestação de serviços públicos de saneamento básico: I – a existência de plano de saneamento básico; e II – a existência de estudo comprovando a viabilidade técnica e econômico-financeira da prestação universal e integral dos serviços, nos termos do respectivo plano de saneamento básico".

Ou seja, fica evidente que um plano de investimentos (por meio do Plano Municipal) precisaria ser estimado, e sua viabilidade econômico-financeira (custos *versus* receitas) precisaria ser comprovada, sob pena de nulidade do contrato de programa.

Por fim, não podemos esquecer que a Lei nº 8.429/1992 diz, em seu artigo 10, que "constitui ato de improbidade administrativa que causa lesão ao erário qualquer ação ou omissão, dolosa ou culposa, que enseje perda patrimonial, desvio, apropriação, malbaratamento ou dilapidação dos bens ou haveres das entidades referidas no art. 1º desta lei, e notadamente: (...) XIV – celebrar contrato ou outro instrumento que tenha por objeto a prestação de serviços públicos por meio da gestão associada sem observar as formalidades previstas na lei".

Dessa forma, quando começamos a discutir o NMSB, tínhamos como premissas muito claras que:
- Todos os contratos, inclusive os de programa, precisam ter metas de investimento, vinculadas ao plano municipal de saneamento básico, que por sua vez deveriam prever a universalização;

- Esse plano de investimentos deveria ter tido, no momento da assinatura do contrato, sua viabilidade econômico-financeira comprovada (isto é, o operador reconhece que a tarifa dada é suficiente para fazer frente ao plano de investimentos);
- Metas não cumpridas deveriam ensejar a caducidade do contrato; e
- Assinar contratos de programa sem metas configura improbidade administrativa do gestor público.

Portanto, ao contrário do que todos aqueles contrários ao NMSB tentavam afirmar para atacar nossa iniciativa – com a alegação de que estaríamos "mudando abruptamente as regras do jogo", tínhamos a convicção de que, pelo contrário, estávamos dando a chance definitiva das empresas estaduais de demonstrarem que tinham condições de universalizar o serviço em suas áreas de atendimento – algo que já deveriam ter feito desde 1995, reforçado em 2005 e novamente em 2007, tendo sido sistematicamente ignorados em todas essas oportunidades pelas empresas estaduais.

O que diferenciava nossa iniciativa das anteriores era que, agora, havia uma *consequência clara* para quem não atendesse ao dispositivo legal: teriam seus contratos imediatamente *cancelados*. Afinal, uma política pública, para ser eficaz, precisa ter, sempre, três componentes: um comando, um prazo e uma consequência automática (autoaplicável) quando o prazo não for cumprido. Foi o que fizemos.

2 Os bastidores

Apesar do desastre completo que é o setor de saneamento básico no Brasil, os números não eram amplamente conhecidos pela população em geral e não eram tema corrente de discussões em Brasília. Antes de ingressar no governo, tive a oportunidade de participar de um projeto que estimava o quanto o país ainda precisaria investir para universalizar o saneamento básico até 2033: inacreditáveis R$500 bilhões, somando mais R$200 bilhões em reposição da depreciação ao longo desse período. Considerando que o país investia, até aquele momento, cerca de R$10 bilhões por ano (média entre 1998 e 2017), seria necessário mais do que triplicar o fluxo de investimentos. Alguns alegavam que bastaria que "os bancos públicos aumentassem as linhas de financiamento às empresas estaduais", ignorando o fato de que menos da metade dos recursos federais disponibilizados era efetivamente utilizado pelos operadores públicos, por absoluta ausência de projetos e capacidade de atuação.

Começamos, então, uma forte campanha de conscientização, trazendo com clareza os números chocantes do setor: tínhamos, no Brasil, uma Rússia inteira (em população) sem o serviço de tratamento de esgoto, e um Canadá inteiro sem acesso a água encanada; não havia paralelo no mundo de um país do porte do Brasil em uma situação tão precária de atendimento.

O governo de Michel Temer, em seu último dia, publicou a Medida Provisória – MP 868/2018, que colocava a "bola em campo" da discussão. Essa MP já era a segunda tentativa daquele governo em avançar com essa reforma, já que a medida anterior – MP 844/2018 – havia caducado sem apreciação pelo Congresso Nacional. Havia, aliás, uma grande discussão sobre se o governo poderia ou não ter editado outra MP no mesmo ano sobre o mesmo tema – o que foi defendido pelo fato de que, por ter sido publicada no último dia, ela só seria apreciada pela legislatura que se iniciaria em 2019.

Esse foi o cenário que recebemos ao chegar a Brasília, em janeiro de 2019, no primeiro dia do governo do presidente Jair Bolsonaro. Ressalvando o mérito de a MP 868 ter trazido a discussão à tona, havia, nela, muitos pontos que não concordávamos – por entender que ela não resolveria os principais problemas do setor, sendo um placebo similar ao vivido na última tentativa, de 2007, que, apesar de ter sido bastante comemorada à época, teve um efeito nulo sobre os investimentos. Isso porque em grandes reformas os "acordos", em geral, resultam em soluções inúteis. Para que verdadeiras mudanças ocorram, é preciso, sim, como regra, uma grande disputa – com um lado que, fatalmente, será classificado como perdedor, e outro, como vencedor. Isso porque, se a reforma é importante, é porque ela concentra um grande volume de dinheiro e de poder – e, se é esse o caso, alguém já está se aproveitando disso para seu próprio benefício e lutará contra a reforma até o fim. No caso do saneamento, os agentes dominantes eram as maiores empresas públicas dos seus Estados – portanto, um importante instrumento político para governadores. Ano após ano, enquanto os investimentos derretiam, os salários aumentavam. Cargos em comissão para aliados políticos eram "aos baldes" – e denúncias de corrupção faziam parte do noticiário diário.

Era evidente que a briga não seria nada fácil – e tive muita sorte de poder contar com o suporte integral do ministro da economia Paulo Guedes, que desde o início abraçou essa luta de corpo e alma, dando total apoio à agenda. A defesa do novo marco era algo corrente em seus discursos e falas públicas, o que nos ajudou demais a ganhar apoio popular.

Ao longo da discussão, um evento importante foi a reunião do Consórcio de Integração Sul e Sudeste (COSUD) ocorrido em Gramado em 25 de maio de 2019. Lembro que fui conversar com o então governador do Rio Grande do Sul, Eduardo Leite, um dos únicos três governadores do Brasil que não havia assinado uma carta chancelada por 24 governadores que criticavam o substitutivo da MP 868 e a tentativa do Governo Federal de promover mais competição no setor de saneamento. Leite, então, me convidou para apresentar meu ponto de vista para os outros seis governadores que participariam do fórum. Foi um absoluto sucesso: entrei com o fardo de ter 24 governadores contra nossa bandeira, mas saí com o apoio de 70% do PIB: se a guerra era de narrativas, ali foi um importante ponto de inflexão a nosso favor.

A partir daquele momento a batalha se acirrou. Tiramos as empresas estaduais da mesa de negociação e começamos uma articulação direta com os governadores. Mas, no Senado, a batalha era mais difícil. Foram inúmeras as "propostas de acordo" para aprovarmos o novo marco, desde que se incluísse uma cláusula para que as empresas estaduais pudessem prorrogar seus contratos. Lembro de uma vez, na comissão mista, enquanto a MP ainda vigia, que um determinado senador nos chamou para aprovar "naquele momento" o texto, "bastando" que aceitássemos a tal regra. Nossa resposta foi: "Pode deixar caducar". Pois caducou, e não me arrependo; sempre acreditei que, se for para fazer mal feito, é melhor não fazer nada.

O que aconteceu na sequência é digno de nota: o relator da MP era o Senador Tasso Jereissati, do Ceará, que foi uma peça absolutamente fundamental em todo o processo: debateu, brigou e se posicionou sempre para fazer o que era o certo. Seu texto incluiu inovações importantíssimas, como a regionalização. Lembro das conversas em seu gabinete até altas horas da noite, na presença do professor Jerson Kelman, quando entrávamos nos detalhes da mecânica que haveria para garantir que "ninguém ficaria para trás": a regionalização unia o "filé com o osso", que era a principal crítica do texto original da MP.[2]

Pois bem: quando caducou a MP 868/2018, por falta de acordo do texto do substitutivo, Tasso apresentou imediatamente o Projeto de Lei (PL) 3.261, no dia 30 de maio de 2019, nos exatos termos de seu relatório da MP. Tasso, entretanto, era o autor, mas não o relator. Em uma das tramitações mais rápidas que eu já vi, o projeto estaria aprovado poucos dias depois, por uma votação por "acordo" no plenário do Senado. Mas não foi exatamente como planejamos.

Lembro que fui dormir numa quarta-feira, dia 5 de junho, com tudo certo e acordado para um texto que nos era plenamente satisfatório – e que não "salvava" as empresas estatais, garantindo a plena competição do setor. No entanto, acordei na quinta-feira de manhã, quando fui ao plenário do Senado, uma situação bem diferente.

Para fechar o tal "acordo" e garantir a maioria, alguns senadores reuniram-se ao longo da noite para mudar o texto mais uma vez, incluindo um período de cinco anos para que as empresas estaduais pudessem firmar com os municípios um contrato por mais 30 anos, sem licitação. Chamei, na época, de "Acordo Vampeta" – que, quando no Flamengo, dizia que "fingia que jogava, e o Flamengo fingia que pagava". Aqui era parecido: alguns comemoravam que o novo marco estava aprovado, e outros comemoravam que ele não conseguiria mudar absolutamente nada. Era o pior dos mundos.

---

[2] A principal inovação da MP 868 (texto original) se dava, à época, pela inclusão do "Artigo 10-C", que exigia que, antes de assinar um contrato de programa sem licitação, houvesse uma chamada pública no mercado, para verificar se algum operador privado teria interesse comercial naquela área. Além da evidente indução ao *cherry-picking* (haveria interesse apenas pelas áreas mais rentáveis), este processo seria facilmente manipulado, pois bastaria a tarifa oferecida ser insuficiente para viabilizar a operação, o que afastaria os agentes privados (e, na sequência, já com o contrato assinado com empresa pública, a tarifa seria reajustada – já que contratos sem licitação se beneficiam se maior flexibilidade de reajustes tarifários).

De qualquer forma, houve um avanço importante, e o PL seguiu para a Câmara dos Deputados. Lembro das diversas reuniões que aconteceram na residência oficial do então presidente da casa, Rodrigo Maia, no Lago Sul, em Brasília. Sua primeira indicação de relatoria foi para um deputado de Pernambuco, que teria a missão de garantir o avanço da matéria com uma visão liberal, pró-mercado.

No entanto, seu relatório, apresentado poucos dias depois, foi no sentido contrário, também garantindo a sobrevida das estatais e dispensando os mecanismos que, efetivamente, abririam o mercado para o setor privado. Lembro que Maia, ao receber o texto, trocou imediatamente a relatoria. Essa passagem da história não pode ser esquecida, pois foi, talvez, a mais importante de todas. A atribuição da missão ao deputado Geninho Zuliani, de São Paulo, salvou o NMSB: Geninho comprou todas as brigas que foram necessárias, sempre com muita energia e habilidade política.

Realmente não me lembro de quantas foram as vezes que passamos madrugadas em seu gabinete, no Anexo III de Brasília. Pizzas eram a alimentação corrente de toda a equipe, que trabalhava sempre muito motivada. Eram centenas de propostas de alteração e emendas sendo analisadas de maneira muito séria, observando-se os potenciais impactos que teriam na efetividade do novo marco. Dessas discussões vieram avanços importantíssimos no relatório de Zuliani – por exemplo, as metas de 99% de atendimento de água e 90% para coleta e tratamento de esgoto, bem como o prazo de 2033 para que essas metas fossem atingidas. Também entrou um artigo que tentava minimizar aquele incluído pelo Senado, que dava às empresas estatais a possibilidade de renovar seus contratos por 30 anos, incluindo regras e condições. Para que essas renovações ocorressem, seria obrigatória a comprovação de que teriam capacidade econômico-financeira para fazer frente aos investimentos necessários à universalização.

Tudo era apresentado e discutido na casa do presidente da Câmara, ao lado de líderes de todos os partidos – muitos esbravejando barbaridades contra nós. Mesmo assim, os debates eram muito ricos: lembro de quando um dos maiores nomes da infraestrutura brasileira, o economista Cláudio Frischtak, participou do debate, evidenciando como o modelo até então vigente estava fracassado e como as propostas de modernização eram fundamentais para o avanço do setor no país. Naquela mesma ocasião, apresentei um estudo para desconstruir uma narrativa que começava a se formar – de que "muitos países do mundo estavam reestatizando as empresas de saneamento que haviam sido privatizadas". Bravata, claro: os casos que vinham eram sempre os mesmos, e nenhum era o que se falava.

Aliás, esse era um dos nossos principais trabalhos: desconstruir as falsas narrativas que surgiam a toda hora. Para isso, Geninho e eu fizemos uma enorme maratona de conscientização popular pelo novo marco: do programa Pânico a audiências públicas na Câmara dos Deputados, passando por dezenas de entrevistas nos mais diversos canais de TV, rádio e mídia impressa. Massificamos, para todos os públicos, a importância social, ambiental e econômica do novo marco. Ao final, todos os principais jornais impressos do país – o Globo, Estadão, Folha e Valor – publicaram editoriais defendendo o texto, que revolucionaria o saneamento básico no Brasil: foi uma bela vitória.

Após meses de um trabalho absolutamente insano, no dia 17 de dezembro de 2019 o texto foi aprovado pelo plenário da Câmara. Mas isso não era o fim da guerra: o substitutivo, então, voltaria para o Senado. E, para trazer ainda mais emoção ao processo, a Câmara, no dia da aprovação, valeu-se de um instrumento regimental para "zerar a tramitação", fazendo com que, caso o Senado alterasse qualquer coisa no texto, ele ainda precisaria voltar, mais uma vez, para a Câmara – e, por isso, o número do PL mudou, novamente, passando a responder pelo 4.162/2019. Como era dezembro, a discussão no Senado ficou para o ano seguinte. Ninguém contava, entretanto, que no meio do caminho viria a crise da COVID-19.

Foram meses até que o Brasil – e o mundo – se adaptasse à nova realidade. No caso do Senado, foi preciso regulamentar as sessões remotas. Mesmo assim, foi nesse contexto que, no dia 24 de junho de 2020, 540 dias após o início do governo Bolsonaro, o Brasil pôde comemorar essa vitória histórica: a Lei nº 14.026/2020 estava aprovada.

Como a emoção sempre pode ficar maior, o presidente Bolsonaro, em um ato de extrema coragem, vetou o artigo que havia sido incluído pelo Senado, sobre a possível prorrogação dos contratos por 30 anos. O veto, meses depois, foi mantido pelo Congresso – deixando o texto final bastante redondo.

Destaca-se, então, o seguinte resultado alcançado pela nova legislação:
- Exige a realização de licitação para a prestação do serviço de saneamento básico, não sendo mais possível assinar contratos de programa com dispensa de processo concorrencial;
- Permite que o operador privado, vencedor de um processo licitatório de privatização, absorva as prestações anteriormente pactuadas por contratos de programa, assumindo que, quando não há alteração de prazo e objeto, não é necessária nova rodada legislativa de aprovação;
- Define uma meta clara (99% de atendimento de água e 90% de atendimento de esgoto) em um prazo também claro (31/dez/2033), com um *waiver* até 1º de janeiro de 2040 (6 anos a mais) caso os estudos para a licitação da prestação regionalizada comprovem que o contrato não consegue absorver o prazo principal;
- Regulamenta o art. 25 da Constituição, em linha ao acórdão STF resultante da ADI 1.842/2013, criando o instrumento das "Prestações Regionalizadas", onde os municípios enquadrados como "interesse comum" (fundamentalmente, regiões metropolitanas) têm adesão compulsória, e aqueles de "interesse local" aderem de maneira facultativa;
- Interrompe novos contratos de repasse de recursos federais (onerosos e não onerosos) aos municípios que optarem por não fazer parte da prestação regionalizada;
- Limita o instrumento de "subdelegação", que era utilizado pelas estatais como uma "pseudoPPP" (Parceria Público-Privada) para contratar um operador privado que entregava o serviço, mantendo a existência da empresa "por cima" como interface ao consumidor (figura do "atravessador monopolista", que encarece o custo final do serviço), mas dando um espaço de até 25% para esse instrumento e, ainda, dando um prazo de 12 meses para que as PPPs com modelagem em curso, mesmo em regiões metropolitanas, possam ter seus contratos assinados;
- Exige que todos os contratos de programa (que não foram "estressados" por processo competitivo) tenham, até 31 de

março de 2022, a inclusão de metas (de universalização, de redução de perdas e de qualidade) e, neste momento, exige a comprovação de que possuem capacidade financeira para fazer frente a esses investimentos; aqueles que não comprovarem essa capacidade terão seus contratos caducados e relicitados;
- Determina que, para aqueles que conseguirem comprovar sua capacidade financeira em 2022, após 5 anos da assinatura do aditivo com metas (e, a partir de então, anualmente), a agência reguladora avaliará seu cumprimento – e, caso as metas não sejam entregues por 3 anos em um intervalo de 5 (janela móvel), o contrato enfrentará processo de caducidade; e
- Define a ANA como reguladora de referência em nível nacional.

Importante lembrar que, à exceção do último item, que define a ANA como reguladora de referência, nenhum dos outros itens constava nas Medidas Provisórias do governo anterior. Por isso, o avanço alcançado foi tão importante: foi difícil, foi desgastante, foi demorado, mas tenho convicção de que foi transformador para mudar a realidade de mais da metade da população brasileira, que em pleno século 21 ainda é obrigada a conviver ao lado de seu próprio esgoto.

3 Os próximos desafios

Não nos enganemos: mesmo agora, passados dois anos do NMSB aprovado, aqueles que sempre lutaram contra continuam e continuarão lutando contra. Mas, hoje, o método é outro: desvirtuá-lo dando uma interpretação distorcida daquilo que foi desenhado e do que era o objetivo do legislador.

A estratégia tem sido fingir que os Estados têm cumprido o Novo Marco, para, sem privatizar suas empresas, garantir a continuidade do fluxo de recursos federais para as empresas estatais. Isso tem sido tentado, principalmente, por meio de dois instrumentos: primeiro, a "falsa regionalização"; segundo, a utilização indevida do instrumento de parcerias público-privadas (PPPs). Por isso, é importante abordar esses dois pontos de maneira separada, mesmo que eles tenham uma relação direta entre si.

3.1 As falsas regionalizações

Como visto anteriormente, uma grande crítica ao texto original da MP 844/2018 e, posteriormente, da MP 868/2018, era que o mecanismo então proposto abandonaria os municípios mais pobres para trás. Na época, cunhou-se os termos de "filé", que ficaria com os agentes privados, e "osso", que ficaria com o Governo.

Começou-se, então, uma ampla discussão no Senado quanto à melhor forma de endereçar esse problema, que foi reconhecido como verdadeiro.

Tomou-se como base a Ação Direta de Inconstitucionalidade (ADI) nº 1.842, que julgou o caso do Rio de Janeiro, mas cujo acórdão tem efeito sobre todas as operações do país. Por essa ADI, o Supremo Tribunal Federal – STF decidiu:

> O interesse comum e a compulsoriedade da integração metropolitana não são incompatíveis com a autonomia municipal. O mencionado interesse comum não é comum apenas aos municípios envolvidos, mas ao Estado e aos municípios do agrupamento urbano. O caráter compulsório da participação deles em regiões metropolitanas, microrregiões e aglomerações urbanas já foi acolhido pelo Pleno do STF (ADI 1841/RJ, Rel. Min. Carlos Velloso, DJ 20.9.2002; ADI 796/ES, Rel. Min. Néri da Silveira, DJ 17.12.1999).
> O interesse comum inclui funções públicas e serviços que atendam a mais de um município, assim como os que, restritos ao território de um deles, sejam de algum modo dependentes, concorrentes, confluentes ou integrados de funções públicas, bem como serviços supramunicipais.
> (...)
> O interesse comum é muito mais que a soma de cada interesse local envolvido, pois a má condução da função de saneamento básico por apenas um município pode colocar em risco todo o esforço do conjunto, além das consequências para a saúde pública de toda a região.
> A função pública do saneamento básico frequentemente extrapola o interesse local e passa a ter natureza de interesse comum no caso de instituição de regiões metropolitanas, aglomerações urbanas e microrregiões, nos termos do art. 25, §3º, da Constituição Federal.
> Para o adequado atendimento do interesse comum, a integração municipal do serviço de saneamento básico pode ocorrer tanto

voluntariamente, por meio de gestão associada, empregando convênios de cooperação ou consórcios públicos, consoante o arts. 3º, II, e 24 da Lei Federal 11.445/2007 e o art. 241 da Constituição Federal, como compulsoriamente, nos termos em que prevista na lei complementar estadual que institui as aglomerações urbanas.

A instituição de regiões metropolitanas, aglomerações urbanas ou microrregiões pode vincular a participação de municípios limítrofes, com o objetivo de executar e planejar a função pública do saneamento básico, seja para atender adequadamente às exigências de higiene e saúde pública, seja para dar viabilidade econômica e técnica aos municípios menos favorecidos. Repita-se que este caráter compulsório da integração metropolitana não esvazia a autonomia municipal.

O NMSB, então, evoluiu bastante, e ao final trouxe as seguintes definições para o conceito de "prestação regionalizada":

VI – prestação regionalizada: modalidade de prestação integrada de um ou mais componentes dos serviços públicos de saneamento básico em determinada região cujo território abranja mais de um Município, podendo ser estruturada em:
a) região metropolitana, aglomeração urbana ou microrregião: unidade instituída pelos Estados mediante lei complementar, de acordo com o §3º do art. 25 da Constituição Federal, composta de agrupamento de Municípios limítrofes e instituída nos termos da Lei nº 13.089, de 12 de janeiro de 2015 (Estatuto da Metrópole);
b) unidade regional de saneamento básico: unidade instituída pelos Estados mediante lei ordinária, constituída pelo agrupamento de Municípios não necessariamente limítrofes, para atender adequadamente às exigências de higiene e saúde pública, ou para dar viabilidade econômica e técnica aos Municípios menos favorecidos;
c) bloco de referência: agrupamento de Municípios não necessariamente limítrofes, estabelecido pela União nos termos do §3º do art. 52 desta Lei e formalmente criado por meio de gestão associada voluntária dos titulares;

O que se pode concluir, então, é que os municípios que compõem uma região metropolitana – RM não têm opção quanto à adesão regional; já os municípios que não fazem parte da RM têm a faculdade de compor a prestação regionalizada ou não (porém, eles têm um incentivo econômico para fazê-lo: ganham, imediatamente, escala e viabilidade).

O que definiria a composição das RMs e os municípios que poderiam, opcionalmente, compor as unidades regionais, seriam leis estaduais. No entanto, à revelia do §2º do art. 8º do NMSB,[3] alguns Estados vêm distorcendo a forma de agrupamento dos municípios, sem se preocuparem com a composição que garanta a universalização para todo o território estadual, e por vezes agrupando os municípios apenas para garantir uma composição idêntica à prestação atual de suas respectivas empresas estaduais – o que é flagrantemente ilegal.

Finalmente, e para fazer a ponte com o próximo assunto – "as falsas PPPs" –, o NMSB trouxe um importante instrumento de incentivo à regionalização, que permitiria que PPPs "verdadeiras" fossem modeladas, modificando o §1º do art. 50 da Lei nº 11.445/2007, que passou a trazer:

> §1º Na aplicação de recursos não onerosos da União, serão priorizados os investimentos de capital que viabilizem a prestação de serviços regionalizada, por meio de blocos regionais, quando a sua sustentabilidade econômico-financeira não for possível apenas com recursos oriundos de tarifas ou taxas, mesmo após agrupamento com outros Municípios do Estado, e os investimentos que visem ao atendimento dos Municípios com maiores déficits de saneamento cuja população não tenha capacidade de pagamento compatível com a viabilidade econômico-financeira dos serviços.

Esse comando abre espaço para que o recurso federal seja prioritariamente alocado em PPPs patrocinadas – ou seja, caso um Estado esgote as possibilidades de regionalização e, ainda assim, a necessidade de investimento supere a capacidade de pagamento da população, o governo federal poderá aportar a diferença. Essa é uma mudança enorme de conceito, posto que, até então, o apoio federal se dava fundamentalmente pela transferência pura e simples aos titulares que, de forma geral, aplicam esses recursos de maneira ineficiente (*vide* a imensidão de obras paralisadas no país). Com o operador privado, é amplificado o conforto de melhor uso do recurso público, já que houve um processo licitatório competitivo, e a eficiência (menor valor) foi estressada.

---

[3] Para os fins desta Lei, as unidades regionais de saneamento básico devem apresentar sustentabilidade econômico-financeira e contemplar, preferencialmente, pelo menos 1 (uma) região metropolitana, facultada a sua integração por titulares dos serviços de saneamento.

3.2 As falsas PPPs

Aqui, faz-se importante diferenciar uma concessão comum de uma PPP, bem como distinguir uma PPP administrativa de uma PPP patrocinada. A Figura 1 tenta ilustrar essas diferenças.

Figura 1: Diferenciando Concessões (Lei nº 8.987/1995) de PPPs (Lei nº 11.079/2004)

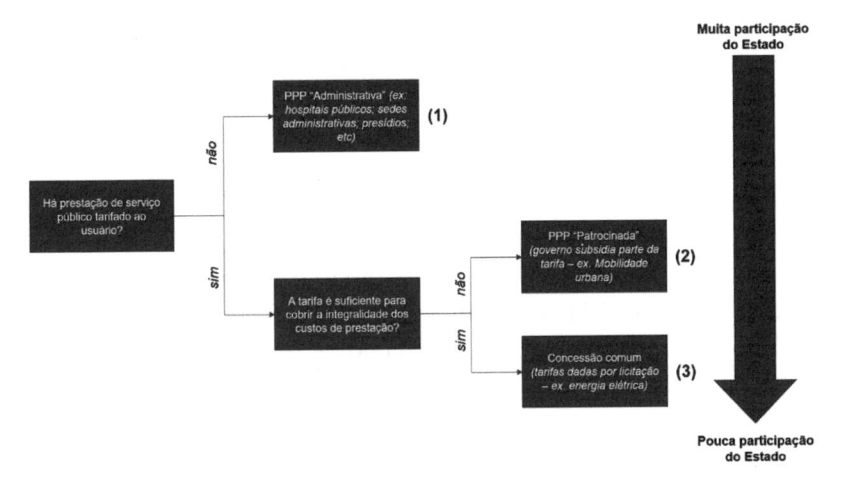

Fonte: Elaborada pelo autor.

Os instrumentos (1) e (2) da Figura 1 são regidos pela Lei nº 11.079/2004, que criou as PPPs Administrativa e Patrocinada. Já o instrumento (3) é regido pela Lei nº 8.987/1995, que regulamentou o artigo 175 da Constituição Federal para as concessões públicas.

Como visto anteriormente, o NMSB deu um comando muito direto no sentido de garantir a aplicação do instrumento (3), deixando uma hipótese muito específica de aplicação do instrumento (2), "PPP Patrocinada", quando, mesmo esgotadas todas as tentativas de regionalização, a capacidade de pagamento das áreas atendidas fosse inferior à necessária cobertura dos custos de universalização. Apenas nesses casos, destinar-se-ia recursos públicos para fazer a "conta fechar", mas garantindo que o prestador de serviços seria selecionado por meio de um processo licitatório competitivo.

No entanto, as empresas estaduais de saneamento vêm tentando emplacar a utilização do instrumento (1), "PPP Administrativa", para simular que possuem capacidade de investimento para universalizar o serviço. É um "jabuti", mas fantasiado.

Para ajudar o leitor menos familiarizado, imagine duas situações, (i) e (ii), onde:
  i. Capacidade de pagamento da população local = R\$5 / m³; e custo para universalização do serviço = R\$10 / m³.
  ii. Capacidade de pagamento da população local = R\$10 / m³; e custo para universalização do serviço = R\$5 / m³.

Portanto, temos na situação (i) uma área carente e com alto custo de cobertura. Já a situação (ii) é uma área mais rica, e com menores custos unitários de atendimento. Aliás, essa costuma ser a realidade: áreas mais carentes são mais distantes e menos adensadas do que os centros urbanos mais ricos; portanto, custam mais, unitariamente, para serem atendidas.

O que o NMSB propôs? Que as duas áreas, da situação (i) e da situação (ii), fossem unificadas. Com isso, teríamos um subsídio cruzado e garantiríamos a universalização: os consumidores mais pobres pagariam "tarifas sociais", menores, e os consumidores mais ricos pagariam as tarifas regulares. Todos seriam atendidos dentro de suas respectivas capacidades de pagamento. O mecanismo de PPP Patrocinada seria aplicado apenas em situações onde a realidade geral do estado fosse apenas a da situação (ii). Nesse contexto, o Governo poderia aportar o volume financeiro necessário para equilibrar custos e receitas.

Porém, o que alguns Estados vêm fazendo é criar uma regionalização falsa, segregando regiões metropolitanas (mais ricas) do restante do Estado (mais pobre). Por meio de PPPs Administrativas – instrumento (1) da Figura 1 – licitam para empresas privadas a prestação do serviço a R\$5 / m³ (para usar o exemplo ilustrativo acima). No entanto, continuam cobrando R\$10 / m³ da população (a relação do agente privado não é diretamente com o consumidor final, e sim com a empresa pública). O que ocorre é que esses R\$5 / m³ de diferença são, imediatamente, desperdiçados da mesma maneira como sempre foram (aumentando-se salários, contratando-se muito mais gente do que o necessário etc.), em vez de viabilizar o subsídio cruzado regional.

Como o NMSB ordena o cancelamento dos contratos, em cinco anos, das prestações que não atingiram o volume mínimo de universalização proporcional, esses Estados estão, na prática, garantindo que as empresas estaduais ficarão com as áreas mais ricas e mais rentáveis, tendo os contratos das áreas mais pobres cancelados no futuro próximo (por falta de atendimento) – justamente o efeito contrário do objetivo do legislador, desde o início das discussões.

Cumpre ressaltar que o instrumento de "PPP Administrativa" da forma como essas empresas vêm fazendo deveria ser considerado ilegal. Isso porque, de acordo com a Lei nº 11.079/2004:

- Art. 2º: Parceria público-privada é o contrato administrativo de concessão na modalidade patrocinada ou administrativa.
- §2º: Concessão administrativa (o modelo que o setor de saneamento tem usado) é o contrato de prestação de serviços de que *a Administração Pública seja a usuária direta ou indireta,* ainda que envolva execução de obra ou fornecimento e instalação de bens (...)
- §4º: É vedada a celebração de contrato de parceria público-privada: (...) III – *que tenha como objeto único o fornecimento de mão-de-obra, o fornecimento e instalação de equipamentos ou a execução de obra pública.*

Por isso, o instrumento que tem sido usado pelo saneamento é, na verdade, de subdelegação de parte dos serviços, com absorção do risco comercial pela empresa estadual (contratante). Como visto, a simples execução de obra não pode ser considerada uma PPP (inciso III do §4º do art. 2º), ou seja, é preciso ter um "serviço" oferecido a um "usuário". No caso de uma PPP administrativa, esse usuário precisa ser a administração pública. Esse seria o caso, por exemplo, de um prédio que é construído e ocupado por órgãos públicos, ou a construção e operação de um hospital que recebe pacientes pelo SUS – ou seja, sem contrapartida financeira do usuário. Já no caso do saneamento, o usuário final do serviço não é a administração pública, e sim o cidadão, que paga diretamente por esse serviço.

Mesmo que se tente justificar o "serviço" como a simples operação de uma rede, isso se configuraria como uma atividade de terceirização, e jamais como uma PPP.

Isso porque a empresa estatal cobra pela prestação de um serviço, subcontrata uma empresa privada para realizar esse mesmo serviço em seu nome, e cobra do usuário final um *"spread"* pelo seu "direito de monopólio" de prestação daquele serviço, sem que haja absolutamente nenhum benefício adicional ao usuário pela sobreposição de funções. Portanto, as empresas estaduais que usam esse mecanismo estão tentando, na prática, criar um novo mecanismo de prestação de serviços – o "atravessador monopolista de serviços regulados" – que não encontra amparo na Lei.

Exatamente para evitar o abuso de casos como este, o artigo 11-A do NMSB traz um limite muito evidente, de 25%, para as subdelegações, bem como a *vedação* de que a empresa estadual se aproprie da diferença entre o valor cobrado pela empresa subdelegatária e aquele cobrado do usuário:

> Art. 11-A. Na hipótese de prestação dos serviços públicos de saneamento básico por meio de contrato, o prestador de serviços poderá, além de realizar licitação e contratação de parceria público-privada, nos termos da Lei nº 11.079, de 30 de dezembro de 2004, e desde que haja previsão contratual ou autorização expressa do titular dos serviços, subdelegar o objeto contratado, observado, para a referida subdelegação, o limite de 25% (vinte e cinco por cento) do valor do contrato.
> (...)
> §6º Para fins de aferição do limite previsto no caput deste artigo, o critério para definição do valor do contrato do subdelegatário deverá ser o mesmo utilizado para definição do valor do contrato do prestador do serviço.

4 Conclusão

Não é fácil mudar um país. Mesmo em um setor de tamanha importância, como o do saneamento, com argumentos tão fortes pela universalização do serviço, era, e continua sendo, fácil encontrar vozes contrárias à mudança do paradigma público que, claramente, fracassou no Brasil.

Uma importantíssima batalha foi ganha com a aprovação do NMSB, graças a homens e mulheres patriotas, que enfrentaram insultos, brigas e mentiras ao longo de 540 dias, até sua aprovação. No entanto, a batalha não acabou: seja por má fé, seja por simples inaptidão técnica, há em curso ampla tentativa de desvirtuar esse importante avanço que foi conquistado pelos brasileiros.

Se não formos atentos, poderemos colocar tudo a perder: milhares de litros de esgoto bruto continuarão sendo despejados na natureza, e milhares de recém-nascidos continuarão a morrer, vítimas de doenças relacionadas à falta de saneamento.

Pelos nossos filhos e netos, precisamos continuar a luta: essa briga, com certeza, vale a pena.

Informação bibliográfica deste texto, conforme a NBR 6023:2018 da Associação Brasileira de Normas Técnicas (ABNT):

CORD, Diogo Mac. NMSB: uma história que ainda não acabou. *In*: ZULIANI, Geninho; DAL POZZO, Augusto Neves (coords). *Saneamento básico*: uma lei e um marco. Belo Horizonte: Fórum, 2023. p. 363-381. ISBN 978-65-5518-485-3.

INOVAÇÃO E DIREITO NO SETOR DE SANEAMENTO: MUDANÇAS INSTITUCIONAIS DO NOVO MARCO DO SANEAMENTO NO BRASIL

CARLOS PORTUGAL GOUVÊA
CAIO HENRIQUE YOSHIKAWA

1 Introdução

A ausência de cobertura suficiente de saneamento básico no Brasil é um dos principais fatores de subdesenvolvimento do país. Por exemplo, segundo os dados do Sistema Nacional de Informações de Saneamento Básico, referentes ao ano de 2020, apenas cerca de 59,2% dos municípios brasileiros contam com sistemas públicos de captação e tratamento de esgoto.[1]

A falta de acesso adequado à água potável e ao tratamento de esgoto onera de forma desproporcional a população mais pobre. Populações que vivem em áreas de ocupação irregular, com riscos geológicos, ou que vivem em áreas mais suscetíveis à violência são particularmente vulneráveis, pois existe uma maior dificuldade de realização de obras e reparos em infraestruturas básicas como fornecimento de água e coleta de esgoto.

A deficiência da infraestrutura em saneamento básico é associada a problemas graves de saúde pública, como diarreia e mortalidade infantil. Do ponto de vista econômico e social, a ausência de saneamento básico e as doenças dela decorrentes estão diretamente relacionadas a menor produtividade no trabalho, bem como menor desempenho escolar, que afetam desproporcionalmente a população mais carente. Portanto, uma infraestrutura de saneamento básico deficiente contribui para

---

[1] SNIS. *Diagnóstico temático de serviços de água e esgoto* – Visão Geral 2020. Dez. 2021. Disponível em: http://www.snis.gov.br/downloads/diagnosticos/ae/2020/DIAGNOSTICO_TEMATICO_VISAO_GERAL_AE_SNIS_2021.pdf. Acesso em: 7 abr. 2022.

cristalizar as desigualdades sociais e a piora das condições de vida das futuras gerações.

Outra faceta importante da universalização do saneamento é a questão ambiental, tão em evidência nos últimos tempos. Os investimentos em saneamento básico – em especial o tratamento de esgoto – são essenciais para a redução de dejetos lançados em corpos de água, contribuindo para a recuperação de rios, mares e lagoas, e para a descontaminação das áreas de manancial. Considerando que a água potável é um bem escasso e cada vez mais valioso, os investimentos em infraestrutura em saneamento básico contribuem de forma a reduzir as perdas ao longo do processo de fornecimento de água, por meio da melhoria dos materiais utilizados e da manutenção das infraestruturas.

Neste contexto de importância tão significativa, qual é o papel do direito em concretizar transformações profundas em um setor tão carente de investimentos e atenção, mas que é tão essencial? Neste artigo, buscaremos identificar, no âmbito do Novo Marco do Saneamento, a Lei nº 14.026, de 15 de julho de 2020, determinados elementos de inovação institucional que visam a dar concretude aos objetivos fixados na lei para a universalização do saneamento básico no Brasil. Trataremos no presente artigo especificamente de três ferramentas jurídicas.

A primeira delas é a exigência de comprovação de capacidade econômico-financeira para os prestadores de serviços de água e esgotamento sanitário. Em relação a esse ponto em particular, encarregou-se a regulação infralegal de dotar as autoridades reguladoras de mecanismos mais robustos de avaliação da possibilidade de atingimento das metas de universalização previstas no Novo Marco do Saneamento. As normas infralegais nesse ponto inovaram ao transferir um papel muito importante a agentes privados especializados como certificadores e auditores independentes, que visam dar conforto ao regulador em relação à viabilidade dos planos de investimentos dos prestadores de serviços de saneamento. Trata-se de uma figura muito conhecida na regulação do mercado de capitais, os chamados *gatekeepers*.

O segundo diz respeito ao novo papel da Agência Nacional de Águas e Saneamento Básico (ANA) dado pelo Novo Marco do Saneamento. A nova lei acrescentou à ANA competências no setor de saneamento básico, e deu à autarquia maior robustez institucional, ao prever que a ANA poderá ser utilizada como instância arbitral e de mediação, produtora e difusora de conhecimento técnico, considerando as elevadas complexidades do setor, e ambiente institucional e de diálogo entre as diversas agências reguladoras, entidades federativas envolvidas e demais atores, públicos e privados. Dentro da nova lei, a ANA supera a noção clássica de agência reguladora baseada em atividade normativa, supervisória e sancionatória e passa a ser um mecanismo poderoso de tecnologia regulatória.

O terceiro, que é consequência do segundo, é o fato de que a lei dotou a ANA de competência normativa por meio da criação de Normas de Referência. Visto que a titularidade dos serviços é de competência municipal, qualquer intervenção indevida da esfera federal no âmbito normativo poderia criar problemas jurídicos, relativos à validade e constitucionalidade. A criatividade institucional neste caso permitiu que a ANA pudesse atuar por meio de normas de adoção não obrigatória, que, sem violação do princípio federativo, tornaram-se importantes ferramentas de efetividade e uniformização, com vistas a impactar positivamente a qualidade dos contratos, os serviços prestados, a regulação e diversas outras questões. Do ponto de vista de *enforcement*, a efetividade das Normas de Referência se baseia na restrição ao repasse de recursos onerosos ou não onerosos por parte da União e de suas entidades, que será admitido apenas aos titulares dos serviços de saneamento básico que as adotarem (chamada restrição de *spending power*). Dado o volume de investimento necessário para atingir as metas de universalização, a adoção das normas de referência é acompanhada de um poderoso incentivo.

O Novo Marco do Saneamento apresenta um grande potencial de efetividade justamente porque é construído com base em um conceito de criatividade, ou inovação institucional, de forma que as inovações aqui previstas reinventam instrumentos clássicos do direito administrativo com vistas a promover o efetivo atingimento dos fins da lei. Conforme Portugal Gouvêa (2012):

> O caminho para o desenvolvimento com equidade requer a constante atenção a dois elementos: primeiro, uma determinação em buscar

o desenvolvimento institucional por meio da experimentação; e, segundo, a força para resistir à tentação dos atalhos baseados em respostas preconcebidas, simples e supostamente pouco custosas. (...) Somente a genuína inovação institucional pode criar as verdadeiras condições para gerar a riqueza necessária para retirar uma sociedade do subdesenvolvimento e da desigualdade extrema.[2]

Esse caminho está ligado intimamente à identificação de arranjos institucionais causadores da desigualdade e de ineficiência produtiva e à criação de instituições e ferramentas jurídicas criativas que possam combatê-las. Em primeiro lugar, faremos uma breve introdução sobre o regime jurídico do saneamento básico no país e, em seguida, trataremos das inovações institucionais com base nas três ferramentas jurídicas do novo marco do saneamento.

2 O regime jurídico do saneamento básico no Brasil

Já no século XIX foram promulgadas leis que buscavam endereçar problemas de saneamento básico no Brasil, potencializados por fatores como urbanização, imigração e epidemias. No entanto, as leis promulgadas foram insuficientes para que o abastecimento de água e esgoto pudesse alcançar parte significativa da população.[3]

A partir da década de 1960, foram instituídos os Fundos Estaduais de Água e Esgoto e Fundo de Financiamento para o Saneamento, e em 1971, o Governo Federal instituiu o PLANASA (Plano Nacional de Saneamento). A estrutura do PLANASA era baseada no financiamento conduzido pelo Banco Nacional da Habitação (BNH), que, por sua vez, aplicava recursos próprios e do Fundo de Garantia do Tempo de Serviço (FGTS) nas companhias estaduais de saneamento básico (CESBs).[4] Nesse sentido, a

---

[2] GOUVÊA, Carlos Portugal. Regulação da propriedade privada e inovações na política agrária e a redução dos custos de equidade. *In*: SALOMAO FILHO, Calixto (Org.). *Regulação e desenvolvimento* - novos temas. 1. ed. São Paulo: Malheiros, 2012, p. 189.

[3] BERTOCELLI, Rodrigo de Pinho. Saneamento básico: a evolução jurídica do setor. *In*: DAL POZZO, Augusto Neves (coord). *O Novo Marco Regulatório do Saneamento Básico*. 1. ed. São Paulo: Thomson Reuters Brasil, 2020, p. 22-23.

[4] SMIRDELE, Juliana Jerônimo. Blog do Instituto Brasileiro de Economia da FGV (Blog Ibre). *PLANASA e o novo marco legal do saneamento*: semelhanças, diferenças e aprendizado. Rio de Janeiro, 2020. Disponível em: https://blogdoibre.fgv.br/posts/planasa-e-o-novo-marco-legal-do-saneamento-semelhancas-diferencas-e-aprendizado. Acesso em: 7 abr. 2022.

integração dos serviços de saneamento básico ao PLANASA exigia que fossem administrados e operados pelas CESBs, conforme o art. 1º do Decreto nº 82.587/1978. Assim, as companhias estaduais de saneamento básico se tornaram os principais atores do saneamento básico no Brasil, destacando-se empresas como SABESP, SANEPAR e COPASA.

A Constituição Federal de 1988 endereçou a questão do saneamento ao: (i) dar à União a competência de instituir diretrizes para o desenvolvimento urbano, inclusive habitação, saneamento básico e transportes urbanos (Art. 21, XX); (ii) prever que é de competência comum da União, dos Estados e municípios a promoção de programas de construção de moradias e a melhoria das condições habitacionais e de saneamento básico (Art. 23, IX); e (iii) atribuir ao sistema único de saúde a participação da formulação da política e da execução das ações de saneamento básico, reconhecendo o papel do saneamento básico na consecução de objetivos de saúde pública (Art. 200, IV). O art. 30, V, por sua vez, dá aos municípios a competência de organizar e prestar, diretamente ou sob regime de concessão ou permissão, os serviços públicos de interesse local, sendo que historicamente o saneamento básico foi considerado como serviço de interesse local.

Ao longo do tempo, as relações entre as CESBs e os municípios ou consórcios de municípios assumiram as mais variadas formas do ponto de vista contratual. Visto que em muitos casos os serviços eram prestados sem metas claras, ou com base em contratos firmados há muitos anos, a lei buscou reconhecer as situações de fato e conferir disciplina jurídica da prestação dos serviços de saneamento por meio da Lei nº 11.107, de 6 de abril de 2005, que criou os contratos de programa em seu art. 13.[5]

Em 2007, foi promulgada a Lei nº 11.445, de 5 de janeiro, que instituiu diretrizes nacionais para o saneamento básico, tornando

---

[5] AGÊNCIA NACIONAL DE ÁGUAS E SANEAMENTO BÁSICO (ANA). *Cartilha para atendimento ao Decreto nº 10.710/2021*, que estabelece metodologias para comprovação da capacidade econômico-financeira dos prestadores de serviços públicos de abastecimento de água potável e/ou de esgotamento sanitário. Brasília: ANA, 2021. Disponível em: https://www.gov.br/ana/pt-br/assuntos/saneamento-basico/cartilha-para-atendimento-ao-decreto-no-10-710-2021/Cartilha107010v4digital.pdf. Acesso em: 07 abr. 2022, p. 25.

clara a questão da titularidade em seu art. 8º. A lei prevê que são titulares dos serviços de saneamento básico os municípios e o Distrito Federal, no caso de interesse local; e o Estado, em conjunto com os municípios "que compartilham efetivamente instalações operacionais integrantes de regiões metropolitanas, aglomerações urbanas e microrregiões, instituídas por lei complementar estadual", no caso de interesse comum.

Os serviços de saneamento básico são prestados de diversas formas, por meio de delegação dos titulares a terceiros, empresas públicas ou privadas, ou por meio de prestação direta pelo titular, geralmente por uma autarquia municipal como a Sociedade de Abastecimento de Água e Saneamento (SANASA) em Campinas. As principais formatações jurídicas da prestação dos serviços de saneamento são as seguintes:

(i) *instrumentos de natureza precária*: como autorizações ou permissões, que podem ser revogáveis a qualquer momento pela Administração Pública;

(ii) *convênios entre entidades da Administração Pública*: que podem ser definidos como "o ajuste entre órgão ou entidades do Poder Público ou entre estes e entidades privadas, visando à realização de projetos ou atividades de interesse comum, em regime de mútua cooperação";[6]

(iii) *concessões comuns*: consistente no contrato administrativo pelo qual a Administração Pública delega a prestação de um serviço público, mediante licitação, regidas pela Lei nº 8.987, de 13 de fevereiro de 1995;

(iv) *concessões patrocinadas*: a concessão de serviços públicos ou de obras públicas, quando envolver, adicionalmente à tarifa cobrada dos usuários contraprestação pecuniária do parceiro público ao parceiro privado, forma de parceria público-privada regida pela Lei nº 11.079, de 30 de setembro de 2004;

(v) *concessões administrativas*: o contrato de prestação de serviços de que a Administração Pública seja a usuária direta ou indireta, ainda que envolva execução de obra

---

[6] MEDAUAR, Odete. *Direito administrativo moderno*. 21. ed. São Paulo: Fórum, 2018, p. 232.

ou fornecimento e instalação de bens, forma de parceria público-privada regida pela Lei nº 11.079/2004.[7] Em 15 de julho de 2020, é promulgada a Lei nº 14.026. Essa lei, também conhecida como o Novo Marco do Saneamento, visa a romper com o modelo atualmente vigente, de forma a viabilizar uma maior participação dos investimentos privados no setor, vedando a prestação de serviços de saneamento por meio de contratos de programa, convênios, termos de parceria ou outros instrumentos de natureza precária. Além disso, a nova lei estabelece metas de universalização, detalha o conteúdo dos contratos de prestação de saneamento básico e reformula o sistema regulatório, atribuindo diversas competências à ANA. É com base em três ferramentas jurídicas trazidas por essa nova lei que trataremos do assunto da inovação ou criatividade institucional como mecanismo de desenvolvimento econômico e redução das desigualdades sociais.

3 As ferramentas jurídicas de universalização I: a comprovação da capacidade econômico-financeira

O art. 10-B da Lei nº 11.445/2007 (alterada pela Lei nº 14.020/2020) prevê que os contratos em vigor, incluídos aditivos e renovações, autorizados nos termos da lei, bem como aqueles provenientes de licitação para prestação ou concessão dos serviços públicos de saneamento básico, estarão condicionados à comprovação da capacidade econômico-financeira da contratada, por recursos próprios ou por contratação de dívida, com vistas a viabilizar a universalização dos serviços que garantam o atendimento de 99% (noventa e nove por cento) da população com água potável e de 90% (noventa por cento) da população com coleta e tratamento de esgotos até 31 de dezembro de 2033.

Este artigo foi regulado pelo Decreto nº 10.710, de 31 de março de 2021. Conforme o art. 3º do Decreto nº 10.710/2021, o objetivo da comprovação da capacidade econômico-financeira é assegurar que os prestadores de serviços públicos de abastecimento de água

---

[7] AGÊNCIA NACIONAL DE ÁGUAS E SANEAMENTO BÁSICO – ANA, *op. cit.*, p. 25-27.

potável ou de esgotamento sanitário tenham capacidade para cumprir essas metas, e para isso ele dispôs de mecanismos objetivos para a avaliação pelos reguladores. O prazo para avaliação, pelos reguladores, de interposição e julgamento de recursos e inclusão das metas se encerrou em 31 de março de 2022.

O Decreto sujeitou à comprovação da capacidade econômico-financeira os prestadores de serviço cujas relações são formalizadas mediante contrato de programa, mesmo que já tenham com o titular do serviço termo aditivo para incorporação das metas de universalização, e aqueles que o explorem com base em contrato de concessão comum, patrocinada ou administrativa, precedido de licitação e celebrado com o titular do serviço, que não prevejam metas de universalização. Contudo, no caso de contratos firmados por meio de procedimentos licitatórios que possuam outras metas de universalização, caso o prestador de serviço não tenha comprovado capacidade econômico-financeira, as metas originalmente pactuadas permaneceriam inalteradas. Neste caso, caberia ao titular a busca de alternativas para atingir as metas definidas na lei, como prestação direta da parcela remanescente, licitação complementar, aditamento de contratos já licitados, incluindo eventual reequilíbrio econômico-financeiro, desde que em comum acordo com a contratada.

O Decreto também listou os documentos necessários para que a entidade reguladora pudesse conduzir a avaliação da capacidade econômico-financeira, que seria feita em duas etapas sucessivas. Na primeira, seria avaliado o cumprimento de índices referenciais mínimos dos indicadores econômico-financeiros, e depois, a adequação dos estudos de viabilidade e do plano de captação. A não aprovação na primeira etapa dispensaria a condução da segunda etapa, visto que a primeira etapa, em outras palavras, trataria diretamente da avaliação da saúde econômico-financeira da prestadora dos serviços.

Após o encerramento da instrução processual, a entidade reguladora deveria emitir decisão fundamentada que conclua pela comprovação ou não da capacidade econômico-financeira do prestador de serviços, baseando-se não somente nos documentos fornecidos pelo prestador como em outros aos quais a entidade reguladora tenha acesso. No caso de não comprovação, os contratos de programa de prestação de serviços públicos de abastecimento de água potável ou de esgotamento sanitário serão considerados irregulares.

Após essa breve descrição do procedimento previsto no Decreto, ressalta-se que seu objetivo era dar concretude às metas de universalização previstas na lei. Considerando que diversas legislações programáticas no Brasil têm dificuldades concretas no que se refere à efetividade, o legislador infralegal buscou dar meios à Administração Pública para avaliar a real possibilidade de atingimento das metas previstas, de modo a evitar que um tema tão importante se tornasse letra morta.

Nesse sentido, o Decreto reconhece que o setor de saneamento básico no Brasil está sujeito a uma multiplicidade de reguladores, fato que entre as mais variadas circunstâncias, cria uma assimetria muito grande do ponto de vista técnico, orçamentário, informacional e de quantidade de pessoal. Nesse sentido, o Decreto cria uma lista de documentos a serem prestados a todos os reguladores e explicita os parâmetros de avaliação. A ideia aqui não é interferir na autonomia federativa, mas simplesmente dar segurança jurídica aos prestadores de serviço de saneamento básico, que saberão quais informações deverão prestar em todos os municípios ou regiões que atuam, e, por outro lado, reduzir a assimetria entre as entidades reguladoras.

Nesse sentido, além de documentos financeiros como demonstrações contábeis consolidadas do grupo econômico a que pertence o requerente devidamente auditadas, referentes aos 5 últimos exercícios financeiros já exigíveis, e demonstrativo de cálculo dos indicadores econômico-financeiros, a lei também exige laudo ou parecer técnico de auditor independente que ateste, sob sua responsabilidade, a adequação do demonstrativo de cálculo dos indicadores econômico-financeiros aos parâmetros e aos índices referenciais mínimos previstos no Decreto; estudos de viabilidade; plano de captação de recursos; e laudo ou parecer técnico de certificador independente que ateste, sob sua responsabilidade, a adequação dos estudos de viabilidade e do plano de captação às exigências previstas no Decreto.

Destaca-se neste ponto que o Decreto reconhece que a tarefa de avaliação da capacidade econômico-financeira e da viabilidade de implementação das metas de universalização é bastante complexa e dá uma responsabilidade importante aos auditores independentes e aos certificadores independentes. A eles, como terceiros especializados e independentes, cabe atestar a adequação dos cálculos realizados pelos prestadores de serviços e a adequação dos estudos de viabilidade e do plano de captação às exigências regulamentares, cumprindo o papel de *gatekeepers*, figura já conhecida na regulação do mercado de capitais.

Os *gatekeepers* são prestadores de serviço que têm a função de assegurar que informações econômicas e financeiras sejam prestadas pelos agentes do mercado de forma objetiva e precisa aos seus destinatários, com base em uma avaliação imparcial por parte de um terceiro especializado e independente do prestador. Os exemplos mais conhecidos de *gatekeepers* são as empresas de auditoria independente, que no Brasil contam com certificação específica, e as empresas de classificação de risco. Embora crises tais como o escândalo Enron e a crise financeira mundial tenham escancarado alguns problemas com *gatekeepers*, sua função ainda é extremamente relevante como mecanismo de redução de assimetrias de informação. Nesse sentido, o Decreto inovou ao trazer o papel dos *gatekeepers* para facilitar a avaliação pelos reguladores como certificadores da higidez financeira e da viabilidade financeira dos prestadores de serviço de saneamento.

O Decreto ainda previa que a entidade reguladora competente poderá requisitar ao interessado a apresentação de informações e documentos complementares, inclusive laudos ou pareceres específicos a serem elaborados por entidades de notória reputação. Embora os laudos e pareceres técnicos apresentados pelo prestador possam ser úteis para uma tomada de decisão pela entidade reguladora, ela não está vinculada às conclusões constantes deles.

Outro mecanismo de robustez previsto no Decreto nº 10.710/2021 diz respeito às hipóteses de perda automática dos efeitos de uma decisão que concluir pela comprovação da capacidade econômico-financeira. Essa norma é importante porque seus efeitos ultrapassam o prazo de 31 de março de 2022 e dizem respeito a perda de higidez financeira decorrentes de perda de valor presente líquido necessário para o cumprimento das obrigações, ausência de captação, não adesão à estrutura societária e financeira exigida pela lei para a prestação regionalizada e falta de formalização.

Nos casos de perda da comprovação da capacidade econômico-financeira, os contratos de programa de prestação de serviços públicos de abastecimento de água potável ou de esgotamento sanitário serão considerados irregulares. Os contratos irregulares não são inválidos ou nulos, visto estarem de acordo com a lei que era vigente ao tempo de sua celebração. Contudo, a irregularidade dos contratos os torna precários, de forma que à Administração Pública é facultado seu encerramento a qualquer tempo. Essa medida permite, por exemplo, à Administração Pública extinguir eventuais contratos atualmente em vigor que carecem de metas de universalização ou de instrumentos adequados para sua consecução, de forma a promover novas licitações cujos contratos obedecerão ao arcabouço legal mais sofisticado e robusto da nova lei.

4 As ferramentas jurídicas da universalização II: o protagonismo da ANA como centro de solução de disputas e excelência técnica

Em janeiro de 2000, foi promulgada a Lei nº 9.433, que instituiu A Política Nacional de Recursos Hídricos, e neste contexto a ANA foi criada como Agência Nacional de Águas pela Lei nº 9.984, de 17 de julho de 2000. O objetivo original da ANA era servir como a entidade federal de implementação da Política Nacional de Recursos Hídricos no âmbito do Sistema Nacional de Gerenciamento de Recursos Hídricos.

Como já visto, a Lei nº 11.445/2007 foi o primeiro marco legal federal do saneamento básico, com base na competência constitucional que lhe foi atribuída pelo art. 21, XX, da Constituição Federal. A Lei nº 11.447/2007 também tratou da forma pela qual o saneamento básico deveria ser regulado, estabelecendo princípios a serem observados na redação original de seu art. 21, como: (i) independência decisória, incluindo autonomia administrativa, orçamentária e financeira da entidade reguladora; e (ii) transparência, tecnicidade, celeridade e objetividade das decisões. O Novo Marco do Saneamento alterou esse dispositivo e passou a exigir que a regulação estivesse especificamente sob responsabilidade de *entidade de natureza autárquica*, ou seja descentralizada para entidade da

Administração Pública indireta com o objetivo de conferir mais robustez aos requisitos e princípios já constantes da redação original do artigo.

Contudo, a titularidade dos serviços de saneamento básico no Brasil, sendo dispersa entre diversos municípios e entidades colegiadas em casos de prestação regionalizada, implica uma multiplicidade de agentes reguladores. A fragmentação regulatória constitui fator significativo de custos de transação, que impactam financeiramente não somente os prestadores de serviços como também o Poder Público (principalmente em questões de estruturas de custo e reequilíbrio econômico-financeiro) e os usuários do serviço público, por meio das tarifas. Custos maiores também prejudicam investimentos, inclusive aqueles necessários para a consecução de metas de universalização e de manutenção das infraestruturas existentes.

Além disso, as peculiaridades de cada município ou região, e diferentes estilos, estratégias, processos e ambientes de regulação, com alta assimetria procedimental, material e organizacional, também exigem dos agentes econômicos investimentos significativos para compreender e dominar o arcabouço regulatório aplicável ao mesmo serviço em cada uma delas, já que muitas empresas atuam em localidades diferentes, sujeitas a contratos e agências reguladoras diferentes.[8]

Considerando as dificuldades práticas de uma atuação regulatória tão dispersa, em um setor que exige tantos investimentos e cuja complexidade técnica é tão elevada, o Novo Marco do Saneamento passou a atribuir à ANA competências de uniformização no âmbito do setor de saneamento básico. Isso permite que a ANA seja um vetor de segurança jurídica nos arranjos públicos e privados, e como consequência, atração de mais investimento privado ao setor, e de uniformização dos diferentes regramentos aplicáveis ao setor do saneamento básico em seus múltiplos arranjos institucionais. Nesse sentido, a ANA também altera a Lei nº 9.984/2000 e muda o nome da ANA para "Agência Nacional de Águas *e Saneamento Básico*".

Assim, a ANA passa a ter atribuições importantes. Uma delas é de instância de coleta e gestão de dados em âmbito nacional e

---

[8] AGÊNCIA NACIONAL DE ÁGUAS E SANEAMENTO BÁSICO – ANA, *op. cit.*, p. 34.

difusão do conhecimento no âmbito do saneamento básico. A ideia é que a ANA não se sobreponha à atuação das agências reguladoras, mas sim que lhes sirva como central de produção de conhecimento técnico e tecnológico, para que elas possam cumprir da melhor forma possível com suas atribuições legais.

Por exemplo, a Lei nº 9.984/2000 prevê que compete à ANA a realização de estudos técnicos para o desenvolvimento das melhores práticas regulatórias para os serviços públicos de saneamento básico, bem como guias e manuais para subsidiar o desenvolvimento das referidas práticas (Art. 4º-A, §10) e a capacitação de recursos humanos para a regulação adequada e eficiente do setor de saneamento básico (Art. 4º-A, §11). Além disso, considerando que a ANA também detém competência em relação à regulação do uso dos recursos hídricos e a forte interdependência entre as políticas de recursos hídricos e as de saneamento básico, a lei também dá a ela um papel de articulação entre o Plano Nacional de Saneamento Básico, o Plano Nacional de Resíduos Sólidos e o Plano Nacional de Recursos Hídricos (Art. 4º-A, §11).

O art. 8º da Lei nº 9.984/2000 prevê, em seu art. 8º, que a ANA poderá criar mecanismos de credenciamento e descredenciamento de técnicos, de empresas especializadas, de consultores independentes e de auditores externos, para obter, analisar e atestar informações ou dados necessários ao desempenho de suas atividades. Aqui o legislador assume que a *expertise* técnica acumulada pela ANA em relação ao quadro geral do saneamento básico em nível federal permite a ela avaliar quais pessoas ou entidades podem ou não ser credenciadas como especialistas no setor.

A lei também atribui à ANA o papel de mecanismo alternativo ao Judiciário de resolução de disputas. A ideia é que o amadurecimento institucional e a profunda *expertise* técnica da ANA a habilite a ser escolhida, em caráter voluntário e com sujeição à concordância entre as partes, como instância mediadora ou mesmo arbitral em conflitos que envolvam titulares, agências reguladoras ou prestadores de serviços públicos de saneamento básico. Existe aí um incentivo por parte do legislador de que a ANA não seja somente um espaço de sofisticada capacidade técnica e jurídica no setor de saneamento, mas também imparcial e de reputação para a solução de disputas entre os atores do setor, já que para exercer essa atribuição ela contará com a concorrência de câmaras arbitrais e de mediação mais consolidadas (Art. 4º-A, §5º). Reforçando esse novo desenho institucional da ANA, o Decreto nº 10.710 previu que poderão ser submetidos à ANA conflitos decorrentes de decisão que nega a comprovação da capacidade econômico-financeira ou entre reguladores distintos em relação ao mesmo prestador de serviços para mediação ou arbitramento (Art. 25).

Do ponto de vista de criatividade institucional, a ANA não é somente uma agência reguladora cujo objetivo é o de produzir normas e de sancionar. Na verdade, o Novo Marco do Saneamento torna a ANA um *hub* de informações e excelência técnicas, jurídicas e econômicas do setor, um espaço de diálogo e troca de conhecimento entre agências reguladoras, os mais diversos níveis de governo e o setor privado, bem como *câmara arbitral e de mediação*. A posição da ANA no âmbito do Governo Federal com as competências decorrentes da nova lei dá a ela protagonismo com vistas a se dar concretude à finalidade da regulação, que é justamente a universalização do saneamento básico no país.

5 As ferramentas jurídicas da universalização III: transferência de tecnologia regulatória por meio de normas de referência

A competência mais importante atribuída à ANA neste novo desenho institucional está ligada às normas de referências. Nesse sentido, o próprio art. 1º da Lei nº 14.026/2021 prevê que um de seus objetivos é alterar a Lei nº 9.984/2000, para atribuir à ANA a competência para instituir normas de referência para a regulação dos serviços públicos de saneamento básico.

Os arts. 1º e 3º da Lei nº 9.984, de 17 de julho de 2000, preveem as competências da ANA em relação à instituição de normas de referência para a regulação dos serviços públicos de saneamento básico por seus titulares e agências reguladoras, ao passo que o art. 4º-A detalha o objeto dessas normas, as finalidades, seu processo de adoção. Essas normas obedecem às diretrizes previstas na própria lei geral do saneamento básico, a Lei nº 11.445/2007, cujo art. 25-A, também introduzido pelo Novo

Marco do Saneamento, também prevê a competência de a ANA instituir normas de referência.

À ANA também cabe avaliar o impacto regulatório e o cumprimento das suas normas de referência. A avaliação de impacto regulatório foi trazida pela Lei nº 13.874, de 20 de setembro de 2019, também conhecida como a "Lei da Liberdade Econômica", e tem por objetivo avaliar os possíveis efeitos do ato normativo para verificar a razoabilidade do seu impacto econômico (art. 5º), sendo que na esfera federal a AIR, como também é chamada, foi regulamentada pelo Decreto nº 10.411, de 30 de junho de 2020.

As normas de referências devem tratar das matérias previstas no art. 4º-A, §1º, da Lei nº 9.984/2000. São elas:

(i) padrões de qualidade e eficiência na prestação, na manutenção e na operação dos sistemas de saneamento básico;

(ii) regulação tarifária dos serviços públicos de saneamento básico, com vistas a promover a prestação adequada, o uso racional de recursos naturais, o equilíbrio econômico-financeiro e a universalização do acesso ao saneamento básico;

(iii) padronização dos instrumentos negociais de prestação de serviços públicos de saneamento básico firmados entre o titular do serviço público e o delegatário, os quais contemplarão metas de qualidade, eficiência e ampliação da cobertura dos serviços, bem como especificação da matriz de riscos e dos mecanismos de manutenção do equilíbrio econômico-financeiro das atividades;

(iv) metas de universalização dos serviços públicos de saneamento básico para concessões que considerem, entre outras condições, o nível de cobertura de serviço existente, a viabilidade econômico-financeira da expansão da prestação do serviço e o número de municípios atendidos;

(v) critérios para a contabilidade regulatória;

(vi) redução progressiva e controle da perda de água;

(vii) metodologia de cálculo de indenizações devidas em razão dos investimentos realizados e ainda não amortizados ou depreciados;

(viii) governança das entidades reguladoras, conforme princípios estabelecidos no art. 21 da Lei nº 11.445/2007;

(ix) reúso dos efluentes sanitários tratados, em conformidade com as normas ambientais e de saúde pública;
(x) parâmetros para determinação de caducidade na prestação dos serviços públicos de saneamento básico;
(xi) normas e metas de substituição do sistema unitário pelo sistema separador absoluto de tratamento de efluentes;
(xii) sistema de avaliação do cumprimento de metas de ampliação e universalização da cobertura dos serviços públicos de saneamento básico;
(xiii) conteúdo mínimo para a prestação universalizada e para a sustentabilidade econômico-financeira dos serviços públicos de saneamento básico.

O conceito de normas de referência tem uma finalidade clara de harmonização regulatória, uniformização e segurança jurídica, além de melhoria qualitativa das normas editadas pelas diversas agências reguladoras com competência no setor de saneamento básico no Brasil. O reconhecimento de que o atual modelo de prestação dos serviços de saneamento básico não atingiu os resultados de políticas públicas desejados e a transferência da esfera contratual à regulatória de matérias relevantes como indenizações, formas de extinção contratual e divisão de risco, permite a simplificação e a previsibilidade – fatores essenciais para a condução dos investimentos necessários à universalização. Nesse sentido, o art. 23 da Lei nº 11.445/2007 determina às agências reguladoras a observância das diretrizes determinadas pela ANA ao editar normas relativas às dimensões técnica, econômica e social de prestação dos serviços públicos de saneamento básico.

De forma mais concreta, a Lei nº 9.984/2000 lista os objetivos das normas de referência em seu art. 4º-A, §3º:
(i) promover a prestação adequada dos serviços, com atendimento pleno aos usuários, observados os princípios da regularidade, da continuidade, da eficiência, da segurança, da atualidade, da generalidade, da cortesia, da modicidade tarifária, da utilização racional dos recursos hídricos e da universalização dos serviços;
(ii) estimular a livre concorrência, a competitividade, a eficiência e a sustentabilidade econômica na prestação dos serviços;

(iii) estimular a cooperação entre os entes federativos com vistas à prestação, à contratação e à regulação dos serviços de forma adequada e eficiente, a fim de buscar a universalização dos serviços e a modicidade tarifária;
(iv) possibilitar a adoção de métodos, técnicas e processos adequados às peculiaridades locais e regionais;
(v) incentivar a regionalização da prestação dos serviços, de modo a contribuir para a viabilidade técnica e econômico-financeira, a criação de ganhos de escala e de eficiência e a universalização dos serviços;
(vi) estabelecer parâmetros e periodicidade mínimos para medição do cumprimento das metas de cobertura dos serviços e do atendimento aos indicadores de qualidade e aos padrões de potabilidade, observadas as peculiaridades contratuais e regionais;
(vii) estabelecer critérios limitadores da sobreposição de custos administrativos ou gerenciais a serem pagos pelo usuário final, independentemente da configuração de subcontratações ou de subdelegações; e
(viii) assegurar a prestação concomitante dos serviços de abastecimento de água e de esgotamento sanitário.

A lei atribui a titularidade e regulação direta dos serviços de saneamento básico aos municípios e ao Distrito Federal, no caso de interesse local, e aos Estados em conjunto com os municípios, no caso de regionalização da prestação dos serviços. É por isso que a agência reguladora designada pelo titular dos serviços detém a competência regulatória. As normas de referência não visam substituir diretamente as normas das agências reguladoras, mas sim uniformizar os critérios gerais de regulação. É importante ressaltar que as peculiaridades de cada município ou região deverão ser levadas em consideração pela agência reguladora ao desempenhar suas atribuições legais. Em respeito ao princípio federativo, as normas da ANA são de observância voluntária pelas agências reguladoras locais.[9]

Mas qual seria o mecanismo de *enforcement* previsto na lei? Na verdade, ao em vez de criar uma obrigatoriedade jurídica, o que

---

[9] AGÊNCIA NACIONAL DE ÁGUAS E SANEAMENTO BÁSICO – ANA, *op. cit.*, p. 35.

esbarraria em óbices de natureza legal ou constitucional, a solução encontrada pelo legislador foi vincular o fornecimento de recursos públicos da União ou acesso aos recursos geridos ou operados por órgãos ou entidades da administração pública federal à observância das normas de referência expedidas pela ANA, conforme o art. 50, III, da Lei nº 11.445/2007.

A realização de obras de infraestrutura em saneamento básico é de natureza complexa, exige um volume significativo de investimentos em adutoras, sistemas de tubulação, estações de tratamento de água e esgoto, perfurações e diversas intervenções administrativas em espaços públicos e privados, com elevados riscos. É por isso que os investimentos também são elevados e exigem uma quantidade grande de recursos para atendimento das despesas operacionais e de capital. Dado que os muitos Estados e municípios brasileiros contam com restrições orçamentárias, a adesão dos reguladores às normas de referência da ANA é muito importante para que os recursos necessários sejam obtidos para as obras de universalização, reparos e manutenção da infraestrutura de saneamento básico. As normas de referência são um mecanismo muito importante para superar o problema da fragmentação normativa, e seu desenho institucional previsto no Novo Marco do Saneamento é chave para legitimar sua adesão pelos reguladores locais e regionais.

Em relação ao processo de adoção, o Novo Marco do Saneamento reconhece que as diferentes agências reguladoras enfrentam diferentes circunstâncias em termos de recursos humanos, técnicos e financeiros, e por isso a Lei nº 9.984/2000, em seu art. 4º-B, §1º, prevê que a própria adoção das normas de referência será objeto de um ato normativo específico. Esse ato normativo disciplinará os requisitos e procedimentos a serem observados pelas entidades encarregadas da regulação e da fiscalização dos serviços públicos de saneamento básico, para a comprovação da adoção das normas regulatórias de referência, que poderá ser gradual, de modo a preservar as expectativas e os direitos decorrentes das normas a serem substituídas e a propiciar a adequada preparação das entidades reguladoras.

Como visto, a ideia do legislador é a de que ANA seja um espaço de discussão ativa, troca de conhecimento, experiências e desenvolvimento de *expertise* técnica para *transferência de tecnologia regulatória* para as agências reguladoras. O processo de construção das normas de referência não é diferente. Essa transferência não ocorre só de forma vertical, mas também pressupõe o compartilhamento de informações e de sugestões das próprias agências para com a ANA, de acordo com o desenvolvimento técnico, histórico de problemas e experiências, processos de construção institucional muitas vezes com base em tentativa e erro de cada uma delas.

O art. 4º-A, §4º, da Lei nº 9.985 prevê que a ANA deverá implementar um modelo de participação ativa pelos reguladores na construção de suas normas de referência. Seus incisos preveem: a avaliação das melhores práticas regulatórias do setor, ouvidas as entidades encarregadas da regulação e da fiscalização e as entidades representativas dos municípios; a realização de consultas e audiências públicas, de forma a garantir a transparência e a publicidade dos atos, bem como a possibilitar a análise de impacto regulatório das normas propostas; e a possibilidade de constituir grupos ou comissões de trabalho com a participação das entidades reguladoras e fiscalizadoras e das entidades representativas dos municípios para auxiliar na elaboração das referidas normas.

6 Conclusão

O Novo Marco do Saneamento apresenta um grande potencial de efetividade justamente porque é construído com base em um conceito de criatividade institucional. Esse caminho está ligado intimamente à identificação de arranjos institucionais causadores da desigualdade e de ineficiência produtiva e à criação de instituições e ferramentas jurídicas criativas que possam combatê-los.

Dentro das três ferramentas jurídicas analisadas aqui, nós encontramos alguns conceitos importantes sendo adotados pelo legislador, como a incorporação do papel dos *gatekeepers* na avaliação da capacidade econômico-financeira dos prestadores de serviço de água e esgoto, o desenho institucional da ANA não somente como agência reguladora nos moldes clássicos, mas como instância de produção de conhecimento técnico e reunião de dados, de *transferência de tecnologia regulatória* e como ambiente institucional de solução de disputas em virtude de sua especialização. Entendemos que o desenho institucional vislumbrado pelo legislador com base em inovações e criatividade para a solução de um problema tão prejudicial ao nosso desenvolvimento, como a insuficiente cobertura de acesso à água e ao esgoto tratado, pode se transformar em um instrumento muito significativo de eficácia dos objetivos almejados de universalização e qualidade de prestação dos serviços.

Informação bibliográfica deste texto, conforme a NBR 6023:2018 da Associação Brasileira de Normas Técnicas (ABNT):

GOUVÊA, Carlos Portugal; YOSHIKAWA, Caio Henrique. Inovação e direito no setor de saneamento: mudanças institucionais do Novo Marco do Saneamento no Brasil. *In*: ZULIANI, Geninho; DAL POZZO, Augusto Neves (coords). *Saneamento básico*: uma lei e um marco. Belo Horizonte: Fórum, 2023. p. 383-402. ISBN 978-65-5518-485-3.

O CARÁTER PÚBLICO DO NOVO MARCO LEGAL DO SANEAMENTO

DEPUTADO CARLÃO PIGNATARI

1 Introdução

Não estamos diante de uma lei qualquer – o Novo Marco Legal do Saneamento[1] trouxe um conjunto significativo de alterações no ordenamento da política nacional de saneamento básico, que produzirá consequências com impactos no modo de regulação e na prestação dos serviços de saneamento em todo o país.

Próximo de comemorar o segundo ano de aniversário desde sua recepção como instrumento legal no ordenamento jurídico brasileiro, a nova lei vem sendo objeto de muitas considerações e polêmicas muitas vezes contaminadas pelo clima de disputa ideológica que conflagra o país desde a disputa eleitoral de 2018.

Convidado a tratar do tema por amigos, que sei, verdadeiramente interessados e comprometidos com um debate voltado ao interesse público e ao desenvolvimento material e humano de nossa sociedade, preocupei-me em apresentar uma consideração a respeito da nova lei que ressalte a importância, para o País, de estarmos enfrentando o problema do saneamento básico sem, contudo, deixar de apontar os problemas que vejo na política pública traduzida neste instrumento.

Arrisco-me ainda a uma consideração um tanto teórica, mas que considerei fundamental para o argumento, nos aspectos centrais que opõem opiniões em campos distintos sobre a nova lei, com a intenção de tentar jogar um pouco de luz sobre o debate ideológico que sustenta a oposição entre público e privado e que, por vezes, impede as pessoas de discutirem o tema de forma sóbria, sem a necessidade de agressões ou cancelamentos.

---

[1] Lei Federal nº 14.026/2020.

Não poderia deixar de situar o Estado de São Paulo no debate nacional, trazendo algumas considerações sobre o saneamento básico em nossas terras e as implicações do Novo Marco Legal por aqui.

Por fim, concluo, de forma modesta, sem a pretensão de formular nenhuma proposição objetiva nem tampouco firmar posição a favor ou contra a lei, muito ao contrário, ressaltando a sua legitimidade e confiante de que, de alguma forma, como homem público, como empresário e como cidadão, possa dar a minha contribuição para o aperfeiçoamento da legislação e a consecução de seus objetivos em favor da população do Estado de São Paulo e do nosso querido Brasil.

2 Da necessidade e dos problemas na nova Lei

Com os dados mais recentes apresentados no Panorama do Saneamento Básico no Brasil de 2021,[2] obtidos em pesquisa de campo realizada em 2020, em termos da oferta de água constata-se que cerca de 175,5 milhões de pessoas no Brasil são atendidas por um sistema de abastecimento de água completo ou simplificado, o que corresponde ao índice de atendimento de 84,2% da população total residente. Esses números desconsideram as soluções individuais com alternativas de acesso ao abastecimento de água, como, por exemplo, poços artesianos ou sistemas de captação de águas pluviais. Além disso, é importante ressaltar a desigualdade regional em nosso país, que faz com que a Região Norte atenda apenas a 58,9% de sua população, e o Sudeste, 91,3%.

No que diz respeito ao esgotamento sanitário, infelizmente a situação do país é ainda mais complicada; os dados indicam que apenas 55% da população total são atendidos por rede coletora de esgotos, ressaltando-se que nesse percentual não se incluem os atendimentos por meio de fossas sépticas. Ainda mais complexa é a questão do tratamento adequado do esgoto, na medida em que, do volume coletado, apenas 79,8% recebem algum tipo de tratamento antes de serem lançados no corpo receptor (rios, lagos ou oceano).

---

[2] http://www.snis.gov.br/downloads/panorama/PANORAMA_DO_SANEAMENTO_BASICO_NO_BRASIL_SNIS_2021.pdf

Da mesma forma que na distribuição de água, a oferta de serviço de esgotamento sanitário também padece de forte desigualdade regional com as regiões Norte e Nordeste, ostentando os menores índices de tratamento de esgoto do país.

A situação dos resíduos sólidos, vulgarmente denominados como lixo, é ainda mais complexa. Em que pese termos atingido uma cobertura de 90,5% da população brasileira atendida por serviços de coleta de resíduos sólidos, chegando nas cidades a 98,7%, números que em termos absolutos apontam para a universalização do atendimento, quando escrutinados mais detalhadamente, demonstram grande fragilidade, isso porque a Política Nacional de Resíduos Sólidos expressa na Lei Federal nº 12.305/2010 institui uma hierarquia para valorar os resíduos sólidos e determina um conjunto de ações para redução de volume, passando pela reutilização, reciclagem, tratamento dos rejeitos orgânicos, transformação e, por fim, quando esgotadas todas essas alternativas, a disposição final ambientalmente adequada dos rejeitos.

Para o adequado cumprimento das diretrizes expressas por essa política, é fundamental a separação dos resíduos sólidos no nível doméstico, comercial e industrial, a coleta diferenciada de resíduos orgânicos e secos e as atividades de triagem, reaproveitamento e reciclagem.

É quando consideramos todo o processo necessário à denominada economia circular[3] que os números indicados alhures deixam de traduzir a preocupante realidade brasileira. Se verificarmos apenas a cobertura de coleta diferenciada (coleta seletiva), verificamos que apenas 36,3% dos municípios realizam alguma modalidade, seja porta a porta ou ponto a ponto, mas, mesmo sobre esse percentual reduzido é preciso ainda alguma reserva, já que dificilmente ele traduz um atendimento a todo o município, expressando, na maioria dos casos, a coleta seletiva somente nas áreas de centro das cidades, por compreenderem espaços com atividades comerciais em que há uma concentração de resíduos recicláveis em quantidade superior a regiões estritamente

---

[3] O processo cíclico inicia-se no reaproveitamento de matéria para produção e depois segue a ordem de utilizar, reutilizar, refazer e reciclar, voltando assim à etapa inicial da produção e fechando o ciclo – ao mesmo tempo que começa um novo.

domiciliares. O dado mais relevante, neste quesito, é que da massa total de resíduos sólidos coletados estima-se um potencial de recuperação de 30%, no entanto no Brasil recuperou-se apenas 5,4% do total que poderia ter sido recuperado, ou seja, 2,3% do total coletado.

Outra questão perturbadora em relação aos resíduos sólidos em nosso país é a da destinação final dos resíduos. No ano de 2020, foi estimada a disposição de 48,5 milhões de toneladas de resíduos sólidos em 652 aterros sanitários, considerados adequados ambientalmente, segundo critérios de controle, o que representou 73,8% do total de resíduos encaminhados para essas unidades de disposição final. Contabilizou-se 17,1 milhões de toneladas dispostas em unidades de disposição final consideradas inadequadas (617 aterros controlados e 1.545 lixões), que correspondem, juntas, a 26,2% do total.

Esses dados justificam a preocupação com a questão do saneamento básico no Brasil e impõem a necessidade de instrumentos que possam acelerar o investimento no setor, com vistas a efetiva universalização do atendimento na oferta de água potável, coleta, afastamento e tratamento de esgoto e serviços de limpeza ambientalmente sustentáveis.

A estratégia de política nacional mais relevante para dar conta desse conjunto de questões se traduz no que se convencionou chamar de Novo Marco Legal do Saneamento Básico. Trata-se de legislação complexa que alterou sete leis já existentes que, no seu conjunto, regulavam todo o setor de saneamento básico no Brasil. Nas palavras de De Sousa (2020), trata-se da intervenção mais radical já realizada no setor desde o Plano Nacional de Saneamento (PLANASA) em 1970.

O propósito declarado da legislação é acelerar o atendimento de toda a população brasileira, cumprindo dessa forma o previsto no Plano Nacional de Saneamento Básico (PNSB) de 2013,[4] agora traduzido na nova lei de assegurar a prestação dos serviços públicos de saneamento básico com atendimento de 99% de toda a população

---

[4] O PNSB foi instituído por Decreto Federal nº 8.141/2013 e revogado pelo Decreto Federal nº 10.473 de 2020, logo após a sanção da Lei que institui o Novo Marco Legal do Saneamento.

brasileira com água potável e 90% com coleta e tratamento de esgotos até 31 de dezembro de 2033.

Quanto aos resíduos sólidos, as metas para a universalização dos serviços de disposição final ambientalmente adequadas ficaram mais próximas, estando já vencidas em agosto de 2021 para capitais e municípios integrantes de Regiões Metropolitanas; em agosto de 2022 para municípios com população superior a 100.000 habitantes; em agosto de 2023 para municípios com população entre 50.000 e 100.000 habitantes, e em agosto de 2024 para municípios com menos de 50.000 habitantes.

A estratégia fundamental adotada pelo Novo Marco Legal do Saneamento para atingir as metas de universalização propostas é criar as condições para que a oferta dos serviços seja implementada pela iniciativa privada atraindo, assim, capitais não mobilizados pelos orçamentos públicos. O pressuposto nessa estratégia é a impossibilidade de o modelo atual, fortemente concentrado na oferta de serviços pelas Companhias Estaduais de Saneamento Básicos e por alguns serviços autônomos municipais de água e esgoto, dar conta do volume de investimentos requeridos para o processo de universalização.

Segundo estimativas feitas pelo Governo,[5] seriam necessários R$500 bilhões em investimentos no setor até 2033. Cálculos privados[6] apontam para a necessidade de R$753 bilhões, por consideraram a necessidade de remunerar as depreciações das redes e ativos existente. Seja pelos cálculos do Governo ou pelos números da iniciativa privada, o que importa é que o nível de investimento no setor até 2019,[7] na ordem de R$2,1 bilhão naquele ano, indicam a absoluta assimetria entre a realidade dos investimentos e as necessidades do setor.

Passados pouco mais de dezesseis meses desde que foi sancionada a Lei, o Governo comemorava o aumento em dez vezes

---

[5] https://www.gov.br/economia/pt-br/acesso-a-informacao/acoes-e-programas/principais-acoes-na-area-economica/acoes-2020/novo-marco-do-saneamento-basico?msclkid=0aba180baddd11ecbb8155189502e42e

[6] https://www.cnnbrasil.com.br/business/um-ano-apos-novo-marco-33-dos-investimentos-em-saneamento-sao-do-setor-privado/

[7] https://www.gov.br/pt-br/noticias/assistencia-social/2019/12/governo-federal-investe-r-2-1-bilhoes-em-saneamento-em-2019

no volume de investimentos em saneamento básico no Brasil, impulsionados pelo Novo Marco Legal do Saneamento.[8] Segundo os dados divulgados, a média de investimentos anuais antes da Lei era de R$3,5bilhões, e nos dezesseis meses seguintes foi possível contabilizar mais de R$35bilhões.

Olhando apenas para esses números, é de fato considerável o salto nos investimentos, que sinalizam otimismo quanto à estratégia de contar com os recursos privados para tirar, de vez, o Brasil do atraso em saneamento básico a que se encontra relegado.

Quando, entretanto, vamos observar mais de perto os dados, constatamos que desde a sanção da legislação, no balanço de um ano, feito em agosto do ano de 2021,[9] o país contabilizava a realização de quatro certames com vistas a atrair recursos privados para o saneamento básico, sendo que o maior deles ocorreu no Estado do Rio de Janeiro com a concessão da Companhia Estadual de Águas e Esgotos (CEDAE). Esse foi o leilão que recebeu o maior aporte financeiro do setor privado para ações de saneamento até agora. A concorrência levantou cerca de R$29,7 bilhões em investimentos, ou seja, quase 85% do total apresentado pelo Governo como resultado dos primeiros dezesseis meses de vigência da nova Lei. Os números sinalizam para o interesse concentrado nos mercados operados pelas companhias estaduais de saneamento já consolidadas em grandes regiões metropolitanas do país.

Olhar para os investimentos captados é uma das formas possíveis para avaliar a eficácia da política pública proposta pelo Novo Marco Legal do Saneamento, dada a enorme discrepância entre a necessidade de investimentos e a efetiva capacidade de investir do Estado, tão carente de recursos que viabilizem infraestrutura para a oferta eficiente e equânime dos serviços.

---

[8] https://agenciabrasil.ebc.com.br/geral/noticia/2021-11/investimentos-em-saneamento-cresceram-10-vezes-em-um-ano-diz-ministro?msclkid=a02ad2b7ade411ecb9be9f265736bef0

[9] https://www.gov.br/pt-br/noticias/transito-e-transportes/2021/08/com-investimentos-de-mais-de-r-940-milhoes-governo-federal-fomenta-melhorias-dos-servicos-de-saneamento-basico-pelo-brasil#:~:text=b%C3%A1sico%20pelo%20Brasil-,Com%20investimentos%20de%20mais%20de%20R%24%20940%20milh%C3%B5es%2C%20Governo%20Federal,de%20saneamento%20b%C3%A1sico%20pelo%20Brasil&text=O%20Governo%20Federal%2C%20por%20meio,de%20obras%20de%20saneamento%20b%C3%A1sico.

Entretanto, é necessário reconhecer que essa não pode ser a única abordagem avaliativa. Muitos especialistas, pesquisadores no tema, preocupam-se com a sustentabilidade deste modelo considerando, principalmente, o impacto sobre as tarifas dos serviços. A experiência internacional relatada por De Sousa (2020) demonstra que:

> Diversas cidades que privatizaram o saneamento desistiram e retomaram os serviços. Os motivos listados foram basicamente: subinvestimento, disputa sobre custos operacionais, aumento brutal de preços e tarifas, dificuldade em monitorar os operadores privados, falta de transparência financeira, demissão da mão de obra e baixa qualidade geral do serviço prestado (DE SOUSA, 2020, p. 1).

Em outro trabalho, Paganini e Bocchiglieri (2021) põem em dúvida a capacidade de empresas privadas atenderem objetivos contraditórios de prover serviços a populações carentes com tarifas módicas e ao mesmo tempo equilibrarem seus custos e obterem lucros exclusivamente pela cobrança de tarifas e preços, a propósito da nova legislação. Concluem os autores: "o Novo Marco não oferece os estímulos necessários para isso, talvez pelas dificuldades em convergir objetivos divergentes, como o lucro pela iniciativa privada e a tarifa social para as populações carentes" (PAGANINI e BOCCHIGLIERI, 2021, p. 56).

Resta também uma preocupação que transcende a sociedade brasileira e hoje se espraia por boa parte da comunidade internacional que não acredita na capacidade deste Governo de propor e implementar uma agenda de sustentabilidade ambiental. Dadas as múltiplas controvérsias com que se envolveu nos primeiros anos de mandato em relação à política ambiental, é natural que a comunidade interna e externa desconfie do interesse e da capacidade de regulação pública de empresas privadas para que destinem esforços e recursos em iniciativas econômicas que sejam também ambientalmente sustentáveis.

O que percebo pairar de forma onipresente em todos os questionamentos sobre a eficácia do Novo Marco Regulatório do Saneamento Básico reatualiza a velha dicotomia entre o público e o privado, e tudo o que dela deriva, seja no campo pragmático, seja no campo ideológico.

3 Público e privado

Público e privado se apresentam como termos mutuamente excludentes, cada qual com forte conteúdo axiológico, produto de uma construção histórica, social, política, jurídica, econômica e cultural. Bobbio (1995) atribui ao par público/privado a condição de constituírem uma *grande dicotomia*,[10] conceito que empresta aos termos a peculiaridade de abrigar considerável quantidade de ideias que, no curso da história, vão variando de significados, dando-lhes característica polissêmica.

Uma precisa determinação desses termos exige o seu enquadramento em um período histórico e socialmente demarcado ao qual convencionamos chamar de moderno. Na modernidade, o conceito de público é costumeiramente confundido com o estatal, ao qual se associa o atributo da universalidade e do bem comum, ao passo que ao conceito de privado associa-se o indivíduo, o domínio da liberdade e das particularidades. Estado e indivíduo constituem-se, dessa forma, em termos que se alinham sob a grande dicotomia estabelecida pelo público e o privado que aborda Bobbio.

A dinâmica própria da sociedade constrói e reconstrói constantemente consensos advindos do permanente conflito de interesses expressos pelos atores sociais, o que coloca em questão a perenidade de certos conceitos. Faz sentido, portanto, submeter à revisão conceitual o significado de *público* e *privado* – e seu valor como categoria de análise na contemporaneidade.

O momento em que vivemos se apresenta como um tempo de fortes mudanças, em ritmo frenético, geradoras de permanentes indeterminações que anunciam novos paradigmas de compreensão da sociedade e mesmo do próprio conhecimento. Como bem precisou Sousa Santos: "Há um desassossego no ar. Temos a sensação de estar

---

[10] "Podemos falar corretamente de uma grande dicotomia quando nos encontramos diante de uma distinção da qual se pode demonstrar a capacidade: a) de dividir um universo em duas esferas, conjuntamente exaustivas, no sentido de que todos os entes daquele universo nelas tenham lugar, sem nenhuma exclusão, e reciprocamente exclusivas, no sentido de que um ente compreendido na primeira não pode ser contemporaneamente compreendido na segunda; b) de estabelecer uma divisão que é ao mesmo tempo total, enquanto todos os entes aos quais atualmente e potencialmente a disciplina se refere devem nela ter lugar, e principal, enquanto tende a fazer convergir em sua direção outras dicotomias que se tornam, em relação a ela, secundárias." (BOBBIO, 1995, p. 13-14)

na orla do tempo, entre um presente quase a terminar e um futuro que ainda não nasceu" (SOUSA SANTOS, 2005, p. 41).

O tema do público e do privado não pode ser dissociado de outras dicotomias ditas secundárias (BOBBIO, 1995) que com ele se articulam. Estado e indivíduos são termos de uma dessas dicotomias que se submetem à principal, na medida em que ao Estado fixou-se a ideia do público ou governo dos indivíduos que cuidaria, portanto, do bem comum. Ao indivíduo, por sua vez, atribuiu-se a ideia dos interesses privados, portanto, da liberdade individual.

Tema caro à ideologia liberal, o homem tomado singularmente como centro da sociedade é, a um só tempo, causa e consequência dessa sociedade, isto é, ela existe por ele e para ele, e, uma vez estruturado um conjunto de relações entre os indivíduos em que imperam os interesses individuais em conflito, emerge a necessidade de um organismo que delimite, por consentimento dos próprios indivíduos, as regras mínimas que possibilitam o desenvolvimento pleno das potencialidades individuais.

O Estado se constitui, nessa perspectiva, enquanto entidade apenas tolerada pelos indivíduos, impossibilitados de se desenvolver plenamente unicamente focados em seu próprio interesse, sem deflagrar guerra de todos contra todos.

Se, na alvorada da sociedade moderna, tolerou-se um Estado demasiado interventor e com grande poder sobre a sociedade, à medida que se consolidam os ideais do liberalismo – reforçados por uma visão iluminista –, cada vez menos se aceita o paradigma do Estado como realização suprema do interesse coletivo.

A perspectiva econômica clássica, inaugurada pela obra de Adam Smith (2003) no final do século XVIII, reforça ainda mais essa concepção, agora revestida por uma fundamentação ainda mais pragmática, pois toca o indivíduo nas suas relações cotidianas, muito mais de natureza econômica que político-filosófica. É a esse propósito que ele se refere em sua clássica obra *Riqueza das Nações*.

> Todo indivíduo está continuamente esforçando-se para achar o emprego mais vantajoso para o capital que possa comandar. É sua própria vantagem, de fato, e não a da sociedade, que ele tem em vista. Mas o estudo de sua própria vantagem, naturalmente, ou melhor, necessariamente, leva-o a preferir aquele emprego que é mais vantajoso para a sociedade (SMITH, 2003, p. 202).

A oposição ideológica entre o público e o privado se anuncia no campo do pensamento liberal que concebe a necessidade de um Estado para resguardar os interesses de propriedade e as liberdades individuais, mas que ao mesmo tempo desejam se resguardar dos excessos desse mesmo Estado nas iniciativas dos indivíduos.

Devemos a Hegel as primeiras formulações acerca do conceito de sociedade civil e a tentativa de conciliação dos interesses privados a necessidade do Estado regulando o que seja público. Em sua perspectiva, a sociedade civil é definida como um sistema de necessidades mútuas, uma estrutura de dependências recíprocas onde os indivíduos satisfazem as suas carências por meio de relações econômicas entre eles. Na sociedade civil, os indivíduos asseguram a defesa de suas liberdades, propriedades e interesses através da administração da justiça e das corporações. Trata-se da esfera dos interesses privados, econômico-corporativos e antagônicos entre si, arbitrados através da administração da justiça e com o sentido de utilidade comum assegurada pelo poder administrativo.

Em complementação a esse sistema, o Estado político, para Hegel, é a esfera dos interesses públicos e universais, na qual o antagonismo dos interesses privados encontra-se mediado e superado. O Estado não é, entretanto, mero resultado das contradições e dos interesses em conflito dos indivíduos, mas sim, a unidade. Não se trata de uma unidade qualquer, mas daquela que alcança expressar a efetiva realidade do indivíduo e assegurar-lhe o exercício da mais elevada expressão da liberdade. Em suas palavras:

> É o Estado a realidade em ato da liberdade concreta. Ora, a liberdade concreta consiste em a individualidade pessoal, com os seus particulares, de tal modo possuir o seu pleno desenvolvimento e o reconhecimento dos seus direitos para si (nos sistemas da família e da sociedade civil) que, em parte, se integram por si mesmos no interesse universal e, em parte, consciente e voluntariamente o reconhecem como seu particular espírito substancial e para ele agem como seu último fim. Daí provém que nem o universal tem valor e é realizado sem o interesse, a consciência e a vontade particulares, nem os indivíduos vivem como pessoas privadas unicamente orientadas pelo seu interesse e sem relação com a vontade universal; deste fim são conscientes em sua atitude individual. O princípio dos Estados modernos tem esta imensa força e profundidade: permitirem que o espírito da subjetividade chegue até a extrema autonomia da particularidade pessoal ao mesmo tempo que o reconduz à unidade substancial, assim mantendo esta unidade no seu próprio princípio (HEGEL, 1997, p. 225 - 226).

Esse ponto de vista hegeliano, que faz convergir no Estado a realização plena dos objetivos da sociedade e a fruição do máximo de liberdade nos indivíduos, será fortemente criticado por muitos filósofos e sociólogos que vieram depois dele – Max Weber foi um deles. Em Weber a concepção do Estado moderno ressalta o aspecto de este ser o detentor do monopólio legítimo do uso da força; nele podemos encontrar também a ideia do Estado composto por um aparato administrativo com a função de prover a prestação de serviços públicos, entre eles a função legiferante e a aplicação da justiça. Resulta disso a dominação burocrático-legal exercida no aparato burocrático do Estado e fundada no conhecimento metódico e racional dos trâmites legais e no domínio da técnica legiferante e em esquemas lógico-racionais argumentativos para a sua legitimação. Em investigação recente, feita a partir de um caso na ALESP, Sousa (2020) assim se manifesta:

> Como agrupamento político, a burocracia estatal está longe de se manter afastada da disputa de poder, suas demandas e reivindicações ainda que se apresentem com um certo verniz de imaterialidade ou de defesa de princípios éticos e valores universalistas, traduzem na essência uma disputa pelo poder, pelo controle do Estado, pela possibilidade de impor uma agenda aos demais agrupamentos (SOUSA, 2020, p. 30).

As análises de Weber ajudam a sustentar essa posição quando afirma: "Em um Estado moderno, o domínio efetivo, que não se manifesta nos discursos parlamentares nem em declarações de monarcas, mas sim no cotidiano da administração, encontra-se, necessária e inevitavelmente, nas mãos do funcionalismo" (WEBER, 2009, p. 529).

Rompe-se dessa forma a crença de que o Estado possa representar a síntese do interesse coletivo, e que esteja desprovido de interesses particulares. Par e passo com o desenvolvimento do capitalismo e os processos de globalização, vão se consolidando as ideias liberais que desconfiam do Estado como provedor de benefícios para a coletividade.

Essas são reflexões que servem para demonstrar a complexidade na formação de juízo axiológico acerca do público e do privado. As concepções passam por crenças e ideologias que ora atribuem a um, ora a outro, a primazia dos processos que levam ao progresso social e econômico em uma dada sociedade.

A dicotomia Estado/sociedade civil está repleta de contradições desde a constituição do Estado nacional e a consolidação da sociedade civil. Ainda assim, como nos assegura Sousa Santos (1990), essa dicotomia servia para explicar muitas das práticas sociais e políticas dos países capitalistas centrais nos séculos XIX e XX, o que deixou de ocorrer devido às mudanças sofridas no âmbito das sociedades contemporâneas, que levaram ao imbricamento dos conceitos que sustentavam a dicotomia.

Em seus próprios termos: "As transformações por que passaram recentemente as sociedades capitalistas aproximaram e interpenetraram de tal maneira o Estado e a sociedade civil que cada um deles se está progressivamente a transformar no duplo do outro" (SOUSA SANTOS, 1990, p. 23).

Nessa perspectiva, o público deixa de se confundir com o estatal, e o privado, com a sociedade civil, autorizando muitos dos arranjos que se tornaram comuns nos últimos vinte anos, nos quais empresas privadas orientadas para o lucro passaram a desenvolver atividades de interesse público antes reservadas ao Estado, e o próprio Estado passa a atuar por meio de organizações empresariais de capital aberto.

Esses novos arranjos, no entanto, não estiveram livres de preconceitos e avaliações fundadas em perspectivas ideológicas. Resulta daí a desconfiança, que emerge de parte da sociedade de civil, de que os processos de privatização do saneamento básico possam vir a produzir elevação de tarifas e resultar na exclusão dos menos capacitados economicamente, impossibilitando o atendimento das metas de universalização.

4 A estratégia no Novo Marco Legal do Saneamento

De acordo com os dados do Sistema Nacional de Informações em Saneamento Básico (SINISA), a maioria dos municípios brasileiros é atendida nos serviços de água por prestadores de serviços regionais e microrregionais (74%), notadamente companhias estaduais; em relação ao esgoto, os prestadores regionais ou microrregionais estão em menor número de municípios (31,15%), predominando as Prefeituras municipais (56,7%). Em ambos os casos, a participação de prestadores privados é muito pequena: abaixo dos 3%.

O Governo acredita que atrair recursos privados por meio da delegação dos serviços para as empresas privadas é a melhor forma de acelerar os investimentos no setor, e para isso é que está voltada toda a estratégia do Novo Marco Legal do Saneamento. Ocorre que muitas Companhias Estaduais de Saneamento ampliaram sua participação no mercado por meio dos contratos de programa – que são instrumentos de cooperação interfederativa que permitem aos municípios delegar os serviços de saneamento (notadamente água e esgoto) para os Estados sem que seja obrigatório recorrer à licitação – e realizaram investimentos na expansão dos serviços nesses municípios. A nova Legislação extingue esse instrumento, respeitando os prazos de vigência dos contratos, mas não contemplando as necessidades de amortização dos investimentos eventualmente feitos.

A Lei vai ainda mais longe ao criar uma série de mecanismos aos municípios e Estados para que privatizem suas companhias estaduais e municipais de saneamento, e aos municípios, para que não se oponham às mudanças de modelo propostas pelas companhias estaduais.

São estratégias que estão fortemente alicerçadas em um paradigma de que o investimento privado e operação voltada para o lucro serão suficientes para atingir as metas de universalização e os princípios de modicidade tarifária e equanimidade para toda a diversidade de situações de nosso imenso país.

Conforme temos argumentado, uma parcela da sociedade desconfia da eficácia dessa estratégia – e tem boas razões para assim proceder –, embora sejamos entusiastas da capacidade do setor privado em solucionar problemas com eficácia e de mobilizar investimentos, gerando empregos e prestando serviços de qualidade, somos forçados a reconhecer que a natureza específica dos serviços de saneamento exige uma grande atenção para a rentabilidade e os resultados financeiros do empreendimento, já que o volume dos investimentos é extremamente elevado, exigindo um longo período de amortização e capacidade de pagamento dos clientes/usuários atendidos.

Outro aspecto fundamental diz respeito à natureza econômica desses serviços que se consolidam em uma dada região como de monopólio natural, ou seja, não há possibilidade de concorrência na mesma base geográfica, uma vez que a rede não pode ser compartilhada por diferentes empresas, nem, tampouco, viabilizam-se infraestruturas paralelas em um mesmo território. Pelas mesmas razões, o modelo de negócio para esse serviço demanda atendimento integral a todos os clientes inseridos na região de atendimento, ou seja, o consumidor é cativo do prestador de serviço, já que não há concorrência; portanto, as tarifas e preços estabelecidos precisam ser compatíveis com as possibilidades de pagamento, para não ensejar insolvência ou desatendimento.

Todos esses aspectos colocam esta modalidade de serviço em uma categoria intermediária entre o serviço propriamente privado e o especificamente público, indicando a necessidade de uma regulação que permita atender tanto aos interesses das empresas privadas que decidam prestar o serviço, quanto aos dos particulares que dele fizerem uso.

5 O Estado de São Paulo

Dos 645 municípios do Estado de São Paulo, 366 são atendidos pela Companhia de Saneamento Básico do Estado de São Paulo (SABESP) através da concessão dos serviços de saneamento básico. Trata-se de empresa que nos enche de orgulho aqui em nosso Estado. Consolidando-se como a maior empresa da América Latina no setor de saneamento ambiental, com quase 50 anos de experiência em planejamento, estruturação, construção e administração dos sistemas de água e esgoto, a empresa é produto do trabalho incessante do povo paulista e de muitos colaboradores que por ela passaram e que lhe asseguraram reconhecimento internacional.

Conta com um quadro funcional de quase 20.000 colaboradores e atende a quase 28 milhões de pessoas. Levando em consideração, especialmente, sua responsabilidade social, a empresa tem como uma de suas maiores preocupações a conservação ambiental, pois muitas de suas atividades podem gerar impactos à saúde pública, ao meio ambiente e à qualidade de vida.

Para corresponder a essas exigências, adota a eficiência econômica e a consciência ecológica como critérios para a definição de suas políticas, prestação de serviços e controle de qualidade de seus produtos e serviços. Todos os seus processos possuem o Certificado de Qualidade ISO 9001:2000, e seus centros laboratoriais têm padrão de qualidade reconhecido internacionalmente pelo sistema de acreditação ISO/IEC 17.025.

A SABESP é uma empresa de economia mista e capital aberto com ações nas bolsas de valores de São Paulo e de Nova York, cujo acionista majoritário é o Governo do Estado de São Paulo, mas que está comprometida com a transparência e prestação de contas aos demais acionistas e a toda a população do Estado.

O Estado de São Paulo tem quase 96% dos domicílios atendidos no abastecimento de água e quase 80% conectados à rede de esgoto. Ainda que menos de 70% do esgoto coletado seja tratado, ainda há muito o que fazer.

No que diz respeito a destinação final dos resíduos sólidos em São Paulo, no ano de 2020 contávamos com 585 municípios dispondo seus resíduos de forma adequada em um dos 346 aterros sanitários existentes, todos monitorados pela agência ambiental do Estado, a CETESB.

6 Conclusão

Temos a compreensão de que, no âmbito de um Estado democrático, a sociedade manifesta suas preferências pelo voto, escolhendo entre duas ou mais propostas de governo. As políticas públicas, de maneira geral, são concebidas a partir do conjunto de elementos que conformam a visão de mundo dos vários grupos em disputa pelo poder político na sociedade. Nem sempre todos os temas trabalhados pelas propostas de governo entram no debate público. Muitas vezes, o debate ocorre a partir da própria proposta.

Não é, entretanto, incomum que um debate se desenvolva na esfera pública e dele decante o consenso que determina certas políticas públicas. Estas, concebidas total ou parcialmente no âmbito do Estado, não são estéreis; ao contrário, produzem impactos e efeitos[11] na sociedade, que se manifestam no mercado sob forma de ganhos ou perdas para este ou aquele indivíduo ou grupo social.

---

[11] O conceito de impacto e efeito com o qual trabalho é o expresso por DRAIBE (2001, p.21): "Impactos referem-se às alterações ou mudanças efetivas na realidade sobre a qual o

Esse espaço de debate público surge como pressuposto da visão liberal de mundo, uma espécie de mediação à existência do Estado, vez que se propõe a controlá-lo e até mesmo avaliá-lo. É no âmbito da esfera pública que se processam os assuntos de interesse público e que, portanto, devem ser tratados pelo Estado. Este, por sua vez, deve responder às emanações dessa esfera e prestar-lhe contas. Para tanto, instituições como a imprensa livre e autônoma em relação ao Estado bem como o instituto da garantia legal de liberdade de expressão tornam-se fundamentais.

É na esfera pública que se consolida a chamada opinião pública, algo possível nas grandes sociedades com o advento da comunicação de massa. A existência da própria sociedade civil está condicionada à formação dessa opinião pública, uma vez que dela depende a unidade do todo disperso e contraditório em que se constitui.

Sem opinião pública – o que significa, mais concretamente, sem canais de transmissão da opinião pública, que se torna "pública" exatamente enquanto transmitida ao público –, a esfera da sociedade civil está destinada a perder a própria função e, finalmente, a desaparecer (BOBBIO, 1995, p. 37).

Como nem sempre todos ganham com a implementação de dada política pública por parte do Estado, é legítimo empreender um processo de disputa entre os indivíduos ou grupos sociais em conflito por esta ou aquela concepção de política pública. Nessa disputa, entra em cena uma gama de variados mecanismos de captura de parcelas do poder do Estado no propósito de dirigir a concepção e/ou implementação de determinada política pública.

Estado e mercado configuram-se como espaços onde convivem inúmeros atores que se relacionam entre si e conformam os processos decisórios que dão concretude às políticas implantadas. É o produto da ação desses agentes que transitam pelos dois espaços que estrutura a política pública e molda os seus resultados.

O Novo Marco Legal do Saneamento concretiza uma dada política pública que resulta de uma perspectiva de uma parcela da sociedade que se legitimou no processo eleitoral para a gestão do

---

programa intervém e por ele são provocadas. (...) Efeitos referem-se a outros impactos do programa, esperados ou não, que afetam o meio social e institucional no qual se realizou".

Governo. É, portanto, um instrumento legítimo que, no entanto, não está a salvo de críticas, afinal, a liberdade política mais importante para os indivíduos se expressa justamente na possibilidade de se opor pacificamente, por meio de argumentos, ao poder dominante e, com isso, formular novas coalizões que possam alcançar o poder e revisar políticas públicas – aprimorando-as.

É nosso propósito contribuir com o debate acerca da eficácia da nova Lei reconhecendo seus acertos e estando atentos aos eventuais problemas que possa trazer, com o olhar particularmente voltado aos interesses da população do Estado de São Paulo e às suas organizações, que muito trabalho e esforço nos foram consumidos para construí-las.

Referências

BOBBIO, Norberto. *Liberalismo e democracia*. 6. ed. São Paulo: Brasiliense, 1994.

BOBBIO, Norberto. *Estado, governo, sociedade*. Para uma teoria geral da política. São Paulo: Paz e Terra, 1995.

BRASIL. Lei nº 14.026, de 15 de julho de 2020. Atualiza o marco legal do saneamento básico e dá outras providências. *Diário Oficial da União 2020*; 16 jul.

BRASIL. Lei nº 12.305, de 02 de agosto de 2010. Institui a Política Nacional de Resíduos Sólidos. *Diário Oficial da União 2010*; 03 ago.

DE SOUSA, A. C. A. *O que esperar do novo marco do Saneamento?* Cad. Saúde Pública; 36 (12): e00224020. Rio de Janeiro, 2020.

DRAIBE, Sônia Mirian. Avaliação de implementação: esboço de uma metodologia de trabalho em políticas públicas. *In*: BARREIRA, Maria Cecília Roxo Nobre e CARVALHO, Maria do Carmo Brant de (org.). *Tendências e perspectivas na avaliação de políticas e programas sociais*. São Paulo: IEE/PUCSP, 2001. p.13-42.

HABERMAS, Jürgen. *Factividade e validade*: contribuições para uma teoria discursiva do direito e da democracia. São Paulo: Editora Unesp, 2020.

HEGEL, Georg Wilhelm Friedrich. *Princípios da filosofia do direito*. São Paulo: Martins Fontes, 1997.

PAGANINI, W. S.; BOCCHIGLIERI, M.M. O Novo Marco Legal do Saneamento: universalização e saúde pública. *Revista USP*, nº 128. São Paulo, jan-mar2021. P.45-60.

SMITH, Adam. *Uma investigação sobre a natureza e causas da riqueza das nações*. São Paulo: Hemus, 2003.

SOUSA, A. C. A. O exercício do poder de fiscalização da Assembleia Legislativa do Estado de São Paulo e o fomento ao controle social. *In*: *Cadernos do ILP*: ensino – pesquisa – extensão cultural / Assembleia Legislativa. Instituto de Estudos, Capacitação e Políticas Públicas do Poder Legislativo do Estado de São Paulo – v. 1, n. 1-2 (dez. 2020). São Paulo: Instituto do Legislativo Paulista, 2020, p. 24-39.

SOUSA, K. L. O. *Educação superior* – uma luz sobre políticas de avaliação. São Paulo: Ed. Nova Consciência, 2013.

SOUSA SANTOS, Boaventura de. O Estado e o direito na transição pós-moderna: para um novo senso comum sobre o poder e o direito. *Revista Crítica de Ciências Sociais*. Portugal, nº 30, p. 13-44, junho1990. Disponível em: http://www.boaventuradesousasantos.pt/media/pdfs/Estado_Direito_Transicao_Pos-Moderna_RCCS30.PDF

SOUSA SANTOS, Boaventura de. *A crítica da razão indolente:* contra o desperdício da experiência. 5. ed. São Paulo: Cortez, 2005.

WEBER, Max. *Economia e sociedade:* fundamentos da sociologia compreensiva. 4. ed. 80 Vol.1 e 2 (Reimpressão). Brasília: Editora Universidade de Brasília, 2009.

WEFFORT, Francisco C. Marx: política e revolução. *In:* WEFFORT, Francisco C. (Org.). *Os clássicos da política*. Vol. II. 10. ed. São Paulo: Ática, 2002. p. 225-278.

Informação bibliográfica deste texto, conforme a NBR 6023:2018 da Associação Brasileira de Normas Técnicas (ABNT):

PIGNATARI, Carlos. O caráter público do Novo Marco Legal do Saneamento. *In:* ZULIANI, Geninho; DAL POZZO, Augusto Neves (coords). *Saneamento básico:* uma lei e um marco. Belo Horizonte: Fórum, 2023. p. 403-420. ISBN 978-65-5518-485-3.

NOVAS MODELAGENS CONTRATUAIS FRENTE À LEI FEDERAL Nº 14.026/20 (MARCO DE SANEAMENTO BÁSICO)

GUSTAVO JUSTINO DE OLIVEIRA
ANDRÉ CASTRO CARVALHO

1 Panorama contextual da regulação do saneamento básico no Brasil

A implementação e o nível de atendimento da população no saneamento básico possuem notória relação com o processo migratório da população rural para os grandes centros urbanos. Isso se deu em virtude de diversos fatores, entre os quais está a maior industrialização do Brasil, intensificada na segunda metade do século XX. Como consequência, as políticas públicas relativas ao saneamento básico não foram capazes de satisfazer a nova demanda que passou a surgir, deixando grande parte da população sem acesso a serviços básicos como água tratada, coleta e tratamento de esgoto, gestão de resíduos e limpeza urbana.

Assim, o breve histórico da regulação do saneamento no Brasil consiste no retrato das diversas estratégias técnico-jurídicas para proporcionar que mais cidadãos obtenham acesso a essas utilidades públicas[1] por meio da prestação de serviços públicos sob diversos regimes de gestão, e que foram surgindo na medida em que esse fenômeno se intensificava.

No setor de saneamento, três momentos distintos podem ser apontados dentro do planejamento governamental brasileiro.[2] De

---

[1] Com relação à expressão, ver: CARVALHO, André Castro. *Direito da infraestrutura: perspectiva pública*. São Paulo: Quartier Latin, 2014, p. 155.
[2] Conforme aponta Diogo de Figueiredo Moreira Neto (*Curso de direito administrativo*. 15. ed. Rio de Janeiro: Forense, 2010, p. 586): "(...) o *planejamento estatal* deve ser entendido nada mais que como um *conceito instrumental*, uma *técnica social*, para programar a correta concentração de *per* necessária para ser eficientemente empregada pelo aparelho administrativo do Estado para a racionalização de suas próprias atividades, tudo sob

início, houve o Plano Nacional de Saneamento (PLANASA), iniciado na década de 1970, o qual visou à criação e ao fortalecimento das empresas estaduais de saneamento, por meio de recursos repassados pelo Governo Federal.[3] Ou seja, o principal formato inaugural foi mediante a forte presença do Estado no setor.[4]

Em síntese, pode-se afirmar que: (i) à União competia a centralização das iniciativas de financiamento, bem como a definição das diretrizes e das políticas tarifárias das iniciativas de aprimoramento e expansão dos serviços de saneamento básico; (ii) aos Municípios que aderiram ao programa, coube a tarefa de delegar às companhias estaduais de saneamento (CESBs)[5] a prestação de tais serviços; (iii) às empresas estaduais cabia a ampliação e melhoria das ações de saneamento básico, de acordo com o financiamento e as diretrizes e políticas tarifárias definidas pela União.[6] As CESBs desfrutavam, portanto, de protagonismo no PLANASA e se multiplicaram ao longo das décadas de 1970 e 1980, em virtude, principalmente, das facilidades na obtenção de financiamento federal.[7] Além disso, cabe destacar que nessa década ocorreu o fenômeno da hiperinflação em toda a América Latina e

---

diretrizes constitucionais e em benefício da sociedade, pela concentração e direção de meios que dela retira para alcançar essas finalidades".

[3] TRINDADE, Karla Bertocco; ISSA, Rafael Hamze. Primeiras impressões a respeito dos impactos da Lei nº 14.026/20 nas atividades das empresas estaduais de saneamento: a questão da concorrência com as empresas privadas. In: GUIMARÃES, Bernardo Strobel; VASCONCELOS, Andréa Costa de; HOHMANN, Ana Carolina (Coord.). Novo marco legal do saneamento. Belo Horizonte: Fórum, 2021, p. 26.

[4] CARVALHO, André Castro. Direito da infraestrutura..., p. 72.

[5] "CESB" é uma nomenclatura genérica usada para se referir a companhias estaduais que prestam serviços de saneamento, como SABESP, SANEPAR e COPASA, por exemplo. O antigo art. 16 da Lei nº 11.445/07, revogado pela Lei nº 14.026/20, previa que a prestação regionalizada pode ser exercida por órgão, autarquia, fundação de direito público, consórcio público, empresa pública, sociedade de economia mista estadual ou empresas a que se tenham concedido os serviços. Existem também companhias municipais de saneamento. É o caso do SEMAE (Serviço municipal de água e esgotos), de São Leopoldo, no Rio Grande do Sul, autarquia municipal criada em 1971 pela Lei Municipal nº 1.648/71. No entanto, para o presente trabalho, utilizaremos o termo "CESB" e "estatal" como sinônimo, visto que seriam os principais focos de afetação do regime jurídico por meio das alterações do Novo Marco do Saneamento.

[6] TRINDADE, Karla Bertocco; ISSA, Rafael Hamze. Primeiras impressões..., op. cit., p. 27.

[7] TRINDADE, Karla Bertocco. A construção de um novo modelo institucional para o saneamento no Estado de São Paulo. In: MOTA, Carolina (Coord.). Saneamento básico no Brasil: aspectos jurídicos da Lei Federal nº 11.445/07. São. Paulo: Quartier Latin, 2010. pp. 290-291.

no Brasil, em que o crescimento das despesas públicas contribuiu sobremaneira para tal situação.[8]

Nesse primeiro momento, a participação privada no setor de saneamento básico era bastante tímida, assim como nos demais setores de infraestrutura do País. As primeiras iniciativas são datadas da década de 1990 e o advento das ideias de desestatizações e privatizações, com a criação do Programa de Assistência Técnica à Parceria Público-Privada em Saneamento (PROPAR) e o Programa de Financiamento a Concessionários Privados de Saneamento (FCP/SAN).[9] Ademais, o advento da Lei nº 8.987/1995 (a chamada Lei de Concessões) também representou um importante marco regulatório para a exploração privada do setor de infraestrutura pública.

A nova sistemática de descentralização administrativa, que passou a figurar a partir de então, fez com que surgisse um novo paradigma reconhecido pela doutrina como Estado subsidiário, capaz de agregar tanto a predileção da iniciativa privada quanto a atuação estatal no fomento e fiscalização.[10]

Já quando assume o papel de Estado Regulador, o Poder Público deixa de ser o controlador, diretor, planejador e indutor do desenvolvimento e passa a atuar como regulador dessa atividade exercida pelo privado, balizando a concorrência e estimulando a oferta de serviços essenciais em um ambiente competitivo.[11]

Nesse ínterim, coerente com o novo momento do Estado Regulador, a atuação das entidades estatais responsáveis pela regulação deve ser pautada por critérios como versatilidade e adaptabilidade aos tempos. E é isto que Mariana Carnaes[12] entende como *regulação responsiva*: de um lado, evitar a imposição de

---

[8] Sobre o assunto, ver: GIAMBIAGI, Fabio; ALÉM, Ana Cláudia. *Finanças públicas*: teoria e prática no Brasil. 4. ed. Rio de Janeiro: Elsevier, 2011, p. 106-107.

[9] OLIVEIRA, Carlos Roberto de. *Novo marco regulatório para o saneamento básico*: estratégias para definição, capacitação e acompanhamento das normas de referência emitidas pela Agência Nacional de Águas e Saneamento Básico – ANA. Brasília: Programa Cátedras Brasil, 2021, p. 6.

[10] DI PIETRO, Maria Sylvia Zanella. *Parcerias na Administração Pública*. 8. ed. São Paulo: Atlas, 2011.

[11] FARIA, José Eduardo. *Regulação, direito e democracia*. São Paulo: Fundação Perseu Abramo, 2002, p. 8.

[12] CARNAES, Mariana. Breve reflexão sobre a regulação responsiva. *Revista Consultor Jurídico*. 20 jun. 2021. Disponível em: https://www.conjur.com.br/2021-jun-20/artx-publico-pragmatico-breve-reflexao-regulacao-responsiva. Acesso em: 08 out. 2021.

regras inflexíveis e inexecutáveis; de outro, observar a qualidade e universalização do serviço público prestado. Dessa maneira, a expectativa da regulação é de que a abertura ao mercado proporcione que novas empresas passem a concorrer com as estatais ou semiestatais[13] que já estão há tempos significativos no mercado, trazendo maior eficiência e qualidade no setor.

Após esse processo da década de 1990, um segundo marco regulatório é inaugurado pela edição da Lei nº 11.445/2007, que externou relevante instrumento de avanço jurídico, técnico e econômico para o setor de saneamento básico, criando regras objetivas para temas recorrentemente apontados como falhas e deficiências no setor, isto é, planejamento governamental, regulação e controle social.

Embora tenha criado condições para a participação de empresas privadas, esse segundo momento regulatório é eminentemente marcado por regras que garantiram a manutenção do protagonismo das CESBs.[14] Isso porque, com o uso do contrato de programa como viabilizador de dispensa de licitação,[15] a contratação com empresas estatais era mais simples do que com as suas concorrentes do setor privado. A realização de licitação demandaria esforços significativos, a exemplo da manutenção de corpo técnico especializado para a realização dos estudos necessários para embasar a futura contratação, e que se lidasse com questionamentos, em âmbito administrativo ou judicial, o que poderia levar a complexidades indesejadas, além de excessiva morosidade.[16]

Fato é que a dispensa de licitação para essas entidades da Administração Pública e algumas falhas regulatórias à época fizeram com que o Brasil avançasse em ritmo insatisfatório no que se refere à

---

[13] Consoante explica Mario Saadi (*Empresa semiestatal*. Belo Horizonte: Fórum, 2019, p. 27), as empresas semiestatais são "(...) as que envolvem empresas privadas em que o Estado possui minoria do capital votante, concomitantemente ao exercício de influência significante em seus rumos sociais, por meios negociais, especialmente com celebração de acordo de sócios que sejam aptos a assegurar compartilhamento de controle".

[14] TRINDADE, Karla Bertocco; ISSA, Rafael Hamze. *Primeiras impressões...*, op. cit., p. 27.

[15] Nos termos do art. 24, XXVI, da Lei 8.666/93: "É dispensável a licitação: na celebração de contrato de programa com ente da Federação ou com entidade de sua administração indireta, para a prestação de serviços públicos de forma associada nos termos do autorizado em contrato de consórcio público ou em convênio de cooperação".

[16] TRINDADE, Karla Bertocco; ISSA, Rafael Hamze. *Primeiras impressões...*, op. cit., p. 28-29.

expansão da cobertura de serviços de saneamento básico. A maioria das companhias estaduais permaneceu prestando os serviços sem contrato apropriado ou com contratos vencidos, sendo alguns celebrados nos anos 1970, com pouca ou nenhuma exigência sobre eficiência na gestão dos serviços, metas de universalização e forma de cálculo de tarifa ou investimentos.[17]

De acordo com documento do Centro de Estudos em Regulação e Infraestrutura da Fundação Getúlio Vargas,[18] os contratos de programa são marcados pela falta de transparência e de metas bem definidas. Formulado com base na análise de 1.081 contratos de programa, o documento constatou a dificuldade de acesso a esses contratos de prestação de serviço público entre dois entes da federação, indisponíveis na maioria dos endereços eletrônicos, seja das CESBs, seja das agências que as regulam. Além disso, também confirmou que há diversos casos de prestação do serviço por CESBs em municípios sem que haja o compromisso firmado via contrato. Com base em dados do Sistema Nacional de Informações sobre Saneamento – SNIS (2018), o documento aponta que 26% (vinte e seis por cento) dos municípios atendidos por CESBs encontram-se em situação irregular quanto ao abastecimento de água; em 21% (vinte e um por cento) deles, a delegação está vencida, e em 5% (cinco por cento) não há instrumento de delegação formalizado.

Assim, não apenas para superar os problemas da regulação fragmentada no setor, mas também para novamente buscar superar o desafio da prestação dos serviços públicos de saneamento de qualidade, é que foi promulgada a Lei Federal nº 14.026/2020, o *Novo Marco do Saneamento*,[19] representando o terceiro momento da regulação do saneamento básico no Brasil.

Entre os pontos de especial relevância do novel diploma, cumpre salientar, em apertada síntese: (i) o fomento aos ambientes

---

[17] VASCONCELOS, Andréa C. de; BORGES, Olívia. A nova institucionalização na prestação dos serviços públicos de saneamento sem a figura dos contratos de programa. *In*: GUIMARÃES, Bernardo Strobel; VASCONCELOS, Andréa Costa de; HOHMANN, Ana Carolina (Coord.). *Novo marco legal do saneamento*. Belo Horizonte: Fórum, 2021, p. 234.

[18] CENTRO DE ESTUDOS EM REGULAÇÃO E INFRAESTRUTURA (FGV). *Análise dos contratos de programa*: Teaser dos resultados, 2020. Disponível em: https://ceri.fgv.br/publicacoes/research-teaser-55-dos-contratos-firmados-entre-companhias-estaduais-de-saneamento.

[19] VASCONCELOS, Andréa C. de; BORGES, Olívia. *A nova institucionalização...*, *op. cit.*, p. 234.

de competição licitatória para a prestação dos serviços, com o fim da dispensa de licitação para os contratos de programa; (ii) a obrigatoriedade de a contratação contar com indicadores de qualidade dos serviços e metas de investimentos, estabelecido o limite do ano 2033 para a universalização dos serviços; (iii) a obrigação de assegurar a sustentabilidade econômico-financeira dos serviços; (iv) novas atribuições relativas a recursos hídricos para a Agência Nacional de Águas – ANA, a qual passou a ser denominada Agência Nacional de Águas e Saneamento Básico; (v) delegação de competências para a edição de normas de referência relativas à regulação do saneamento à ANA; (vi) regramentos referentes à contratualização da prestação de serviços de saneamento básico, com destaque para a formação de unidades regionais, para ganho de escala e sustentabilidade na prestação dos serviços.

O advento da nova legislação facilitou o acesso das empresas privadas ao mercado de prestação dos serviços públicos de saneamento básico. Atualmente, segundo a legislação, há apenas duas formas de prestação: a direta, por entidade que *integre* a administração do ente titular do serviço; e a indireta, mediante contrato de concessão, precedido de licitação, nos termos do art. 10 da Lei nº 11.445/07,[20] independentemente da qualidade do prestador do serviço público (empresa privada ou entidade da Administração que não seja da própria administração contratante).

Cabe apontar que, logo após o início da vigência da Lei nº 14.026/20, o Partido Democrático Trabalhista – PDT ajuizou a ADI 6.492 e, no mérito, requereu a declaração de inconstitucionalidade dos artigos 3º, 5º, 7º, 11 e 13 do mesmo diploma. O pedido teve como fundamento suposta violação ao princípio constitucional da autonomia federativa dos Municípios e da ameaça ao direito público subjetivo coletivo ao saneamento básico, universal e de boa qualidade. A ADI também contesta a exigência de que as empresas de saneamento firmem contrato de concessão com municípios, pois isso geraria o desmonte de companhias estatais e de estruturas já consolidadas.

---

[20] No seguinte teor: "Art. 10 A prestação dos serviços públicos de saneamento básico por entidade que não integre a administração do titular depende da celebração de contrato de concessão, mediante prévia licitação, nos termos do art. 175 da Constituição Federal, vedada a sua disciplina mediante contrato de programa, convênio, termo de parceria ou outros instrumentos de natureza precária".

Não obstante, o Ministro Luiz Fux, em decisão de 3 de agosto de 2020, negou o pedido para suspender dispositivos e afirmou:[21]

> Não estão presentes, *in casu*, os requisitos necessários para concessão da tutela de urgência. (...) A realidade alarmante de precariedade sanitária no Brasil exige uma atuação imediata, concertada e eficiente do poder público. *O perigo de dano, que se configuraria no risco de perecimento do direito em caso de demora na prestação jurisdicional, afasta-se desde logo pelo cenário lastimável em que atualmente se encontra o acesso da população brasileira a esses serviços.* A manutenção do *status quo* perpetua a violação à dignidade de milhares de brasileiros e a fruição de diversos direitos fundamentais. (...) Some-se que *a norma estipula um cronograma de implementação, cujos prazos dilargados afastam a necessidade de urgente suspensão de sua eficácia por tutela de urgência.* Mesmo a obrigatoriedade de implantação de disposição final ambientalmente adequada dos rejeitos até 31 de dezembro de 2020, de que trata o artigo 11 da Lei 14.026/2020, pode ser adiada pelos Municípios, respeitadas as condições legais. Sem que esteja presente o *periculum in mora*, não há que se conceder a medida acauteladora requerida. Tampouco resta evidenciada, *in casu*, a probabilidade do direito, no que se refere a um suposto conflito federativo. Como reiteradamente afirmado por este Tribunal, *a Federação não pode servir de escudo para se deixar a população à míngua dos serviços mais básicos à sua dignidade, ainda que a pluralidade e especificidades locais precisem ser preservadas.* A Constituição Federal expressamente estabelece, de um lado, a competência privativa da União para instituir diretrizes para o saneamento básico (art. 21, XX) e para instituir sistema nacional de gerenciamento de recursos hídricos (art. 21, XIX) e, de outro, a competência comum aos entes para promover a melhoria das condições do setor (art. 23, IX). (...) *[O]s compromissos regulatórios a serem assumidos pelo setor não parecem violar a Constituição Federal,* senão justamente promover o acesso a condições mínimas de dignidade como água potável e a tratamento de esgoto. (Grifos nossos)

Em consonância com o entendimento contido na decisão do eminente Ministro Luiz Fux, é importante destacar que tais pedidos, deveras, não merecem acolhida. As atribuições conferidas à ANA não constituem violação à autonomia federativa dos Municípios, visto que eles permanecem como titulares do serviço público de saneamento básico. Outrossim, não é possível afirmar a existência de ameaça ao direito público subjetivo coletivo à universalização

---

[21] STF. MC ADI: 6.492 DF – DISTRITO FEDERAL 0098780-85.2020.1.00.0000, Relator: Min. Luiz Fux, Data de Julgamento: 03/08/2020, Data de Publicação: DJe-194 05/08/2020.

e qualidade dos serviços de saneamento básico. Pelo contrário, a tendência é que o Novo Marco do Saneamento promova a ampliação da cobertura de serviços de saneamento no país, inclusive para a população de baixa renda.

2 Modalidades contratuais para a prestação de serviços de saneamento básico[22]

O art. 241 da Constituição Federal[23] estabeleceu grande número de alternativas para a prestação de serviços públicos pelo Poder Público, não se referindo especificamente em relação aos serviços prestados no âmbito do saneamento.

Além da prestação estatal – essa executada diretamente pela administração ou de maneira descentralizada – e da prestação não estatal – delegada por meio de concessão ou permissão –, existe também a possibilidade da gestão associada, no âmbito da cooperação federativa. Essa terceira alternativa representa a execução de uma competência em regime de compartilhamento, seja por meio da associação propriamente dita, como no caso dos consórcios públicos, seja mediante delegação de um ente federativo a outro.[24]

Além disso, o mesmo art. 241 reconheceu que a cooperação entre os entes da Federação pode se dar de duas formas distintas: ou por meio de consórcios públicos, ou por meio de convênios de cooperação:

> (A) distinção que se pode extrair do artigo 241 diz respeito ao tipo de cooperação concertada entre os entes. Enquanto no convênio se estabelece uma relação de cooperação em que um ente fornece meios

---

[22] Este tópico se presta a responder o segundo quesito, qual seja, "Considerando o que dispõe o artigo 10-A da Lei Federal nº 11.445/07, com a redação atribuída pela Lei nº 14.026/20, e considerando que o referido artigo dispõe que os contratos deverão conter, sob pena de nulidade, as cláusulas essenciais previstas no art. 23, da Lei de Concessões, pergunta-se se é possível outras modalidades de contratos, que não contratos de concessão, contemplarem tais cláusulas?".

[23] Confira-se: "Art. 241 A União, os Estados, o Distrito Federal e os Municípios disciplinarão por meio de lei os *consórcios públicos* e os *convênios de cooperação* entre os entes federados, autorizando a *gestão associada de serviços públicos*, bem como a transferência total ou parcial de encargos, serviços, pessoal e bens essenciais à continuidade dos serviços transferidos." (Grifos nossos)

[24] VASCONCELOS, Andréa C. de; BORGES, Olívia. *A nova institucionalização...*, op. cit., p. 236.

para que o outro exerça suas competências, provendo-o do quanto necessário e transferindo-lhe eventualmente obrigações, no consórcio há uma soma de esforços por meio da qual os entes consorciados, de forma perene, passam a exercer cada qual suas competências através do ente consorcial. Naquele (convênio) delega-se o exercício de uma atividade pública de um ente para outro. Neste (consórcio) exerce-se conjuntamente as competências de cada ente por um ente por eles integrado. (...) No convênio não há necessidade de personificação jurídica como instrumento para efetivação da cooperação, pois o ente incumbido de fazê-lo é o próprio ente federado que recebeu a atribuição. No consórcio surge a necessidade de personificação – daí inclusive a referência a consórcios públicos –, pois quem efetiva os objetivos da cooperação é o ente consorcial integrado por todos os consortes e recebedor – não exatamente um delegatário – das competências constitucionalmente atribuídas aos seus integrantes.[25]

Por sua vez, o contrato de programa, nos termos do art. 2º, XVI, do Decreto nº 6.017/07, é o instrumento por meio do qual devem ser constituídas e reguladas as obrigações que um ente da Federação, inclusive sua administração indireta, tenha para com outro ente da Federação, ou para com consórcio público, no âmbito da prestação de serviços públicos por meio de cooperação federativa. O contrato de programa deve estar inserido no âmbito da gestão associada e, portanto, será sempre derivado de convênio de cooperação ou consórcio público, nos termos do art. 241 da Constituição Federal.[26]

Gustavo Justino de Oliveira já considerava, em obra produzida em coautoria com Odete Medauar, que a "disciplina legal dos consórcios públicos está afinada com um perfil contemporâneo de Administração Pública, em que há destaque para atividades e procedimentos negociais que culminem com a conciliação e a compatibilização de todos os interesses envolvidos em torno de uma causa comum".[27]

O paradigma do consensualismo na Administração Pública, já há muito defendido, sem dúvidas foi reforçado a partir das alterações promovidas pela Lei Federal nº 13.655/2018 no âmbito

---

[25] MARQUES, Floriano de Azevedo. Os consórcios públicos. *Revista de Direito do Estado – RDE*, Rio de Janeiro, v. 2, p. 300-301 abr./jun. 2006.
[26] VASCONCELOS, Andréa C. de; BORGES, Olívia. *A nova institucionalização..., op. cit.*, p. 237.
[27] MEDAUAR, Odete; JUSTINO DE OLIVEIRA, Gustavo. *Consórcios públicos*: comentários à Lei 11.107/2005. São Paulo: Revista dos Tribunais, 2006, p. 30.

da LINDB. No entanto, cabe ressaltar que a tendência da nova Administração Pública Consensual já era observada em outros diplomas legais, aí inclusa a disciplina normativa dos instrumentos contratuais, a exemplo do consórcio público.[28]

O cerne da gestão associada em serviços públicos gira em torno do próprio princípio constitucional da eficiência (art. 37, *caput*, da CRFB/88) à medida que reduz as dificuldades na distribuição de competências entre os entes federativos e as problemáticas inerentes à complexidade do aparato estatal. Destarte, Gustavo Justino de Oliveira considera que o fortalecimento da gestão associada é benéfico, inclusive, para os municípios de pequeno e médio porte, os quais "não possuem recursos técnicos e financeiros suficientes para gerir adequadamente os seus serviços públicos, dentre os quais os serviços de saneamento básico".[29]

Ato contínuo, é possível concluir que a gestão associada necessariamente é caracterizada pelo seu caráter voluntário e por uma significativa abrangência, ao passo que não é limitada à atuação conjunta de Municípios limítrofes – como no caso da chamada coordenação federativa –, podendo abranger, portanto, a integralidade dos entes federados.[30]

Cabe reiterar que, antes do Novo Marco do Saneamento, esses instrumentos contratuais correspondiam à hipótese de dispensa de licitação, conforme previa o artigo 17 da Lei nº 11.107/05. Foi justamente esse o núcleo de grande discussão no contexto de formulação do Novo Marco do Saneamento. Assim, faz-se novamente pertinente resgatar o conteúdo do art. 10 da Lei nº 14.026/2020.

O dispositivo deixa indene de dúvidas quanto ao fato de que, no âmbito da cooperação federativa, a gestão associada por meio de contrato de programa, convênio, termo de parceria ou outros instrumentos de natureza precária não sejam mais possíveis modelos para a prestação dos serviços de saneamento básico. Isso porque, na hipótese de o prestador não integrar a administração do

---

[28] *Ibidem*.
[29] JUSTINO DE OLIVEIRA, Gustavo. Agências reguladoras intermunicipais de saneamento básico: atualidade, problemática e desafio. *In*: OLIVEIRA, Carlos Roberto de *et al* (Orgs.). *Regulação do saneamento básico*: 5 anos de experiência da ARES-PCJ. São Paulo: Essential Ideal Editora, 2016.
[30] *Ibidem*.

titular, o acordo dependerá da celebração de contrato de concessão, mediante prévia licitação.

Cumpre mencionar que o Novo Marco do Saneamento também admite o envolvimento da iniciativa privada no setor mediante formalização de contratos de subdelegação. Entretanto, a utilização dessa modalidade de prestação de serviços pressupõe a existência de um vínculo contratual anterior e possui limites objetivos que tomam por base o valor desse contrato, nos termos do art. 11-A, da Lei nº 11.445/07.[31] Pode-se afirmar, assim, que o Novo Marco do Saneamento estabeleceu o protagonismo dos contratos de concessão para prestação de serviços de saneamento.

É bem verdade que, com base no art. 10, §3º, da Lei nº 11.445/07, os contratos de programa regulares vigentes permanecem em vigor até o advento do seu termo contratual. Entretanto, isso não significa que não devem ocorrer adaptações a fim de se adequar à nova realidade do setor. Dentre elas, destaca-se a imposição da criação de metas de universalização, a serem observadas em todos os casos, fundada no art. 11-B da Lei nº 11.445/07. O prazo para essa alteração é até 31 de março de 2022.[32]

---

[31] Confira-se: "Art. 11-A. Na hipótese de prestação dos serviços públicos de saneamento básico por meio de contrato, o prestador de serviços poderá, além de realizar licitação e contratação de parceria público-privada, nos termos da Lei nº 11.079, de 30 de dezembro de 2004, e desde que haja previsão contratual ou autorização expressa do titular dos serviços, subdelegar o objeto contratado, observado, para a referida subdelegação, o limite de 25% (vinte e cinco por cento) do valor do contrato. §1º A subdelegação fica condicionada à comprovação técnica, por parte do prestador de serviços, do benefício em termos de eficiência e qualidade dos serviços públicos de saneamento básico. §2º Os contratos de subdelegação disporão sobre os limites da sub-rogação de direitos e obrigações do prestador de serviços pelo subdelegatário e observarão, no que couber, o disposto no §2º do art. 11 desta Lei, bem como serão precedidos de procedimento licitatório. §3º Para a observância do princípio da modicidade tarifária aos usuários e aos consumidores, na forma da Lei nº 8.987, de 13 de fevereiro de 1995, ficam vedadas subconcessões ou subdelegações que impliquem sobreposição de custos administrativos ou gerenciais a serem pagos pelo usuário final. §4º Os Municípios com estudos para concessões ou parcerias público-privadas em curso, pertencentes a uma região metropolitana, podem dar seguimento ao processo e efetivar a contratação respectiva, mesmo se ultrapassado o limite previsto no caput deste artigo, desde que tenham o contrato assinado em até 1 (um) ano. §5º (VETADO). §6º Para fins de aferição do limite previsto no caput deste artigo, o critério para definição do valor do contrato do subdelegatário deverá ser o mesmo utilizado para definição do valor do contrato do prestador do serviço. §7º Caso o contrato do prestador do serviço não tenha valor de contrato, o faturamento anual projetado para o subdelegatário não poderá ultrapassar 25% (vinte e cinco por cento) do faturamento anual projetado para o prestador do serviço".

[32] Conforme art. 11-B, *caput* e §1º, da Lei 11.445/07: "Art. 11-B. Os contratos de prestação dos serviços públicos de saneamento básico deverão definir metas de universalização

Deve-se recordar que, no Brasil, não vigora a rigidez do *pacta sunt servanda* nos acordos administrativos, devendo as avenças se pautar pela regra do *rebus sic stantibus*, conforme as possibilidades de alteração unilateral pela Administração Pública – com o consequente restabelecimento do equilíbrio econômico-financeiro dos contratos administrativos.[33]

Portanto, essa mutabilidade contratual alcança os instrumentos vigentes atualmente celebrados pelas estatais, ainda que eles não se qualifiquem como contratos de concessão, passando a estar mais próximos desse instrumento contratual que permite maior apropriação de eficiência e economicidade. Ressalte-se, todavia, que os contratos de programa regulares estão válidos e devem se adaptar às premissas implementadas pela Lei nº 14.026/20, tanto quanto os outros vínculos celebrados com empresas privadas. Do contrário, anular-se-ia a própria previsão de metas cogentes.[34] Na mesma linha, vale destacar que a Lei nº 14.026/2020 também incluiu na Lei nº 11.445/2007 o atual art. 11-B, §8º,[35] segundo o qual serão considerados inválidos os vínculos carentes de qualquer formalização ou os prorrogados de modo irregular.

---

que garantam o atendimento de 99% (noventa e nove por cento) da população com água potável e de 90% (noventa por cento) da população com coleta e tratamento de esgotos até 31 de dezembro de 2033, assim como metas quantitativas de não intermitência do abastecimento, de redução de perdas e de melhoria dos processos de tratamento. §1º Os contratos em vigor que não possuírem as metas de que trata o *caput* deste artigo terão até 31 de março de 2022 para viabilizar essa inclusão. (...)".

[33] CARVALHO, André Castro. Dinâmica das regras econômicas e jurídicas nos contratos de concessões de serviços públicos. *Latin American and Caribbean Law and Economics Association (ALACDE) Annual Papers*. San Salvador, 2010, p. 12. Disponível em: https://escholarship.org/uc/item/235717zv. Acesso em: 7 out. 2021. "Ou seja, conforme a alocação dos riscos, a cláusula do equilíbrio econômico-financeiro inicial é direito adquirido do particular, somente podendo ser alterada em negociação entre as partes. Mas, se houver mudança unilateral nestas regras, a regra jurídica automaticamente deve ser revista. Em suma, não há dúvidas de que a alteração das regras econômicas pelo Poder Público ensejará o restabelecimento da equação, visto que sempre que houver interesse público, poderá haver a alteração unilateral do contrato, mantidas – repise-se – as condições econômico-financeiras inicialmente pactuadas."

[34] GUIMARÃES, Bernardo Strobel; PEREIRA, Rafaella Krasinski Alves. Empresas estatais de saneamento básico e parcerias com a iniciativa privada. *In*: GUIMARÃES, Bernardo Strobel; VASCONCELOS, Andréa Costa de; HOHMANN, Ana Carolina (Coord.). *Novo marco legal do saneamento*. Belo Horizonte: Fórum, 2021, p. 51.

[35] "Art. 11. (...) §8º Os contratos provisórios não formalizados e os vigentes prorrogados em desconformidade com os regramentos estabelecidos nesta Lei serão considerados irregulares e precários."

Feitas essas considerações, pode-se analisar o art. 10-A da Lei nº 11.445/07, incluído pela Lei nº 14.026/20. A Lei nº 8.987/95 contém, em seu artigo 23, um rol de cláusulas obrigatórias e que são imprescindíveis para a regulação de um contrato de prestação de serviços públicos de longo prazo. De acordo com o dispositivo, os contratos de concessão precisam conter cláusulas sobre: a) o objeto, a área e o prazo de concessão; b) o modo, a forma e as condições de prestação do serviço; c) indicadores de qualidade dos serviços; d) o preço a ser cobrado em função da prestação dos serviços e critérios de reajuste e revisão; e) direitos, garantias e obrigações das partes; f) direitos e deveres dos usuários; g) forma de fiscalização do contrato; h) penalidades por descumprimento de obrigações contratuais; i) hipóteses de extinção do contrato; j) os bens reversíveis; k) critérios para cálculo e forma de pagamento de indenizações à concessionária; l) condições para a prorrogação do contrato; m) prestação de contas da concessionária; n) publicação de demonstrações financeiras periódicas da concessionária; e o) o foro e o modo amigável de solução das divergências contratuais.

Assim, no que toca aos contratos de concessão de serviços de saneamento básico, esse rol da Lei nº 8.987/95 foi reforçado e, em alguma medida, ampliado pelo novo art. 10-A, da Lei nº 11.445/2007, criado pelo Novo Marco do Saneamento, aproximando qualquer tipo de avença celebrada à figura do contrato de concessão de serviços públicos.

Em vista das considerações traçadas no presente tópico, pode-se concluir que o art. 10-A faz expressa menção à Lei de Concessões, porque o Novo Marco do Saneamento foi elaborado no sentido de atribuir protagonismo aos contratos de concessão como instrumento de avença entre o titular do serviço público e o prestador. Não se infere, porém, que as demais modalidades de contratos que eventualmente forem empregadas para regular a prestação de serviços de saneamento não devam contemplar tais cláusulas, visto que isso não tem o condão de desnaturar a figura contratual adotada – por exemplo, um contrato de programa celebrado antes do Novo Marco do Saneamento entrar em vigor.

A mesma lógica cabe para um contrato de terceirização de serviços públicos. Nos termos que dispõe o art. 10-A, todos os contratos que sejam relativos à prestação dos serviços públicos de saneamento básico deverão conter as cláusulas essenciais previstas no art. 23 da Lei nº 8.987/95 e as outras disposições a que fazem referência os incisos do art. 10-A.

Do contrário, as mudanças e os aprimoramentos na cobertura nacional relativa aos serviços de saneamento dar-se-iam de forma menos eficiente do que se espera com a vigência do Novo Marco do Saneamento. Conforme mencionado, em algumas hipóteses, como no caso das metas de universalização, a Lei nº 14.026/20 estabeleceu, expressamente, prazo para alteração dos contratos já vigentes.

Cabe, porém, esclarecer que, em certas hipóteses, as cláusulas essenciais previstas no art. 23 da Lei nº 8.987/95 precisam ser harmonizadas ao sistema contratual eleito. Logo, podem não ser integralmente aplicáveis a instrumentos distintos dos contratos de concessão e, nessa condição, não deverão ser incluídas no rol de cláusulas essenciais. Considerando que o art. 23 foi concebido originalmente com o fim de se aplicar a contratos de concessão, é essencial que ocorra uma interpretação sistemática, isto é, uma análise da norma dentro do sistema jurídico de contratações públicas.[36] No caso dos contratos de terceirização de serviços públicos, não é cabível, e. g., incluir cláusula relativa a bens reversíveis – nos termos em que exige o inciso X do referido artigo –, e isso não deve ser entendido como uma irregularidade.

De qualquer forma, tais fatores endossam a tese de que o Novo Marco do Saneamento constitui uma mudança de paradigma na regulação do saneamento do país e almeja produzir mudanças de forma expedita. É interessante notar que o Novo Marco do Saneamento acabou culminando em uma tendência que Gustavo Justino de Oliveira[37] havia indicado há mais de uma década, no sentido do "fortalecimento da negociação na esfera da Administração Pública, expressada por via de acordos (...). Eis o cenário em que afloram as denominadas *parcerias* (...)".

---

[36] FERRAZ JÚNIOR, Tercio Sampaio. *Introdução ao estudo do direito*, 4. ed., São Paulo: Atlas, 2003, p. 265 *et seq.*

[37] JUSTINO DE OLIVEIRA, Gustavo. *Contrato de gestão*. São Paulo: Editora Revista dos Tribunais, 2008, p. 24.

3 A nulidade de contratos relativos à prestação dos serviços públicos de saneamento básico[38]

É também aspecto relevante do art. 10-A da Lei nº 11.445/07 a questão da nulidade dos contratos que não contiverem as cláusulas do art. 23 da Lei das Concessões, além daquelas contidas nos incisos do próprio art. 10-A. Para abordar esse ponto, é fundamental distinguir os contratos que já estavam vigentes daqueles que foram celebrados sob a vigência da Lei nº 14.026/20.

Quanto aos contratos que já estavam vigentes, é relevante ter em vista outros aspectos da Lei nº 14.026/20 que vão além do retromencionado art. 10-A. Em primeiro lugar, cabe analisar a já mencionada previsão do art. 10, §3º, da Lei nº 11.445/07, que prevê que "(o)s contratos de programa regulares vigentes permanecem em vigor até o advento do seu termo contratual".

Tal previsão deixa claro que aqueles contratos que forem considerados irregulares não permanecerão em vigor até o advento de seu termo contratual. Cumpre, assim, esclarecer no que consistem os chamados *contratos regulares*, o que é elucidado pelo art. 3º, VIII, da Lei nº 11.445/07, no seguinte teor: "contratos regulares: aqueles que atendem aos dispositivos legais pertinentes à prestação de serviços públicos de saneamento básico".

Desse modo, torna-se visível que as prestações de serviços das CESBs consideradas de fato, isto é, aquelas que não possuem instrumento formalizado de delegação ou aquelas cujo instrumento de delegação está vencido, são irregulares e estão sendo mantidas a título precário – *tertium non datur*.[39] Nesse sentido, as CESBs terão um desafio para garantir a prestação de serviço nos municípios onde atuam, na medida em que, como já mencionado, muitos dos contratos de programa firmados não atendem aos requisitos do art. 11 da Lei Federal nº 11.445/2007.

---

[38] Este tópico se presta a responder o terceiro quesito, qual seja, "Com base no artigo 10-A da Lei Federal nº 11.445/2007, com a redação atribuída pela Lei nº 14.026/20, que dispõe que o seu não atendimento enseja a nulidade dos referidos contratos, em qual momento a referida nulidade resta configurada?".

[39] VASCONCELOS, Andréa C. de; BORGES, Olívia. *A nova institucionalização...*, op. cit., p. 237.

Não é despiciendo mencionar que, em meio às delongadas discussões entre membros do Congresso Nacional e do Poder Executivo Federal, houve o debate sobre uma espécie de "regime de transição" para os contratos de programa vigentes, com a inclusão de um artigo específico no texto da Lei quanto ao tema. Confira-se:

> Art. 16. Os contratos de programa vigentes e as situações de fato de prestação dos serviços públicos de saneamento básico por empresa pública ou sociedade de economia mista, assim consideradas aquelas em que tal prestação ocorra sem a assinatura, a qualquer tempo, de contrato de programa, ou cuja vigência esteja expirada, poderão ser reconhecidas como contratos de programa e formalizadas ou renovados mediante acordo entre as partes, até 31 de março de 2022.
> Parágrafo único. Os contratos reconhecidos e os renovados terão prazo máximo de vigência de 30 (trinta) anos e deverão conter, expressamente, sob pena de nulidade, as cláusulas essenciais previstas no art. 10-A e a comprovação prevista no art.10-B da Lei nº 11.445, de 5 de janeiro de 2007, sendo absolutamente vedada nova prorrogação ou adição de vigência contratual.

Assim, os contratos vigentes, as situações de fato e os contratos vencidos poderiam ser regularizados mediante acordo entre as partes, até 31 de março de 2022. A regularização desses contratos, nos termos da Lei, passaria pela inclusão das condições de validade dos contratos previstas no art. 11 da Lei Federal nº 11.445/2007, como, por exemplo, as metas progressivas e graduais de expansão dos serviços e de redução de perdas na distribuição de água.[40] Entretanto, o art. 16 foi vetado pelo Presidente da República, sob o argumento de que:

> A propositura legislativa, ao regularizar e reconhecer os contratos de programa, situações não formalizadas de prestação de serviços públicos de saneamento básico por empresa pública ou sociedade de economia mista, bem como possibilitar a prorrogação por 30 anos das atuais avenças, prolonga de forma demasiada a situação atual, de forma a postergar soluções para os impactos ambientais e de saúde pública decorrentes da falta de saneamento básico e da gestão inadequada da limpeza urbana e manejo de resíduos sólidos. Ademais, a proposta, além de limitar a livre iniciativa e a livre concorrência, está

---

[40] VASCONCELOS, Andréa C. de; BORGES, Olívia. *A nova institucionalização...*, p. 239.

em descompasso com os objetivos do novo marco legal do saneamento básico que orienta a celebração de contratos de concessão, mediante prévia licitação, estimulando a competitividade da prestação desses serviços com eficiência e eficácia, o que por sua vez contribui para melhores resultados.[41]

Não obstante as razões oferecidas, o veto presidencial teve como consequência a não positivação de um regime de transição para trazer, com segurança jurídica, conformidade às situações irregulares. Dessa maneira, caberá agora à doutrina trazer alguns balizamentos, e à práxis administrativa realizar as devidas transições na prestação dos serviços de saneamento básico.

Ademais, cumpre salientar que o veto implicou, como decorrência, a imposição às CESBs do dever de adequar os contratos de programa para prever metas de universalização até 31 de março de 2022, nos termos do art. 11-B da Lei Federal nº 11.445/2007. Logo, incluídas as metas de universalização, esses contratos permanecem em vigor até o termo contratual de cada um. No momento de dita alteração contratual, também caberia a inclusão das cláusulas do art. 23 da Lei nº 8.987/1995, tal como explorado no tópico anterior.

Entendemos, também, que a previsão do art. 11-B não se aplica aos contratos de terceirização de serviços públicos de saneamento, na medida em que são contratos de curto prazo e de escopo muito reduzido se comparados aos contratos de programa e aos contratos de concessão. Considerando que o Novo Marco do Saneamento foi concebido com o fim de atribuir protagonismo aos contratos de concessão, é preciso que o intérprete, ao buscar adaptar tais previsões aos contratos de terceirização, realize uma interpretação sistemática para determinar quais cláusulas são ou não aplicáveis a eles.

Entretanto, cabe destacar que, nos termos do art. 23 da Lei de Introdução às Normas de Direito Brasileiro – LINDB (Decreto-Lei nº 4.657/42), qualquer agente, órgão ou ente que integre o aparelho do Estado ou que se equipare ao aparato estatal no exercício de poder extroverso delegado,[42] ao tomar decisão que inove

---

[41] Constante na Mensagem nº 396, de 15 de julho de 2020. Disponível em: https://www.planalto.gov.br/ccivil_03/_ato2019-2022/2020/Msg/VEP/VEP-396.htm.

[42] NETO, Floriano de Azevedo. Art. 23 da LINDB: O equilíbrio entre mudança e previsibilidade na hermenêutica jurídica. *Rev. Direito Administrativo*, Rio de Janeiro, novembro, 2018, p. 100.

entendimento,[43] interprete outra norma de conteúdo indeterminado[44] e, ainda, inaugure uma nova obrigação ou condicionamento,[45] está obrigado a estabelecer regime de transição.

Isso ocorre com o fim de se assegurar a segurança jurídica no ordenamento jurídico brasileiro, evitando surpresas, mudanças drásticas e "cavalos-de-pau hermenêuticos".[46] Conforme explica Thiago Priess Valiati,[47] o conteúdo do princípio constitucional da segurança jurídica é assegurar os ideais de cognoscibilidade, confiabilidade e calculabilidade.

Para isso existe o regime de transição, o qual poderia fundamentar a alterabilidade dos acordos administrativos já firmados. O art. 7º do Decreto nº 9.830/2019 dispõe que o regime de transição preverá: (i) órgãos e entidades da administração pública *e os terceiros destinatários*; (ii) as medidas administrativas a serem adotadas para a *adequação à interpretação ou à nova orientação* sobre norma de conteúdo indeterminado; (iii) o prazo e o modo para que o novo dever seja cumprido.

Nesse sentido, mesmo com o veto ao art. 16 da Lei nº 14.026/2020, nos casos de decisões administrativas que estabeleçam interpretação ou orientação nova sobre norma de conteúdo indeterminado, impondo novo dever ou novo condicionamento de direito em contratos administrativos que tenham por objeto a prestação de serviços de saneamento, tais decisões deverão conter regime de transição quando indispensável para que o novo dever ou condicionamento de direito seja cumprido de modo proporcional, equânime e eficiente e sem prejuízo aos interesses gerais.

---

[43] Por decisão inovadora, entende-se aquela que fixa entendimento em alguma medida diverso do que existia antes de seu advento, conforme MARQUES NETO, Floriano de Azevedo. *Art. 23 da LINDB...*, p. 104.

[44] A decisão deve ter como objetivo a hermenêutica de outra norma, esta construída sobre conteúdo indeterminado, conforme MARQUES NETO, Floriano de Azevedo. *Art. 23 da LINDB...*, p. 104.

[45] Com isso, ficam excluídas as decisões interpretativas que não trazem qualquer efeito sobre a esfera de direitos dos submetidos à autoridade emissora da decisão, conforme MARQUES NETO, Floriano de Azevedo. *Art. 23 da LINDB...*, p. 105.

[46] MARQUES NETO, Floriano de Azevedo. *Art. 23 da LINDB...*, p. 107.

[47] VALIATI, Thiago Priess. *Segurança jurídica e infraestrutura*: a segurança como dever dos poderes públicos e como direito dos agentes econômicos. Rio de Janeiro: Lumen Juris, 2018, p. 14 *et seq*.

Ainda quanto ao veto presidencial, deve-se notar que, embora ele tenha sido realizado com a intenção de promover um ambiente mais competitivo e isonômico entre as CESBs e a iniciativa privada, visto que todos os contratos serão precedidos de licitação, a falta de um regime de transição pode implicar prejuízos reais à continuidade dos serviços, principalmente nas áreas em que existe maior número de dificuldades fáticas no que se refere à manutenção do atendimento e prestação do serviço.[48]

Além disso, com o veto, as CESBs que estiverem prestando serviços de forma irregular, de forma imediata, devem interromper bruscamente a prestação dos serviços, arcando o ente titular e a CESB com graves prejuízos ante a necessidade de eventuais paralisações de projetos em curso.[49] De qualquer forma, os contratos de programa considerados regulares deverão, até 31 de março de 2022, contemplar as metas de universalização, permanecendo, assim, em vigor até o seu respectivo termo contratual original.

Cumpre mencionar que a Resolução ANA nº 79, de 14 de junho de 2021, que aprovou a Norma de Referência (NR) nº 1, também pode estabelecer prazos para regularização dos diversos atores do setor de saneamento. É o caso do item 7.3, o qual prescreve que:

> Os TITULARES, as ESTRUTURAS DE PRESTAÇÃO REGIONALIZADA e as ENTIDADES REGULADORAS DO SMRSU que possuírem legislação ou regulamentação incompatíveis com o disposto nesta Norma de Referência terão até 31 de dezembro de 2022 para realizarem as adequações.

Por outro lado, considerando que o Novo Marco do Saneamento não contém previsão expressa e específica quanto a um regime de transição, bem como não estabeleceu expressamente a obrigação de inclusão das cláusulas previstas no art. 23 da Lei nº 8.987/95 e tampouco de seu art. 10-A, no caso de contratos anteriores ao advento da Lei nº 14.026/20, pode ser discutível a afirmação no sentido de que os contratos de programa que já estavam vigentes quando da entrada em vigor do Novo Marco do Saneamento tornar-se-iam nulos de pleno direito. Do

---

[48] VASCONCELOS, Andréa C. de; BORGES, Olívia. *A nova institucionalização...*, op. cit., p. 241.
[49] *Ibid*, p. 241.

contrário, haveria previsão expressa nesse mesmo sentido, como aquela do §1º do art. 11-B, referente às metas de universalização.

Ao contrário, caso se entenda que, com o Novo Marco do Saneamento, são inválidos os contratos de programa regulares que não contiverem as cláusulas exigidas pelo art. 10-A da Lei nº 11.445/07, dever-se-á classificar tal invalidade como uma anulabilidade. Consequentemente, torna-se possível a sua convalidação.

Duas são as razões para que se proceda dessa forma. A primeira é que se trata de vício sanável, visto que poderá ocorrer o aditamento do contrato para que as cláusulas necessárias sejam incluídas, sendo medida menos gravosa que a declaração de nulidade. A segunda é que um dos interesses fundamentais do Direito é a estabilidade das relações constituídas, preservando a segurança jurídica inerente nas relações contratuais.

Aqui, há insegurança jurídica ocasionada pela falta de um regime de transição na Lei nº 14.026/20. Cabe, ainda, reiterar que a redação do art. 10-A não esclarece se a previsão nele contida se aplica também aos contratos de programa que já estavam vigentes antes que a Lei nº 14.026/20 entrasse em vigor.

Dessa forma, se o entendimento for no sentido de que há invalidade nos casos dos contratos de programa já vigentes e considerados regulares, ainda assim se deve proceder de forma a fomentar a pacificação dos vínculos estabelecidos, a fim de se preservar a ordem jurídica. Trata-se de objetivo que importa muito mais no Direito Administrativo do que no Direito Privado, dada a maior repercussão dos atos administrativos, alcançando grande quantidade de sujeitos, direta e indiretamente.[50] Nas palavras de Celso Antônio Bandeira de Mello:[51]

> Não brigam com o princípio da legalidade, antes atendem-lhe ao espírito, as soluções que se inspirem na tranquilização das relações que não comprometem insuprivelmente o interesse público, conquanto tenham sido produzidas de maneira inválida. É que a convalidação é uma forma de recomposição da legalidade ferida.

---

[50] BANDEIRA DE MELLO, Celso Antônio. *Curso de Direito Administrativo*. 35. ed. São Paulo: Malheiros, 2021, p. 388.
[51] *Ibid*, p. 388.

Ademais, cumpre esclarecer que, nessa hipótese, a invalidação produzirá efeitos *ex nunc*.[52] Ressalte-se que apenas se passou a exigir a inclusão das cláusulas previstas no art. 10-A nos contratos de prestação de serviços de saneamento em geral a partir da Lei nº 14.026/20.

O mesmo se aplica aos casos de contratos de programa irregulares, correspondentes àquelas situações em que as prestações de serviços das CESBs sequer possuem instrumento formalizado de delegação ou àquelas cujo instrumento contratual está vencido. Isso porque foi com o advento do Novo Marco do Saneamento que tais situações passaram a ser duramente coibidas.

Por sua vez, os contratos celebrados já sob a vigência da Lei nº 14.026/20 que não contiverem as cláusulas exigidas pelo art. 10-A serão considerados nulos, visto que assim prevê a lei de forma inequívoca, sem espaço para outras interpretações. Entretanto, de forma distinta das demais hipóteses, se tais contratos chegarem a ser celebrados – uma vez que seria possível identificar tais irregularidades ainda na fase editalícia –, os efeitos da invalidação serão produzidos *ex tunc*, porquanto desde a celebração do contrato já seria possível conhecer as implicações da não inclusão das cláusulas previstas no art. 10-A da Lei nº 11.445/07.

4 Conclusão

Em síntese, para resumir a análise realizada neste artigo, ter-se-ia a seguinte situação:

	TEMPORALIDADE	EFEITOS DA INVALIDAÇÃO	POSSIBILIDADE DE CONVALIDAÇÃO
Contrato de programa regular	Anterior à Lei nº 14.026/20.	Se houver invalidade, *ex nunc*.	Se houver invalidade: presente.
Contrato de programa irregular	Anterior à Lei nº 14.026/20.	*Ex nunc*.	Presente.
Qualquer instrumento contratual	Posterior à Lei nº 14.026/20.	*Ex tunc*.	Ausente.

---

[52] BANDEIRA DE MELLO, Celso Antônio. *Curso... op. cit.*, p. 394.

Embora o Novo Marco do Saneamento tenha se omitido quanto à matéria, entendemos ser possível estender tais conclusões a outros tipos de contratação. Logo:

	TEMPORALIDADE	EFEITOS DA INVALIDAÇÃO	POSSIBILIDADE DE CONVALIDAÇÃO
Contrato de terceirização regular	Anterior à Lei nº 14.026/20.	Se houver invalidade, ex nunc.	Se houver invalidade: presente.
Contrato de terceirização irregular	Anterior à Lei nº 14.026/20.	Ex nunc.	Presente.

Ressalte-se, porém, que, diferentemente do que ocorreu com os contratos de programa, com o advento do Novo Marco do Saneamento continuam sendo permitidos os contratos de terceirização de serviços públicos de saneamento, conforme desenvolvido ao longo do texto. Portanto, a extensão das conclusões expostas referentes aos contratos de programa diz respeito apenas à questão relativa a invalidades decorrentes da não conformidade em relação ao art. 10-A da Lei nº 11.445/07, incluído pela Lei nº 14.026/20.

Em termos gerais, vale ainda apontar que podem deflagrar tal invalidação tanto a Administração Pública quanto o Poder Judiciário. A primeira pode atuar por provocação do interessado, em razão de denúncia de terceiro, ou mesmo espontaneamente. Por sua vez, o segundo apenas pode atuar quando da apreciação de alguma lide.[53] Faz-se, assim, pertinente a Súmula 473 do Supremo Tribunal Federal; mostram-se também relevantes as previsões do Capítulo XIV, da Lei nº 9.784/99, referentes a anulação, revogação e convalidação dos atos administrativos.

Para a Administração, o que fundamenta o vício no ato inválido é o dever de obediência à legalidade, o que implica a obrigação de restaurá-la quando violada. Por outro lado, para o Judiciário, o fundamento consiste no próprio exercício de sua função de determinar o Direito aplicável no caso concreto.[54]

---

[53] BANDEIRA DE MELLO, Celso Antônio. Curso..., op. cit., p. 474.
[54] BANDEIRA DE MELLO, Celso Antônio. Curso..., op. cit., p. 476.

Por fim, cumpre apontar que, em conformidade com os incisos LIV[55] e LV[56] do art. 5º da Constituição Federal, ao constatar a irregularidade, não deve a Administração proceder, ato contínuo, à invalidação do ato, por representar impacto em direitos de terceiros – *in casu*, aos que estiverem envolvidos na prestação dos serviços públicos. Mesmo nos casos em que a própria Administração procede à invalidação de atos administrativos, deve-se observar o devido processo legal, sob pena de ofensa frontal ao sistema constitucional brasileiro.[57]

Referências

BANDEIRA DE MELLO, Celso Antônio. *Curso de direito administrativo*. 35. ed. São Paulo: Malheiros, 2021.

CARNAES, Mariana. Breve reflexão sobre a regulação responsiva. In: *Revista Consultor Jurídico*. 20 jun. 2021. Disponível em: https://www.conjur.com.br/2021-jun-20/artx-publico-pragmatico-breve-reflexao-regulacao-responsiva. Acesso em: 08 out. 2021.

CARVALHO, André Castro. Dinâmica das regras econômicas e jurídicas nos contratos de concessões de serviços públicos. *Latin American and Caribbean Law and Economics Association (ALACDE) Annual Papers*. San Salvador, 2010, p. 12. Disponível em: https://escholarship.org/uc/item/235717zv. Acesso em: 7 out. 2021.

CARVALHO, André Castro. *Direito da infraestrutura*: perspectiva pública. São Paulo: Quartier Latin, 2014.

CENTRO DE ESTUDOS EM REGULAÇÃO E INFRAESTRUTURA (FGV). *Análise dos contratos de programa*: teaser dos resultados, 2020. Disponível em: https://ceri.fgv.br/publicacoes/research-teaser-55-dos-contratos-firmados-entre-companhias-estaduais-de-saneamento.

DI PIETRO, Maria Sylvia Zanella. *Parcerias na administração pública*. 8. ed. São Paulo: Atlas, 2011.

FARIA, José Eduardo. *Regulação, direito e democracia*. São Paulo: Fundação Perseu Abramo, 2002.

FERRAZ JÚNIOR, Tercio Sampaio. *Introdução ao estudo do direito*. 4. ed., São Paulo: Atlas, 2003.

---

[55] "Art. 5º. (...) LIV – ninguém será privado da liberdade ou de seus bens sem o devido processo legal."

[56] "Art. 5º. (...) LV – aos litigantes, em processo judicial ou administrativo, e aos acusados em geral são assegurados o contraditório e ampla defesa, com os meios e recursos a ela inerentes."

[57] SIMÕES, Mônica Toscano. *O processo administrativo e a invalidação de atos viciados*. São Paulo: Malheiros Editores, 2004, p. 160 e 161.

GIAMBIAGI, Fabio; ALÉM, Ana Cláudia. *Finanças públicas:* teoria e prática no Brasil. 4. ed. Rio de Janeiro: Elsevier, 2011.

GUIMARÃES, Bernardo Strobel; PEREIRA, Rafaella Krasinski Alves. Empresas estatais de saneamento básico, Novo Marco Legal e parcerias com a iniciativa privada. *In:* GUIMARÃES, Bernardo Strobel; VASCONCELOS, Andréa Costa de; HOHMANN, Ana Carolina (Coord.). *Novo marco legal do saneamento.* Belo Horizonte: Fórum, 2021.

JUSTINO DE OLIVEIRA, Gustavo. Agências reguladoras intermunicipais de saneamento básico: atualidade, problemática e desafio. *In:* OLIVEIRA, Carlos Roberto de *et al* (Orgs.). *Regulação do saneamento básico*: 5 anos de experiência da ARES-PCJ. São Paulo: Essential Ideal Editora, 2016.

JUSTINO DE OLIVEIRA, Gustavo. *Contrato de gestão.* São Paulo: Editora Revista dos Tribunais, 2008.

MARQUES, Floriano de Azevedo. Os consórcios públicos. *Revista de Direito do Estado – RDE,* Rio de Janeiro, v. 2, p. 300-301, abr./jun. 2006.

MARQUES NETO, Floriano de Azevedo. Art. 23 da LINDB: O equilíbrio entre mudança e previsibilidade na hermenêutica jurídica. *Rev. Direito Administrativo,* Rio de Janeiro, novembro, 2018.

MEDAUAR, Odete; JUSTINO DE OLIVEIRA, Gustavo. *Consórcios públicos:* comentários à Lei 11.107/2005. São Paulo: Revista dos Tribunais, 2006.

MOREIRA NETO, Diogo de Figueiredo. *Curso de direito administrativo.* 15. ed. Rio de Janeiro: Forense, 2010.

OLIVEIRA, Carlos Roberto de. *Novo marco regulatório para o saneamento básico*: estratégias para definição, capacitação e acompanhamento das normas de referência emitidas pela Agência Nacional de Águas e Saneamento Básico – ANA. Brasília: Programa Cátedras Brasil, 2021.

SAADI, Mário. *Empresa semiestatal.* Belo Horizonte: Fórum, 2019.

SIMÕES, Mônica Toscano. *O processo administrativo e a invalidação de atos viciados.* São Paulo: Malheiros Editores, 2004.

TRINDADE, Karla Bertocco; ISSA, Rafael Hamze. Primeiras impressões a respeito dos impactos da Lei nº 14.026/20 nas atividades das empresas estaduais de saneamento: a questão da concorrência com as empresas privadas. *In:* GUIMARÃES, Bernardo Strobel; VASCONCELOS, Andréa Costa de; HOHMANN, Ana Carolina (Coord.). *Novo marco legal do saneamento.* Belo Horizonte: Fórum, 2021.

TRINDADE, Karla Bertocco. A construção de um novo modelo institucional para o saneamento no Estado de São Paulo. *In:* MOTA, Carolina (Coord.). *Saneamento básico no Brasil*: aspectos jurídicos da Lei Federal nº 11.445/07. São. Paulo: Quartier Latin, 2010.

VALIATI, Thiago Priess. *Segurança jurídica e infraestrutura:* a segurança como dever dos poderes públicos e como direito dos agentes econômicos. Rio de Janeiro: Lumen Juris, 2018.

VASCONCELOS, Andréa C. de; BORGES, Olívia. A nova institucionalização na prestação dos serviços públicos de saneamento sem a figura dos contratos de programa. *In:* GUIMARÃES, Bernardo Strobel; VASCONCELOS, Andréa Costa de; HOHMANN, Ana Carolina (Coord.). *Novo marco legal do saneamento.* Belo Horizonte: Fórum, 2021.

Informação bibliográfica deste texto, conforme a NBR 6023:2018 da Associação Brasileira de Normas Técnicas (ABNT):

OLIVEIRA, Gustavo Justino de; CARVALHO, André Castro. Novas modelagens contratuais frente à Lei Federal nº 14.026/20 (Marco de Saneamento Básico). In: ZULIANI, Geninho; DAL POZZO, Augusto Neves (coords). Saneamento básico: uma lei e um marco. Belo Horizonte: Fórum, 2023. p. 421-445. ISBN 978-65-5518-485-3.

O PARADIGMA DA INDENIZAÇÃO DE ATIVOS NÃO AMORTIZADOS NO SETOR DE SANEAMENTO BÁSICO BRASILEIRO: UMA ANÁLISE DA APLICABILIDADE DA METODOLOGIA DO VALOR JUSTO

FELIPE TAVARES
ALINE ELEUTÉRIO MARTINS
ALEXANDRE EVARISTO PINTO

1 Introdução

A Lei nº 14.026/2020, conhecida como Novo Marco do Saneamento Básico (NMSB), trouxe um novo paradigma para o setor de água e esgoto brasileiro ao introduzir metas específicas de universalização que devem ser atendidas até 2033, de acordo com o *caput* do Art. 11-B da Lei.[1]

> Art. 11-B. Os contratos de prestação dos serviços públicos de saneamento básico deverão definir metas de universalização que garantam o atendimento de 99% (noventa e nove por cento) da população com água potável e de 90% (noventa por cento) da população com coleta e tratamento de esgotos até 31 de dezembro de 2033, assim como metas quantitativas de não intermitência do abastecimento, de redução de perdas e de melhoria dos processos de tratamento.

O Art. 11-B é o coração do novo marco e a materialização da revolução que a Lei trouxe ao setor no Brasil. Contudo, toda mudança de paradigmas traz desafios colossais no processo de implementação dessas inovações, sendo um deles a definição de normas e métricas para a indenização da base de ativos reversíveis e investimentos não amortizados do setor.

---

[1] A Lei nº 14.026/2020 traz uma flexibilização ao prazo, cujas metas podem ser atingidas até 2040, caso haja comprovação de inviabilidade de capacidade econômico-financeira, com tarifas módicas considerando o prazo de 2033.

O tema indenização de ativos reversíveis e investimentos não amortizados é um dos pilares para o processo de renovação das operações de saneamento básico no país, pois a clareza na forma de ressarcir os investimentos não amortizados da prestadora de serviços, no caso de um encerramento antecipado, traz tranquilidade aos investidores.

O artigo 10-B trouxe a obrigatoriedade para que todos os contratos passem por processo de comprovação de capacidade econômico-financeira para atingimento das metas de universalização trazidas pelo Art. 11-B da mesma lei. O Decreto nº 10.710/2021, cujo Inciso II do §1º do Art. 1º excluiu a obrigatoriedade dos prestadores de serviços que tenham contratos licitados, regulamenta o processo de aferição da capacidade econômico-financeira dos contratos para atingimento das metas citadas.

> Art. 10-B. Os contratos em vigor, incluídos aditivos e renovações, autorizados nos termos desta Lei, bem como aqueles provenientes de licitação para prestação ou concessão dos serviços públicos de saneamento básico, estarão condicionados à comprovação da capacidade econômico-financeira da contratada, por recursos próprios ou por contratação de dívida, com vistas a viabilizar a universalização dos serviços na área licitada até 31 de dezembro de 2033, nos termos do §2º do art. 11-B desta Lei.

A obrigatoriedade para os contratos de programa comprovarem a capacidade econômico-financeira traz uma possibilidade para novas concessões, pois onde não haja a comprovação da capacidade econômico-financeira, o titular deverá buscar uma forma de atingir as metas de universalização, seja pela prestação direta, seja pela concessão dos serviços.[2]

Neste momento, a indenização de ativos se torna sensível para a atração de investimentos ao setor por dois motivos: (i) pela necessidade de discutir a necessidade ou não de indenização das empresas que tiveram os seus contratos encerrados; e (ii) para dar tranquilidade e visibilidade ao investidor quanto aos seus investimentos no advento do encerramento do contrato, seja este antecipado ou não.

---

[2] É importante destacar que se assume que os contratos irregulares serão encerrados, pois os titulares do serviço não seguirão a prestação de serviço em condições precárias, uma vez que a responsabilidade da universalização é deles. Contudo, apesar de não ser foco do presente artigo, há necessidade de um debate extenso a respeito da ação dos ministérios públicos em relação aos contratos irregulares, garantindo o cumprimento da Lei nº 14.026/2020.

Os dois pontos citados possuem impacto direto sobre a previsibilidade do retorno econômico-financeiro das operações tendo, consequentemente, reflexos na tarifa cobrada da população. Dessa maneira, alguns detalhes são de extrema importância a serem discutidos, como: (i) Todos os contratos de concessão devem prever indenização dos ativos reversíveis não amortizados? (ii) Quais aspectos legais e contábeis versam sobre o tema? (iii) Assumindo que um prestador de serviço tenha direito à indenização, como tal indenização deve ser calculada? Há alguma metodologia mais indicada?

Diante dos questionamentos apontados a respeito do tema indenização de ativos não amortizados, o presente trabalho tem como objetivo apresentar os aspectos jurídicos e contábeis sobre o tema, apresentar brevemente a metodologia de Valor Justo e discutir a vantajosidade e factibilidade de sua aplicação frente às outras metodologias conhecidas.

O trabalho está divido em 7 sessões. Além desta breve introdução, segue, na sessão 2, com os aspectos jurídicos a respeito da indenização de bens reversíveis no setor de saneamento básico. A sessão 3 traz os aspectos contábeis do tema, enquanto a sessão 4 faz uma apresentação geral sobre a metodologia de Valor Justo. A sessão 5 discute brevemente qual metodologia é mais apropriada para o caso do saneamento básico, e a sessão 6 apresenta em quais casos há necessidade ou não de indenização dos ativos não reversíveis. Por fim, a sessão 7 apresenta as considerações finais do presente trabalho.

2 Aspectos jurídicos da indenização de bens reversíveis no setor de saneamento básico

As concessões de serviços públicos são regidas pela Lei nº 8.987/95, que em seu artigo 23 estabelece quais são as cláusulas essenciais em um contrato de concessão, nos seguintes termos:

> Art. 23. São cláusulas essenciais do contrato de concessão as relativas:
> I – ao objeto, à área e ao prazo da concessão;
> II – ao modo, forma e condições de prestação do serviço;
> III – aos critérios, indicadores, fórmulas e parâmetros definidores da qualidade do serviço;
> IV – ao preço do serviço e aos critérios e procedimentos para o reajuste e a revisão das tarifas;

V – aos direitos, garantias e obrigações do poder concedente e da concessionária, inclusive os relacionados às previsíveis necessidades de futura alteração e expansão do serviço e conseqüente modernização, aperfeiçoamento e ampliação dos equipamentos e das instalações;
VI – aos direitos e deveres dos usuários para obtenção e utilização do serviço;
VII – à forma de fiscalização das instalações, dos equipamentos, dos métodos e práticas de execução do serviço, bem como a indicação dos órgãos competentes para exercê-la;
VIII – às penalidades contratuais e administrativas a que se sujeita a concessionária e sua forma de aplicação;
IX – aos casos de extinção da concessão;
X – aos bens reversíveis;
XI – aos critérios para o cálculo e a forma de pagamento das indenizações devidas à concessionária, quando for o caso;
XII – às condições para prorrogação do contrato;
XIII – à obrigatoriedade, forma e periodicidade da prestação de contas da concessionária ao poder concedente;
XIV – à exigência da publicação de demonstrações financeiras periódicas da concessionária; e
XV – ao foro e ao modo amigável de solução das divergências contratuais.
Parágrafo único. Os contratos relativos à concessão de serviço público precedido da execução de obra pública deverão, adicionalmente:
I – estipular os cronogramas físico-financeiros de execução das obras vinculadas à concessão; e
II – exigir garantia do fiel cumprimento, pela concessionária, das obrigações relativas às obras vinculadas à concessão.

Dessa forma, dentre as cláusulas essenciais deve haver a descrição dos bens reversíveis, assim como os critérios para o cálculo e a forma de pagamento das indenizações devidas à concessionária, quando for o caso.

Note-se que a norma fala em critérios para cálculo das indenizações, sem que haja escolha do legislador por um critério específico. Diante da lacuna relativa ao critério de quantificação das indenizações, Walter Douglas Stuber (1996) assinala que os critérios da indenização dependerão do que estiver estabelecido em cada contrato de concessão.[3] Em outras palavras, como não há

---

[3] STUBER, Walter Douglas. *O financiamento de projetos no Brasil e a lei de concessões*. São Paulo: Max Limonad, 1996.

critério específico na lei, há margem para os contratos estabelecerem o método mais adequado para cada caso concreto.

Ante o exposto, inexiste previsão específica no âmbito da Lei nº 8.987/95, a Lei Geral de Concessões, acerca dos critérios de mensuração da indenização decorrente de bens revertidos ao poder concedente.

No que tange especificamente à regulação do setor de saneamento básico, torna-se fundamental analisar os dispositivos da Lei nº 11.445/07 que tratam da indenização dos ativos reversíveis.

Em primeiro lugar, o artigo 10-A da Lei nº 11.445/07 determina, como cláusula essencial do contrato de prestação dos serviços públicos de saneamento básico, a apresentação da metodologia de cálculo de eventual indenização relativa aos bens reversíveis não amortizados por ocasião da extinção do contrato, conforme segue:

> Art. 10-A. Os contratos relativos à prestação dos serviços públicos de saneamento básico deverão conter, expressamente, sob pena de nulidade, as cláusulas essenciais previstas no art. 23 da Lei nº 8.987, de 13 de fevereiro de 1995, além das seguintes disposições: (Redação pela Lei nº 14.026, de 2020)
> *I – metas de expansão dos serviços, de redução de perdas na distribuição de água tratada, de qualidade na prestação dos serviços, de eficiência e de uso racional da água, da energia e de outros recursos naturais, do reúso de efluentes sanitários e do aproveitamento de águas de chuva, em conformidade com os serviços a serem prestados;* (Incluído pela Lei nº 14.026, de 2020)
> *II – possíveis fontes de receitas alternativas, complementares ou acessórias, bem como as provenientes de projetos associados, incluindo, entre outras, a alienação e o uso de efluentes sanitários para a produção de água de reúso, com possibilidade de as receitas serem compartilhadas entre o contratante e o contratado, caso aplicável;* (Incluído pela Lei nº 14.026, de 2020)
> *III – metodologia de cálculo de eventual indenização relativa aos bens reversíveis não amortizados por ocasião da extinção do contrato; e* (Incluído pela Lei nº 14.026, de 2020)
> *IV – repartição de riscos entre as partes, incluindo os referentes a caso fortuito, força maior, fato do príncipe e álea econômica extraordinária.* (Incluído pela Lei nº 14.026, de 2020)

Logo, a necessidade de previsão de metodologia da indenização relativa aos bens reversíveis é requisito essencial do contrato, sob pena de sua nulidade. Vale notar que: (i) não há indicação na lei de um critério específico, permitindo que o poder concedente possa estabelecer o critério que julgue mais adequado; e (ii) a previsão explícita de uma metodologia no contrato confere uma maior segurança jurídica para todos os interessados, diminuindo eventuais controvérsias no futuro.

Destaque-se também que a Lei nº 11.445/07 previu que os investimentos ainda não amortizados em bens reversíveis deverão ser indenizados no caso de transferência do serviço de um prestador para outro:

> Art. 42. Os valores investidos em bens reversíveis pelos prestadores constituirão créditos perante o titular, a serem recuperados mediante a exploração dos serviços, nos termos das normas regulamentares e contratuais e, quando for o caso, observada a legislação pertinente às sociedades por ações.
> §1º Não gerarão crédito perante o titular os investimentos feitos sem ônus para o prestador, tais como os decorrentes de exigência legal aplicável à implantação de empreendimentos imobiliários e os provenientes de subvenções ou transferências fiscais voluntárias.
> §2º Os investimentos realizados, os valores amortizados, a depreciação e os respectivos saldos serão anualmente auditados e certificados pela entidade reguladora.
> §3º Os créditos decorrentes de investimentos devidamente certificados poderão constituir garantia de empréstimos aos delegatários, destinados exclusivamente a investimentos nos sistemas de saneamento objeto do respectivo contrato.
> §4º (VETADO).
> §5º A transferência de serviços de um prestador para outro será condicionada, em qualquer hipótese, à indenização dos investimentos vinculados a bens reversíveis ainda não amortizados ou depreciados, nos termos da Lei nº 8.987, de 13 de fevereiro de 1995, facultado ao titular atribuir ao prestador que assumirá o serviço a responsabilidade por seu pagamento. (Incluído pela Lei nº 14.026, de 2020)

A partir da análise das normas brasileiras que dispõem sobre os contratos de concessão, verifica-se que elas dispõem sobre a necessidade de indenização relativa aos bens reversíveis, quando a concessão tiver sido extinta antes de decorrido todo o prazo de concessão. Também haverá indenização quando os investimentos em bens reversíveis não tiverem sido integralmente amortizados, quando tais investimentos foram feitos para garantir a qualidade e continuidade da prestação do serviço.[4]

---

[4] É importante observar que o termo amortização utilizado ao longo do texto será referente à amortização financeira, e não amortização do ponto de vista contábil. Quando não for o caso, a alteração da definição será explicitamente destacada no texto.

Todavia, inexiste, seja na norma geral de concessão, seja nas normas específicas de setores regulados, definição exata de qual seria o critério para indenização de bens reversíveis, o que dá margem a que cada agência reguladora (ou contrato de concessão, no caso de inexistência de regulamentação por agência regulatória) possa estabelecer critério. As hipóteses de extinção da concessão estão determinadas em artigo da Lei nº 8.987/95, nos seguintes termos:

> Art. 35. Extingue-se a concessão por:
> I – advento do termo contratual;
> II – encampação;
> III – caducidade;
> IV – rescisão;
> V – anulação; e
> VI – falência ou extinção da empresa concessionária e falecimento ou incapacidade do titular, no caso de empresa individual.
> §1º Extinta a concessão, retornam ao poder concedente todos os bens reversíveis, direitos e privilégios transferidos ao concessionário conforme previsto no edital e estabelecido no contrato.
> §2º Extinta a concessão, haverá a imediata assunção do serviço pelo poder concedente, procedendo-se aos levantamentos, avaliações e liquidações necessários.
> §3º A assunção do serviço autoriza a ocupação das instalações e a utilização, pelo poder concedente, de todos os bens reversíveis.
> §4º Nos casos previstos nos incisos I e II deste artigo, o poder concedente, antecipando-se à extinção da concessão, procederá aos levantamentos e avaliações necessários à determinação dos montantes da indenização que será devida à concessionária, na forma dos arts. 36 e 37 desta Lei.

Como se observa, são diversas as formas de extinção da concessão, sendo que, a partir de tal extinção, retornarão ao poder concedente todos os bens reversíveis, direitos e privilégios transferidos ao concessionário. O §4º do artigo 35 da Lei nº 8.987/95 trata expressamente da indenização ao determinar que o poder concedente, nos casos de extinção por advento do termo contratual ou por encampação, deve se antecipar à extinção procedendo aos levantamentos e avalições necessárias para o cálculo da indenização.

Embora nominalmente aplicável tão somente ao pagamento de indenização, no caso de reversão de bens no advento do termo contratual, isto é, quando se extingue o prazo da concessão, o artigo

36 da Lei nº 8.987/95 prevê que pode existir o pagamento de indenização no caso de reversão de bens, nos seguintes termos:

> Art. 36. A reversão no advento do termo contratual far-se-á com a indenização das parcelas dos investimentos vinculados a bens reversíveis, ainda não amortizados ou depreciados, que tenham sido realizados com o objetivo de garantir a continuidade e atualidade do serviço concedido.

Assim, haverá indenização no que tange aos investimentos vinculados a bens reversíveis, ainda não amortizados ou depreciados, desde que tenham sido realizados tais investimentos com o objetivo de garantir a continuidade e atualidade do serviço concedido.

É importante destacar que o Art. 36 trata especificamente um caso particular: o fim do contrato. Não sendo, portanto, uma determinação geral para que as indenizações de investimentos não amortizados sejam restringidas a bens. Dessa forma, esta é uma interpretação equivocada do artigo que, inclusive, extrapola o próprio texto do artigo e atribui restrições que não existem no texto.

A partir do dispositivo normativo citado, verifica-se que há dois requisitos para o pagamento de tal indenização: (i) investimentos em bens reversíveis ainda não amortizados ou depreciados; e (ii) investimentos feitos com a finalidade de garantir a continuidade e atualidade do serviço concedido.

Vale destacar ainda que os artigos 37 e 38 da Lei nº 8.987/95[5] trazem disposições específicas, determinando a indenização nos casos de extinção por encampação e caducidade, respectivamente. Todavia, em ambos os casos, é previsto que a indenização se dará na forma do já citado artigo 36 da Lei nº 8.987/95, isto é, o artigo que dispõe da indenização em função do advento do contrato.

---

[5] Lei nº 8.987/95: "Art. 37. Considera-se encampação a retomada do serviço pelo poder concedente durante o prazo da concessão, por motivo de interesse público, mediante lei autorizativa específica e após prévio pagamento da indenização, na forma do artigo anterior.
Art. 38. A inexecução total ou parcial do contrato acarretará, a critério do poder concedente, a declaração de caducidade da concessão ou a aplicação das sanções contratuais, respeitadas as disposições deste artigo, do art. 27, e as normas convencionadas entre as partes.
(...) §5º A indenização de que trata o parágrafo anterior, será devida na forma do art. 36 desta Lei e do contrato, descontado o valor das multas contratuais e dos danos causados pela concessionária".

No que tange às indenizações a serem pagas em função da extinção de concessão, Antônio Carlos Cintra do Amaral pontua que ainda que a Lei trate do pagamento de indenização, ela não se refere a como e quando tal pagamento será efetuado.[6] Até poderia ser argumentado que está implícito que o pagamento se dará após a extinção da concessão no caso de advento do termo contratual, mas nada diz quanto à forma.[7]

Assim, ainda que o contrato nada preveja em relação à indenização, não se pode desconsiderar a obrigação do Poder Concedente de avaliar se restam bens reversíveis não amortizados que devam ser indenizados. Ademais, eventual reversão sem o pagamento da indenização que seja efetivamente devida representaria enriquecimento sem causa da Administração.

3 Aspectos contábeis

3.1 Definições gerais e o tratamento contábil dos ativos

Os contratos de concessão são regulados por norma contábil específica: a Interpretação Técnica nº 01 – Contratos de Concessão (ICPC 01).

O primeiro ponto importante diz respeito à impossibilidade de que a infraestrutura controlada pelo concessionário não deve ser registrada como seu ativo Imobilizado. Nesse sentido, dispõem os itens 11 e 27 da ICPC 01:

> Tratamento dos direitos do concessionário sobre a infraestrutura
> 11. A infraestrutura dentro do alcance desta Interpretação não será registrada como ativo imobilizado do concessionário porque o contrato de concessão não transfere ao concessionário o direito de controlar o uso da infraestrutura de serviços públicos. O concessionário tem acesso para operar a infraestrutura para a prestação dos serviços públicos em nome do concedente, nas condições previstas no contrato.

---

[6] AMARAL, Antônio Carlos Cintra do. *Concessão de serviço público*. 2. ed. São Paulo: Malheiros, 2002.

[7] AMARAL, Antônio Carlos Cintra do. *Concessão de serviço público*. 2. ed. São Paulo: Malheiros, 2002.

(...)
27. De acordo com o item 11, a infraestrutura, a que o concedente dá acesso ao concessionário, para efeitos do contrato de concessão, não pode ser registrada como ativo imobilizado do concessionário. O concedente também pode fornecer outros ativos ao concessionário, que pode retê-los ou negociá-los, se assim o desejar. Se esses outros ativos fizerem parte da remuneração, a ser paga pelo concedente pelos serviços, não constituem subvenções governamentais, tais como são definidas no CPC 07 – Subvenção e Assistência Governamentais. Em vez disso, eles devem ser contabilizados como parte do preço de transação, conforme definido no CPC 47. (Alterado pela Revisão CPC 12)

Dessa forma, por mais que o concessionário tenha o controle da infraestrutura nos termos do contrato de concessão durante o seu prazo, ele o faz em nome do poder concedente e conforme as condições contratuais.

Vale destacar que, além de usufruir da infraestrutura previamente construída, o concessionário é um prestador de serviço público, que pode estar obrigado a melhorar a referida infraestrutura ou construir nova infraestrutura, mas ainda assim não se tratará de ativo Imobilizado próprio do concessionário. Esse conceito de prestação de serviço está expresso no item 12 da ICPC 01:

> Reconhecimento e mensuração do valor do contrato
> 12. Nos termos dos contratos de concessão dentro do alcance desta Interpretação, o concessionário atua como prestador de serviço. O concessionário constrói ou melhora a infraestrutura (serviços de construção ou de melhoria) usada para prestar um serviço público e opera e mantém essa infraestrutura (serviços de operação) durante determinado prazo.

Por razões óbvias, o concessionário não irá prestar esses serviços públicos de maneira graciosa, de forma que deverá ser remunerado nos termos do contrato de concessão. A ICPC 01 determina contabilizações diferentes para o concessionário, a depender da forma como ele será remunerado.

Assim, o concessionário pode ter uma remuneração passível de registro contábil como ativo financeiro, ou um direito de exploração de uma infraestrutura a ser registrado como ativo Intangível. Essa bifurcação de contabilização da concessão está prevista no item 15 da ICPC 01:

15. Se o concessionário presta serviços de construção ou de melhoria, a remuneração recebida ou a receber pelo concessionário deve ser registrada de acordo com o CPC 47. Essa remuneração pode corresponder a direitos sobre: (Alterado pela Revisão CPC 12)
(a) um ativo financeiro; ou
(b) um ativo intangível.

O concessionário reconhece um ativo intangível da concessão quando recebe a autorização de cobrar dos usuários dos serviços públicos, nos termos do item 17 da ICPC 01:

> 17. O concessionário deve reconhecer um ativo intangível à medida em que recebe o direito (autorização) de cobrar os usuários dos serviços públicos. Esse direito não constitui direito incondicional de receber caixa porque os valores são condicionados à utilização do serviço pelo público.

Trata-se da hipótese comum em que o concessionário poderá explorar uma infraestrutura pública e receber a sua remuneração dos usuários daquela infraestrutura.

Por outro lado, o ativo financeiro deverá ser registrado pelo concessionário na hipótese em que ele possui o direito contratual incondicional de receber caixa ou outro ativo financeiro pelos serviços de construção. Isso ocorre quando a concessão é conferida ao particular, e a remuneração pela execução dos serviços públicos será paga diretamente pelo poder concedente.

Vale destacar o teor do item 16 da ICPC 01:

> 16. O concessionário deve reconhecer um ativo financeiro à medida em que tem o direito contratual incondicional de receber caixa ou outro ativo financeiro do concedente pelos serviços de construção; o concedente tem pouca ou nenhuma opção para evitar o pagamento, normalmente porque o contrato é executável por lei. O concessionário tem o direito incondicional de receber caixa se o concedente garantir em contrato o pagamento (a) de valores preestabelecidos ou determináveis ou (b) insuficiência, se houver, dos valores recebidos dos usuários dos serviços públicos com relação aos valores preestabelecidos ou determináveis, mesmo se o pagamento estiver condicionado à garantia pelo concessionário de que a infraestrutura atende a requisitos específicos de qualidade ou eficiência.

Verifica-se também que pode haver o registro de um ativo financeiro pelo concessionário quando este possui o direito de receber recursos do poder concedente quando os valores a serem cobrados dos usuários da infraestrutura são inferiores aos valores preestabelecidos contratualmente, por exemplo em caso de PPP[8] administrativa.

É importante ressaltar que o valor devido pelo poder concedente pode ser contabilizado pelo valor justo, uma vez que o item 24 da ICPC 01 estabelece tal base de mensuração como uma daquelas aplicáveis ao ativo financeiro a ser recebido em função de concessão:

> 24. O valor devido, direta ou indiretamente, pelo concedente deve ser contabilizado, de acordo com o CPC 48, como mensurado ao:
> (a) custo amortizado;
> (b) valor justo por meio de outros resultados abrangentes; ou
> (c) valor justo por meio do resultado. (Alterado pela Revisão CPC 12)

Cumpre notar que nesse item a norma contábil está se referindo ao ativo financeiro decorrente da remuneração a ser recebida pelo concessionário por conta da execução de serviço público. Dito de outra forma, não se está tratando especificamente da situação de recebimento de um ativo financeiro decorrente da indenização de bens reversíveis não integralmente amortizados. Todavia, a previsão do valor justo como base de mensuração para um ativo financeiro na ICPC 01 pode ser vista como um alento no sentido de que não se trata de hipótese absurda, visto que a própria norma permite explicitamente tal forma de quantificação.

É importante destacar que inexiste previsão na ICPC 01 relativa à indenização de bens reversíveis. No âmbito do Comitê de Pronunciamentos Contábeis, há também outra norma aplicável às concessões. Trata-se da Orientação nº 05 "Contratos de Concessão" (OCPC 05). A OCPC 05 traz alguns itens específicos sobre os bens vinculados à concessão, estabelecendo a necessidade de que o poder concedente esclareça quais são os bens da infraestrutura que estão sujeitos à reversão:

> Bens vinculados à concessão
> 38. De acordo com os contratos de concessão, consideram-se bens vinculados aqueles construídos ou adquiridos pelo concessionário e efetivamente utilizados na prestação dos serviços públicos.
> 39. No caso de haver dúvidas de interpretação legal ou regulatória sobre

---

[8] PPP – Parceria Público Privada.

quais bens da infraestrutura estariam sujeitos à reversão no final do prazo da concessão, é importante que esse esclarecimento seja dado pelo poder concedente (agência reguladora) ou, ainda, por meio de consenso da indústria para efeitos de aplicação da ICPC 01. Evidenciação deve ser dada a essa matéria.

40. Para os bens considerados não vinculados à concessão, estes devem continuar sendo classificados como ativo imobilizado e sujeitos aos critérios de avaliação estabelecidos pelo Pronunciamento Técnico CPC 27 – Ativo Imobilizado.

A partir da análise do item 40 da OCPC 05, nota-se que os bens adquiridos pelo concessionário podem ser distinguidos entre os bens vinculados ou não à concessão. Para os bens que estejam vinculados à concessão, por mais que eles possuam natureza corpórea, o registro contábil de tais bens se dará no Ativo Intangível, visto que se trata de um gasto para que ele preste os serviços públicos objeto da concessão e seja remunerado por meio da cobrança dos usuários dos serviços públicos, nos termos do item 17 da ICPC 01:

17. O concessionário deve reconhecer um ativo intangível à medida em que recebe o direito (autorização) de cobrar os usuários dos serviços públicos. Esse direito não constitui direito incondicional de receber caixa porque os valores são condicionados à utilização do serviço pelo público.

Assim, será registrado como Ativo Intangível desde o valor oneroso pago ao poder concedente pela outorga do serviço público quanto também os gastos relacionados com a prestação do serviço público e que serão remunerados pelos usuários da infraestrutura concedida.

Considerando que a concessão possui um termo final, trata-se de Ativo Intangível de vida útil definida, de modo que tal ativo deverá ser amortizado contábil no prazo da concessão. Em outras palavras, é como se o Ativo Intangível detido pela entidade fosse o direito de cobrar dos usuários pela construção ou melhorias naquela infraestrutura, sendo que aquele direito se esvai após o prazo da concessão. Portanto, sendo um direito finito, tal Ativo Intangível deve ser amortizado até o final do prazo da concessão.

Aqui torna-se importante destacar que a amortização contábil está relacionada com a vida útil de um ativo, isto é, com a capacidade que determinado ativo possui para produzir benefícios econômicos futuros, não estando relacionada com a forma de financiamento desse ativo. Assim, o conceito de amortização contábil é distinto do conceito de amortização geralmente utilizado no âmbito das finanças, pelo qual a amortização diz respeito à redução gradativa de uma dívida, sendo abatida da dívida total em parcelas ao longo do tempo. Nota-se que o conceito de amortização nas finanças está relacionado com a amortização de um financiamento que foi utilizado para a aquisição de um ativo e que será pago de forma periódico.

Aqui vale relembrar o dispositivo normativo já citado acima, da Lei de Concessões, que trata especificamente do pagamento de indenização no caso de reversão de bens no advento do termo contratual:

> Art. 36. A reversão no advento do termo contratual far-se-á com a indenização das parcelas dos investimentos vinculados a bens reversíveis, ainda não amortizados ou depreciados, que tenham sido realizados com o objetivo de garantir a continuidade e atualidade do serviço concedido.

Dessa forma, haverá indenização no que tange aos investimentos vinculados a bens reversíveis, ainda não amortizados ou depreciados, desde que tenham sido realizados tais investimentos com o objetivo de garantir a continuidade e atualidade do serviço concedido.

A partir da verificação de que há um conceito contábil e outro financeiro de amortização, quer nos parecer que a amortização utilizada no artigo 36 da Lei de Concessões se refere aos bens reversíveis ainda não amortizados financeiramente, visto que no sentido contábil tais bens deveriam ser amortizados até o término do contrato de concessão.

Feito esse esclarecimento sobre a distinção entre a amortização para fins contábeis e para fins financeiros, volta-se aos bens que estão sujeitos ao registro como Ativo Intangível a ser amortizado contabilmente.

Dentro do Ativo Intangível amortizável podem existir bens corpóreos que estariam sujeitos à depreciação, caso fossem adquiridos em um contexto fora da concessão. Todavia, como tais bens foram adquiridos no contexto da concessão para prestação dos serviços concessionados, os gastos a eles relativos são registrados como Ativo Intangível, e não Ativo Imobilizado.

Mais uma vez, ainda que bens como veículos, imóveis e equipamentos possuam natureza corpórea, o que definiu o seu registro como Ativo Intangível foi a destinação a eles conferida pelo concessionário, visto que eles fazem parte dos bens usados para exploração da concessão.

Como consequência, estão sujeitos à amortização contábil, que é o termo específico utilizado para bens incorpóreos, e não à depreciação contábil, que é o termo específico utilizado para bens corpóreos. Todavia, vale lembrar que nos termos do item 40 da OCPC 05, os bens que forem considerados como não vinculados à concessão permanecem sendo registrado como Ativo Imobilizado e estando sujeitos à depreciação contábil.

Cumpre notar que o reconhecimento, mensuração e evidenciação do Ativo Imobilizado é regulado pelo Pronunciamento Técnico nº 27 "Ativo Imobilizado" (CPC 27) do Comitê de Pronunciamentos Contábeis. O CPC 27 já determina o alcance de alguns conceitos relevantes como valor depreciável, depreciação, valor residual e vida útil, nos seguintes termos:

> **Valor depreciável** é o custo de um ativo ou outro valor que substitua o custo, menos o seu valor residual.
> **Depreciação** é a alocação sistemática do valor depreciável de um ativo ao longo da sua vida útil.
> **Valor residual** de um ativo é o valor estimado que a entidade obteria com a venda do ativo, após deduzir as despesas estimadas de venda, caso o ativo já tivesse a idade e a condição esperadas para o fim de sua vida útil.
> **Vida útil** é:
> (a) o período de tempo durante o qual a entidade espera utilizar o ativo; ou
> (b) o número de unidades de produção ou de unidades semelhantes que a entidade espera obter pela utilização do ativo.

Assim, para os bens não reversíveis será calculada a depreciação a ser apropriada em cada período com base na vida útil do bem e no seu eventual valor residual.

Retomando ao ponto de que os bens reversíveis ao final da concessão são registrados como Ativo Intangível, outro dispositivo bastante interessante diz respeito às denominadas "adições subsequentes ao ativo intangível". Nesse caso, podem ser necessárias novas construções de ampliação ou melhoria na infraestrutura concedida, que não estavam previstas no momento inicial da concessão. Assim, o item 41 da OCPC 05 permite esse aumento do valor do ativo intangível:

> 41. Nos contratos enquadrados no item 12(b), adições subsequentes ao ativo intangível somente ocorrerão quando da prestação de serviço de construção relacionado com ampliação/melhoria da infraestrutura que represente potencial de geração de receita adicional. Ou seja, a obrigação da construção não terá sido reconhecida na assinatura do contrato, mas o será no momento da construção, com contrapartida de ativo intangível. Os contratos enquadrados no item 12(a) também geram adições ao ativo intangível, porém somente pelo valor da diferença entre a receita de construção e o montante até então provisionado. Essa contrapartida em serviços de construção não pode estar relacionada com manutenção e conservação.

Ainda no âmbito das concessões em geral, merece destaque o item 42 da OCPC 05, que dispõe que o ativo intangível será amortizado dentro do prazo da concessão:

> 42. O ativo intangível deve ser amortizado dentro do prazo da concessão. O cálculo deve ser efetuado de acordo com o padrão de consumo do benefício econômico por ele gerado, que normalmente se dá em função da curva de demanda. A estimativa da curva de amortização deve oferecer razoável confiabilidade, caso contrário, o método de linha reta (amortização linear) passa a ser o mais recomendado.
> De acordo com o Pronunciamento Técnico CPC 04 – Ativo Intangível, item 97 (parcial), "O valor amortizável de ativo intangível com vida útil definida deve ser apropriado de forma sistemática ao longo da sua vida útil estimada" e ainda "O método de amortização utilizado reflete o padrão de consumo pela entidade dos benefícios econômicos futuros. Se não for possível determinar esse padrão com segurança, deve ser utilizado o método linear".

Assim, é importante destacar que de maneira geral não há previsão normativa, tampouco legal, a respeito da forma como auferir o valor da indenização a ser paga.[9] A OCPC 05 traz que os

---

[9] Na verdade, a OCPC 05 traz determinações a respeito da forma como calcular a indenização de ativos reversíveis para os casos de ferrovias e distribuição de energia elétrica. Para mais detalhes, ver itens 64, 66, 68 e 71 da OCPC 05.

bens reversíveis indenizados se referem àqueles relacionados com investimentos normalmente ainda não depreciados ou amortizados. Todavia, a própria norma contábil assinala que não há na legislação definição do critério de avaliação desses investimentos para fins de quantificação da indenização.

Diante de todo esse cenário normativo, nota-se que na contabilidade não há determinação de um critério para a mensuração da indenização dos bens reversíveis, com exceção do setor de ferrovias, onde há menção expressa ao valor residual do custo. A partir do momento em que se constata essa lacuna legislativa, abre-se margem para que o poder concedente possa estabelecer o critério de mensuração mais adequado ao seu setor, sempre com vistas a atrair os agentes privados para executarem os serviços públicos.

3.2 Componentes indenizáveis e a outorga

O componente indenizável é o bem reversível que, à data do advento da extinção contratual, ainda não foi devidamente amortizado ou depreciado, que tenha sido realizado para garantir a continuidade e atualidade do serviço concedido. O fundamento para tal indenização se encontra no artigo 36 da Lei nº 8.987/95, que prevê o pagamento de indenização no caso de reversão de bens, nos seguintes termos:

> Art. 36. A reversão no advento do termo contratual far-se-á com a indenização das parcelas dos investimentos vinculados a bens reversíveis, ainda não amortizados ou depreciados, que tenham sido realizados com o objetivo de garantir a continuidade e atualidade do serviço concedido.

Assim, haverá indenização no que tange aos investimentos vinculados a bens reversíveis, ainda não amortizados ou depreciados, desde que tenham sido realizados tais investimentos com o objetivo de garantir a continuidade e atualidade do serviço concedido.

Os bens não reversíveis não devem compor o cálculo de indenização, uma vez que tais bens não serão devolvidos ao poder concedente no final do contrato, permanecendo como propriedade da concessionária.

Em um sentido mais amplo, a outorga se refere à transferência a particulares, pelo poder concedente, do direito de exercer uma atividade havida como peculiar ao Estado, conforme doutrina de Celso Antônio Bandeira de Mello (MELLO, 2001).[10] Em um sentido mais restrito, o uso da expressão outorga se refere ao montante pago pelo concessionário ao poder concedente no ato da assinatura do contrato de concessão, pelo qual ele poderá explorar por tempo determinado o objeto da concessão, estando este sentido em linha com a definição de Eros Grau, que atribuiu à outorga o sentido de direito de entrada pago para o exercício de determinada atividade econômica (GRAU, 1983).[11] Tal sentido estrito é extraído no artigo 15 da Lei nº 8.987/95, que, ao tratar dos critérios a serem avaliados quando do julgamento de uma licitação de concessão, faz mais de uma referência ao valor pago pelo concessionário pela outorga da concessão, conforme pode ser observado abaixo:

> Art. 15. No julgamento da licitação será considerado um dos seguintes critérios:
> I – o menor valor da tarifa do serviço público a ser prestado;
> II – a maior oferta, nos casos de pagamento ao poder concedente pela outorga da concessão;
> III – a combinação, dois a dois, dos critérios referidos nos incisos I, II e VII;
> IV – melhor proposta técnica, com preço fixado no edital;
> V – melhor proposta em razão da combinação dos critérios de menor valor da tarifa do serviço público a ser prestado com o de melhor técnica;
> VI – melhor proposta em razão da combinação dos critérios de maior oferta pela outorga da concessão com o de melhor técnica; ou
> VII – melhor oferta de pagamento pela outorga após qualificação de propostas técnicas.

O valor pago pelo concessionário pela outorga da concessão geralmente está relacionado com as hipóteses em que sua remuneração será predominantemente advinda da cobrança aos usuários do serviço público concedido. Nessa linha, tal valor é registrado quando do seu pagamento como um Ativo Intangível, que é amortizado de forma linear durante o prazo da concessão, que é o período no qual

---

[10] MELLO, Celso Antônio Bandeira de. *Curso de direito administrativo*. 14. ed. São Paulo: Malheiros, 2001.
[11] GRAU, Eros Roberto. *Direito urbano*: regiões metropolitanas, solo criado, zoneamento e controle ambiental. São Paulo: Revista dos Tribunais, 1983.

o concessionário terá o direito de cobrar dos usuários dos serviços públicos de acordo com o uso.

Nas hipóteses em que a concessão se encerra antes do advento do termo contratual, o Ativo Intangível relativo ao valor pago pela outorga não foi integralmente amortizado, o que implica que a parcela não amortizada deveria ser indenizada, uma vez que o prazo da concessão não se exauriu.

4 Apresentação geral do método do Valor Justo

O Pronunciamento Técnico CPC 46 define Valor Justo como o preço que seria recebido pela venda de um ativo, ou que seria pago pela transferência de um passivo, em uma transação não forçada entre participantes do mercado na data de mensuração.

A indenização dos investimentos não amortizados de acordo com o método de valor justo de mercado do projeto é determinada segundo uma avaliação econômico-financeira realizada na data base do término do contrato.

Serão insumos para esta avaliação os demonstrativos financeiros auditados mais recentes da Concessionária, os dados operacionais da operação validados de acordo com parâmetros de mercado, a matriz de risco definida no contrato e em seus eventuais aditivos e o modelo econômico-financeiro de referência, que poderá advir do Plano de Negócios ou do estudo de viabilidade referencial para a licitação. A partir dessas informações, projetar-se-á o fluxo de caixa do projeto para os próximos anos e será calculado o valor justo do projeto, que nada mais é do que o fluxo de caixa do projeto trazido a valor presente considerando uma taxa de desconto.

Em se tratando de encerramentos antecipados dos contratos, é importante diferenciar que podem existir dois fatos geradores do encerramento: caducidade e encampação. Nos casos de caducidade há uma falha contratual por parte do operador, sendo essa a responsável pelo encerramento antecipado do contrato. No entanto, é importante destacar que em alguns casos a falha contratual pode ser consequência de um desajuste gerado pelo titular, como por exemplo em sucessivas negligências em relação ao reajuste tarifário anual contratual. Nesse caso, é delicado atribuir falha ao operador exclusivamente, pois a sua viabilidade econômica na prestação de serviços foi expurgada por ato unilateral do titular.

O modelo do Valor Justo apura o valor de mercado dos ativos tendo em consideração os fluxos de caixa estimados para o prazo remanescente do contrato, fluxos esses que devem refletir a *performance* da concessão e respectiva matriz de risco, sendo esta feita pelo Fluxo de Caixa Descontado do Projeto (FCD).

O FCD ajustado pelo desempenho real da concessionária no período executado é um método de avaliação que calcula o valor do negócio com base em sua capacidade esperada de geração de riqueza no futuro. O valor justo de uma empresa para seus acionistas representa o que ela pode gerar de retorno no futuro, expresso em valores atuais.

O FCD está fundamentado no conceito de que o valor de um projeto, empresa ou negócio está diretamente relacionado aos montantes e aos períodos nos quais os fluxos de caixa livre, oriundos de suas operações, estarão disponíveis para distribuição. Para os acionistas e potenciais compradores do projeto, o seu valor é medido pelo montante de recursos financeiros a serem gerados no futuro, pelo negócio, descontados ao seu valor presente, para refletir o tempo, o custo de oportunidade e o risco associado a essa distribuição.

O método do FCD consiste na projeção dos fluxos futuros de caixa do projeto, e do acionista, em casos de encampação ou acordo entre as partes, e aplicação de taxa de desconto determinada à data do cálculo da indenização. O VPL do fluxo de caixa descontado resultará na estimativa do valor da compensação a ser pago pelo poder concedente ao concessionário. Este método determina o valor teórico de mercado do projeto.

A maior vantagem da metodologia do Valor Justo utilizando o fluxo de caixa descontado é o alinhamento de incentivos, uma vez que ela apura o valor de mercado dos projetos de acordo com a matriz de risco dos contratos e o prazo remanescente da concessão. Além disso, é uma metodologia reconhecida no mercado como ferramenta de avaliação de empresas.

A construção do FCD deve ser desagregada por município onde a concessionária atua, preferencialmente. Além de ter relevância para análise de resultado do negócio por unidade operacional, a decomposição por localidade faz com que seja possível enxergar pontualmente a viabilidade econômica das operações e, consequentemente, mapear as estruturas de subsídios cruzados necessários para a sustentação de operações menos viáveis economicamente.

Deve-se realizar uma análise do desempenho histórico da concessionária antes de iniciar as projeções do fluxo de caixa descontado. O intuito é captar o histórico de resultados da concessionária para que sua eficiência real possa refletir nas previsões quanto ao desempenho futuro da operação. Assim, deduções e penalidades decorrentes de ineficiências ou descumprimentos contratuais devem ser consideradas.

Essa análise será base para a definição de premissas de projeção de demanda, receita e custos da operação, sendo *input* para o Fluxo de Caixa Projetado. Em caso de encerramento antecipado de contratos, é importante ponderar que todas as projeções e premissas adotadas estejam em linha com os valores proporcionais executados pelo operador, de forma que não haja benevolências excessivas com o operador nas projeções.

Assim, a avaliação de desempenho histórico tomará como base a análise de demonstrações financeiras, demonstrações de resultados de exercício (DRE), balanços patrimoniais (BP) e demonstrações de fluxos de caixa (DFC) emitidos pela concessionária e auditados por entidade independente.[12] É importante que todos os demonstrativos mencionados também sejam segregados por unidade operacional.

Para elaboração do Fluxo de Caixa Projetado são definidas premissas para projeções de demanda, receitas, custos e despesas, investimentos, depreciação e amortização, com base na análise do desempenho histórico da concessionária, em estudos de mercado, projeções de OPEX e CAPEX e obrigações contratuais.

5 Qual método utilizar para cálculo das indenizações?

A opção pelo valor residual do custo, que pode ser denominado custo histórico depreciado, traz muita praticidade no que diz

---

[12] Embora não seja foco do presente artigo, é neste contexto que se insere a importância dos verificadores e certificadores independentes dos contratos de concessão, pois eles garantem a veracidade das informações, protegendo as agências reguladoras, os titulares, operadores e a sociedade de eventuais imprecisões.

respeito à objetividade e facilidade no cálculo. Todavia, ela pode servir como um desestímulo para que o concessionário atue de forma sempre a garantir a melhor qualidade dos serviços, sobretudo em um cenário inflacionário, onde o custo histórico vai perdendo valor com grande rapidez.

O valor novo de reposição (VNR) deriva da teoria do custo de reposição, isto é, o montante que seria necessário para substituir um determinado ativo. O uso de tal método possui a vantagem de observar o mercado atual para a reposição do bem, de forma que não há perda do valor em função da inflação. Todavia, esse modelo pode ser mais difícil de ser aplicado em um cenário em que não haja um mercado de produção significativo para o bem objeto da reposição.

O valor justo surge como uma alternativa mais moderna para atender as demandas das partes envolvidas em um contrato de concessão. Vale notar que a contabilidade tem cada vez mais utilizado o valor justo como base de mensuração de ativos, uma vez que ela tem por objetivo representar fidedignamente uma realidade econômica da entidade.

Assim, o Pronunciamento Contábil nº 46 "Avaliação a Valor Justo" (CPC 46) define valor justo nos seguintes termos:

> 2. O valor justo é uma mensuração baseada em mercado e não uma mensuração específica da entidade. Para alguns ativos e passivos, pode haver informações de mercado ou transações de mercado observáveis disponíveis e para outros pode não haver. Contudo, o objetivo da mensuração do valor justo em ambos os casos é o mesmo – estimar o preço pelo qual uma transação não forçada para vender o ativo ou para transferir o passivo ocorreria entre participantes do mercado na data de mensuração sob condições correntes de mercado (ou seja, um preço de saída na data de mensuração do ponto de vista de participante do mercado que detenha o ativo ou o passivo).
>
> 3. Quando o preço para um ativo ou passivo idêntico não é observável, a entidade mensura o valor justo utilizando outra técnica de avaliação que maximiza o uso de dados observáveis relevantes e minimiza o uso de dados não observáveis. Por ser uma mensuração baseada em mercado, o valor justo é mensurado utilizando-se as premissas que os participantes do mercado utilizariam ao precificar o ativo ou o passivo, incluindo premissas sobre risco. Como resultado, a intenção da entidade de manter um ativo ou de liquidar ou, de outro modo, satisfazer um passivo não é relevante ao mensurar o valor justo.

A existência de pronunciamento contábil específico tratando da mensuração a valor justo pode ser usada como mais um argumento demonstrando a segurança jurídica de utilização de tal base de mensuração para fins do cálculo das indenizações dos bens reversíveis.

Ante o exposto, entendemos que nos cenários futuros em que não há previsão contratual específica dispondo sobre um método específico para quantificação das indenizações, o método do valor justo deve ser insculpido nos novos contratos de concessão, por ser o critério mais adequado, garantindo incentivos para que os agentes privados atuem com maior segurança jurídica e previsibilidade.

No que tange aos contratos de concessão atualmente vigentes (assim como os contratos já encerrados, mas que ainda há discussão judicial acerca do critério da indenização), há grande risco de que eles sejam mensurados pelo valor residual contábil, uma vez que se trata do método mais simples. Entretanto, ao mesmo tempo em que tal metodologia é mais simples, ela é mais suscetível a discussões subjetivas, que podem afetar significativamente os valores, tais como o procedimento para aplicação do teste de *impairment* bem como as correções monetárias que podem ser aplicadas à base. Além disso, a metodologia de Valor Histórico depende da acuracidade dos balanços e demonstrativos contábeis, sendo em muitas vezes uma limitação real nas operações.

Por outro lado, a metodologia do VNR é mais clara em sua aplicação e menos suscetível a fatores subjetivos, sendo mais indicada para casos em que não haja previsão contratual da metodologia ou impossibilidade da aplicação do Valor Justo. É importante lembrar que, para os contratos existentes que tenham sido rescindidos, o mais importante é que a indenização seja calculada de forma confiável e rápida, de forma que a agenda de prestação de serviço público não seja travada devido a judicializações que podem levar a discussões que podem durar décadas.

6 Quando a indenização dos ativos não amortizados é devida?

Ter apenas as informações referentes aos bens a serem revertidos ou o prazo do contrato friamente não e suficiente para que se possa realizar o cálculo e a análise sobre a indenização do prestador de serviço no advento do contrato. Faz-se necessário o embasamento a partir de critérios econômicos e premissas contratuais capazes de demonstrar se a indenização seria pertinente e o quanto dos investimentos realizados deveria ter sido efetivamente amortizado ao longo da concessão – e o correspondente saldo não amortizado.

Afinal, não se trata apenas de calcular o valor dos bens, mas de calcular a indenização mais justa a ressarcir o operador que não teve a oportunidade de amortizar os valores investidos até o encerramento antecipado da concessão.

Nesse sentido, o primeiro passo para a análise da indenização é entender como o contrato de concessão foi estruturado, sendo esse desenho crucial para analisar a legitimidade de uma indenização ao final do contrato.[13]

Os contratos podem ser estruturados referenciados a um plano de investimentos que viabilize a prestação de serviços ou de acordo a gatilhos atrelados a desempenho ou demanda.

No caso de contratos onde haja o desenho de gatilhos de níveis de investimentos de acordo com níveis de demanda ou desempenho, a indenização ao operador ao final do contrato, seja este antecipado ou não, é praticamente inevitável, pois é impossível que haja o planejamento desses investimentos previamente, porque não se sabe quando o nível de demanda seria atingido. Por exemplo, considere um contrato de concessão de 35 anos, e o gatilho de demanda foi atingido no 30º ano – e agora surge a necessidade de novos investimentos que representem 50% dos investimentos já feitos até então. Nesse exemplo, seria injusto que o operador cumprisse com os seus investimentos e, ao final do contrato, não fosse indenizado, pois seria impossível que tal atingimento do gatilho fosse previsto no desenho do contrato, e, portanto, seria impossível tais investimentos terem sido contemplados no cálculo inicial da tarifa.

Porém, a história muda quando há um projeto atrelado ao desenho da concessão, como no caso das concessões de saneamento básico. Nesse caso, se o investimento tiver sido contemplado no

---

[13] O termo contrato de concessão aqui utilizado refere-se ao contrato de prestação de serviços com a empresa operadora, englobando outros tipos de contrato que possam referir-se à prestação de serviços, como o contrato de programa.

projeto inicial, pouco importa se o investimento foi executado no primeiro ou no último ano da concessão, porque nesse caso não há direito a indenização, pelo fato de os investimentos já terem sido contemplados no cálculo inicial da tarifa, considerando tudo o mais constante ao longo do contrato. Isso se dá porque a tarifa foi desenhada ao início da operação contemplando a remuneração do investimento em questão, mesmo que este ocorra no último ano da operação. Portanto, o investimento já foi amortizado ao longo do contrato, mesmo antes da execução desse investimento específico. Isso é válido também para os casos de reequilíbrio tarifário ao longo do contrato, desde que no processo de reequilíbrio tenha sido previsto que os investimentos adicionais fossem amortizados dentro do prazo residual da concessão.

Vale ainda reiterar que toda a discussão de pertinência da indenização deve ser analisada com cuidado, pois devem ser considerados os fatos geradores do encerramento do contrato, as pactuações durante as revisões tarifárias e as verificações de execuções dos investimentos, de forma a mitigar as dúvidas a respeito do tratamento dos lucros cessantes e outros componentes a serem indenizados.

7 Considerações finais

O presente trabalho teve por objetivo discutir os aspectos jurídicos e contábeis a respeito da indenização de ativos não amortizados em contratos de concessão de saneamento básico e a aplicabilidade do método de Valor Justo nos cálculos dessas indenizações.

De forma geral, entende-se que o regulador ou titular do serviço pode escolher livremente o método que entenda ser o mais adequado para fins de indenizações de ativos não amortizados, seja por motivos de encerramento antecipado do contrato ou não. Obviamente, a escolha do método não pode ser completamente arbitrária, tendo que ser amparada legalmente e tecnicamente.

Há uma longa discussão a respeito de qual método é mais adequado para tal tipo de valoração, cujo foco recai sempre entre os métodos de Valor Novo de Reposição, Valor Histórico Contábil ou

Valor Justo. Foi apresentado que o método de Valor Justo é a opção mais viável para as operações de saneamento básico – tanto do ponto de vista jurídico quanto contábil. Em termos técnicos, o método de Valor Justo é mais apropriado para o cálculo da indenização, pois valora os ativos com base nos seus fluxos de caixa descontados a valor presente, atribuindo o valor residual a ser ressarcido pela capacidade de geração de valor desses mesmos ativos. Além disso, os métodos VNR e Valor Histórico Contábil possuem limitações para tratar do valor da Outorga nos seus cálculos, sendo este um valor considerável para os operadores, haja visto os recentes leilões do setor.

É importante ter clareza que a indenização por ativos não amortizados não é justificada para todos os casos, pois em contratos onde haja estruturações atreladas a projetos referenciais, todos os investimentos previstos no projeto são contemplados pela tarifa, mesmo que ao longo do projeto existam variações nos níveis de atendimento ou que esses investimentos tenham sido executados no último ano da concessão. Em adição, ainda que haja uma diferenciação na demanda prevista ao longo do contrato, este risco é usualmente alocado ao operador pela matriz de risco. Dessa maneira, para todos os investimentos previstos nos projetos referenciais, não cabem discussões sobre indenizações de investimentos não amortizados, porque estes já foram contemplados no cálculo da tarifa inicial.

Por fim, toda a discussão a respeito das indenizações dos investimentos não amortizados deve ser conduzida com embasamento técnico e no âmbito das agências reguladoras infranacionais, tendo o operador que provar que há um desencontro a respeito da amortização ao final do contrato, e a agência infranacional, anuir. Isto é, não há direito líquido e certo a respeito das indenizações sem que haja devida comprovação por parte do operador.

Informação bibliográfica deste texto, conforme a NBR 6023:2018 da Associação Brasileira de Normas Técnicas (ABNT):

TAVARES, Felipe; MARTINS, Aline Eleutério; PINTO, Alexandre Evaristo. O paradigma da indenização de ativos não amortizados no setor de saneamento básico brasileiro: uma análise da aplicabilidade da metodologia do valor justo. In: ZULIANI, Geninho; DAL POZZO, Augusto Neves (coords). *Saneamento básico*: uma lei e um marco. Belo Horizonte: Fórum, 2023. p. 447-472. ISBN 978-65-5518-485-3.

SOBRE OS AUTORES

Alexandre Evaristo Pinto
Head de Contabilidade da FT Economics. *E-mail*: Alexandre_ep@yahoo.com.br.

Aline Eleutério Martins
Sócia da FT Economics e Head de Transporte e Logística da FT Economics. *E-mail*: alineeleu@gmail.com.

Alzemeri Britto
Procuradora do Estado da Bahia. *E-mail*: zizibritto@yahoo.com.

André Castro Carvalho
Bacharel, Mestre e Doutor em Direito pela Universidade de São Paulo, tendo sua tese de doutorado recebido o Prêmio CAPES de Tese 2014. Realizou estudos em nível pós-doutoral no *Massachusetts Institute of Technology* – MIT (em 2016) e na Faculdade de Direito da USP (2017-2018). Vice-Presidente do Instituto Brasileiro de Direito e Ética Empresarial – IBDEE (2019-2021 e 2021-2023). *E-mail*: andcastrocar1@gmail.com.

André Luiz Felisberto França
Secretário de Qualidade Ambiental do Ministério do Meio Ambiente. *E-mail*: andrefranca.mma@gmail.com.

Benedito Braga
Diretor-Presidente da Sabesp e Presidente honorário do Conselho Mundial da Água. Graduado em Engenharia Civil pela Escola de Engenharia de São Carlos (USP), é PhD em Recursos Hídricos por *Stanford* e foi secretário de Saneamento e Recursos Hídricos do Estado de São Paulo (de 2015 a 2018). *E-mail*: benbraga@hotmail.com.

Caio Henrique Yoshikawa
Bacharel e Mestre em Direito pela Faculdade de Direito pela FDUSP. Advogado em PGLaw. *E-mail*: Caio.yoshikawa@pg.law.

Carlos Pignatari
Empresário e deputado estadual. Dedica o seu trabalho ao desenvolvimento do Estado e do interior paulista. Foi presidente da Assembleia Legislativa do Estado de São Paulo no biênio 2021-2023 e prefeito de Votuporanga entre 2001 e 2008. *E-mail*: carlaopignatari@al.sp.gov.br.

Carlos Portugal Gouvêa
Professor do Departamento de Direito Comercial da Faculdade de Direito da Universidade de São Paulo (FDUSP). Mestre (LL.M) e Doutor em Direito pela *Harvard Law School*. Livre-Docente pela FDUSP. Sócio-fundador de PGLaw. *E-mail*: carlos.gouvea@pg.law.

Carlos Roberto de Oliveira
Advogado. Diretor Administrativo e Financeiro da ARES-PCJ (SP). *E-mail*: daf@arespcj.com.br.

Carlos Silva Filho
Advogado. Pós-graduado em Direito Administrativo e Econômico pela Universidade Mackenzie. Presidente da International Solid Waste Association (Associação Internacional de Resíduos Sólidos) (ISWA). Diretor Presidente da Associação Brasileira de Empresas de Limpeza Pública e Resíduos Especiais (ABRELPE). Membro do Conselho Consultivo do Secretário-Geral da ONU para o tema Resíduos. Membro do Conselho Editorial do Atlas Global de Resíduos Sólidos e do Atlas Regional de Resíduos Sólidos da ONU. Membro do Conselho Diretivo da Coalizão pelo Fim dos Lixões, coordenada pela ONU na América Latina e Caribe. Coordenador do Plano Nacional de Resíduos Sólidos – Planares 2022. Coordenador-Geral do Panorama dos Resíduos Sólidos no Brasil. Autor do livro *Resíduos sólidos: o que diz a lei* e de diversos artigos sobre o tema. *E-mail*: carlos@abrelpe.org.br.

Ceci Caprio
Engenheira. Especialista em Engenharia Urbana. Consultora na GO Associados. *E-mail*: ceci.caprio@goassociados.com.br.

Cíntia Leal Marinho de Araujo
Superintendente de Regulação Econômica na Agência Nacional de Águas e Saneamento Básico (ANA), graduada e mestre em Economia, atualmente doutoranda em Políticas Públicas. Servidora da ANA há 15 anos, atua na área de regulação econômica do setor de saneamento e recursos hídricos. *E-mail*: Cintia.araujo@ana.gov.br.

Cristiana Fortini
Doutora em Direito Administrativo pela UFMG, onde também leciona na Graduação, Mestrado e Doutorado. Vice-Presidente do Instituto Brasileiro de Direito Administrativo (IBDA). Advogada atuante na área de Direito Administrativo, com destaque para a área das contratações públicas. Lecionou na Universidade de Pisa. Foi Visiting Scholar na George Washington University. Foi Controladora-Geral de Belo Horizonte. Foi Procuradora-Geral Adjunta de Belo Horizonte. *E-mail*: crisfortini@uol.com.br.

Dalto Favero Brochi
Economista. Diretor-Geral da ARES-PCJ (SP). *E-mail*: dg@arespcj.com.br.

Diogo Mac Cord

Engenheiro Mecânico com mestrado em Administração Pública pela Universidade de Harvard e Doutor em Engenharia pela Escola Politécnica da USP. Na época da tramitação do novo marco do saneamento, era Secretário de desenvolvimento da Infraestrutura do Ministério da Economia. *E-mail*: diogo.mcfaria@gmail.com.

Edson Silveira Sobrinho

Ex-Secretário de Desenvolvimento da Infraestrutura do Ministério da Economia. Mestre e PhD em Economia pela University of Houston, EUA. Tem pós-graduação em Matemática Aplicada pela Universidade de Brasília, graduação em Administração Pública pela Fundação João Pinheiro e graduação em Direito pela Universidade Federal de Minas Gerais. Servidor público de carreira da Secretaria do Tesouro Nacional desde 2005, tendo atuado nos ministérios da Fazenda, do Planejamento, da Economia e na Casa Civil da Presidência da República. Com 20 anos de experiência em economia do setor público, orçamento e projetos de infraestrutura, foi um dos principais executivos do Ministério da Economia a liderar reformas regulatórias em ferrovias, rodovias, aeroportos, saneamento, energia e telecomunicações. Contribuiu na disseminação de ferramentas de avaliação socioeconômica de custo-benefício e de estruturação de projetos de infraestrutura, tendo atuado, ainda, em temas de economia verde e mercado de carbono. *E-mail*: silveiraedson@yahoo.com.br.

Fabio Hideki Ono

Subsecretário de Planejamento da Infraestrutura Subnacional do Ministério da Economia. *E-mail*: fabio.ono@economia.gov.br.

Felipe Tavares

Sócio Administrador da FT Economics. *E-mail*: Ftavares29@gmail.com.

Gabriel Fiuza de Bragança

Sócio sênior e CEO da Pezco Economics. Atuou recentemente como Secretário Adjunto e Interino da Secretaria de Desenvolvimento da Infraestrutura (SDI) do Ministério da Economia (ME) e como Conselheiro de Administração de Furnas. Tem mais de 15 anos de experiência nos principais setores de infraestrutura, com atuação direta na construção, aprovação e regulamentação dos novos marcos legais de saneamento básico, telecomunicações e importantes normativos do setor elétrico e de transportes. Professor de instituições renomadas, com vários prêmios, capítulos de livro e artigos acadêmicos publicados no Brasil e no exterior. É mestre em Economia pela EPGE/FGV, mestre em Matemática (com ênfase em Finanças) pelo IMPA e doutor (PhD) em Economia pela Victoria University of Wellington (VUW-NZ). Foi vinculado ao Instituto de Regulação e Defesa da Concorrência da NZ (ISCR) de 2008 até o seu encerramento, em 2015. Atualmente é diretor de estudos do PSP-hub (*think tank* nas áreas de infraestrutura e urbanismo). *E-mail*: gabriel.braganca@economia.gov.br.

Geninho Zuliani
Deputado Federal. Vereador por 12 anos e Prefeito da Estância Turística de Olímpia por dois mandatos (2009-2016). Como Deputado Federal, foi o Relator do Marco Regulatório de Saneamento Básico. Membro titular da Comissão de Constituição e Justiça e de Cidadania e da Comissão de Desenvolvimento Econômico, Indústria, Comércio e Serviços da Câmara dos Deputados Federais. Coordenador da Frente Parlamentar Mista dos Consórcios Públicos e da Frente Parlamentar Mista dos Resíduos Sólidos. Exerceu o cargo de Coordenador do Programa Cidade Legal, da Secretaria de Estado da Habitação de São Paulo, de regularização fundiária.

Gesner Oliveira
Economista. PhD em Economia. Ex-Presidente da Sabesp e ex-Presidente do Cade. Sócio Executivo da GO Associados. E-mail: gesner@goassociados.com.br.

Gustavo Justino de Oliveira
Professor de Direito Administrativo na USP e no IDP (Brasília), Árbitro, Consultor, Advogado especializado em Direito Público e fundador do escritório Justino de Oliveira Advogados (www.justinodeoliveira.com.br). E-mail: gustavo@justinodeoliveira.com.br.

Humberto Martins
Presidente do Superior Tribunal de Justiça. E-mail: hmartins@stj.jus.br.

Isadora Cohen
É fundadora do INFRACAST, da ICO Consultoria, e Cocoordenadora do Grupo de Estudos em PPPs, Concessões e Privatizações na Faculdade de Direito da Fundação Getúlio Vargas de São Paulo. É Diretora Presidente do *Infra Women Brasil*, que conecta mais de 400 mulheres no cenário de infraestrutura no País. Foi Sócia Diretora da KPMG Global, tendo liderado o segmento de Governo e setor público e coordenado todas as iniciativas de consultoria para governos no período de 2019 a junho de 2020. Durante os anos de 2015 a 2019, foi Secretária do Programa de Desestatização e responsável pela Unidade de Parcerias Público-Privadas do Estado de São Paulo. No período de 2014 a 2015 foi também Diretora de Gestão Corporativa da Empresa São Paulo Desmobilização de Ativos, responsável por realizar operações estruturadas, otimização de fluxos de recebíveis e implantação de projetos intensivos em capital. E-mail: Isadora@ico-consultoria.com.

João Paulo Soares Coelho
Coordenador de Contratos e Legislação da Superintendência de Regulação Econômica da Agência Nacional de Águas e Saneamento Básico. Bacharel em Direito pela Universidade de Brasília (UnB). Pós-Graduado em Regulação Pública e Concorrência pela Faculdade de Direito da Universidade de Coimbra (CEDIPRE/FDUC). Pós-Graduado em Concessões e Parcerias com a Administração Pública pelo Instituto Brasiliense de Direito Público (IDP). Pós-Graduado em Direito Econômico e Concorrência pela Fundação Getúlio Vargas (FGV). Foi Assessor Jurídico do Gabinete do Procurador-Geral da República, na Chefia da Assessoria Constitucional. Foi Assessor na Subchefia-Adjunta de Infraestrutura da Subchefia para Assuntos Jurídicos da Casa Civil da Presidência da República (SAINF/SAJ/CC/PR). Foi membro da Comissão de Consolidação de Decretos de Caráter Normativo do Governo Federal. E-mail: joao.coelho@ana.gov.br.

João Paulo Tavares Papa
Assistente Executivo da presidência da Sabesp e Conselheiro Nacional da Associação Brasileira de Engenharia Sanitária e Ambiental. Graduado em Engenharia Elétrica, foi Prefeito de Santos (de 2005 a 2012) e Deputado Federal (de 2015 a 2018). *E-mail*: jptpapa@gmail.com.

José Eduardo Bevilacqua
Doutor em Ciências pelo Instituto de Química da Universidade de São Paulo e assistente executivo da Diretoria de Avaliação de Impacto da CETESB – Companhia Ambiental do Estado de São Paulo. *E-mail*: jbevilacqua@sp.gov.br.

Leandro Mello Frota
Advogado e Cientista Político. Sócio-Fundador do Leandro Frota Advogados. Presidente da Comissão Nacional de Saneamento e Recursos Hídricos do IAB Nacional. Foi Presidente da Comissão Especial de Saneamento e Recursos Hídricos da OAB Nacional (2019/2022). Membro do Comitê de Monitoramento do Pacto Global da Água e Esgoto – ONU. Mestre em Ciência Política e Relações Internacionais – IUPERJ. Professor do IDP e PUC Minas. *E-mail*: leandromfrota@leandrofrotaadv.com.br.

Luana Siewert Pretto
Engenheira civil (UFSC) com mestrado na área de Análise Multicritério (UFSC) e pós-graduada em Gestão de Projetos (FGV). Atuou na concessionária estadual de saneamento básico de Santa Catarina (CASAN), como diretora de Relações Institucionais e Governamentais da ASFAMAS (Fabricantes de Materiais para Saneamento) e como presidente da Empresa Pública municipal de saneamento básico Companhia Águas de Joinville. Atualmente, é Presidente Executiva do Instituto Trata Brasil. *E-mail*: luana.pretto@tratabrasil.org.br.

Luccas Saqueto
Economista. Mestre em Economia Política. Coordenador Corporativo na GO Associados. *E-mail*: luccas.saqueto@goassociados.com.br.

Luiz Gonzaga Alves Pereira
Presidente da Abetre (Associação Brasileira de Empresas de Tratamento de Resíduos e Efluentes), é engenheiro civil com graduação especial em portos, rios e canais (Belo Horizonte/MG, 1974). Trabalhou 16 anos com montagem industrial pesada, construção de plataformas de exploração de petróleo, serviços *on* e *offshore* e instalação de fábricas de papel e celulose. Em 1992, ingressou na Vega Sopave, hoje Grupo Solvi. Na companhia, dedicou-se à Engenharia Ambiental nos últimos 30 anos, trabalhando em distintos setores e projetos de desenvolvimento. Atuou na área da limpeza pública no Brasil e em países da América Latina como Bolívia, Chile, Equador, México e Argentina. No Peru, foi presidente da Relima durante cinco anos. Presidiu a LOGA, em São Paulo, por uma década, e a Águas de Manaus. Desde 2018 está à frente da Abetre, na qual se dedica à defesa do setor, do meio ambiente e da sustentabilidade. *E-mail*: lgonzaga@abetre.org.br.

Marcos Rodrigues Penido
Engenheiro Civil formado pela Universidade Veiga de Almeida, com extensão em Gerenciamento de Empreendimentos na Fundação Getúlio Vargas (FGV). É Secretário de Governo do Estado de São Paulo. Foi Secretário de Infraestrutura e Meio Ambiente do Estado de São Paulo, Secretário Municipal de Infraestrutura Urbana e Obras de São Paulo, Secretário da Habitação do Estado de São Paulo, além de Presidente e Diretor Técnico da Companhia de Desenvolvimento Habitacional e Urbano do Estado de São Paulo (CDHU). *E-mail*: marcospenido@sp.gov.br; marcos.penido@hotmail.com.

Matheus Cadedo
Consultor na ICO Consultoria, é graduando em Direito pela Escola de Direito de São Paulo da Fundação Getúlio Vargas, tendo cursado o programa de formação pública (EFP) da Sociedade Brasileira de Direito Público (SBDP). Além disso, foi membro do Grupo Supremo em Pauta da FGV-SP, que acompanha, por meio de pesquisas empíricas, a atuação do STF; participou da entidade estudantil Estudos de Políticas em Pauta, que tem por objetivo desenvolver discussões acerca das pautas mais relevantes do Brasil. *E-mail*: Matheus@icoconsultoria.com.

Nelson Menegon Júnior
Mestre em engenharia pela Escola Politécnica da Universidade de São Paulo e assistente executivo da Diretoria de Avaliação de Impacto da CETESB – Companhia Ambiental do Estado de São Paulo. *E-mail*: nejunior@sp.gov.br.

Patrícia Iglecias
Professora associada da Faculdade de Direito da Universidade de São Paulo e diretora presidente da CETESB – Companhia Ambiental do Estado de São Paulo. *E-mail*: patricia.iglecias@usp.br

Pedro Maranhão
Bacharel em Economia pela Universidade Faculdades Metropolitanas Unidas FMU. Secretário Nacional de Saneamento do Ministério do Desenvolvimento Regional. *E-mail*: pedro.borges@mdr.gov.br.

Percy Soares Neto
Diretor Executivo da ABCON SINDCON – Associação e Sindicato Nacional das Concessionárias Privadas de Serviços Públicos de Água e Esgoto. *E-mail*: Percy.neto@abconsindcon.com.br.

Rodrigo Santos Hosken
Vice-Presidente do Conselho Estadual de Recursos Hídricos do Rio de Janeiro. Representante da ABES-RIO como Diretor do Comitê da Bacia do Rio Guandu (Biênio 2021-2023). Sócio-Fundador do Hosken Geraldino Advogados (HGA). Pós-graduado em Direito Tributário pela Universidade Cândido Mendes (UCAM). *E-mail*: hosken@hoskengeraldino.com.br.

Vicente Santos
Economista. Mestre em Economia. Consultor na GO Associados. *E-mail*: vicente_049@hotmail.com.

Victor Borges
Presidente Executivo da Rede Nacional de Consórcios Públicos, Diretor do Codevar e Coordenador do Fórum de Vice-Governadores do Brasil. *E-mail*: vbgrupo@gmail.com.

Esta obra foi composta em fonte Palatino Linotype, corpo 10,5
e impressa em papel Offset 75g (miolo) e Supremo 250g (capa)
pela Gráfica Laser Plus, em Belo Horizonte/MG.